Champignons

Champignons

Georges Becker

Président honoraire
de la Société Mycologique de France

LA NATURE À LIVRE OUVERT

Gründ

Garantie de l'éditeur

Pour vous parvenir à son plus juste prix, cet ouvrage a fait l'objet d'un gros tirage. Malgré tous les soins apportés à sa fabrication, il est malheureusement possible qu'il comporte un défaut d'impression ou de façonnage. Dans ce cas, ce livre vous sera échangé sans frais.
Veuillez à cet effet le rapporter au libraire qui vous l'a vendu ou nous écrire à l'adresse ci-dessous en nous précisant la nature du défaut constaté. Dans l'un ou l'autre cas, il sera immédiatement fait droit à votre réclamation.

Librairie Gründ – 60, rue Mazarine – 75006 Paris

Neuvième tirage 1991
Texte original français de Georges Becker,
Docteur ès sciences, Correspondant du Muséum,
Président honoraire de la Société Mycologique de France
Illustrations de Bohumil Vančura
Arrangement graphique par Aleš Krejča

(Première édition publiée par les Editions Artia en 1983)

ISBN 2-7000-1516-9
Dépôt légal : juin 1983
Imprimé en Tchécoslovaquie par TSNP Martin
3/13/09/53-09

Table

De la nature des champignons

Les champignons forment dans le monde végétal une classe absolument à part. Car ce sont à proprement parler des infirmes. En effet, ils sont privés de chlorophylle, cette substance magique qui permet aux « plantes vertes » de tirer le meilleur de leur nourriture de l'atmosphère dont elle distille pour ainsi dire le gaz carbonique ; le carbone est à la base de tous les lipides et de tous les sucres et amidons que les plantes accumulent. Grâce à cette propriété, les plantes servent de nourriture à tous les animaux, même aux carnassiers, qui se nourrissent d'herbe par herbivores interposés.

Les champignons sont peut-être des algues primitives qui ont oublié ou perdu le secret de la chlorophylle, et qui voulant survivre quand même, n'ont eu d'autre ressource que de trouver le vivre et le couvert aux dépens des plantes ou des animaux, morts ou vivants, qu'ils pouvaient rencontrer. Ils sont donc venus après les autres plantes, et les ont suivies dans leur évolution, se différenciant à mesure que la végétation dite supérieure se ramifiait en formes de plus en plus variées. Les champignons se sont constamment adaptés aux espèces nouvelles, soit en les parasitant, soit, ce qui est le plus fréquent, en se nourrissant de leurs débris. De là le rôle éminent qu'ils jouent dans l'équilibre de la Nature. Ce sont eux qui sans arrêt réduisent dans nos forêts les feuilles mortes et les fragments ligneux, qui les transforment en terreau ou les ramènent à leurs éléments minéraux, de nouveau assimilables par les racines des autres plantes.

Sans eux, le tapis des feuilles mortes atteindrait bientôt le sommet des arbres et les étoufferait sans remède. Ce sont les éboueurs de la Nature.

Ce n'est pas leur seul rôle. Si des milliers d'espèces microscopiques ou visibles se livrent à ce travail, il en est d'autres qui s'associent aux racines des arbres. Ces derniers les enveloppent de leurs mycéliums, et ceux-ci absorbent ce que rejettent les arbres ; cependant, étant capables de synthétiser les nitrites, ils rendent aux arbres un grand service en leur apportant les substances azotées dont le sol forestier est à peu près dépourvu.

Mais comment est fait un champignon ? A l'origine, tout est sorti d'une spore, qui est la « graine » du champignon. Ces graines sont microscopiques et individuellement invisibles à l'oeil nu. Mais si vous laissez sur une feuille de papier blanc un chapeau de champignon de couche privé de son pied et les lamelles en dessous, après quelques heures, vous verrez sur le papier un dépôt de poussière d'un brun pourpre, qui n'est autre que l'amas de millions de spores qui s'y seront déposées. Qu'une spore tombe dans un endroit qui lui convient, elle germe et peut développer ce qu'on appelle un mycélium, qui est la partie végétative du champignon, capable de fructifier à son tour. Car le champignon que nous cueillons dans la forêt n'est pas la plante, ce n'est qu'un porte-graine, un « carpophore ».

Chez le plus grand nombre d'espèces, il ne suffit pas d'une spore, mais il en faut de deux de sexes différents, qui produisent d'abord des mycéliums primaires ; ceux-ci resteront stériles s'ils ne rencontrent pas le mycélium frère (ou soeur) avec lequel ils se conjugueront, si tout va bien. Il y a des espèces pour lesquelles quatre spores de pôle différent sont nécessaires à une germination fertile. C'est peut-être ce qui explique le nombre prodigieux de spores que les champignons sont obligés de produire, pour que quelques-unes aient la chance de rencontrer leur partenaire, et en même temps le milieu, la température et l'humidité nécessaires à leur croissance. Car si toutes les spores venaient à bien, il n'y aurait plus que des champignons sur la terre.

Les champignons microscopiques sont de loin les plus nombreux. Ils se comptent par millions d'espèces, et leur recensement ne sera jamais terminé. Ces champignons microscopiques font partie de notre vie de tous les jours ; il serait par exemple impossible de se passer des levures qui font lever la pâte de notre pain ou fermenter nos boissons. D'autres sont de redoutables parasites qui attaquent les plantes cultivées et peuvent provoquer des catastrophes. C'est ainsi que la maladie de la pomme de terre au siècle dernier a réduit à la famine toute l'Irlande ; et les Irlandais, pour échapper à la mort, ont émigré en masse aux Etats-Unis. De même les invasions d'oïdium ont été la cause grave de crises dans tout le vignoble européen. Il y a aussi des champignons qui s'attaquent aux animaux et à l'homme. Tout le monde connaît le « pied d'athlète », inflammation interdigitale qui engendre entre les orteils des démangeaisons désagréables.

Les gros champignons que nous voyons et récoltons dans nos forêts sont en vérité des exceptions. Il y en a probablement quatre mille espèces pour l'Europe, et ce n'est presque rien à côté des invisibles, dont le nombre donne une image de l'infini.

Les microscopiques sont d'habitude laissés aux spécialistes, qui ont pour les étudier tout un matériel de laboratoire. Mais les gros champignons que nous rencontrons partout sont d'étude plus facile et moins ingrate. Leur connaissance est à la portée d'un amateur capable d'ouvrir les yeux et d'un peu de mémoire. Si au premier abord on a le sentiment d'un fouillis inextricable, avec un peu d'attention on a vite fait d'y mettre de l'ordre et de commencer à comprendre.

Comme pour tous les êtres vivants, le problème qui se posait aux champignons était de se reproduire le plus efficacement possible. Les microscopiques se sont contentés de produire de simples feutrages hérissés d'organes sporogènes. C'est ce qu'on voit sur les pots de confitures moisies ou sur les feuilles de rosiers attaqués par l'oïdium. Mais les champignons que nous rencontrons dans les prés et les bois ont inventé peu à peu des organes reproducteurs de plus en plus complexes, l'idéal étant de produire le plus de spores possible avec la plus grande économie de moyens.

La Nature ne rejette pas aux oubliettes les modèles primitifs, et il nous est possible, en considérant l'ensemble des champignons qui sont à notre portée, de voir côte à côte les plus simples et les plus complexes. En essayant d'y mettre de l'ordre, on a longtemps tâtonné, et c'est seulement grâce aux examens microscopiques qu'on a commencé à comprendre ce qu'avait dû être leur évolution.

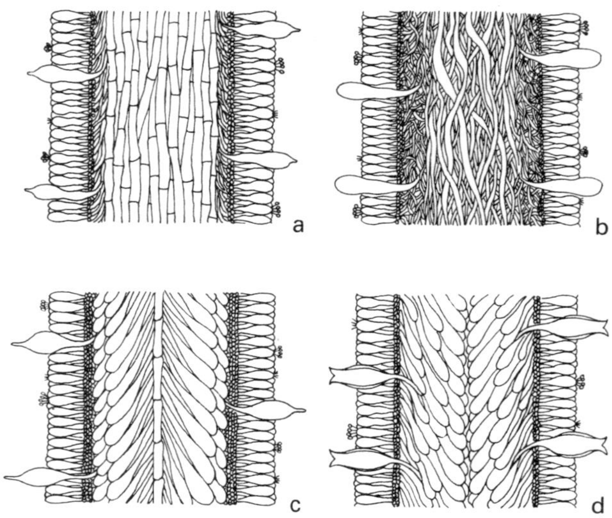

Comment se présentent les cellules à l'intérieur d'une lamelle. a) Trame régulière, c'est-à-dire que toutes les cellules sont disposées parallèlement ; b) Trame emmêlée, c'est-à-dire que toutes les cellules y sont disposées sans aucun ordre apparent ; c) Trame bilatérale ; d) Trame bilatérale inversée. On voit sur ces trois dessins comment se développe l'hyménium à partir des hyphes de soutien. Il se forme un tapis de basides entremêlées éventuellement de cystides si l'espèce en comporte.

Coupe tangentielle dans une lamelle de Russule, qui montre les cellules rondes (sphérocystes) qui en forment le soutien, puis les basides, celles qui sont en train de fructifier, celles qui ont déjà perdu leurs spores, des cellules stériles qui séparent les basides, de place en place de grosses cystides, et à l'intérieur de la lamelle des conduits laticifères.

Que nous apprend le microscope ?

Les Anciens n'ont jamais compris ce qu'était la reproduction des champignons. Les spores trop petites leur échappaient, et on s'est longtemps imaginé qu'ils naissaient d'une goutte d'eau et d'un rayon de soleil. On peut lire dans un vieux dictionnaire, au mot champignon, cette définition : « Sorte de végétaux spongieux qui naissent spontanément après la pluie dans les prés et dont la plupart donnent des coliques de miserere ». C'était là une science bien courte ! Mais avec l'usage du microscope, on a vu les spores telles qu'elles sont ; on les a prises d'abord pour une espèce de pollen inexplicable, puisque sans fleurs. On a mis longtemps à comprendre leur rôle. Mais une fois ce pas franchi, on a été très vite plus loin : on a essayé de voir comment ces spores se produisaient, comment elles germaient, et on a vu que les champignons étaient non pas le végétal lui-même, mais seulement le porte-fruits, qu'on appelle carpophore, et qui en est la traduction grecque tout simplement.

On a vu très vite que dans ces carpophores, les spores étaient produites selon deux systèmes principaux. Chez certaines espèces, comme les Morilles, les spores se forment dans de petits sacs qu'on appelle asques. Ce sont des sortes d'étuis allongés, où les spores sont le plus souvent rangées par huit et où l'air se trouve sous pression, si bien que quand arrive la maturité des spores, le sommet de l'asque se déchire,

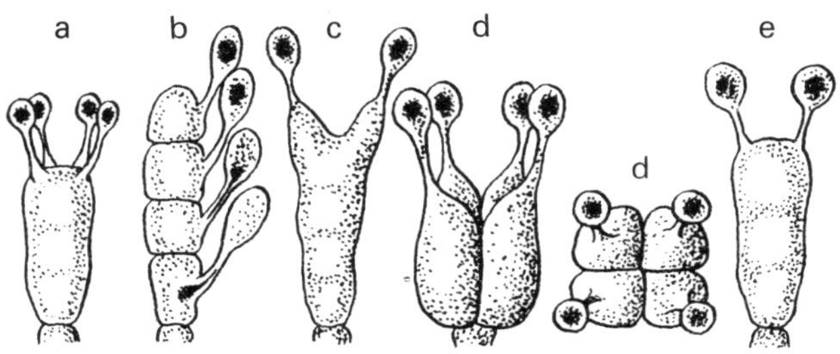

Divers types de basides :
a) Baside ordinaire entière et à quatre stérigmates portant les quatre spores ; b) Baside cloisonnée en quatre éléments superposés dont chacun porte un stérigmate et une spore ; c) et e) Basides bisporiques ; d) Baside divisée en quatre compartiments accolés, vue de face et d'en haut.

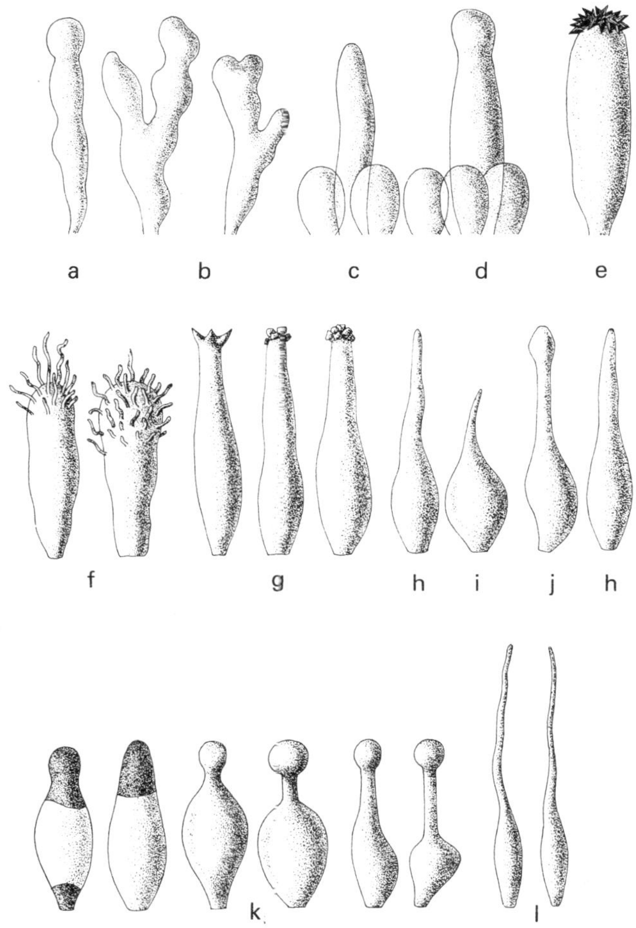

Divers types de cystides : a) Irrégulière ; b) Bipartite ; c) Cylindrique ; d) Plus ou moins épaissie en haut ; e) Couronnée de cristaux d'oxalate de calcium ; f) Hérissée ; g) En forme de bouteilles plus ou moins amincies au sommet et souvent couronnées de cristaux ; h) Acuminée ; i) En pointe aiguë ; j) Amincie puis épaissie au sommet ; k) En forme de quilles ; l) Amincie en aiguille.

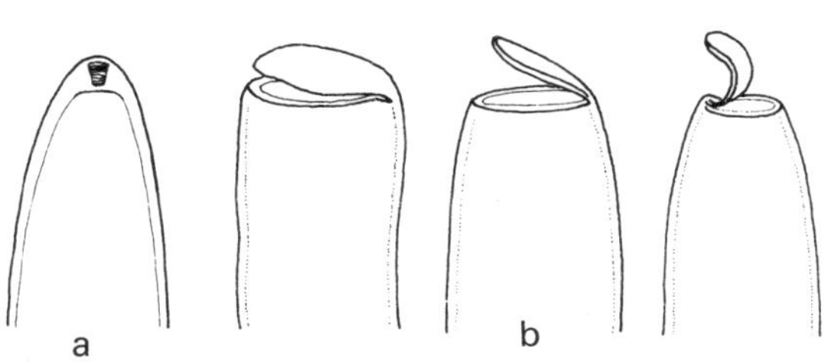

Exemples de l'ouverture des asques : a) Asque inoperculé s'ouvrant par une déchirure ; b) Trois asques operculés s'ouvrant par un couvercle, ou opercule.

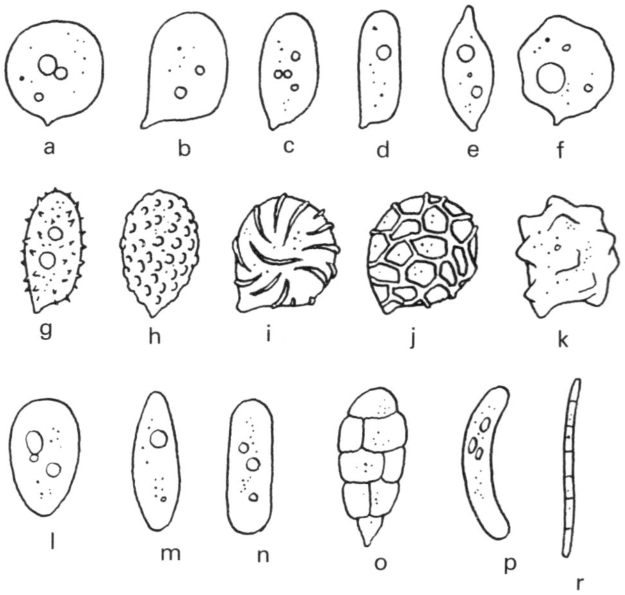

Formes et ornementations diverses des spores : a) Sphérique ; b) Ovoïde ; c) Ellipsoïde ; d) Cylindrique ; e) Acuminée ; f) Anguleuse ; g) Aculéolée ; h) Verruqueuse ; i) Sphérique et crêtée ; j) Sphérique à ornement en réseau ; k) Bossuée ; l) Ovoïde sans apicule ; m) Allongée en pointe ; n) Cylindrique ; o) Divisée en compartiments ; p) En saucisse (allantoïde) ; r) Allongée et subdivisée.

et les spores sont projetées au loin, en un nuage parfaitement visible à l'oeil nu. Mais si on examine au microscope une lamelle de champignon quelconque, on voit que les spores sont portées par des organes très différents. Elles se trouvent en bouquets généralement de quatre, parfois plus, parfois moins, au bout de bâtonnets qui émergent de la trame des lamelles et qu'on appelle des basides.

Cette différence essentielle justifie la séparation des champignons en deux classes distinctes, les Ascomycètes et les Basidiomycètes. Ceci est vrai pour ceux que nous voyons, étant entendu que la classification des microscopiques est infiniment plus complexe.

Mais le microscope apporte bien d'autres résultats. Il nous apprend comment est constitué le corps du champignon lui-même. Comment en sont disposées les fibres, comment, quand le champignon est à l'état naissant, se forment les lamelles ou les tubes, comment se glissent entre les cellules fertiles d'autres cellules sans rôle apparent, comme les cystides, qui sont probablement des organes d'excrétion, comment dans le corps même du carpophore s'insèrent des laticifères, c'est-à-dire des sortes de tuyauteries minuscules charriant des liquides divers, comment se distribuent entre les cellules les pigments colorés, quelle est la nature de leur revêtement, quelles peuvent être les ornementations des spores, quelles sont leurs dimensions, de quelle nature est leur pore germinatif, quelle est la constitution de leurs enveloppes, etc. Il y a là une mine de renseignements autrefois invisibles qui permettent de raffiner la classification, et de distinguer souvent des espèces qui paraissaient auparavant identiques. Les ultramicroscopes actuels ont encore perfectionné ces données, mais moins qu'on ne pouvait l'espérer ; on peut dire qu'avec un bon objectif, on est outillé pour voir l'essentiel.

Pour déterminer les espèces courantes, le microscope n'est pas nécessaire. Mais pour certains genres comme les Russules ou les Rhodophylles, il est à peu près indispensable. L'usage du microscope, après un apprentissage suffisant, devient un plaisir, car les détails qu'on peut voir sont souvent d'une grande beauté. Il y a des spores qui sont de véritables oeuvres d'art ; la Nature a manifesté dans leur création une fantaisie extraordinaire.

Il faut signaler aussi les renseignements qu'on peut demander à la chimie. Beaucoup de champignons manifestent, en présence de tel ou tel réactif, des réactions tout à fait spécifiques. Un exemple entre cent : beaucoup de mycologues ont toujours dans leur poche un cristal de sulfate de fer, qui leur permet d'identifier immédiatement la Russule feuille morte sous ses innombrables déguisements. Car aussitôt qu'elle touche ce sulfate, elle montre une tache verte qui ne trompe pas ; c'est la seule de toutes les Russules qui présente cette particularité.

La propagation des champignons

Les champignons produisent une quantité prodigieuse de spores. Ainsi a-t-on calculé que le Polypore, appelé *Ganoderma applanatum,* était capable d'émettre un trillion de spores en 24 heures ! Elles sont si nombreuses qu'elles se répandent autour du du champignon et sur son chapeau, sous la forme d'une épaisse farine brune. Quand on sait qu'une spore pèse un centième de milligramme, on hésite à faire le calcul... Mais ces spores devront trouver un endroit propice à leur germination, à leur installation, à leur développement, puis à leur fructification. On a pu percer certains de ces secrets en laboratoire. On récolte des spores d'une façon absolument aseptique, on les met à germer dans des tubes sur un milieu gélosé, et on observe l'évolution des germinations obtenues. C'est ainsi qu'on a pu voir que dans la plupart des cas, une spore seule donne un mycélium primaire qui meurt s'il reste seul, mais si on le met en présence d'un autre mycélium primaire d'un autre signe, les deux mycéliums se conjuguent et donnent un mycélium normal et définitif, capable de vivre, de grandir, et de fructifier à son tour.

Mais il se présente dans cette technique des difficultés souvent insurmontables. Les spores de beaucoup d'espèces refusent de germer. C'est ainsi que celles des Amanites et des Bolets sont absolument rétives à toute espèce de culture. Au contraire, celles des Psalliotes, des Coprins et de beaucoup d'autres genres sont assez dociles et permettent des observations intéressantes. Les espèces où la conjugaison de deux spores est nécessaire sont dites bipolaires ; quand il en faut quatre, on les dit tétrapolaires.

Il est cependant très difficile d'obtenir des fructifications. C'est seulement quand on connaît parfaitement le substratum dont une espèce a besoin qu'on peut espérer aboutir à des carpophores. C'est pourquoi le champignon de couche est si facile à cultiver, parce que son milieu nécessaire est bien connu et aisé à se procurer. D'autres espèces qui croissent sur le bois, comme les Pleurotes, sont dans le même cas. Il suffit d'obtenir en laboratoire des mycéliums purs et de les transplanter sur des tranches de peuplier pour être sûr d'obtenir une fructification. De même en Extrême-Orient, on cultive industriellement le « Champignon parfumé » des restaurants chinois sur des lattes de chêne préparées à cet effet. Quant aux champignons mycorhiziques, qui vivent en symbiose avec les racines des arbres, leur culture est impossible, car la plupart se refusent à germer ; d'autre part on ne connaît pas les conditions dans lesquelles ils peuvent s'attacher à l'arbre qui leur sert de support. C'est ainsi que jusqu'à présent il apparaît impossible de tenter la culture des Oronges ou des Cèpes. Ils viennent où ils veulent et quand ils veulent.

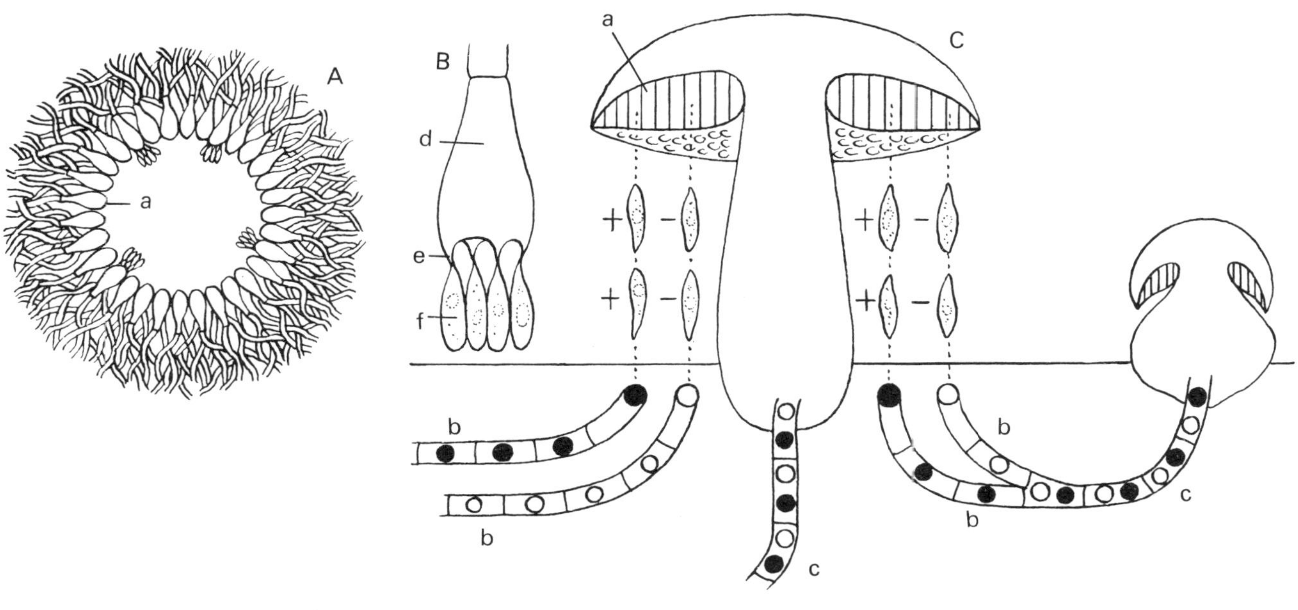

Développement d'un Bolet : A – Intérieur d'un tube avec ses basides ; B – Formation d'une baside ; C – Un carpophore naissant d'un nouveau mycélium. a) Les tubes sous le chapeau ; b) Mycélium primaire ; c) Mycélium secondaire ; d) Baside ; e) Stérigmates ; f) Spores.

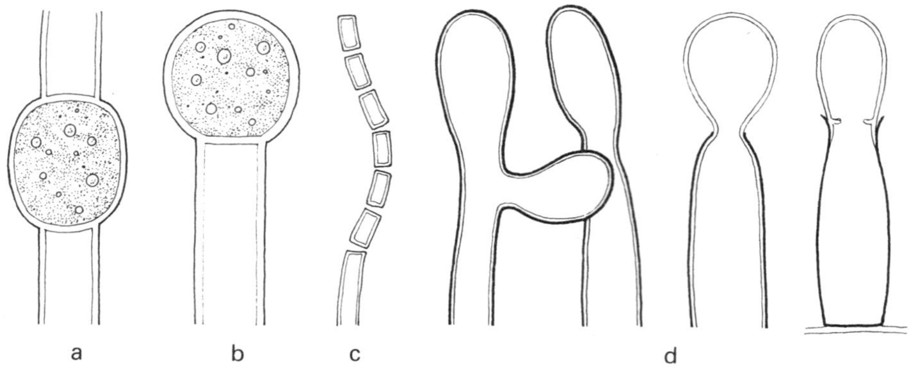

Modèles de spores spéciales : a, b) Chlamydospores à paroi épaisse – intercalaire (a) ; terminale (b) ; c) Spores se séparant d'une Hyphe ; d) Divers aspects de conidies.

Une exception toutefois : les trufficulteurs ont réussi à « mycorhizer » les jeunes chênes au moment même de leur germination. Les jeunes arbres ainsi traités sont ensuite mis en terre, et au bout de quelques années on voit apparaître les premières truffes. C'est ainsi que pourront être régénérées les truffières du Midi, actuellement pour la plupart épuisées.

D'autres champignons se comportent en parasites des arbres. Tout le monde a vu émerger du tronc d'un arbre un « amadou » d'une espèce ou d'une autre. Presque toujours, le champignon a pu s'implanter dans l'arbre à la faveur d'une blessure dans laquelle se sont déposées des spores qui y ont prospéré. Le mycélium n'a plus alors qu'à gagner le bois intérieur, à le digérer et à le réduire en une charpie molle, qui provoque son écroulement.

Il faut donc distinguer parmi tous les champignons ceux qui vivent de matières mortes, feuilles mortes, bois mort, terreau, fumier, etc. On les appelle saprophytes. Un grand nombre de genres, comme les Psalliotes auxquelles se rattache le champignon de couche, en font partie. Viennent ensuite les parasites. Ils se réduisent à quelques espèces de Polypores, de Pholiotes et d'Armillaires ; beaucoup se contentent aussi bien de bois mort que de bois vivant. Et enfin les mycorhiziques, qui vivent en symbiose avec les arbres ou les herbes, comme les Bolets et les Amanites entre autres. Certains de ces mycorhiziques sont attachés à un seul arbre. Certains Bolets ne viennent que sous les pins ; les Oronges ne viennent que sous les chênes ou les châtaigniers, certains Hygrophores ne viennent que sous les chênes, d'autres que sous les hêtres. Mais certaines espèces sont ubiquistes. C'est ainsi que l'Amanite rougissante *(A. rubescens)* accepte tous les arbres, conifères et feuillus. De même les Chanterelles se trouvent sous tous les arbres, mais il est probable que chaque essence en nourrit une « race » particulière. Car si toutes les Chanterelles se ressemblent, elles changent de physionomie selon l'arbre qui les héberge.

On pourrait noter encore que les peupliers et les saules ont à leur service plusieurs espèces qu'on ne trouve pas ailleurs, et en général, les espèces des autres arbres ne s'y rencontrent pas. Il est probable que le chimisme de chaque arbre a ses particularités, qui sont compatibles ou incompatibles avec telle ou telle espèce. Il y a là toute une série d'observations que chacun peut faire dans la nature et qui sont à la fois passionnantes et instructives.

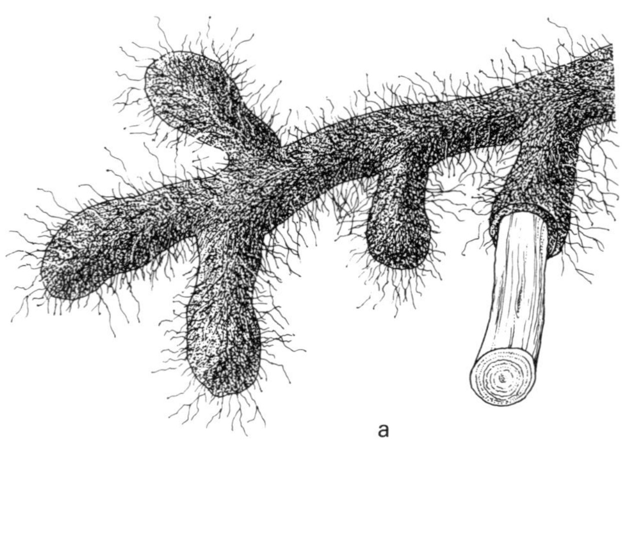

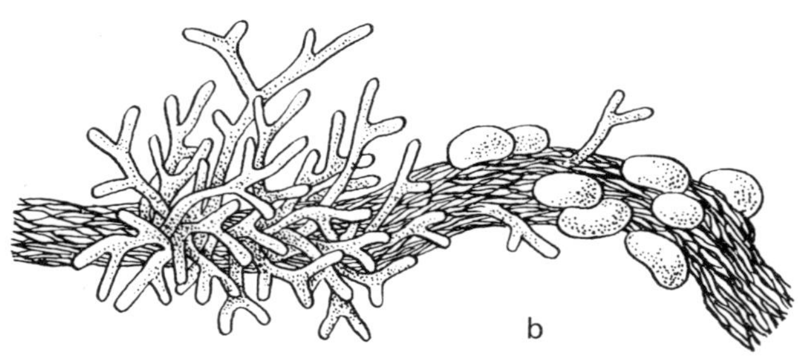

a) Mycorhize ectotrophe enveloppant les radicelles d'un pin ; en b) on voit se former les primordiums des futurs champignons.

Quelques particularités de la vie des champignons

On dit vulgairement « pousser comme un champignon », et il est vrai que beaucoup d'espèces sont d'une croissance extrêmement rapide. Mais il ne faut pas généraliser. Ainsi une Chanterelle, depuis le moment où apparaît sur le sol le petit bouton jaune qui lui sert d'enfance jusqu'à celui où elle sera adulte, requiert une quinzaine de jours. En revanche, certains Coprins éclosent en une heure ou deux et ne durent pas davantage. Un souffle les détruit. Les noms de *velox,* ou d'*ephemerus* qu'on leur a donnés sont significatifs. Et puis il y a ceux qui vivent plusieurs années. Certains Polypores peuvent durer trente ans ou davantage sur l'arbre auquel ils sont attachés. Ils grandissent un peu plus tous les ans, et finissent parfois par être énormes.

Les ronds de champignons

Tout le monde aura remarqué dans les prairies des cercles d'herbe plus verte, où les champignons éclosent à leur saison. Ces cercles ont donné lieu à toutes sortes de légendes. Au Moyen Age, on croyait que c'était la trace des danses des sorcières. On croyait aussi que de marcher sur cette herbe ensorcelée faisait perdre son chemin. La réalité est plus prosaïque. Quand un mycélium s'installe dans la prairie, la première année, il fructifie là où il est. Mais il a épuisé le sol à cet endroit ; comme il est vivace, pour trouver une nourriture nouvelle, il va s'étendre sur son pourtour, cependant qu'il abandonne l'endroit qu'il a stérilisé pour lui-même. Il fructifiera sur cette petite ceinture, et l'année suivante, il s'étendra encore un peu plus loin sur son pourtour ; ainsi de suite tous les ans. Et comme les mycéliums concentrent des nitrites, ces nitrites servent d'engrais et font pousser une herbe plus drue et plus verte, qui signale le cercle de très loin.

Certains de ces cercles peuvent durer très longtemps, et on en signale dans la grande prairie des Etats-Unis, ou dans les steppes des pays de l'Est, qui ont un ou deux kilomètres de diamètre ! C'est dire qu'ils sont vieux de plusieurs siècles, puisque leur avance se chiffre par 20 ou 30 cm par an. C'est dire aussi que si le champignon est éphémère, le mycélium, lui, est quasi immortel, sauf accident.

Les champignons viennent aussi en cercles dans les forêts, mais là, on ne peut s'en apercevoir qu'au moment de leur fructification, car aucune herbe verte ne les trahit.

On remarquera aussi que les cercles de champignons deviennent de plus en plus rares dans les prairies ; cette disparition est due aux engrais chimiques. Un épandage de scories ou de potasse ou de nitrate change brutalement la nature chimique du sol, et les mycéliums qui sont sans doute très exclusifs quant à la nature du terrain, en meurent aussitôt.

Exemple de champignons poussant en cercles. Ici des Tricholomes.

C'est ainsi que beaucoup d'espèces praticoles du plus haut intérêt, autrefois communes, sont devenues introuvables.

Remarquons aussi à propos de ces ronds de sorcières, qu'ils n'existent à peu près pas dans les terrains siliceux, et qu'on ne les voit guère que sur le calcaire.

Voici une observation curieuse que tout le monde pourra faire à l'occasion : la Lépiote pudique, qui ressemble à un champignon de couche dont les lamelles seraient blanches, se montre certaines années avec une abondance prodigieuse, et on peut rester plusieurs années sans la rencontrer. Cette abondance coïncide avec les invasions de campagnols. Les galeries de ces petits rongeurs constituent un milieu favorable à la croissance de leur mycélium, car la rosée s'y dépose pendant la nuit et y maintient une humidité propice. Le moment venu, on voit les champignons émerger des trous de campagnols, alors qu'ailleurs ils sont introuvables.

C'est dire que chercher des champignons ne correspond pas seulement à une vulgaire cueillette. Il y faut de l'attention, du flair, du raisonnement, de l'imagination, et une éducation sévère de la mémoire et de l'attention.

Morphologie des champignons

La morphologie des Champignons est infiniment variée. C'est sans doute cette variété qui donne à leur étude tant d'attrait. Et pourtant, comme nous l'avons vu, ceux que nous rencontrons sont bâtis en fonction de leur méthode de reproduction, c'est-à-dire selon qu'ils sont pourvus d'asques ou de basides. Les Ascomycètes sont les plus simples et leur architecture s'organise sur le thème de la coupe. Les Pezizes en sont le type le plus primitif. Elles s'ouvrent en offrant leur hyménium vers le ciel, et leurs spores sont

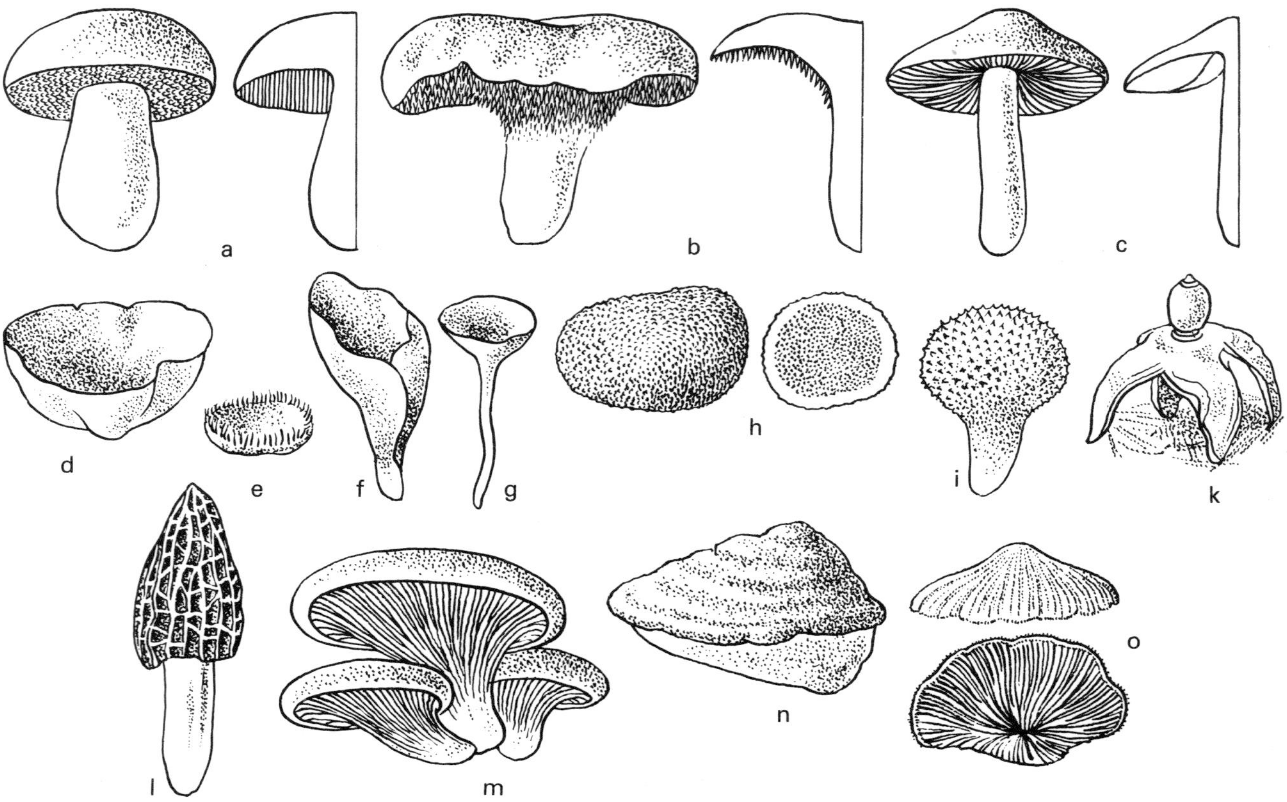

Diverses formes de carpophores : a) Carpophore d'un Bolet, avec pied et chapeau ; b) Carpophore d'un Hydne pourvu d'un pied et d'un chapeau ; c) Carpophore d'une Agaricale avec un chapeau pourvu de lamelles en dessous ; d) e) f) g) Divers carpophores de Pézizacées différentes ; h) Carpophore d'un Elaphomyces, ou Truffe de cerf ; i) Carpophore d'une Vesse de loup, ou Lycoperdon ; k) Carpophore à paroi dédoublée d'un Géastre ; l) Carpophore alvéolé d'une Morille ; m) Carpophore dimidié d'un Pleurote ; n) Carpophore dimidié en sabot de cheval d'un Polypore amadou ; o) Carpophore sans pied et lamellé d'un Schizophylle.

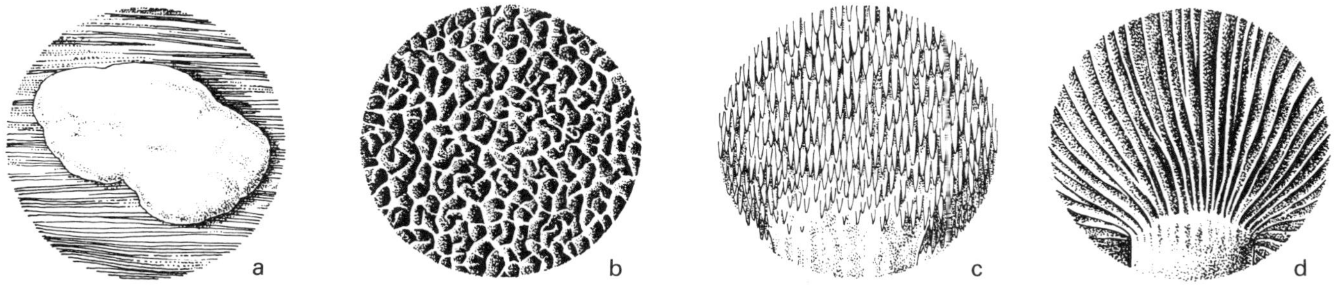

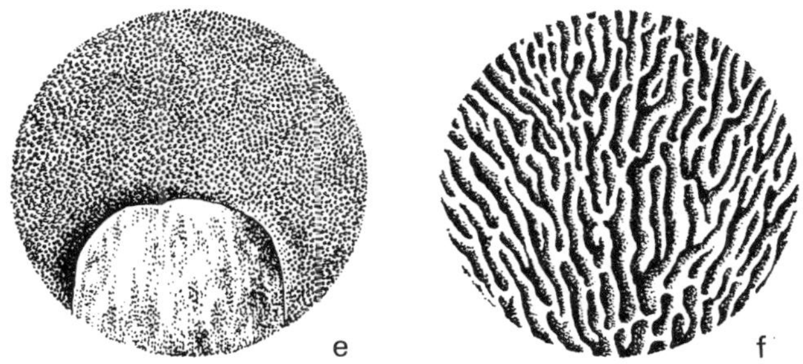

Divers aspects d'hyméniums : a) Résupiné, sans pied ni chapeau ; b) Hyménium lacuneux ; c) Hyménium en aiguillons ; d) Hyménium lamellé, dont les lamelles partent du pied ; e) Hyménium poré et tubulé d'un Bolet, partant du pied ; f) Hyménium à lamelles anastomosées.

projetées verticalement avant d'être emportées par le vent. C'est ce système de projection qui explique le caractère anotrope de leur hyménium.

Cet hyménium lui-même donne lieu à très peu de formes différentes. Si les Pezizes en général ont un pied très court ou insignifiant, les Helvelles peuvent être considérées comme des Pezizes montées, car la coupe primitive est hissée sur un pied ; pour augmenter sa surface sporogène, elle se chiffonne et se replie sur elle-même de façon aléatoire. Ce pied est plus ou moins perfectionné ; il peut être soit simplement cylindrique et creux, soit lacuneux et formé d'éléments parallèles, entre lesquels des espaces libres procurent une économie en assurant en même temps une plus grande stabilité. Pour les Morilles, on est en présence d'une autre solution. Chaque Morille est pour ainsi dire une collection de Pezizes portées sur un même pied. Elles font songer aux colonies de Polypes marins. D'où encore une économie de moyens pour une plus grande surface fertile. Mais on remarquera que les Ascomycètes sont limités dans leurs ambitions architecturales par le fait qu'ils sont constitués presque uniquement de cellules rondes accolées les unes aux autres, ce qui leur donne une

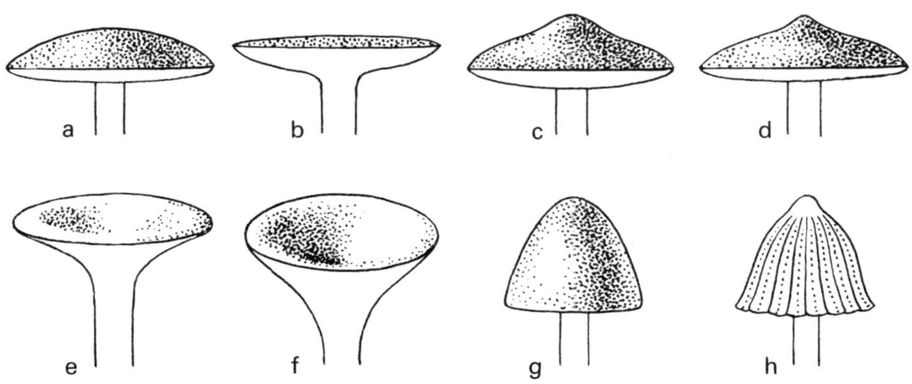

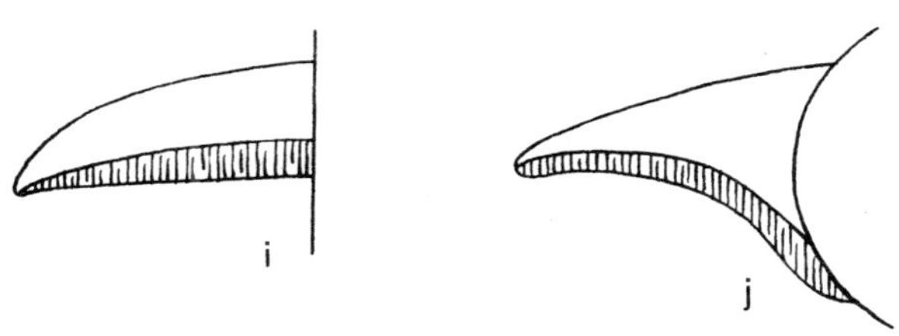

Diverses formes de chapeaux : a) Convexe ; b) Aplani ; c) Légèrement mamelonné ; d) Avec un mamelon plus ou moins pointu au milieu ; e) Creux ; f) En entonnoir ; g) Campanulé ; h) En cloche et strié radialement ; i) Coupe dans le chapeau d'un Bolet ; j) Coupe dans le chapeau d'un Polypore.

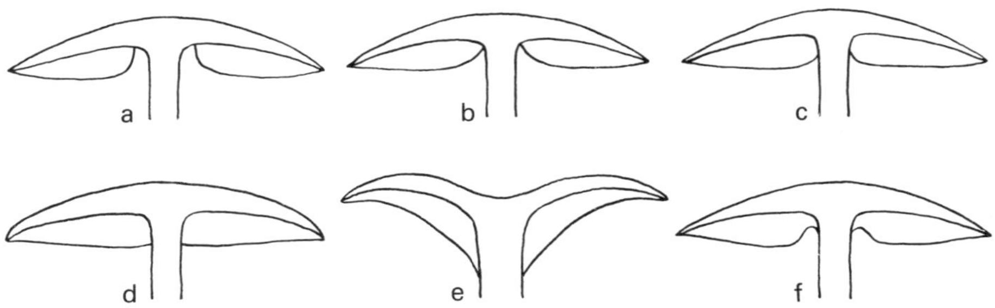

Attache des lamelles : a) Distantes ; b) Libres ; c) Adnées ; d) Largement adnées ; e) Décurrentes ; f) Echancrées.

certaine fragilité. On le voit bien quand on a la chance de rencontrer une Morille géante : le plus souvent son pied n'a pas la force de supporter sa tête, et elle se couche sur le flanc. Les Ascomycètes ont encore produit les Gyromitres, où l'hyménium porté sur un pied se contourne et se multiplie en replis qui évoquent ceux d'une cervelle.

Il n'y a pas de solution de continuité absolue entre les Ascomycètes et les Basidiomycètes. En effet, par une série de gradations, on observe chez les Basidiomycètes primitifs, chez les Trémelles par exemple, des basides qui au lieu de porter leurs spores en bouquets à leur extrémité, les portent une à une sur leurs flancs, comme s'il s'agissait d'un asque qui, au lieu de s'ouvrir par son extrémité, émettrait ses spores par voie latérale. Il est donc probable que les Basidiomycètes sont issus des Ascomycètes par évolution progressive.

Mais les Basidiomycètes ont abouti à des solutions infiniment plus diverses, et ils ont essayé toutes les formes. Les plus simples sont constitués par les Aphyllophorales, c'est-à-dire les champignons sans lamelles. Les Clavaires en sont le type. La Clavaire en pilon *(C. pistillaris),* par exemple, est faite d'un faisceau de fibres parallèles revêtu d'une enveloppe hyméniale. C'est là évidemment une solution simpliste, car cet hyménium est offert nu à toutes les intempéries, sans aucune protection. D'autre part, le rapport entre la masse du champignon et sa surface utile est misérable et le rendement désastreux.

Mais les Clavaires elles-mêmes n'en sont pas restées à ce module. La plupart d'entre elles ont réussi à multiplier leur surface en se ramifiant. A partir d'un tronc commun, des branches se diversifient et se subdivisent, et chaque division multiplie par deux la surface utile. Pour le même poids de matériau, la surface d'une Clavaire chou-fleur *(C. botrytes)* est au moins dix fois celle de la Clavaire en pilon. Il y a des Clavaires de toutes tailles, et on peut remarquer que les petites espèces, comme *C. cristata,* sont saprophytes, tandis que les espèces massives comme la Clavaire chou-fleur sont mycorhiziques.

Mais les Aphyllophorales comprennent encore bien d'autres formes. Ainsi notre Chanterelle si familière en fait partie, car les replis qu'on voit à la face inférieure de son chapeau ne sont pas des lamelles. Ce sont seulement des excroissances de l'hyménium qui s'organise en forme de rides plus ou moins profondes, qui n'ont rien à voir avec des lamelles véritables. Mais les Chanterelles manifestent un progrès évident : leur hyménium n'est plus livré à tous les caprices de l'atmosphère, il est protégé par un chapeau, qui est un véritable parapluie, et cette solution du chapeau sera adoptée par une grande majorité de Basidiomycètes.

D'autres Aphyllophorales sont également familières. Ce sont les Polypores, au sens large du terme. Les plus primitifs n'ont même pas de « pores », mais sont de simples croûtes qui tapissent le bois mort qui leur sert d'hôte. Ce sont les Corticiums, qui ont leurs passionnés et leurs spécialistes, car ils ont l'avantage d'être là toute l'année et de permettre d'herboriser même en hiver. Mais les vrais Polypores sont faits d'un tissu fibreux, tantôt charnu, tantôt (le plus souvent) à consistance de liège, ou presque ligneux. Les tubes qu'on voit tapisser la surface inférieure de ces

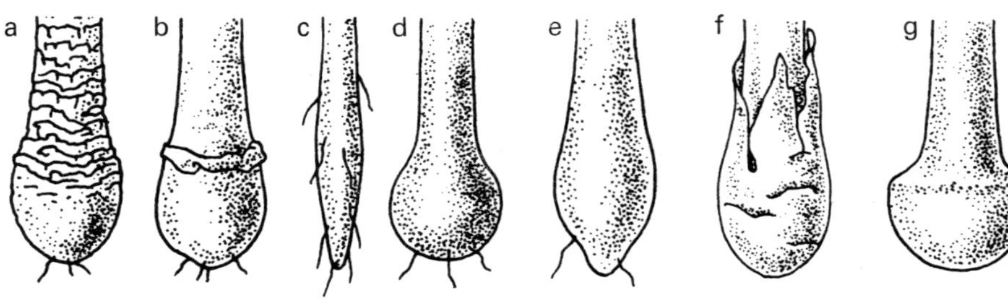

Diverses formes de pieds : a) Orné de zones concentriques ; b) Avec un rebord annulaire à la base ; c) Fusiforme ; d) Epaissi en boule à la base, dit « en navet » ; e) A base épaissie et terminée en pointe ; f) Base enveloppée d'une volve ; g) Base à bulbe circoncis.

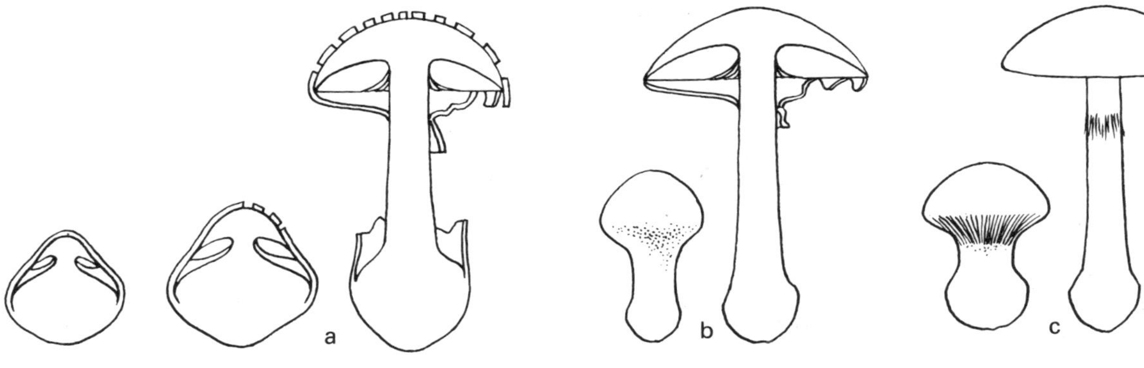

Voiles recouvrant les champignons dans leur jeune âge (mais pas tous) : a) Voile double, volve d'abord recouvrant tout le carpophore d'une Amanite dans son jeune âge. Ce voile se déchire ensuite et en même temps le voile partiel qui protégeait les lamelles se détache sous forme d'un anneau ; b) Un voile partiel seulement, qui recouvre les lamelles, se détache peu à peu et reste sur le pied sous la forme d'un anneau ; c) Autre forme d'un voile partiel : les filaments qui unissent chez les Cortinaires les bords du chapeau au pied et qui, à l'ouverture du chapeau, restent sur le pied sous la forme de traces filamenteuses.

« amadous » ne sont qu'un prolongement de la chair, et n'en sont aucunement séparables. C'est à l'intérieur de ces tubes que se forment les basides et que tombent les spores. Chez les espèces vivaces, chaque année une couche nouvelle de tubes sort de la précédente et augmente l'épaisseur du réceptacle qui s'agrandit d'autant.

Une autre solution adoptée par les Aphyllophorales est celle des aiguillons. Chez les Hydnacées, par exemple, l'hyménium au lieu d'être fait de tubes est fait de pointes, dont le moulage donnerait exactement la forme d'un hyménium poré. C'est une sorte d'inversion morphologique ; ici ce sont les aiguillons qui sont tapissés de basides. Si la plupart de ces Hydnacées ont la forme plus ou moins classique d'un champignon, comme le Pied de mouton, d'autres ont adopté un parti monumental. L'Hydne coralloïde par exemple est fait d'une base épaisse qui se ramifie à l'extrême, et chaque rameau est couvert d'une infinité d'aiguillons fertiles d'une longueur considérable. Le nombre de spores émises est d'autant plus important.

Les Gastéromycètes sont ces nombreux champignons dont l'hyménium, au lieu d'être ouvert, est enfermé dans une enveloppe à l'intérieur de laquelle il se déshydrate à maturité et dont il s'échappe en forme de poussière impalpable. Les Vesses de loup en sont le modèle le plus courant, et on ne se doute guère en donnant un coup de pied à ces champignons pour en faire sortir la « fumée » qu'ils suscitent parmi les mycologues des discussions passionnées. En effet, ces Vesses de loup sont inexplicables. On se demande si ce sont des champignons à lamelles qui se sont refermés sur eux-mêmes, ou bien au contraire si les champignons à lamelles sont un jour sortis des Lycoperdons et analogues. Comme il existe des formes intermédiaires, on discutera longtemps encore pour savoir quelle forme est sortie d'une autre. Ces Vesses de loup présentent d'ailleurs une grande variété de formes, et il y a loin du simple Lycoperdon perlé aux Géastres à double paroi, aux gigantesques Bovistes, et aux Sclérodermes à peau épaisse et dure.

Il est probable que ces champignons refermés sur eux-mêmes sont des formes adaptées à des climats secs et brûlants, car ils sont beaucoup plus fréquents dans les steppes ou même dans les déserts. Il en va de même pour les champignons souterrains. Les truffes, par exemple, sont des Pezizes repliées sur elles-mêmes et qui se sont enterrées pour échapper au soleil du Midi.

A côté des Gastéromycètes auxquels on les a longtemps rattachées se trouvent les Phallacées. C'est peut-être la famille la plus étonnante parmi tous les champignons. Cette famille a la particularité de naître dans une volve ; au début, ses représentants ressemblent en effet à des Vesses de loup. Mais en réalité leur constitution est complètement différente. S'ils se montrent avec la forme d'un oeuf il est rempli d'une substance qui ressemble à du blanc d'oeuf, et qui va servir de lubrifiant au carpophore qui se trouve à l'intérieur, sous une forme ramassée et pour ainsi dire à ressort. C'est ainsi qu'un *Phallus impudicus,* quand on coupe son oeuf, laisse apparaître une sorte de noyau verdâtre entourant une masse blanche et serrée. Mais cette masse blanche est en réalité un corps caverneux qui se détend avec vigueur, déchire l'enveloppe, et en quelques heures se dresse complètement, en portant à son sommet un chapeau en forme de dé percé d'un trou. D'abord lisse, ce chapeau très vite se décompose et laisse s'égoutter sa substance qui répand une odeur cadavéreuse insupportable. Aussitôt les mouches à viande attirées de loin se gorgent de cette substance pleine de spores ; comme ces spores ne sont pas atteintes par les sucs digestifs, elles seront répandues çà et là par les excréments des mouches qui en assureront la diffusion.

Il s'agit en fait ici de donner une explication possible de phénomènes dont l'ingéniosité apparente nous dépasse et que seule l'analogie avec ce que nous connaissons peut faire comprendre.

Les champignons à lamelles

Les champignons à lamelles forment un groupe très nombreux, le plus connu, et celui qui répond le mieux à l'idée qu'on se fait d'un champignon. On les désigne sous le nom d'Agaricales, ou plus simplement d'Agarics, dans le langage courant. Mais qu'est-ce qu'une lamelle ? Quand on étudie le premier stade d'un champignon à lamelles, on voit en coupe une simple petite sphère faite d'une chair non différenciée. Mais à un stade plus avancé, on voit cette sphère prendre une autre forme, son sommet devenir plus important et peu à peu une marge s'individualiser ; entre cette marge et le futur pied une petite cavité circulaire se creuse. On voit progressivement à partir de la partie supérieure de cette cavité pousser les futures lamelles qui se développent à partir de la substance du chapeau.

A mesure que le chapeau se développera, ces lamelles prendront de plus en plus d'importance, car tout le corps du champignon est en réalité conçu pour elles. Quand le carpophore est complètement éclos, on voit ces lamelles tapisser la totalité de l'espace disponible entre la marge et le pied. Comme les grandes lamelles, si elles étaient seules, laisseraient beaucoup de place vide vers le bord, il se forme entre elles des lamelles plus courtes pour boucher les trous, si l'on peut dire ; et on verra des lamelles de toute longueur, les plus courtes vers la marge étant souvent minuscules.

Ces lamelles sont plus ou moins perfectionnées. Ainsi chez les Hygrophores, qu'on considère comme des Agaricales primitives, les lamelles sont très épaisses et écartées les unes des autres, de sorte que la surface de l'hyménium reste assez faible. Au contraire, chez les Lépiotes, les lamelles sont à la fois larges, minces et très serrées, si bien que si on calcule la surface des lamelles chez une Lépiote élevée de 20 cm de diamètre, on aboutit à un total d'un mètre carré ou davantage. Ici le rendement est à son maximum. Mais il y a tous les intermédiaires, et selon les genres et les espèces, l'efficacité des lamelles est très différente. Le record appartient peut-être aux Coprins, car chez eux il n'y a même plus de tissu de soutien ; tout le carpophore est fait de lamelles supportées par un disque charnu minuscule. L'ensemble n'est qu'un faisceau de lamelles extrêmement serrées, au point de former un corps compact qui se dissout peu à peu par autodigestion pour libérer ses spores.

On est généralement étonné d'apprendre que les Bolets sont des Agarics. Longtemps les anciens mycologues les avaient rangés à côté des Polypores, parce qu'ils étaient garnis de tubes, en fait d'hyménium. Mais en y regardant de plus près, on s'est aperçu qu'entre tubes et lamelles, il y avait toutes les gradations possibles ; les Phylloporus par exemple ont un hyménium fait de telle sorte qu'on ne saurait dire s'il est lamellé ou tubulé. En fait, les tubes des Bolets ne sont que des lamelles anastomosées. Contrairement aux tubes des Polypores qui font partie de leur chair même et en sont inséparables, les tubes des Bolets sont de véritables organes indépendants et entièrement séparables. De plus la nature chimique des Bolets s'éloigne complètement des Polypores. C'est là un exemple remarquable de ce fait que dans la Nature, il ne faut pas se fier aux ressemblances extérieures, car des espèces complètement différentes peuvent par convergence d'évolution présenter des similitudes qui semblent d'abord évidentes et qui en réalité sont tout à fait trompeuses.

Les Russules et les Lactaires présentent un cas particulier. Ce sont bien des champignons à lamelles, mais si on étudie leurs embryons, on s'aperçoit que la formation de ces lamelles ne ressemble pas du tout à celles des autres Agarics. Chez un champignon de couche, les lamelles se développent aux dépens de la chair du chapeau qui leur sert à la fois de réserve et de support. Chez les Russules, à l'examen, on voit non pas les lamelles pousser, mais des sillons se creuser ; ces sillons se tapissent peu à peu de tissu hyménien. De sorte que si chez les Agarics ordinaires, la lamelle est l'unité hyméniale, chez les Russules et les Lactaires, l'unité est non pas la lamelle, mais la vallécule, c'est-à-dire le sillon creusé entre deux lamelles. C'est une des raisons pour lesquelles on fait des Lactaires et des Russules une classe à part, les Lactario-russulés, ou encore les Astérosporés, c'est-à-dire des Champignons à spores étoilées. En effet, les spores de ces deux genres ont la particularité d'être revêtues d'ornements en relief. Et ces ornements ont la curieuse propriété de se colorer en violet-noir au contact d'un réactif iodé, qui permet de les voir dans toute leur complexité. Ces ornements sont si particuliers pour chaque espèce que bien souvent c'est l'examen microscopique des spores qui permet d'arriver à une détermination sûre dans ces genres difficiles.

Mais à l'intérieur des Agarics, on distingue ceux qui sont nus, c'est-à-dire ceux qui à leur naissance n'ont aucune enveloppe visible, et au contraire ceux qui sont pourvus d'un ou de plusieurs voiles. Ainsi les Amanites présentent un voile général, la volve qui les enveloppe avant leur éclosion, et un voile partiel, qui couvre les lamelles avant l'éclosion du chapeau, qui se déchire alors à la marge, et retombe sur le pied sous la forme d'un anneau. Cet anneau lui-même peut être simple ou double, et tous ces éléments mettent sur la voie quand on veut savoir à quel genre appartient telle ou telle espèce.

Un autre élément entre en ligne de compte pour les Agarics : la couleur des spores. Le mycologue suédois Fries, qui est le père de la nomenclature, considérait cette couleur comme de très haute importance, et avait classé les Agarics en Leucosporés, c'est-à-dire à spores blanches, en Rhodosporés, c'est-à-dire à spores roses, en Ochrosporés, c'est-à-dire à spores ocre, en Ianthinosporés, c'est-à-dire à spores pourpres, et en Mélanosporés, c'est-à-dire à spores noires. Bien qu'on soit revenu d'une distinction aussi simpliste, elle a conservé une grande valeur, même si elle est relative.

Ainsi les Russules qui étaient classées dans les Leucosporés peuvent avoir des spores jaune vif, certaines Tricholomatacées classées de même ont des spores rosées, et les Psalliotes à spores pourpres sont de constitution très voisine des Lépiotes à spores blanches. De plus, si nos Amanites ont des spores blanches, il en existe des espèces exotiques dont les spores sont vertes. Mais dans l'ensemble, la couleur des spores est un signe de première importance et qu'il faut examiner en priorité.

On verra plus loin le tableau de la classification de toutes ces familles de champignons. Et on verra du même coup que la classification, bien loin d'être une suite abstraite de noms barbares, rend compte de toute une évolution dont la Nature a conservé assez de témoins pour que nous puissions nous en faire une idée claire. Une fois qu'on est capable de voir dans son ensemble la suite des formes fongiques, en partant des plus simples pour arriver aux plus complexes, on a fait un grand progrès.

Les champignons, par la diversité de leurs formes, présentent à l'amateur une variété toujours surprenante ; ils ont de plus le charme de l'inattendu perpétuel, étant donné les caprices de leurs apparitions et de leurs apparences.

Les champignons et l'homme

Depuis la plus haute antiquité, les champignons ont intrigué les hommes, soit qu'ils en aient eu peur, soit qu'ils les aient utilisés comme un aliment naturel. Nos ancêtres qui vivaient de cueillette et de chasse avaient déjà dû essayer de les consommer, à leurs risques et périls ; ils avaient déjà distingué ceux qui étaient inoffensifs ou agréables et ceux qui pouvaient provoquer de graves intoxications. Il est curieux de remarquer à ce propos que certains peuples en consomment de grandes quantités, les mycophages, tandis que d'autres en ont horreur. Ainsi les Russes s'en nourrissent énormément, et le mycoethnologue R. G. Wasson en donne une explication ingénieuse. Les peuples qui vivaient dans les grandes plaines de l'Est étaient fréquemment soumis aux invasions venant d'Asie, et dans ce cas-là, pour survivre, se réfugiaient dans les forêts impénétrables où les envahisseurs ne pouvaient les poursuivre. Pour se nourrir, ils avaient recours non seulement aux fruits sauvages qu'ils pouvaient trouver, aux racines comestibles, et à divers bulbes et feuillages, mais aussi aux champignons qu'ils trouvaient en quantités considérables. Et les champignons étaient devenus pour eux un moyen primordial de survie. De là la connaissance remarquable du peuple russe de ceux qui se mangent et de ceux dont il faut se méfier.

Au contraire, les peuples anglo-saxons et germaniques en ont plus ou moins horreur. Les Anglais en particulier les considèrent avec une méfiance extrême. Ils les appellent *toad-stools,* c'est-à-dire « sièges de crapauds », et les associent inconsciemment à toutes sortes de légendes sataniques. Il y a quelques années, des forestiers français se promenant en Ecosse avaient trouvé des cèpes superbes et avaient demandé à leur aubergiste de les cuire. Il s'y était refusé, mais leur avait permis de les préparer eux-mêmes s'ils en avaient envie. Ce qu'ils firent. Mais au moment du repas, ils eurent la surprise de voir une foule autour de l'auberge. C'étaient des gens qui attendaient pour voir comment se suicidaient les Français !

A vrai dire, sur les milliers d'espèces qu'on peut rencontrer, il n'y en a guère qu'une centaine qui vaut la peine d'être mangée. La plupart des autres sont trop petits, trop coriaces, trop amers, trop âcres, trop nauséabonds, ou trop toxiques. Néanmoins, ils fournissent un aliment d'appoint qui n'est pas négligeable, et surtout une nourriture amusante, souvent savoureuse et parfumée, qui devient parfois un grand luxe à cause de sa rareté, d'où le prestige des truffes, ainsi que des Morilles et de quelques autres.

Il y a aussi le plaisir de leur recherche, qui demande du flair, de l'attention et du raisonnement. Il est probable que ce plaisir est chez nous un reste du talent que devaient y mettre nos ancêtres du paléolithique ; quand nous cueillons des mûres, des framboises ou des champignons, nous répétons sans le savoir des gestes préhistoriques dont nous avons hérité à travers bien des siècles.

Leur valeur économique vient moins de celle des champignons sauvages que de ceux qu'on a réussi à cultiver. En France en particulier, la culture du champignon de couche inventée par nos jardiniers au XVIIe siècle et pratiquée aujourd'hui à l'échelle industrielle représente un marché considérable. Ces « Champignons de Paris » sont au sixième rang de nos exportations. Ils font partie obligatoirement d'un grand nombre de préparations culinaires du plus haut goût et sont une des parties intégrantes de la cuisine traditionnelle française.

En Extrême-Orient, le « Champignon parfumé » des restaurants chinois donne lieu à une culture tout aussi importante. Elle se pratique sur des lattes de chêne et la production de cette espèce *(Lentinellus edodes)* est équivalente à celle de notre champignon de couche. D'autres espèces ont été mises en culture, mais leur importance ne dépasse guère le stade de la curiosité.

Il y a aussi des champignons à usage industriel. Ainsi l'Amadou hirsute *(Inonotus hirsutus)* est utilisé par les ébénistes pour colorer le bois en un brun superbe. L'amadou classique était utilisé autrefois pour allumer ou entretenir le feu. De plus on se servait de lamelles fines d'amadou pour arrêter les hémorragies et les pédicures s'en servent encore pour isoler les ongles incarnés. Le Polypore du bouleau *(Piptoporus betulinus),* coupé en tranches et bien aplati, sert de cuir à rasoir, ou pour aiguiser les fins instruments de joaillerie. Toutefois, ces usages sont tout à fait restreints et ont tendance à tomber en désuétude.

Plus important est leur usage pharmaceutique. Tout le monde connaît les antibiotiques tirés de diverses espèces microscopiques. La découverte de leurs vertus est récente et a provoqué une véritable révolution en médecine. Mais il y a quelques espèces de gros champignons dont les propriétés sont remarquables. Le Polypore du mélèze *(Polyporus officinalis),* qui est d'une amertume épouvantable, a été et est encore utilisé pour combattre les sueurs profuses, administré en cachets qui en dissimulent la saveur atroce.

Les spores du Lycoperdon pyriforme servent de pulvérisateur contre le rhume de cerveau, grâce à leurs propriétés astringentes. On fonde aussi de grands espoirs pour le traitement du cancer sur un Polypore qui vient sur les bouleaux. Mais on commence seulement à explorer les propriétés possibles des champignons supérieurs, et il est probable qu'ils nous réservent des surprises.

Il y a aussi les champignons nuisibles. D'abord une cohorte de microscopiques, moisissures, mildious, oïdiums divers, qui attaquent les plantes cultivées et contre lesquels il faut se défendre à grand renfort de produits chimiques divers. Les plantes sauvages y sont beaucoup moins sensibles, mais les plantes cultivées sont devenues fragiles et se laissent parasiter presque sans défense. Mais à côté des traitements nécessaires, les agronomes désormais s'efforcent de « créer » des variétés réfractaires, et ils y réussissent. Si dans les catalogues horticoles d'aujourd'hui beaucoup de variétés méritantes d'autrefois ont disparu, c'est parce qu'elles étaient trop susceptibles ; les nouvelles, étant résistantes à toutes sortes d'atteintes, ont supplanté celles qui n'en pouvaient plus. Mais c'est toujours à recommencer, car telle variété résistante maintenant peut ne plus l'être demain, et les parasites s'adaptent très vite à de nouvelles proies, comme ils s'adaptent aux poisons avec lesquels on veut les détruire.

Parmi les nuisibles il faut compter les parasites du bois. Ce sont presque exclusivement des Polypores ou analogues. Le plus connu de ces parasites est le Mérule *(Gyrophana lacrymans)* qui forme sur les poutres humides des plaques molles, brunes, ridées, bordées de blanc, et qui laissent échapper des gouttes suintantes. Quand ce champignon s'en prend à une charpente, elle est détruite avec une rapidité déconcertante, et comme rien ne le révèle à l'extérieur, il arrive que tout à coup un plancher s'effondre et provoque de graves accidents. Le seul remède est d'assécher l'endroit, car cette espèce ne supporte pas le grand air, de remplacer les poutres malades et de les traiter d'abord avec les produits protecteurs convenables.

Ce Mérule n'est pas connu depuis très longtemps. Il semble qu'il ait fait son apparition dans l'histoire en infectant les bateaux de l'amiral Nelson, dont un grand nombre furent détruits sans remède. Il est vrai que l'humidité qui règne dans les bateaux qui sont des lieux fermés lui est très propice. C'est à la suite de cette catastrophe qu'on a commencé à construire des bateaux métalliques. Comme quoi l'existence d'un champignon a suffi à contraindre les hommes à inventer une nouvelle technique.

D'autres Polypores s'attaquent aux arbres forestiers ou fruitiers. Il est fréquent qu'on voie, même dans les rues de Paris, un des arbres des avenues porter un énorme Polypore jaune, le *P. sulphureus,* qui a tôt fait d'en ronger le cœur, et l'arbre, tôt ou tard, est destiné à s'écrouler. Les cerisiers en meurent fréquemment. En forêt ce sont les « amadous » qui s'en prennent aux arbres de n'importe quelle essence, quoique certains soient spécialisés pour les chênes, d'autres les peupliers, d'autres les conifères, etc. C'est une perte sèche pour l'exploitant, car le bois ainsi attaqué devient spongieux et perd toute valeur marchande.

Enfin il y a ceux qui s'attaquent à l'homme et aux animaux. Certains font tomber les cheveux, c'est la pelade, d'autres les emmêlent, c'est la plique, d'autres provoquent la formation de plaques rouges çà et là sur tout le corps. Le plus souvent, ils sont les témoins d'une hygiène insuffisante ou d'un état de grande faiblesse.

En résumé, il y a des champignons partout, et ils se sont adaptés peu à peu à tous les milieux possibles. Leur rôle utile est de réduire les matières mortes en leurs éléments et de les faire retourner dans le cycle vital. Mais ils peuvent aussi provoquer de graves dommages en s'attaquant aux cultures, aux animaux et à nous-mêmes.

Classification des champignons

Le mot de classification suffit à lui seul à faire fuir les amateurs. On se souvient avec horreur des tableaux qu'on a été plus ou moins contraint d'ingurgiter à l'école sans y comprendre grand-chose. On n'y voit qu'une terrible abstraction pleine de pièges et hérissée de noms plus ou moins barbares qui ne représentent rien à l'esprit. En fait, une classification bien comprise présente un véritable intérêt, car elle permet de voir d'un coup d'oeil comment la nature à partir des formes les plus simples est parvenue par sauts ou par adaptations successives à des architectures de plus en plus complexes et plus efficaces.

Il nous faut donc partir des plus primitifs pour arriver à la fin aux genres et aux espèces les plus évolués, dont les gros champignons que nous récoltons couramment sont les principaux représentants.

Presque en dehors des autres groupes se trouvent les Myxomycètes. Ils sont à la fois animaux et végétaux, car au début de leur croissance, ils se présentent comme une masse gélatineuse et transparente, douée de mouvement, qui « marche » à la recherche de sa nourriture sur son support. Cette masse indifférenciée, quand elle est rassasiée, tout à coup subit un véritable phénomène de cristallisation, et se transforme en carpophores très variés, malheureusement de faible taille pour la plupart, mais d'une élégance admirable, vus sous la loupe. Les représentants les plus communs de ce groupe sont le *Lycogala epidendron,* ou « Lait de loup », qui forme sur les bois morts de jolies petites sphères d'un rose vif, et la Fleur de tan, dont on voit souvent les masses fructifères sous forme d'un amas poudreux et jaune vif sur les souches mortes de chêne en particulier.

Les Chytridiomycètes, les Oomycètes et les Zygomycètes ne comprennent guère que des champignons microscopiques, à la série desquels appartiennent la plupart des maladies de nos végétaux, comme la gale verruqueuse, l'encre du châtaignier ou du chêne, le mildiou de la pomme de terre, et les divers mildious qui attaquent le tabac, la vigne, la banane, et toutes les maladies qui affectent en particulier les semis quand ils sont faits en serre, où les champignons trouvent les conditions parfaites de leur croissance grâce à l'humidité ambiante et à la douceur de la température. Mais ces champignons à étudier au microscope sont l'affaire de spécialistes, pourvus des laboratoires adéquats. L'amateur ne peut guère espérer faire mieux que de déterminer les espèces les plus communes et les plus visibles sur les rosiers ou les tomates de son jardin.

Viennent les Ascomycètes. Cette énorme classe comprend une série considérable d'espèces microscopiques et parasites souvent nuisibles comme les teignes, la maladie de l'orme, les divers oïdiums qui attaquent les rosiers, les chênes, les pommiers, la vigne, etc. Mais les Ascomycètes, qui se caractérisent par la façon qu'ils ont de générer leurs spores à l'intérieur de petits sacs appelés justement « Asques », ont évolué vers des formes plus riches et de plus grande taille. Alors que leurs formes primitives se contentent de s'étendre d'une manière amorphe et aléatoire sur leur support, quand on en arrive aux grandes formes, on se trouve en présence de genres entiers non seulement visibles à l'oeil nu, mais souvent de taille considérable.

Voici d'abord des Pézizales, qui sont de construction fort simple. Le principe de leur architecture est une simple coupe, à l'intérieur de laquelle se pressent les asques, qui, une fois mûres, expulsent leurs spores vers le ciel. Cette coupe peut être entière comme chez les véritables Pezizes, ou fendue sur le côté, comme chez les Otidées, ou portée sur un pied individualisé, comme chez les Helvelles ou les Gyro-

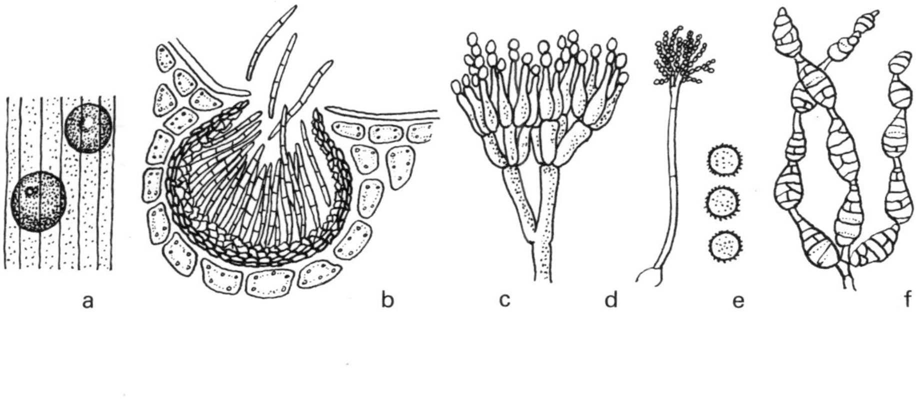

Exemples de champignons microscopiques du groupe des Deutéromycètes : a) Pycnides de *Phoma* sp. ; b) Coupe à travers une pycnide de *Septoria* sp. avec ses conidies ; c) Conidiophore d'*Aspergillus niger ;* d) Conidiophore d'Urédinale ; e) Spores de Pyrénomycètes ; f) Conidiophore d'*Alternaria tenuis* avec ses conidies.

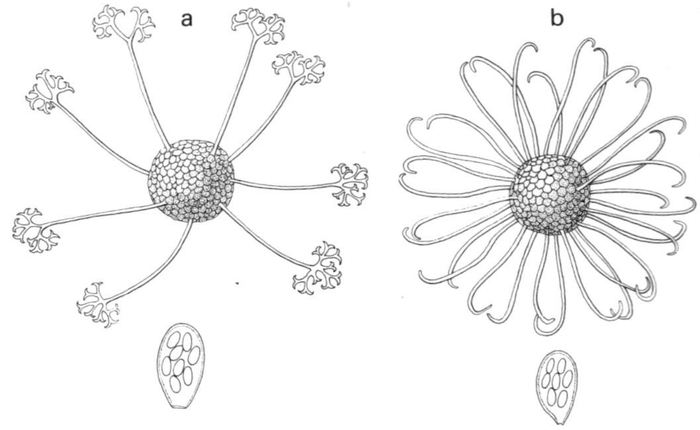

Certains champignons comme les Myxotrichums émettent des crampons appelés « fulcres » qui s'accrochent aux toisons des animaux et assurent leur dissémination. a et b) Deux exemples de ces « fulcres » pourvus de crampons.

mitres. On remarquera que chez les Helvelles et analogues, la coupe primitive varie ses formes en se chiffonnant de diverses façons. Chez les Gyromitres, elle prend des allures cérébriformes, et les sillons qu'on y remarque ont pour conséquence de multiplier la surface sporogène en la rendant plus efficiente. C'est là évidemment un « progrès » par rapport aux Pezizes toutes simples dont la surface unie n'a fait preuve d'aucune imagination. Pour les Helvelles, la coupe primitive se chiffonne et se replie sans aucun ordre apparent, mais le résultat est le même.

Pour les Morilles, qui représentent les plus évoluées des Ascomycètes, la solution adoptée est différente. On peut les considérer comme des colonies de Pezizes agglomérées selon un ordre différent dans chaque espèce, ou simplement comme une tentative de multiplier la surface en la creusant d'alvéoles tels que si on voulait les déployer à plat, la surface proprement dite d'une Morille serait multipliée par trois au moins.

Le cas des Truffes est aussi instructif. Les asques des Truffes sont enfermés dans des logettes et les spores ne sont livrées à la nature que lors de la décomposition du champignon. C'est que les Truffes et analogues, comme tous les champignons souterrains, manifestent une adaptation aux climats secs. On peut considérer une Truffe comme une Pezize qui au lieu de fructifier à l'air libre, s'est entièrement repliée sur elle-même et a choisi la vie souterraine pour échapper aux aléas de la sécheresse extérieure.

Un autre Ascomycète fait « bande à part » : c'est le *Bulgaria inquinans,* si fréquent sur les troncs de chêne abattus, où il prolifère dans les fentes de l'écorce. Ce Bulgaria est entièrement gélatineux et se comporte comme une Pezize charnue et plus durable que ses congénères.

Les Basidiomycètes comprennent aussi quelques genres microscopiques, comme les charbons, les caries et les rouilles qui attaquent les céréales ou les arbres fruitiers. Mais c'est parmi eux que se trouvent la plupart des espèces qui répondent à l'idée qu'on se fait en général des champignons. Les plus primitifs des Basidiomycètes ont des basides encore toutes proches des asques dont elles sont une transformation progressive. On voit par exemple que les basides

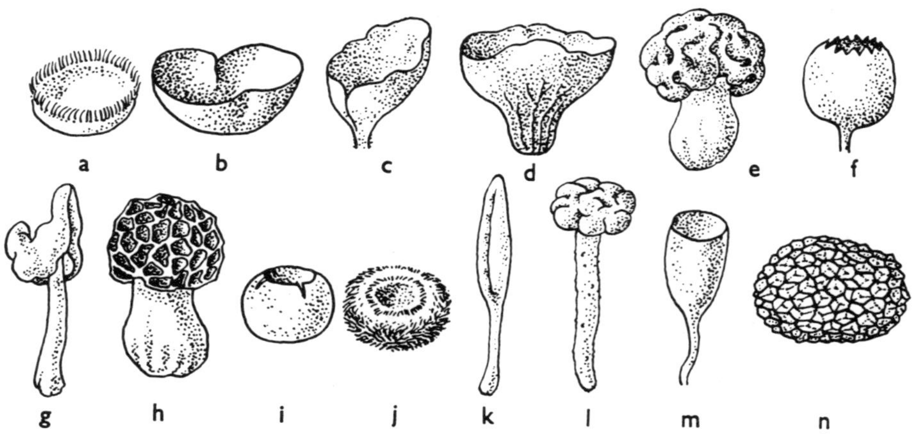

Exemples de carpophores d'Ascomycètes : a) *Scutellinia ;* b) *Peziza ;* c) *Otidea ;* d) *Helvella ;* e) *Mitrophora ;* f) *Tarzetta ;* g) *Helvella ;* h) *Morchella ;* i) *Peziza vesiculosa ;* j) *Mycolachnea ;* k) *Geoglossum ;* l) *Leotia lubrica ;* m) *Urnula craterium ;* n) *Tuber aestivum.*

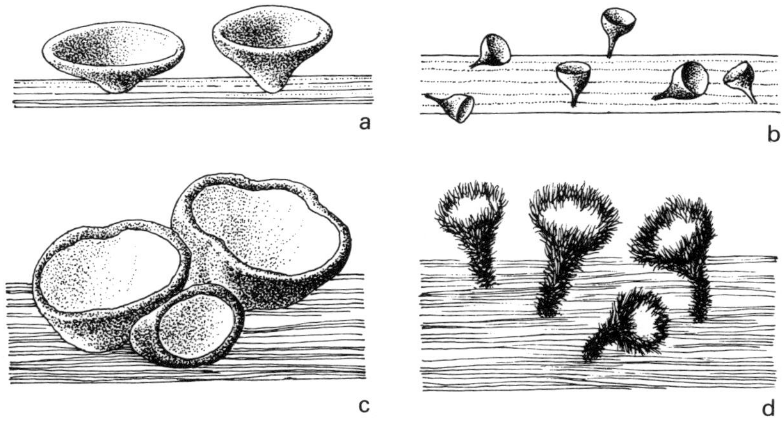

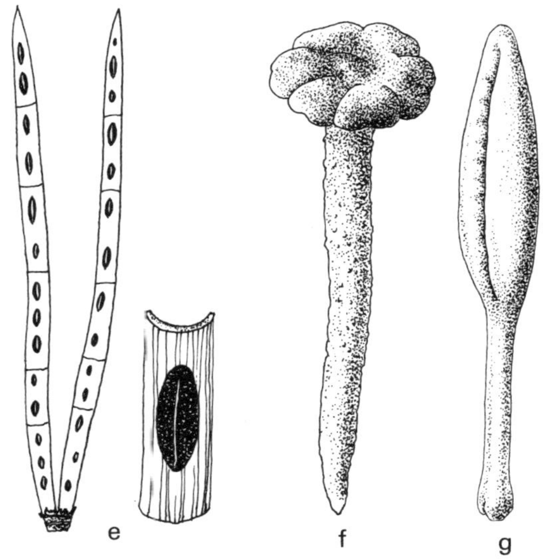

Exemples d'apothécies : a) *Pezizella ;* b) *Hymenoscyphus* sp. ; c) *Ascocoryne* sp. ; d) *Dasyscyphus* sp. ; e) Hétérothécie de *Lophodermium pinastri ;* f) *Leotia lubrica ;* g) *Geoglossum* sp.

des Auriculaires ou des Trémelles sont comme on dit « septées », c'est-à-dire qu'au lieu de se présenter classiquement comme une grosse cellule allongée portant des stérigmates terminés par les spores, elles sont soit coupées en quatre dans le sens de la largeur, chaque élément portant une spore, ou dans le sens de la longueur, les spores apparaissent alors non à l'extrémité de la baside, mais sur ses côtés.

Mais on rencontre sur cette voie largement ouverte tout de suite des genres plus évolués, comme par exemple les Calocères, qui sont des Protoclavaires, puis les Clavaires véritables, dont l'hyménium est nu, comme celui des Chanterelles et des Hydnes. Cet hyménium est déjà très variable. Celui des Clavaires peut être simple et en forme de fuseau, ou au contraire rameux et coralloïde, ce qui représente un grand progrès. Les Chanterelles font mieux encore. Très voisines des Clavaires par leur contexture, elles en diffèrent parce que leur chapeau est un véritable chapeau, et que leur hyménium au lieu d'être exposé à tous les vents, est infère, c'est-à-dire tourné vers le bas et à l'abri du chapeau lui-même. De plus cet hyménium se multiplie en se plissant plus ou moins profondément. Ce ne sont pas encore des lamelles, mais cela s'en rapproche. Tout près des Chanterelles se trouvent les Craterelles, qui sont des Chanterelles membraneuses et sans plis. Quant aux Hydnes et analogues, ils ont enrichi leur hyménium en le divisant en une infinité de pointes, qui sont exactement l'inverse des tubes des Polypores ou des Bolets. Si on moulait l'hyménium d'un Hydne, le moulage offrirait exactement l'apparence du dessous d'un Bolet.

Citons maintenant ceux que l'on appelle les « Poriales ». Les plus simples comprennent des genres qui sont faits d'une simple croûte appliquée sur le support, qui est généralement du bois, comme le font les Corticiums. Le Mérule, les Stérées n'ent sont pas loin. On peut considérer les Stérées comme des Polypores sans tubes. L'absurdité apparente de cette expression dit cependant bien ce qu'elle veut dire.

Les Polypores proprement dits forment à eux seuls un monde à part, et fort nombreux. On distingue en gros d'abord ceux qui sont constamment charnus, comme le Polypore en ombelle ou le Polypore pied de chèvre. Puis ceux qui commencent par être charnus et deviennent bientôt coriaces, comme le Polypore d'hiver. On les appelle Leucopores. On en distingue ceux qui ont le pied noir, comme le Polypore écailleux, et ce sont les Melanopus. Viennent ceux qui ont la consistance du liège – on les dit subéreux – ou même qui sont aussi durs que du bois. Ce sont ceux qu'on appelle vulgairement « amadous » et qui comprennent un grand nombre de genres dont les principaux sont les Lenzites, dont les pores sont

Exemples de carpophores d'Aphyllophorales : a) *Exidia ;* b) *Dacrymyces ;* c) *Polyporus perennis ;* d) Clavaire rameuse ; e) *Hydnum repandum ;* f) *Fomes* sp. ; g) *Hericium coralloides.*

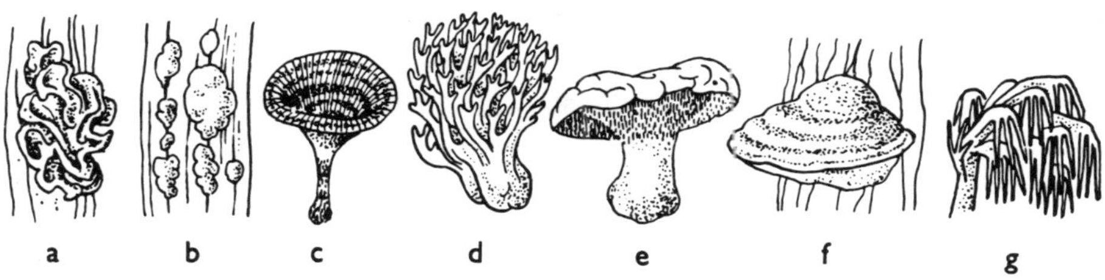

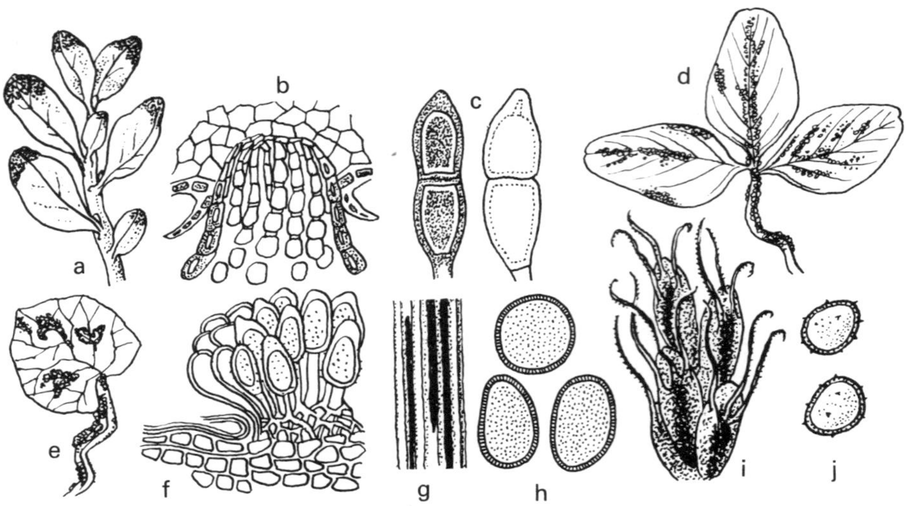

Exemples de rouilles et de charbons parasites : a) *Exobasidium vaccinii* sur feuilles de myrtillier ; b) *Aecium ;* c) Téléospore de *Puccinia* sp. ; d) Colonie de téléospores de l'Uromyces du trèfle sur une feuille ; e) Uromyces de la Ficaire sur une feuille ; f) Téléospores de l'Uromyces de la Ficaire ; g) Nid charbonneux de l'*Ustilago longissima* sur une plante d'eau ; h) Spores de l'*Ustilago longissima ;* i) Epillet envahi par *Ustilago segetum ;* j) Spores tombées de l'*Ustilago segetum.*

remplacés par de grosses lamelles coriaces, les Tramètes, les Corioles, et les divers genres qui prennent la forme d'un sabot de cheval sortant du tronc d'un arbre. On les sépare les uns des autres selon la couleur de leurs spores, qui peuvent être blanches, jaunes ou brunes. Les uns possèdent sur leur chapeau une croûte épaisse, d'autres en sont dépourvus, et ce sont là autant de caractères qui ont permis de mettre en peu d'ordre dans cet énorme ensemble.

Et voici une famille qu'on ne sait où loger. C'est celle des Lactario-russulés, qu'on appelle aussi Astérosporales. Ce deuxième nom leur vient du fait que leurs spores sont toujours ornées de pointes, de crêtes, de réseaux en relief ; ces ornements sont très souvent spécifiques et ont permis de séparer les unes des autres bon nombre d'espèces qu'on avait confondues avant un examen approfondi. Mais ces champignons ont une autre particularité. Alors que les autres champignons sont faits de cellules allongées qui s'organisent en faisceaux et leur donnent leur cohérence verticale, les Lactaires et les Russules ont une consistance très différente. Leurs cellules sont presque toutes sphériques et simplement entassées les unes sur les autres. Ces champignons comprennent aussi quelques cellules longues, mais trop peu pour qu'on ne remarque aussitôt que le pied d'un Lactaire ou d'une Russule se brise à la traction comme un morceau de craie, alors que celui d'une Chanterelle par exemple laissera voir la déchirure des fibres dont il est fait.

Encore une différence curieuse : chez les autres champignons à lamelles, on voit en étudiant leurs embryons que ces lamelles croissent à partir des réserves que leur offre la chair du chapeau. Chez les Lactaires et les Russules, leur développement est très différent. On voit au même stade les lamelles non pas « pousser », mais se ranger de part et d'autre d'un sillon qui se creuse dans la chair du chapeau. Si bien que chez les espèces de cette famille, ce n'est pas la lamelle qui est l'unité hyméniale, mais le sillon qui les sépare et qu'on appelle une vallécule. La découverte de ce processus a contribué à faire considérer cette famille comme absolument différente de toutes les autres. Leur apparence « agaricoïde » n'est qu'une illusion d'optique.

Nous allons découvrir maintenant les champignons à vraies lamelles. Ce sont les Agaricales, qui comprennent les espèces les plus connues, les plus prestigieuses et aussi les plus toxiques.

On inclut aujourd'hui dans les Agaricales, sous le nom de Bolétales, des Agarics dont l'hyménium est tubulaire, comme celui des cèpes, et séparable. Les Polypores ont aussi un hyménium tubulaire, mais il est inséparable de la substance du chapeau dont il est le prolongement. Et si on a rapproché les Bolets et analogues des Agarics, c'est parce qu'il existe entre tubes et lamelles tant de gradations qu'on a compris assez vite que la distinction qu'on avait crue absolue (au point que les anciens mycologues rangeaient les Bolets parmi les Polypores) n'était qu'une apparence, et que les tubes des Bolets n'étaient en fait que des lamelles plus ou moins rigoureusement anastomosées. Il y a d'ailleurs des Bolétales à lamelles. Les Paxilles et les Gomphides par exemple, malgré leurs lamelles, ont tous leurs autres caractères rigoureusement bolétoïdes, et on est bien obligé de faire d'eux des Bolétales. Qu'on veuille bien remarquer en passant que les ressemblances extérieures, en mycologie, cachent souvent les réalités profondes.

Quant aux Agaricales proprement dites, elles comprennent un grand nombre de genres distribués en familles. D'abord les plus primitives, qui sont les Hygrophoracées. Les Hygrophores se caractérisent par des lamelles épaisses et espacées, de consistance cireuse, et un habitat soit forestier soit praticole selon les sous-genres. Toutes les espèces semblent être mycorhiziques. Les Tricholomacées sont plus évoluées. Il n'y a pas de solution de continuité entre le pied et le chapeau, qui n'est qu'un évasement du pied. Mais les lamelles sont bien moins primitives. Elle sont ou libres, ou échancrées, ou décurrentes. Les genres principaux sont *Tricholoma, Lepista* et *Clitocybe.* Mais on rattache aussi à cet ensemble les Pleurotes, qui sont lignicoles, les Clitopiles à spores roses et côtelées, les Lentins, également lignicoles, les Marasmes, qui sèchent facilement et sont reviviscents avec la pluie, les Collybies, à pied coriace et à chapeau charnu, les Mycènes, fragiles et souvent minuscules, les Laccaires, si communes et si variables de forme, les Tricholomes proprement dits, et aussi les Armillaires. Tous ces champignons ont des spores blanches, roses chez les Clitopiles ou chez certains *Lepista.*

Les Rhodophyllacées ont une particularité bien singulière : leurs spores sont roses, et elles sont polyédriques. Quand on les regarde au microscope, on est toujours surpris de voir qu'au lieu d'être plus ou moins lisses comme elles le sont presque toutes, celles-ci offrent un profil polygonal, et les angles en sont disposés de telle façon que souvent ils suffisent à déterminer une espèce dans ce genre entre tous difficile.

Avec les Cortinariacées, nous entrons dans le domaine des genres à spores de couleur brune, ocre, ou rouillée. Les genres principaux sont les Inocybes, caractérisés par leur port généralement conique, leur chapeau presque toujours plus ou moins pelucheux, velouté ou hérissé, et un voile partiel très fragile souvent impossible à déceler.

Les Cortinaires, eux, se reconnaissent immédiatement aux restes de leur cortine, c'est-à-dire du voile aranéeux qui les enveloppe dans le jeune âge et dont il reste des lambeaux plus ou moins importants à l'âge adulte sous forme de filaments sur le pied. C'est un genre énorme dont le nombre des espèces ne cesse d'augmenter tous les ans, et ces espèces vont du minuscule au géant. Mais il y a une « physionomie Cortinaire » qui ne trompe pas un oeil un peu averti.

Tout près des Cortinaires se trouvent les Hébélomes, qui leur ressemblent, mais dont le chapeau de couleur terne et souvent visqueux ne présente qu'une cortine très faible ou même inexistante. On les reconnaît d'habitude au nez, faute d'autre signe, car à peu près tous dégagent une odeur de rave très déplaisante. Les Pholiotes et analogues sont presque toutes lignicoles et sont pourvues d'un véritable anneau. La plupart sont écailleuses, et de là vient leur nom savant, *pholis* signifiant en grec « écaille ». Les Pholiotes ont été divisées en plusieurs genres ou sous-genres, et en particulier on en a séparé les Agrocybes qui sont terrestres. Les Flammules sont voisines des Pholiotes, mais de taille généralement plus grêle, leur anneau est très faible, et elles n'ont pas d'écailles. On voit que ces Cortinariées présentent un ensemble de caractères communs et forment une famille très cohérente, où toutefois les genres sont assez bien séparés par leurs particularités propres.

Les Strophariacées ont un pied et un chapeau non séparables. Leurs spores sont brun pourpre, parfois violacées et elles sont lisses. Les Strophaires sont pourvues d'un véritable anneau membraneux, et elles sont visqueuses. Elles sont le plus souvent fimicoles. Tandis que les Hypholomes sont lignicoles, et sont

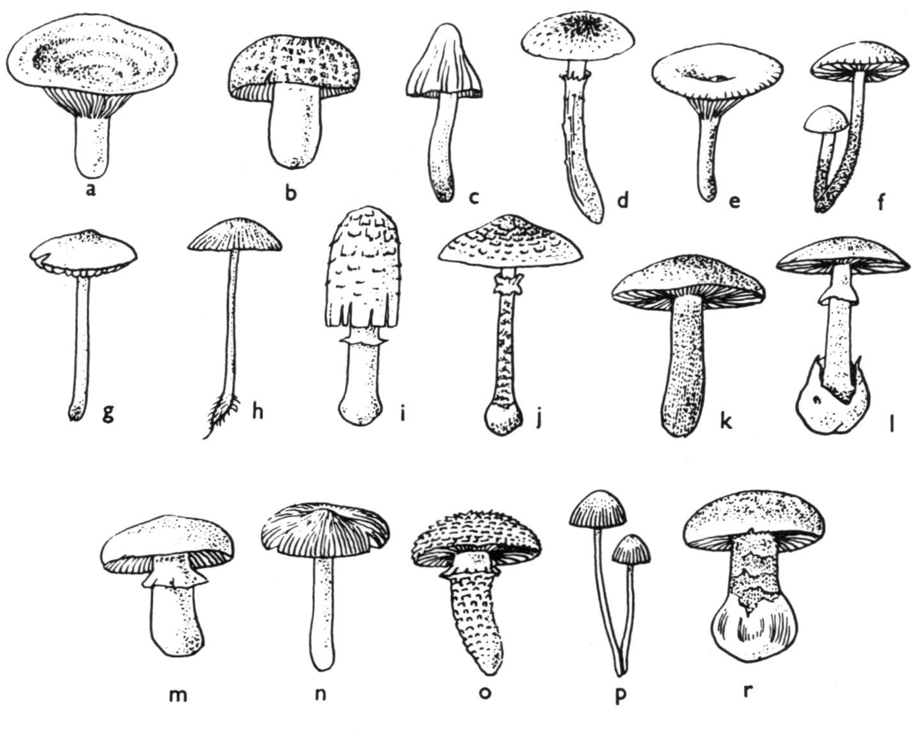

Exemples de formes de chapeaux d'Agaricales : a) *Lactarius ;* b) *Russula ;* c) *Hygrophorus ;* d) *Armillaria mellea ;* e) *Clitocybe ;* f) *Collybia ;* g+h) *Mycena ;* i) *Coprinus ;* j) *Lepiota ;* k) *Tricholoma ;* l) *Amanita ;* m) *Psalliota ;* n) *Inocybe ;* o) *Pholiota ;* p) *Psathyrella ;* r) *Cortinarius.*

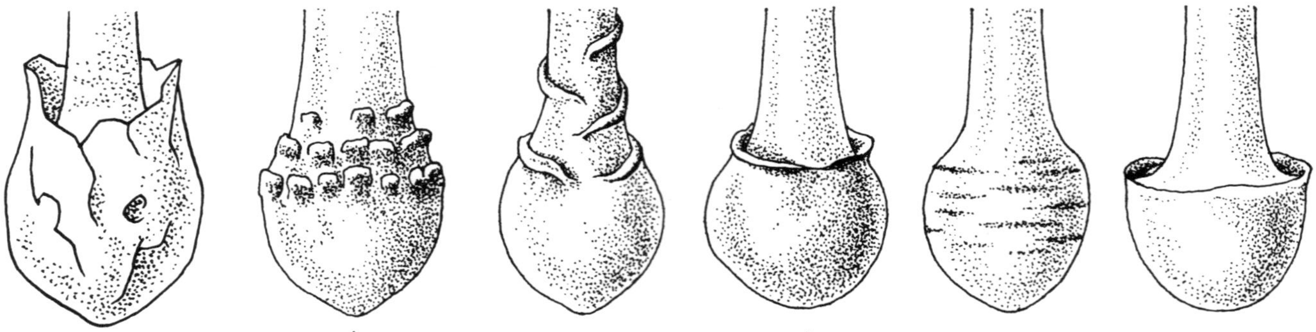

Exemples de formes de pieds des Agaricales à leur base : a) *Amanita phalloides ;* b) *Amanita muscaria ;* c) *Amanita pantherina ;* d) *Amanita gemmata ;* e) *Amanita rubescens ;* f) *Amanita citrina.*

dépourvus de voile membraneux. Ils possèdent seulement une cortine plus ou moins fugace.

Restent trois familles qui sont les plus évoluées des Agaricales. Voici les Coprinacées, dont le pied est séparable. Ce sont des espèces fragiles, et pourvues d'un voile partiel plus ou moins annelé. Les spores sont noires ou noirâtres. Chez les Drosophiles et les Psathyrelles, elles ne sont pas déliquescentes. Ce sont des espèces qui poussent en touffes souvent sur le vieux bois ou dans l'herbe grasse. Les Panéoles à chapeau campanulé ont des lamelles « nuageuses », car les spores noires y mûrissent par plages successives, et non toutes ensemble. Les Coprins sont caractérisés par leurs lamelles déliquescentes, si bien que leurs spores sont dispersées par les eaux de pluie une fois tombées sur le sol. Les Coprins montrent une évolution extrême. Car ils ne sont faits que d'un pied séparable, leur chapeau se limite à un disque minuscule au sommet du pied, et toute leur substance est faite de lamelles, c'est-à-dire que par une économie parfaite de moyens, le rapport matière – hyménium est le plus favorable possible.

Les Agaricacées proprement dites comprennent les Lépiotes, pourvues d'un chapeau séparable, des lamelles très nombreuses, larges et minces, et leur architecture est d'une grande ingéniosité. Leur pied est d'une solidité considérable, car il est tubulaire et ses fibres extérieures sont surtendues par rapport aux intérieures. L'anneau est ample et souvent double, et le revêtement du chapeau se lacère rapidement après son déploiement. Les écailles superbes qu'on voit sur le chapeau des Lépiotes ne sont que les restes du voile général qui se disperse quand son rôle protecteur est terminé. Les Cystodermes, qu'on rattache peut-être sans grande raison aux Lépiotes ont un chapeau non séparable, un anneau qui provient du voile enveloppant le pied, et on peut aussi bien les rapporter aux Tricholomacées. Les Psalliotes sont analogues aux Lépiotes. Elles ont la même texture, en plus charnu, mais leurs spores sont brun pourpre et non blanches comme celles des Lépiotes.

La famille des Amanitacées est aussi à l'extrême pointe de l'évolution des Agaricales. Le pied et le chapeau sont séparables, et les carpophores sont enveloppés dans leur jeunesse par un voile plus ou moins membraneux qui persiste soit sous forme de volve soit sous forme d'écailles sur le chapeau. Voici les Volvaires, à spores roses, dont la volve persiste à la base du pied, les Plutées qui sont lignicoles et ressemblent à des Volvaires sans volve. Volvaires et Plutées ont des spores roses. Si les Volvaires sont le plus souvent terrestres, les Plutées sont lignicoles, fort nombreux en espèces, et pas toujours faciles.

Viennent enfin les Amanites, qui représentent l'aristocratie des Agaricales. Elles naissent dans une volve soit membraneuse soit floconneuse, elles possèdent un voile secondaire qui donne un anneau, leur pied est séparable, leurs lamelles sont serrées, larges et portent des spores blanches. La multiplicité de leurs organes permet de distinguer leurs espèces avec une grande facilité. Tout au plus peut-on parfois hésiter devant le sous-genre *Amanitopsis,* qui n'a pas d'anneau apparent, et dont les formes sont si variables qu'on ne sait pas toujours si on est en présence d'une simple variation, d'une variété ou d'une espèce.

Restent deux familles bien étranges. D'abord les Gastérales. Ce sont les « Vesses de loup » et analogues. Ces champignons ont la particularité de former leurs spores à l'intérieur même de leur carpophore, qui prend une forme plus ou moins sphérique. A la maturité, l'intérieur de ces carpophores se déshydrate complètement, et les spores sont expulsées sous forme de la poussière brune que tout le monde connaît. Ceux qui s'occupent des problèmes de phylogénie, c'est-à-dire de la science qui consiste à savoir comment les tribus de champignons sont sorties les unes des autres, ont sur les Gastérales deux théories complètement opposées. Les uns prétendent que les Agaricales sont sorties peu à peu des Gastérales, car on trouve entre les deux familles des formes de transition. Mais les autres affirment que les Gastéra-

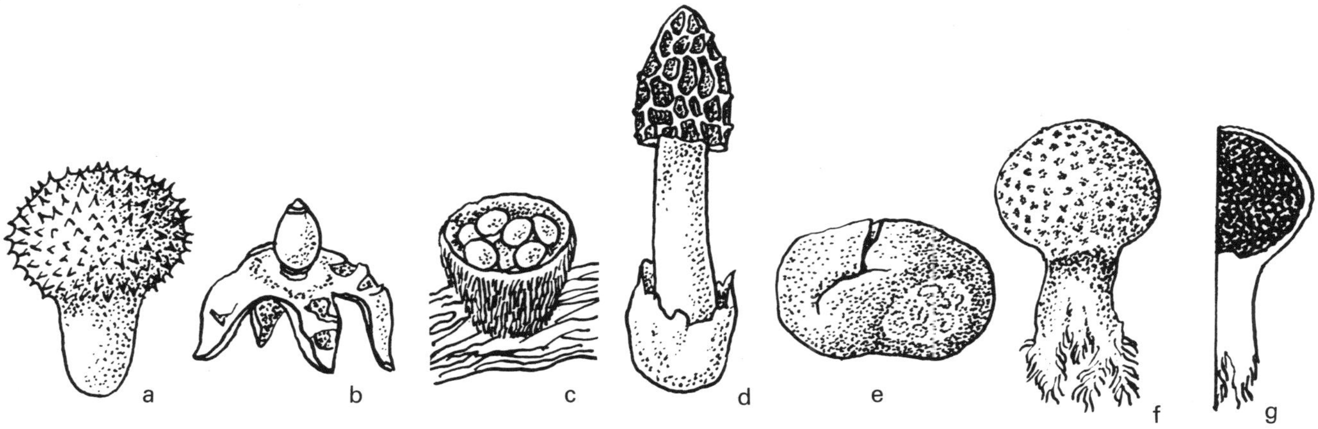

Exemples de carpophores de divers Gastéromycètes : a) *Lycoperdon ;* b) *Geastrum ;* c) *Crucibulum laeve ;* d) *Phallus impudicus ;* e) *Rhizopogon ;* f+g) *Scleroderma verrucosum.*

les sont des formes régressives, et pour ainsi dire des Agaricales qui se sont repliées sur elles-mêmes pour faire face à des conditions climatiques trop sévères. Ils en allèguent pour preuve l'abondance de ces espèces dans les régions steppiques, où les Gastérales se seraient adaptées aux vents terribles qui y soufflent constamment. Il semble bien que la seconde hypothèse soit la bonne. Mais on ne peut rien jurer en ces matières. Ces Gastérales comprennent plusieurs genres classés selon la nature de leur revêtement. Les Sclérodermes ont un véritable cuir, les Lycoperdons ont une enveloppe fragile et mince, les Géastres ont une double enveloppe, dont l'extérieure se replie sous le carpophore à maturité. Quant aux Cyathes, ce sont ces petits champignons en forme de nid d'oiseau au fond duquel se forment des « oeufs » qui ne sont que des Lycoperdons miniatures.

Enfin les Phallales comptent parmi les productions les plus étranges de toute la famille des Champignons. En apparence, on dirait des Gastérales. Mais alors que chez les Gastérales l'intérieur du carpophore se décompose purement et simplement en poussière sporale, chez les Phallales, on voit apparaître hors d'une volve gélatineuse, des productions extravagantes. Chez les Clathracées, l'hyménium est porté par une sorte de grillage, ou sur les branches d'une étoile, comme chez les Anthurus. Chez les Phallus, le pied creux du champignon se détend presque comme un ressort et « singe » un corps caverneux terminé par un chapeau percé d'un trou. Ce chapeau est fait d'un hyménium déliquescent accroché à des alvéoles dont il se détache peu à peu et à mesure que son odeur repoussante l'a fait dévorer par les mouches à viande. Il existe sous les tropiques d'autres formes de cette famille, et toutes sont aussi étonnantes. On se demande en les voyant à quoi a pu rêver la Nature en les inventant. Mais toutes ces Phallales manifestent un très haut degré d'évolution et une efficacité sporogénique remarquable.

C'est ainsi que toute cette classification nous permet de passer des formes les plus primitives aux plus évoluées, des plus simples aux plus complexes, et d'embrasser d'un seul regard un ensemble innombrable et inextricable dans sa première apparence.

Mais il faut être modeste. C'est un bel effort de l'esprit humain d'avoir pu apporter un peu de lumière dans cette foule de formes. Toutefois, si certains points de la classification ont un air de certitude définitive, d'autres sont encore bien discutables. Il arrive bien souvent qu'on ne sache pas trop où placer telle espèce ou tel ensemble. Trop souvent on peut être tenté d'inventer un genre nouveau pour tel petit ensemble, ou même pour une seule espèce. On trouve toujours des arguments pour justifier ces sortes d'opérations. Mais on ne sait pas du tout quelle réalité recouvre notre logique, qui n'est sans doute pas du tout celle de la Nature, si elle en a une.

Il faut donc accepter toute classification comme une commodité, sans vouloir en faire un dogme digne d'une révérence mystique. Il suffit de voir tous les changements qu'elle a déjà subis pour qu'on doive s'attendre à d'autres changements encore, car c'est là un édifice en construction et en réparations constantes. Dans ses grandes lignes pourtant, elle est fort belle et vraisemblable, et elle représente un des plus grands efforts dont l'intelligence humaine ait été capable.

La propagation des champignons

Les organes de reproduction des champignons sont les spores. Les spores sont des « graines » minuscules, dont les dimensions varient de 2 à 20 mu, et dont les formes vont de la sphère au cylindre, en passant par tous les intermédiaires possibles. Elles peuvent être unies, lisses, souvent bosselées, dans certaines familles polygonales, et leurs couleurs vont du blanc au noir en passant par le rose, le jaune, le brun, le pourpre, le violet et le bistre sombre. Chez les Russules et les Lactaires, elles sont ornées d'excroissances disposées en réseaux ou en pointillés caractéristiques souvent pour chaque espèce. De là l'importance de l'examen microscopique des spores pour arriver à une détermination à peu près sûre dans les genres difficiles comme les Inocybes en particulier. Pour les voir comme il faut, un bon microscope est nécessaire, et il est utile de se faire initier par un mycologue connaissant bien son maniement. On évitera ainsi beaucoup de mécomptes et de fausses manoeuvres.

Ces spores sont produites en quantités prodigieuses. On s'en étonnera moins quand on songe aux faibles chances que chacune a de trouver un terrain favorable, surtout du fait que beaucoup ne peuvent faire toutes seules un mycélium fertile. Il faut que deux spores de « pôle », ou si l'on veut de sexe différent puissent germer l'une à côté de l'autre, former chacune un mycélium primaire, et que ces deux mycéliums se rencontrent pour s'accoupler et donner un mycélium définitif.

Les champignons microscopiques ont plus de chances que les autres : c'est ainsi qu'on peut les voir en très peu de temps envahir les cultures qu'ils parasitent, et il est fréquent par exemple qu'un champ de pommes de terre soit envahi du jour au lendemain par un fusarium et noircisse sans remède s'il n'a pas été traité préalablement. C'est surtout par les années chaudes et humides que ces invasions sont à redouter. Chacun sait combien il est nécessaire de traiter les vignobles pour les protéger contre le mildiou et l'oïdium qui compromettraient complètement la récolte.

Une particularité des mycéliums est qu'ils peuvent rester à l'état de dormance pendant très longtemps. On s'en aperçoit par exemple certaines années où on voit tout à coup éclore en masses énormes le *Lepista irina* (Tricholome iris) en cercles étendus, là où on ne l'avait jamais vu auparavant. Ces cercles peuvent être très âgés, mais ils ont attendu des circonstances favorables pour fructifier, et ils se rendorment jusqu'à la prochaine occasion.

On a été longtemps intrigué par cette manière qu'ont les champignons de pousser en cercles. L'explication est simple. A supposer qu'un mycélium se soit un jour installé à un endroit quelconque, il va y fructifier. Mais cet endroit est devenu pour lui stérile, et pour se nourrir, il va s'étendre sur son pourtour et dessiner déjà un petit anneau, qui fructifiera sur le terrain ainsi envahi. Et ensuite, il continuera à s'étendre autour de lui-même, et tous les ans un peu plus loin. Dans les forêts, on ne remarque ces cercles qu'au moment de leur fructification. Mais dans les prés on les devine en toute saison parce que là où est le mycélium, l'herbe est plus verte qu'ailleurs. Cette verdure plus forte est due aux nitrites que les mycéliums sont capables d'accumuler, et qui jouent le rôle d'un puissant engrais. Il arrive que ces nitrites soient en telle quantité qu'ils font mourir l'herbe, et que le cercle ressemble à un sentier tout nu.

Beaucoup d'espèces ont adopté un genre de vie particulier. Alors que des espèces comme les champignons de couche vivent de matières mortes ou de fumier, on les dit alors saprophytes, d'autres ont opté pour la symbiose avec les racines des arbres ou même des herbes. Leur mycélium enveloppe les dernières radicelles des arbres qui leur conviennent. Non en parasites, mais en commensaux. Ils se nourrissent des déjections des arbres, et en revanche fournissent à l'arbre les nitrites qu'ils sont capables de fabriquer et dont le sol forestier est à peu près dépourvu.

Le parasitisme est surtout le fait des microscopiques. On les voit partout, et ils attaquent non seulement les plantes cultivées, mais aussi bien les espèces sauvages, et tout le monde aura vu un jour ou l'autre par exemple des chênes tout blancs de mildiou. Ces microscopiques sont généralement spécialisés par rapport à une espèce particulière, mais certains sont presque universels et d'autant plus détestables. Les gros champignons sont rarement parasites, et souvent ne le sont que par occasion, car beaucoup vivent aussi bien sur le bois mort que sur les arbres vivants. Cependant, plusieurs Polypores attaquent les arbres et les vident de leur substance, de même que l'Armillaire qui peut se contenter de bois mort, mais s'infiltre aussi entre l'écorce et le bois des arbres vivants et les fait périr.

Et puis il y a la troupe innombrable de ceux qu'on ne voit jamais : ce sont les champignons microscopiques qui colonisent le sol et jouent là un rôle éminent. C'est à eux que revient le travail le plus important de voirie, en détruisant les matières organiques qui sans eux resteraient telles quelles, tandis qu'il les font retourner à leurs éléments primitifs et les replacent dans le cycle de la végétation. Les gros champignons occupent aussi ce même rôle, et on voit bien dans les bois ceux qui dévorent peu à peu les feuilles mortes et les brindilles. Mais les microscopiques, bien qu'invisibles sont encore plus actifs. Ils sont d'ailleurs si nombreux en espèces que leur recensement est à peu près impossible.

Ajoutons qu'il n'y a pas de milieu qui ne soit colonisé par eux. On les rencontre dans les endroits les plus inattendus, sur des pierres, sur le sol, sur la mousse, sur le bois, sur les fumiers, dans les caves, dans les tourbières, dans les jardins, et en général il n'y a pas d'arbre qui n'ait ses espèces attitrées. Si certains, comme l'Amanite rougeâtre, se trouvent aussi bien sous toutes espèces de feuillus que sous les conifères, une autre Amanite comme l'Oronge ne vient que sous les chênes et les châtaigniers. De même les pins ont un cortège d'espèces qui ne sont pas celles des sapins, en dehors de celles qui s'accommodent de tous les résineux. Et ces espèces spécifiques d'un arbre particulier lui sont d'habitude nécessaires. Les arbres ne peuvent pas plus se passer d'elles, qu'elles de leur arbre prédestiné.

Les noms des champignons

Comme pour tous les autres êtres vivants, on a adopté pour les champignons les règles de nomenclature édictées au XVIIIe siècle par Linné. C'est-à-dire que chaque espèce est désignée d'abord par le nom du genre auquel elle appartient, puis par un adjectif « spécifique » qui, à l'intérieur du genre, limite la dite espèce à un ensemble de caractères qui n'appartiennent qu'à elle. Cette nomenclature nous paraît si évidente et si simple que nous oublions comment on en est arrivé là. Avant Linné, on désignait les espèces un peu au hasard, le nom du genre (quand on en était sûr) était souvent suivi de deux ou trois adjectifs descriptifs, qui au lieu de désigner simplement l'espèce en donnaient une brève description. Mais déjà Tournefort vers 1700 recommandait d'être aussi bref que possible, et se moquait d'un botaniste anglais qui pour désigner le houblon utilisait « une phrase si longue qu'on ne pouvait la dire sans reprendre son souffle ».

Le nom du genre d'abord. Au début, quand on ne se doutait pas encore du nombre infini des champignons, on a commencé par appeler *Agaricus* tous les champignons à lamelles. Mais cet ensemble démesuré a été rapidement démembré, et on a créé dans son intérieur des genres particuliers. Ainsi *Lactarius* a désigné très vite tous les Agarics qui donnent du lait. Le nom était très bien choisi, expressif, et faisait allusion à une propriété bien visible de cette série. A côté fut créé le genre *Russula,* tiré de l'adjectif latin *russus,* qui signifie roux ou rouge, par allusion à la couleur fréquente des espèces de ce genre.

Les mycologues anciens ont toujours fait effort pour donner aux noms des genres qu'ils créaient une forme élégante et évocatrice à la fois. Ainsi *Cortinarius* fait tout de suite penser à la cortine qui caractérise tous les Cortinaires. *Lepiota* évoque les écailles qui ornent un grand nombre de Lépiotes.

Quelquefois, un auteur pour nommer un genre utilise le nom d'un ami ou d'un mycologue qui est à l'origine de sa trouvaille. Ainsi Fries a nommé *Queletia mirabilis* une espèce extraordinaire et très rare que lui avait communiquée le mycologue franc-comtois Quélet. Et souvent l'adjectif lui-même est remplacé par le génitif d'un nom d'ami ou de collaborateur. Il y a aussi une *Russula queletii,* et un *Cantharellus friesii.* Ce sont là de menues politesses qu'on se rend entre spécialistes !

Malheureusement, quand l'ami qu'on veut honorer a un nom impossible, on arrive à des dénominations tout à fait barbares. Songeons à *Krombholtzia,* à *Oudemansiella,* à *Hoenbuehlia,* et à bien d'autres de même farine, qu'on ne peut prononcer sans éternuer.

Les mycologues d'autrefois étaient presque tous en même temps de remarquables humanistes. Ainsi Linné et Fries ont appris le latin avant le suédois qui était leur langue maternelle. Ils savaient aussi le grec, et c'est ce qui explique la facilité avec laquelle ils ont su composer ou inventer des noms d'apparence un peu étrange, mais le plus souvent tout à fait explicables et expressifs. On voudrait bien que les modernes les imitent un peu sur ce point.

Un nom comme *Tricholoma* signifie « bords poilus », allusion au léger voile qui se manifeste à la marge de ces champignons. *Flammula* fait allusion à la couleur de feu de nombre de ses espèces. *Volvaria* rappelle que les Volvaires ont une volve. *Pholiota* signifie « écailleux », car les Pholiotes sont à peu près toutes pourvues d'écailles sur leur chapeau. Il faut s'habituer le plus vite possible à cette nomenclature, sans en abuser. Jamais vous ne direz que vous avez fait une belle récolte de *Calocybe georgii* pour signifier que vous avez trouvé des mousserons de printemps. Les champignons usuels qui ont un nom quasi officiel dans le langage courant n'ont pas besoin de leur nom latin pour qu'on se fasse comprendre. Mais la plupart des espèces n'ont aucun nom courant, et si vous trouvez *Delicatula quisquiliaris,* ou *Inocybe calamistrata,* il n'y a que le nom latin qui puisse en rendre compte.

Une particularité : vous verrez que les Amanites voisines de *vaginata* font partie d'un sous-genre qu'on a appelé *Amanitopsis,* c'est-à-dire « semble-Amanite », parce qu'il n'a pas d'anneau. De même *Cantharellopsis* a été détaché des *Cantharellus* et est devenu un « semble-Chanterelle ».

Il faut savoir aussi que les classes de champignons ont un nom qui se termine par -mycètes. Exemples : Ascomycètes, Basidiomycètes, Pyrénomycètes, etc. Les noms de familles se terminent par -acées. Exemples : Pézizacées, Hydnacées, etc. Mais les groupes dont dépendent les familles se terminent par -ales. Exemples : Tubérales, Bolétales, Agaricales, Phallales, etc.

On hésite souvent quand on transcrit un nom latin en français sur le genre qu'on doit lui accorder. La règle de l'Académie est celle-ci : quand on cite le nom latin tel quel, on le fait du masculin, quel que soit son genre en latin. On dira donc un *Amanita,* un *Russula,* un *Tremella.* Mais si on francise le nom, on lui donne en français son genre en latin. On dira donc un Mérule, une Mycène, une Amanite, une Russule, etc. Une exception bizarre : les nombreux genres qui se terminent en -cybe sont féminins en latin. Cependant l'usage a prévalu d'en faire des masculins en français, et on dira un Clitocybe, un Inocybe, un Calocybe, etc. La raison en est sans doute que la terminaison -cybe est inexistante en français, et apparaît comme asexuée, si l'on peut dire, et qu'en conséquence le masculin français qui équivaut aussi à un neutre convient mieux à ces formes insolites.

Une autre énigme pour les débutants : quand on consulte une Flore, on voit au bout du nom de l'espèce le nom de son auteur. Par exemple, vous lisez *Amanita virosa* Fr. Ce Fr. signifie que c'est Fries qui le premier a reconnu et nommé cette espèce. Il en est le père, et comme on dit officiellement, le créateur. Mais cette signature peut être plus compliquée. Voici *Cystoderma ambrosii* (Bres.) Singer-Smith. Ces sigles signifient que l'espèce a d'abord été découverte et nommée par Bresadola, mais Bresadola en avait fait une Armillaire, et ce sont les deux mycologues américains, Singer et Smith, qui l'ont transportée du genre *Armillaria* dans son genre définitif qui est *Cystoderma.* Si vous voyez par exemple *Inocybe scabella* ss Bres., c'est que l'auteur de la Flore, hésitant sur cette espèce dont le nom n'est pas sûr, accepte le sens que lui a donné Bresadola. Si vous lisez *Lyophyllum carneum* (Fr. ex Bul.) Kühn. Romagn., cette signature signifie que Bulliard avait décrit le premier cette espèce dont il avait fait un *Agaricus.* Mais Fries la lui avait empruntée pour en faire un Tricholome, et Kühner et Romagnesi pour de bonnes raisons l'ont fait passer à leur tour dans le nouveau genre *Lyophyllum,* sous-genre *Calocybe.* Ce sont là les « chinoiseries » de la nomenclature, qui consistent simplement à rendre à chacun ce qui lui est dû. Mais il ne faut jamais oublier que quand une espèce est suivie de plusieurs noms, c'est au premier que revient le plus grand honneur. Car c'est le premier qui l'a découverte, et les suivants n'ont fait que changer sa place dans la classification.

Petite histoire de la mycologie

Depuis toujours les champignons ont intrigué les hommes. Mais comme on ne comprenait rien à leur végétation et à leur système de reproduction, ils ont été longtemps l'objet de légendes plus ou moins absurdes. On les croyait produits par la rencontre d'un rayon de soleil avec une goutte de rosée, ou bien on les associait avec la bave des serpents, ou bien ils étaient le produit des incantations des sorciers pendant le sabbat. Alors que les botanistes anciens avaient déjà observé et décrit un grand nombre de plantes « supérieures », pour les champignons leurs renseignements sont rares et à peu près impossibles à interpréter. Ils croyaient à peine à leur spécificité, et les attribuaient au hasard. Sans doute consommaient-ils déjà quelques espèces, mais avec beaucoup de méfiance, et leur nomenclature est des plus vagues. Ainsi pour les Latins, *Boletus* désigne aussi bien l'Oronge, les Psalliotes, ou même les Vesses de loup, selon les époques. Mais jamais les Bolets !

Il faudra attendre le XVIe et surtout le XVIIe siècles pour voir les champignons devenir un élément de science et de véritable observation. C'est Dillenius qui, le premier, a établi les séries des « lamellosi », c'est-à-dire les Agarics, des « porosi », c'est-à-dire des Bolets, et de « echinati », c'est-à-dire des champignons à aiguillons. C'est en 1729 que l'Italien Micheli découvre que les champignons se reproduisent par spores. Et c'est seulement en 1837 que Léveillé définit les basides. Evidemment, comprendre la reproduction des champignons était impossible avant l'invention et l'usage du microscope. Les deux grands précurseurs ont été Bulliard, qui donna le premier de remarquables planches en couleur représentant un grand nombre d'espèces, et Persoon, ce Hollandais qui fit toute sa carrière à Paris, et dont les travaux ont ouvert une voie toute nouvelle à cette science.

Mais le véritable père de la Mycologie est le Suédois Elias Fries. Son oeuvre comporte plusieurs volumes, dans lesquels il a décrit près de 3000 espèces, et surtout il en a commencé une classification systématique, qui a été à la base de tous les travaux qui l'ont suivie. Non que sa classification ait pu être toujours acceptée telle quelle, mais dans ses grandes lignes, elle a représenté un effort de clarté réellement génial. Les retouches qu'on y a apportées sont dues presque toutes aux observations microscopiques, car Fries n'avait pas de microscope, et de ce fait beaucoup d'affinités réelles et aussi de différences lui ont échappé.

Son oeuvre a été continuée et complétée en France par Quélet, disciple et ami de Fries, même si à la fin il s'est écarté des conceptions de son maître. Quélet, outre la découverte de près de 400 espèces nouvelles, a doté la classification de ses intuitions dont la plupart ont été approuvées par la suite.

La voie était alors ouverte aux anatomistes. En France, les travaux des frères Tulasne, illustrés de prodigieux dessins microscopiques, ont complètement renouvelé l'idée qu'on pouvait se faire sur la texture et l'intimité de ces végétaux.

Quant à l'époque plus contemporaine, elle a vu au début de notre siècle paraître l'énorme iconographie de Bresadola, celle surtout de Boudier, consacrée surtout aux Ascomycètes dont il a fondé définitivement la classification. Ses planches sont sans doute les plus belles qui aient jamais été faites, avec un soin, une minutie et une exactitude qui n'ont pas été égalés.

Plus près de nous, les travaux de Roger Heim, qui avait eu la chance d'herboriser dans le monde entier, valent autant par les vues philosophiques qu'il a tirées de ses observations que par ses observations proprement dites. Et ses travaux sur les champignons des termitières et sur les champignons hallucinogènes du Mexique sont des modèles inégalés.

Qu'il soit permis de citer des vivants, comme Kühner et Romagnesi, dont la Flore est le complément indispensable pour les Agarics de celle de l'Abbé Bourdot consacrée aux Aphyllophorales. Cette Flore est aujourd'hui la « Bible » indispensable à tout mycologue qui se respecte. Mais à l'étranger les travaux importants sont également nombreux, et ceux de Moser en Autriche sont de tout premier ordre, même si on peut reprocher aux mycologues germaniques d'abuser des genres nouveaux et trop souvent inutiles.

On voit par ce tableau si succinct que la Mycologie est une science très jeune. Alors que la Botanique générale était déjà complètement constituée dans ses connaissances et ses méthodes, la mycologie a longtemps balbutié, du fait de la difficulté de comprendre la nature des champignons et leur mode de reproduction. Là aussi c'est le microscope qui a été le révélateur définitif, et sans lui cette science serait encore en enfance.

Aujourd'hui enfin, la Mycologie a droit de cité dans nos facultés où, auparavant, elle était à peu près inconnue. Mais maintenant un peu partout des laboratoires lui sont consacrés, à Paris au Muséum, à Lyon, à Lille, à Quimper, et là des spécialistes disposant de laboratoires dignes d'eux font part constamment de leurs découvertes.

Il ne faut pas oublier le rôle très important que jouent dans l'évolution de cette science les diverses sociétés mycologiques qui sont nées un peu partout en France et à l'étranger. Elles rassemblent les amateurs, parmi lesquels se dessine peu à peu une aristocratie de chercheurs et d'observateurs dont l'activité est importante et fructueuse.

La Société Mycologique de France, qui fut la première – fondée en 1884 –, a pu publier depuis cette date une quantité incroyable de travaux originaux, et sa collection est une mine d'érudition irremplaçable. Il est digne de remarque que ces sociétés, composées de simples amateurs, peuvent cependant imprimer des bulletins de très haute qualité et dont la réputation dépasse de loin nos frontières.

A propos de ces sociétés, il faut que les amateurs s'efforcent de s'y inscrire. C'est le meilleur moyen pour eux de pouvoir participer à des herborisations conduites par des spécialistes, et souvent les plus grands, qui se font un devoir d'initier les autres et de leur faire partager leur savoir.

Ces sociétés transmettent la tradition orale, qui en mycologie est très importante. Bien souvent une description, si complète soit-elle, ne satisfait pas le chercheur, et pour arriver au nom exact d'une espèce, le secours d'un esprit plus expérimenté est souvent nécessaire. Rien de plus instructif que ces excursions dans la pleine nature, où chacun trouve ce qu'il peut, et c'est souvent le débutant ou le cadet qui tomberont sur la rareté du jour. Sans parler de l'amitié qui lie rapidement des gens que, dans la vie, tout peut séparer. La communauté de passion fait que, dans la forêt, c'est souvent l'ouvrier d'une usine automobile qui devient le maître de son patron.

Car la mycologie transcende toutes les catégories sociales et forme dans le monde une immense fraternité, indifférente aux nationalités comme au métier ou à la fortune de chacun. Les mycologues d'autrefois, qui ont si laborieusement fondé les bases de cette science, ne se doutaient sûrement pas qu'un jour viendrait où leurs travaux réuniraient des milliers d'adeptes de par le monde. Mais c'est une raison de plus pour penser à eux avec reconnaissance. Toute science est d'abord une activité de l'esprit, et c'est à ceux qui la pratiquent qu'elle peut aiguiser l'intelligence et la sensibilité.

Car toute science a deux aspects. D'abord, et c'est sa plus haute vocation, la recherche qu'on appelle fondamentale, qui a pour but de découvrir et de comprendre ce qui est encore inconnu et incompréhensible. Et puis, un degré au-dessous, il y a tous ceux qui sont ses usagers. Ainsi la recherche fondamentale en astronomie est réservée à ceux qui disposent d'observatoires comme ceux du mont Palomar ou du pic du Midi. Mais il y a aussi des milliers d'astronomes amateurs qui, grâce aux travaux des spécialistes, peuvent peu à peu s'initier plus profondément à cette science qui paraîtrait interdite au profane.

Il en va de même pour la mycologie. Mais pour elle, le simple amateur peut de temps en temps découvrir non pas une étoile mais une espèce nouvelle, et c'est un acquis important pour la Science avec une majuscule. Ce n'est pas là seulement quelque chose : c'est beaucoup. Car une espèce de plus enrichit le patrimoine de l'humanité tout entière, même si elle n'en sait rien.

La récolte des champignons

Les champignons sont fragiles, et il faut les récolter avec les précautions qu'ils méritent. Le mieux est d'avoir un grand panier à fond plat, et en tous cas un récipient rigide. Les ramasser dans un sac en plastique est la dernière des choses à faire. Ils s'y écrasent et, une fois à la maison, on n'a plus qu'une bouillie informe. De plus, dans un sac ils manquent d'air, et si leur séjour y est un peu prolongé, ils fermentent et deviennent dangereux. Leur fermentation développe des ptomaïnes, qui font que des champignons parfaitement comestibles provoquent dans cet état des empoisonnements en apparence inexplicables.

Bien entendu, il ne faut récolter que des exemplaires en très bon état. Outre que les jeunes champignons sont plus savoureux que les plus âgés, les vieux risquent d'être envahis par diverses larves qui les rendent immangeables. Il est vrai que dans le Midi, en particulier, on voit souvent exposés sur les marchés des cèpes qui ne sont plus que des spécimens de collections entomologiques, et les clients ne s'en offusquent pas. Mais ce n'est pas un exemple à imiter.

Il faut aussi récolter proprement. Sur le terrain même, débarrassez vos champignons de la terre qui parfois les enveloppe, enlevez la base de leur pied qui est régulièrement souillée, et qui en outre est presque toujours filandreuse. Procédez avec un couteau bien affilé à un nettoyage sommaire dans la forêt, et vous n'aurez pas à transporter des matériaux inutiles ou salissants.

Si des espèces à chair très ferme comme les Chanterelles n'exigent pas de précautions particulières, d'autres comme les Meuniers sont d'une fragilité extrême, et vous les disposerez avec des soins attentifs dans votre panier, pour qu'ils ne soient pas écrasés sur eux-mêmes ou par leurs voisins.

Quand c'est possible, il est bon d'avoir deux récipients. L'un pour les comestibles, et l'autre pour ceux qu'on rapporte en vue d'un examen plus approfondi et pour une détermination. Ceux-ci jouiront d'un traitement spécial. Mettez toujours deux ou trois exemplaires de la même espèce dans une enveloppe de papier, sur laquelle vous inscrirez la station où vous les avez trouvés, les arbres qui poussaient autour, et

Comment constituer un herbier de champignons. Une enveloppe fermée et contenant un insecticide, et une étiquette indiquant le nom de l'espèce, son habitat, la date de la récolte, le nom du récolteur et celui du déterminateur.

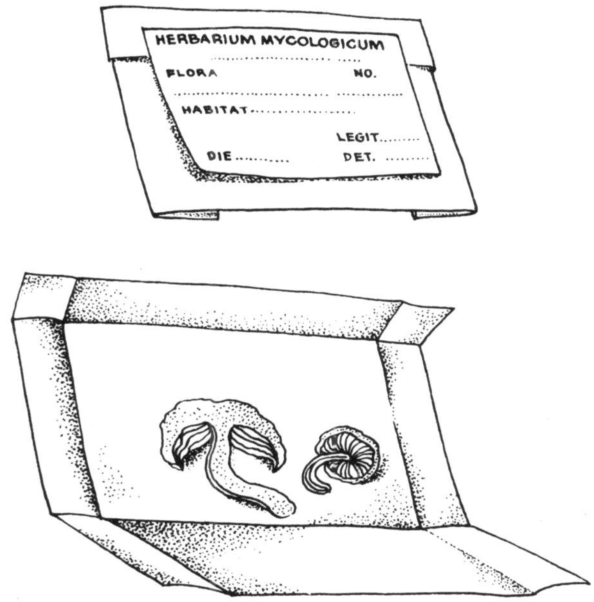

d'autres détails du même genre, s'il s'en trouve. Il est bon pour une espèce à déterminer qu'on dispose de plusieurs exemplaires à tous les âges. C'est vrai particulièrement pour les Cortinaires, car la couleur de leurs lamelles au début est très importante, alors que chez les adultes elle est uniformément brune et ne fournit alors aucune indication. De même pour les Russules, qui peuvent tellement changer de couleur au cours de leur évolution qu'on a du mal à croire parfois qu'on est en présence de la même espèce.

Et puis il y a les tout petits champignons, comme les Mycènes ou les Conocybes, qui sont évanescents et fragiles. Pour les transporter, il faut disposer de récipients *ad hoc*. Les tubes vides qui ont contenu des produits pharmaceutiques conviennent très bien pour cet usage. Mais le mieux est d'avoir une ou deux de ces boîtes en plastique à compartiments dont se servent les pêcheurs pour ranger leurs amorces et leurs hameçons. Comme ces boîtes sont transparentes, on voit de quelle espèce il s'agit sans avoir à les ouvrir et les champignons, même les plus ténus, s'y gardent parfaitement.

Il y en a pourtant qui sont intransportables. Les petits Coprins, comme *velox* ou *ephemerus* – leur nom indique bien leur caractère – supportent avec peine une heure de transport et il n'en reste rien quand on arrive chez soi. C'est au point que pour pouvoir étudier de près ces espèces évanescentes, le mycologue Josserand a transporté chez lui des crottins et des bouses de vache qu'il a enfermés sous des cloches à fromage, et il a attendu que les Coprins apparaissent. Non seulement ils sont apparus, mais il a réussi par ce procédé à en découvrir plusieurs espèces nouvelles. C'est le mycologue Roger Heim qui dans ce domaine a établi le plus beau record, en rapportant d'Afrique des bouses d'éléphant pour se livrer sur elles aux mêmes études.

Une fois à la maison, vous devrez examiner encore une fois ce qui est réservé à la cuisine, et vous mettre aussitôt au travail pour déterminer vos trouvailles inconnues. N'attendez jamais, car beaucoup de champignons se conservent très mal, surtout quand ils ont été récoltés par temps de pluie, et ils deviennent rapidement méconnaissables.

Quand vous avez trouvé une espèce sur laquelle vous n'avez pas pu mettre un nom malgré tous vos efforts, vous aurez avantage à la faire sécher en la tenant, coupée en morceaux si elle est de bonne taille,

Préparation d'une sporée. On enlève le pied du champignon. On pose le chapeau, les lamelles en dessous, sur une feuille de papier blanc. Au bout de quelques heures, on soulève le chapeau et on est en présence d'une sporée qui permettra les examens microscopiques ; on notera soigneusement sa couleur, surtout pour les Russules.

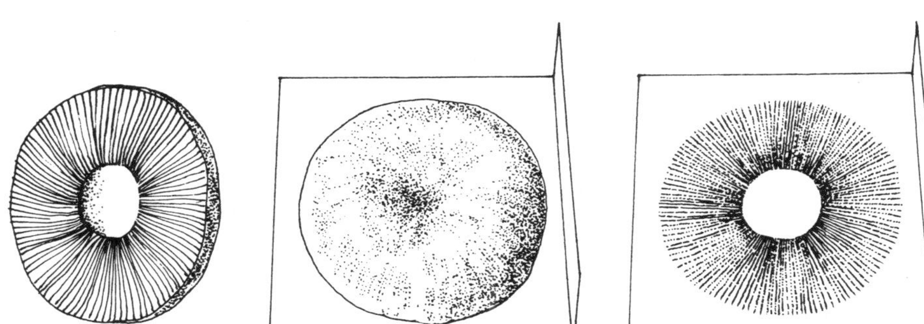

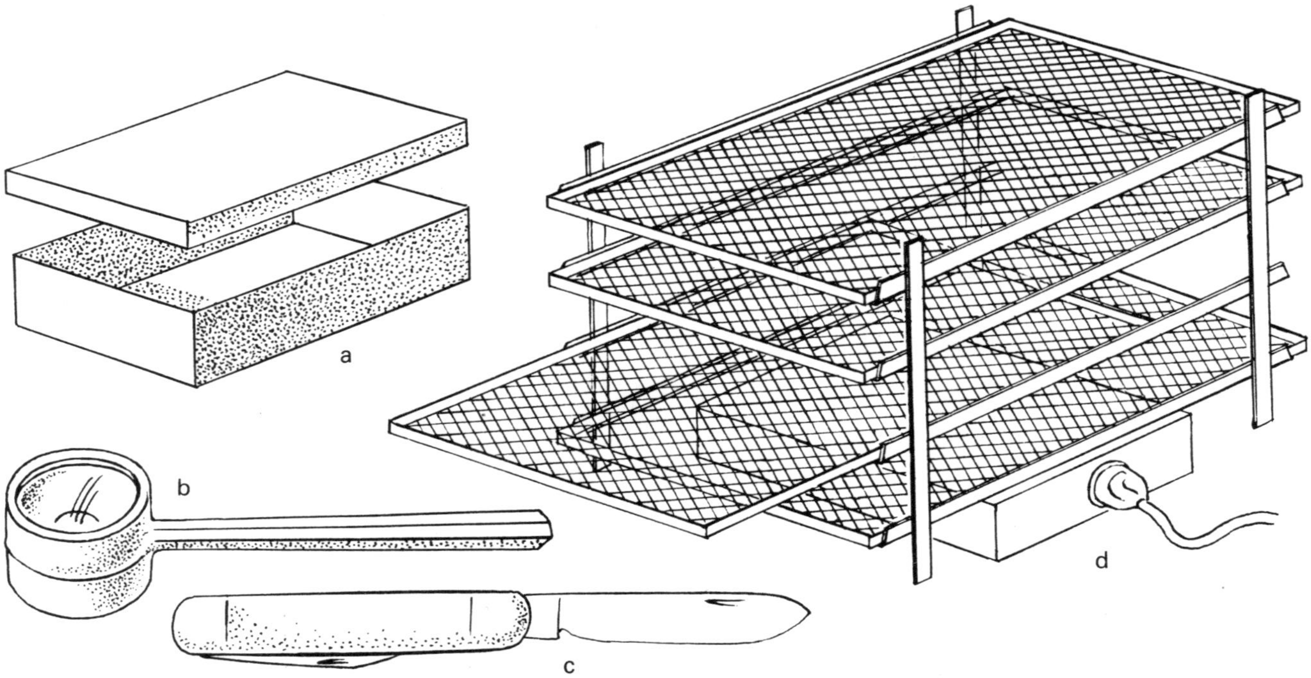

d) Un exemple de grille à sécher les champignons. Le séchage est assuré par une résistance placée sous les grilles. Le plus souvent une ampoule de 60 W suffit. En b) une loupe, en c) le canif bien affûté pour opérer les coupes nécessaires, en a) une boîte en plexiglass.

suspendue au-dessus d'une source de chaleur. Vous la conserverez ensuite dans un sachet de plastique avec une pincée d'un insecticide quelconque, et vous pourrez ensuite confier votre exemplaire à un mycologue qui, par l'examen microscopique, pourra vous donner des précisions et vous tirer d'affaire. Car les exemplaires desséchés conservent très bien leurs caractères microscopiques. Il suffit de mettre tremper des fragments dans de l'eau pour les regonfler, et des détails comme les spores ou les cystides redeviennent aussi lisibles que sur les exemplaires frais.

En cas de surabondance, ce procédé de la dessiccation vous permettra aussi de remettre à plus tard vos examens. Mais dans ce cas, chaque enveloppe devra porter les indications écologiques nécessaires, la date de la récolte, le terrain, les arbres, les herbes, etc. Beaucoup de mycologues se préparent ainsi de quoi meubler agréablement leurs soirées d'hiver et de continuer à déterminer hors saison.

Quant à savoir où récolter, on peut hardiment répondre : Partout ! Si vous avez la chance d'habiter la campagne, il vous suffira à la bonne saison de sortir de chez vous et de regarder les bords de la route, le fumier de vos voisins, l'herbe de votre verger, les troncs des arbres, les souches qui pourrissent çà et là, les stères de bois empilés le long des chemins, et bien sûr les forêts voisines, et vous êtes sûr d'y faire sans cesse d'amples moissons. Il suffit d'ouvrir l'oeil, et c'est là une éducation de la vision qui se fait peu à peu. Un homme qui a l'habitude verra des tas de choses là où un profane ne verra rien. Et avec cette habitude, on arrive à distinguer immédiatement au milieu des banalités qui poussent partout, l'exemplaire intéressant et qui tranche sur tous les autres.

Il y a là aussi une question de flair qui s'aiguise avec le temps. Quand vous abordez une forêt inconnue, par exemple, la nature du terrain et celle des essences forestières qui vous entourent vous avertiront de ce que vous pouvez trouver, et l'intuition ne trompe guère ceux qui ont beaucoup vu et beaucoup retenu. Toute récolte devient dans ces conditions non seulement un plaisir éventuellement gastronomique, mais surtout une joie sans cesse renouvelée de la découverte. On pénètre grâce aux champignons dans les secrets de la Nature, qui ne les livre qu'à ceux qui les méritent. Etre mycologue, c'est exister un peu plus que ceux qui ne le sont pas.

Identifier un champignon

Quand on manque d'habitude, le champignon inconnu qu'on rencontre pose au premier abord un problème insoluble. Comment arriver à lui donner un nom, et comment en être sûr ? Il faut, bien entendu, posséder quelques ouvrages au moins pour s'initier aux espèces les plus courantes. Un livre comme celui-ci vous donnera un excellent aperçu de l'ensemble des formes possibles et que vous rencontrerez au cours de vos promenades. Mais il a l'avantage, contrairement à d'autres publications sur le même sujet, de vous offrir les images et les descriptions de beaucoup d'espèces moins communes, rarement figurées, qui ouvriront votre esprit et aiguiseront votre attention. La méditation d'images – on dit en patois mycologique des « icônes » – permet déjà de comprendre beaucoup de choses.

Et puis il faut apprendre à regarder. Supposez par exemple qu'on vous demande de faire la description d'un vulgaire champignon de couche. Vous serez très embarrassé, et ne saurez par où commencer. En général, on suit un ordre convenu. Vous mesurerez d'abord le diamètre de quelques chapeaux, et vous ferez une moyenne, qui vous donnera un diamètre de 6 à 10 cm. Vient ensuite la forme de ce chapeau. Vous regarderez bien, et vous direz qu'il est d'abord hémisphérique puis progressivement aplani. Puis sa couleur. Le plus souvent il est blanc, mais vous aurez aussi entre les mains des exemplaires de couleur brun clair, et vous direz : couleur du chapeau variant du blanc pur au brun clair. Vous examinerez d'autres particularités. Ainsi vous verrez que ce chapeau peut être lisse, mais aussi orné de fines mèches apprimées, et vous le noterez. Vous noterez également sa consistance, qui est à la fois ferme et charnue. Vous passerez alors aux lamelles. Les jeunes exemplaires vous offriront des lamelles d'un rose pâle, et les plus vieux des lamelles d'un pourpre presque noirâtre. Vous tiendrez compte de cette évolution. Vous en viendrez alors au pied, et vous le définirez en notant qu'il est d'abord un peu ventru, puis cylindrique, plein, et séparable du chapeau sans déchirure. Que, de plus, il porte un anneau fragile qui disparaît avec le temps. Vous noterez aussi que ce pied se termine par un lacis mycélien difficilement séparable, car comme chez tous les saprophytes, il n'y a pas de séparation nette entre le mycélium et le carpophore. Vous examinerez aussi les particularités de la chair. Vous verrez qu'elle est d'abord blanche, puisqu'elle rougit ou brunit assez vite quand le champignon est brisé. Vous noterez aussi son odeur agréable, son épaisseur, sa saveur douce. Si vous avez le nez fin, vous essaierez d'analyser les composantes de cette odeur, et vous la définirez comme à la fois musquée et fruitées, avec une arrière senteur de caoutchouc tiède. Enfin, si vous le pouvez, vous en ferez un examen microscopique qui vous permettra de voir que les basides de cette espèce ne portent que deux spores, contrairement à toutes les autres espèces appartenant au même genre.

Cet examen terminé, vous vous reporterez d'abord à votre atlas, pour voir si vous y trouvez quelque chose qui ressemble à votre espèce. Si oui, vous aurez gagné. Sinon, il faudra chercher plus loin, et une bonne Flore, comme celle de Kühner et Romagnesi, vous permettra d'abord de déterminer par éliminations successives le genre auquel appartient votre espèce, et à l'intérieur du genre quelle est sa place et son nom. Les premières déterminations sont toujours laborieuses, mais très vite on se familiarise avec ces ouvrages d'aspect rébarbatif, et on finit par s'y plonger comme dans un roman.

Mais le champignon de couche est une espèce facile, aux caractères tranchés et bien évidents, pour laquelle aucune erreur n'est possible. Il en va tout autrement quand il s'agit par exemple d'un Cortinaire ou d'une Russule. Ces deux genres sont si nombreux en espèces – plus de 250 pour les Russules, et près de 700 pour les Cortinaires – que pour s'y reconnaître, on a dû subdiviser ces genres en groupes, ou séries, ou sous-genres, qui permettent de s'y retrouver à peu près. Pour une Russule, par exemple : vous en avez trouvé une de couleur brun sale, visqueuse, qui sent mauvais, dont le chapeau est tout strié sur les bords, dont le pied est creux, dont les lamelles sont larmoyantes, et dont la chair est abominablement âcre et nauséeuse. Si vous cherchez dans votre Flore, vous arriverez sans peine à trouver le groupe des *Ingratae,* c'est-à-dire « désagréables », et vous verrez qu'il comporte quatre ou cinq espèces dans lesquelles il vous faudra choisir. Vous lirez bien toutes les descriptions, et vous aboutirez sans doute à *Russula foetens,* qui est la plus commune de cette série. Mais ce peut en être une autre, et des détails signalés vous aiguilleront sur la bonne voie et vous atteindrez un adjectif comme *fragrans,* ou *laurocerasi.* Ainsi, de proche en proche, en choisissant bien vos détails et en les faisant « coller » avec ceux que vous fournit la Flore, vous arrivez à une certitude.

Cependant, cette série de Russules est facile. Pour d'autres, il vous faudra d'abord en obtenir une sporée pour en déterminer exactement la couleur, qui est très importante. Puis en faire une description aussi exacte que possible, taille, couleur, consistance, saveur, odeur, couleur et nature du pied, nature du revêtement, examen microscopique des spores et de leur ornementation, et souvent pour finir c'est un réactif chimique qui vous donnera la clef de l'énigme. Car déterminer une Russule, à part quelques espèces évidentes, sur le terrain, selon Romagnesi lui-même, qui en est le grand spécialiste, relève de la plus haute fantaisie. Il faut être sans illusions et savoir que certains genres sont à peu près impénétrables au débutant, et même au mycologue expérimenté. C'est pourquoi quand vous entendrez, comme il arrive, un homme qui vous dit qu'il connaît tous les champignons, ou bien c'est un fieffé menteur ou un sot.

Dans un cas de ce genre, il ne faut pourtant pas désespérer. On peut généralement arriver tout au moins au groupe auquel appartient l'espèce qu'on examine, et c'est déjà un très beau résultat. En voici la preuve : au début du siècle, la Flore de Quélet comprend une soixantaine d'espèces de Russules. Or en les examinant de plus près, on s'est aperçu que ces espèces étaient comme on dit « collectives », c'est-à-dire que là où les anciens auteurs ne voyaient qu'une espèce, les moyens d'exploration dont nous disposons aujourd'hui nous permettent d'en voir bien davantage. Et les espèces que les anciens avaient cataloguées et définies sont aujourd'hui les têtes de chapitre de séries complètes qu'ils n'avaient pu soupçonner. Il est déjà miraculeux que Fries, qui n'avait pas de microscope, et Quélet, qui en avait un ridicule, aient quand même vu tant de choses et aient pu ouvrir la voie aux recherches de leurs successeurs.

Il en va de même pour les Cortinaires. Leur foisonnement a quelque chose d'écrasant, et comme en outre beaucoup sont très rares, on se contentera pour commencer de savoir à quel sous-genre appartient l'espèce qu'on a entre les mains. Il en va de même pour les Inocybes, les Psathyrelles, etc.

En tous cas, si vous avez à déterminer un champignon à lamelles, un « Agaric » comme on dit communément, notez toutes ses particularités, la forme et la couleur du chapeau, sa taille, la nature des lamelles qui peuvent être libres, adnées, échancrées, sinuées, décurrentes, etc. La couleur des spores, la forme du pied qui peut être filiforme, obèse, cylindrique, renflé, bulbeux, circoncis, plein ou creux, long ou trapu, car tous ces caractères sont individuels et doivent toujours être pris en compte. Il n'y a pas de détails dans la nature, et c'est souvent une particularité en apparence insignifiante qui met sur la bonne voie de la détermination.

Pour les Ascomycètes, Morilles, Pezizes et analogues, la description est souvent très difficile. C'est presque toujours le microscope qui décide. Essayez seulement de décrire exactement une Morille. C'est un travail terrible, d'autant qu'elles sont très variables à l'intérieur d'une même espèce, et Boudier lui-même, qui fut le grand spécialiste de cette famille et a laissé un atlas admirable, avoue que décrire, et plus encore, peindre une Morille, est un supplice. C'est pourquoi sans doute on n'est pas encore d'accord entre spécialistes sur le nombre d'espèces de Morilles qui existent réellement. Il y a ceux qui les réduisent à cinq ou six espèces, et d'autres qui en font une vingtaine. Ne vous laissez pas perdre dans ces labyrinthes, et essayez peu à peu de distinguer les principaux types. Ayez recours aussi à ceux qui les connaissent déjà. Car il ne faut pas oublier que l'exercice de la mycologie est avant tout une affaire collective. Tout ne peut pas se décrire avec des mots, et il n'y a pas de science où la tradition orale ait autant d'importance. Une promenade avec un mycologue averti en apprend plus que des heures d'étude dans les livres.

Enfin, pour s'encourager, il faut se dire qu'en déterminant une espèce impossible, on fait en réalité fructifier un héritage et qu'on profite des observations innombrables de nos devanciers. Il faut penser à eux avec un grand respect, car celui qui le premier a su distinguer une Vesse de loup d'une autre Vesse de loup a eu plus de mérite que ceux d'aujourd'hui qui coupent les spores en quatre dans leurs laboratoires.

Les saisons mycologiques

Toutes les saisons sont bonnes pour le mycologue. Dès le mois de mars, et souvent dès février, il s'amuse à chercher dans les haies le merveilleux *Sarcoscypha coccinea.* C'est une petite Pezize qui vient sur les branches sèches de l'épine noire, et qui est si belle, si éclatante de couleur, que le mycologue Persoon a conçu sa passion et sa vocation en la voyant. Au même moment, dans les montagnes siliceuses et sous les sapins, on va découvrir, aussitôt que la neige sera fondue, l'Hygrophore de mars, d'abord tout blanc, puis vite passant au gris et au noirâtre, sauf sa chair épaisse qui reste blanche. C'est le tout premier comestible de l'année, et il est toujours le bienvenu.

Le mois d'avril est celui des Morilles, un peu plus tôt un peu plus tard, selon la température et la pluviosité. Elles sont très capricieuses, et si en montagne, celles des sapins – et non pas des épicéas – se montrent dès que la neige est fondue, en plaine elles sont un peu plus tardives, et on les cherchera surtout au bord des rivières dans les alluvions sablonneuses, ou dans les vergers sous les pommiers, ou dans les champs de topinambours et d'artichauts. En même temps éclosent beaucoup de Pezizes, dont la meilleure est la *Peziza venosa,* malgré son odeur d'eau de Javel quand elle est crue. Cuite, elle vaut toutes les Morilles. A remarquer cette préférence des grands Ascomycètes pour le printemps.

Fin avril et en mai, c'est la fête des Mousserons de printemps, le *Calocybe georgii,* et qu'on appelle aussi Tricholome de la Saint-Georges. Comme c'est probablement le meilleur de tous les champignons, si vous en connaissez des « places », ne les révélez à personne. C'est aux lisières des bois, en terrains calcaires, que vous aurez le plus de chance d'en repérer des cercles inconnus du vulgaire. En même temps, ou à peine plus tard, vous chercherez les Entolomes printaniers, en particulier le *clypeatum* qui est le plus commun et le meilleur. Il est abonné aux arbres de la famille des Rosacées, et vous le verrez aussi le long des haies d'aubépine ou d'épine noire.

Fin mai si le mois a été chaud, mais c'est malheureusement très rare, vous pourrez trouver dans les chênaies bien exposées, les premiers cèpes de la saison. Il s'agit de l'espèce *reticulatus,* dont le chapeau est tout velouté et pas du tout visqueux, et dont le réseau souvent couvre le pied presque jusqu'à sa base.

Il y a souvent un trou entre fin mai et fin juin. Tout se passe comme si à cette époque les champignons d'automne se contentaient de faire travailler leur mycélium pour fructifier plus tard. Toutefois, c'est bien régulièrement dans la deuxième quinzaine de juin que se montre le merveilleux *Polyporus umbellatus,* dit Liévrot en Franche-Comté, et Poule de bois dans les Vosges. Non seulement c'est un champignon superbe et souvent énorme, mais il est délicieux et irréprochable autant pour sa consistance parfaite que pour la finesse de sa saveur. Comme il est très fidèle à ses stations, si vous le trouvez un jour, marquez bien dans votre mémoire où vous l'avez vu, pour le retrouver l'année suivante.

Avec le mois de juillet apparaissent les premières Chanterelles. Les plus précoces sont celles des chênes, puis viennent celles des hêtres et des charmes, et ensuite seulement celles des conifères. Ce sont sans doute trois races différentes, mais leur saveur est la même, et délicieuse, si les exemplaires sont jeunes.

Le mois d'août est capricieux. S'il est trop chaud et trop sec, il sera stérile. Mais s'il est raisonnablement humide, c'est le mois idéal pour les Amanites épaisse et rougeâtre, pour toutes les Russules qui sont surtout des champignons d'été, et pour la première poussée des Psalliotes des conifères. A la fin du mois également, vous verrez, une fois que les nuits s'allongent et que les rosées sont abondantes, se montrer souvent en masse le « rosé des prés », ou Psalliote champêtre. Mais cette espèce est complètement absente par les années pluvieuses. Il lui faut absolument une période de sécheresse préalable pour qu'elle fructifie normalement.

Et puis septembre voit commencer la grande parade d'automne. Pas tous les ans, car il y a des années à champignons, et d'autres qui sont misérables, sans qu'on en ait démêlé les raisons. Mais si tout va bien, il est impossible de donner la moindre énumération, car il y faudrait tout un volume. C'est pourtant le moment des cèpes, des Clavaires, des Tricholomes, de l'Oronge, de l'Amanite solitaire, et si le temps s'y prête, la poussée continuera jusqu'à la fin du mois d'octobre, et même plus loin s'il ne gèle pas trop tôt. En octobre viennent les grandes Lépiotes (c'est pourquoi on les appelle aussi « Saint-Michel »), les grandes Psalliotes, et la deuxième poussée de celles des sapins. Arrivent aussi les Clitocybes nébuleux, les « pieds bleus », les Hygrophores forestiers, et surtout le délicieux *penarius* sous les chênes.

Mais il ne faut pas parler seulement des comestibles. C'est aussi le moment où toutes les espèces possibles et « impossibles » se montrent à foison, et où l'amateur est débordé de travail. Il n'y a pas alors de brindille de bois, de feuille morte, de tas de fumier, de tronc d'arbre, qui ne requière son attention. Il y a des champignons partout, des plus communs aux plus rares.

A noter à ce propos que la plupart des champignons sont rares, et tout bon mycologue vous dira que s'il en connaît mille, sur ce nombre il y en a au moins la moitié qu'il n'a vus qu'une fois dans sa carrière. Mais justement c'est le spécimen stupéfiant et jamais rencontré, celui qui n'a été signalé qu'une fois dans les livres, celui dont on croit que c'est une « espèce fantôme », comme on dit, qui fait le plus grand plaisir à découvrir.

Mais le début de l'hiver a aussi ses espèces. Les Pleurotes, la Collybie à pied velouté, le pied bleu lui-même, méprisent ou même apprécient les températures voisines de zéro. On pense que c'est une affaire d'adaptation. En effet, les troncs sur lesquels ils fructifient risquent en été une dessiccation brutale s'il fait chaud. Ils attendent donc que la fin de l'automne arrive, pour que les souches mortes qui sont leur support soient gorgées sans risque de déshydratation.

Et ensuite ? Eh bien tout l'hiver il est possible de récolter sur les arbres divers Polypores qui sont vivaces et attendent seulement le printemps prochain pour reprendre leur végétation. Et pour les amateurs d'examens microscopiques, voici sur les branches mortes la troupe innombrable des Pyrénomycètes, qui se présentent comme de misérables pustules noirâtres, mais qui révèlent sous l'objectif des détails d'une variété et souvent d'une beauté singulières.

Quand il fait vraiment trop froid, vous avez pour vous occuper ceux que vous avez séchés en été pour plus ample examen. C'est l'heure du microscope, et ne vous en privez pas. Vous pourrez alors savoir enfin quels étaient cet Inocybe, ou cette Russule, ou ce Rhodophylle que vous n'aviez pas pu nommer sur place.

Et c'est aussi « la saison de la littérature ». Il est permis à un esprit bien fait de se plonger dans une Flore, de la lire, et en dégustant une diagnose, de s'imaginer point par point l'espèce qu'on n'a jamais vue, mais qu'on verra un jour. On note dans sa mémoire ses caractères, et quand au coin d'un bois on verra tout à coup tel chapeau écailleux de telle façon, ou qu'on respirera l'odeur étrange signalée dans un livre, on saura tout de suite qu'on a affaire à *Pholiota flammans* ou à *Lepiota bucknalli.*

Pour qui sait les lire, les Flores valent tous les romans. Elles enferment dans leurs pages sévères toute la poésie des prés et des forêts. Il faut imaginer en suivant une description celui qui le premier a trouvé cette espèce, voir Fries arpentant ses forêts suédoises ou recevant des quatre coins de l'Europe tout ce que lui envoyaient ses correspondants. Avec un petit effort, chaque page va s'animer, et ce qui pour d'autres serait lettre morte sera pour vous un beau livre d'images féeriques à nulles autres pareilles.

Bien plus encore si vous disposez d'atlas comme celui-ci, qui vont vous guider pas à pas vers vos premières découvertes, et vous permettront de connaître les formes principales, autour desquelles viendront peu à peu se ranger les plus rares et les plus difficiles. Le mycologue Frédéric Bataille, qui mourut à quatre-vingt-seize ans, disait à la fin de sa vie : « Ma destinée était d'être pauvre et de bien connaître les champignons. Si c'était à refaire, je ferais la même chose. » Cette sereine philosophie peut servir de modèle à tous ceux pour qui la nature existe et sollicite le meilleur d'eux-mêmes.

Champignons comestibles, toxiques ou indifférents

Le prestige des champignons vient à la fois de leur réputation gastronomique et de la crainte qu'ils inspirent du fait que bon nombre d'entre eux sont fortement toxiques et éventuellement mortels. Toutefois, en considérant les choses de plus près, on s'aperçoit que sur les 3500 espèces qu'on peut rencontrer en Europe, il y en a une vingtaine de toute première qualité, une centaine qui forment des mets convenables, une quarantaine qui sont toxiques à des degrés différents, et tout le reste est simple objet de science ou de pure curiosité. En effet, la plupart des espèces sont soit trop petites, ou coriaces, ou amères, ou âcres, ou nauséabondes, ou filandreuses, ou trop molles ou trop dures. Ainsi un très grand nombre de Pezizes ne dépassent pas un ou deux mm de diamètre. La plupart des Polypores ont une consistance de liège qui en exclut la comestibilité, la plupart des Russules et des Lactaires, des Tricholomes aussi, sont soit d'une amertume horrible, soit d'une âcreté insupportable. Le Tricholome sulfureux qui sent le gaz à plein nez est si repoussant qu'il ne viendrait à personne l'idée de le cuire. Et que dire des Phallus qui sentent la charogne à s'y méprendre ! Les filandreux se trouveront chez les Collybies et les Marasmes. Les trop mous composent la troupe vulgaire des Vesses de loup. L'Armillaire impériale serait mangeable, mais elle est si compacte qu'elle est à peu près impossible à digérer.

La *Revue de Mycologie* a autrefois fait un référendum auprès de ses lecteurs pour leur demander quelles étaient leurs espèces préférées. A l'unanimité, le Tricholome de la Saint-Georges a été classé premier, devant l'Oronge. Puis vint la Morille conique, puis le Bolet tête de nègre, puis d'une façon inattendue l'Amanite vaginée, puis le « Champignon rose », ou Psalliote champêtre. Au huitième rang seulement la Morille vulgaire, devant le Pied bleu, la

Truffe du Périgord, le cèpe de Bordeaux, la Lépiote élevée, le Bolet appendiculé, l'Amanite rougeâtre, l'Amanite solitaire, le Tricholome bigarré, la Psalliote des bois, le Tricholome à odeur d'iris, l'Hygrophore des prés, et enfin la Chanterelle. On peut épiloguer sur cette liste. En effet, l'Amanite solitaire est de premier ordre, mais elle est inconnue de beaucoup de mycologues, vu sa rareté relative en beaucoup de régions. De même le Bolet appendiculé, bien supérieur aux cèpes classiques, est inconnu de beaucoup de chercheurs. La Chanterelle mérite mieux que la vingtième place.

Mais sur ces questions tout est affaire de goût. On remarquera qu'il n'y a dans cette liste aucun Lactaire, malgré la réputation dont le sanguin en particulier jouit dans les pays méridionaux, sans doute parce qu'il est seulement moins mauvais que les autres. Et évidemment chacun est libre de retrancher ou d'ajouter ce qui lui plaît à ce catalogue qui n'a qu'une valeur indicative.

Il s'agit maintenant de savoir ce qu'on peut faire avec des champignons comestibles. Comme pour toutes les autres nourritures, les moyens de principe sont réduits. D'abord le cru. Une seule espèce se prête réellement à être mangée crue, c'est le champignon de couche, et ses voisins comme la Psalliote des champs. Car il vaut mieux s'abstenir de manger n'importe quel champignon cru, plusieurs espèces, comme les Morilles ou même l'innocente Amanite vaginée, sont toxiques si elles ne sont pas cuites. Car crus, beaucoup de champignons contiennent une toxine appelée hémolysine qui attaque les globules rouges du sang et provoque des accidents parfois très graves.

Après le cru, il y a la cuisson au gril. Plusieurs espèces s'y prêtent admirablement. Les Lactaires à lait rouge en particulier y trouvent leur meilleure présentation. Mais les Psalliotes y gagnent en parfum, et de jeunes chapeaux des grandes Lépiotes, cuits rapidement sur le gril et assaisonnés simplement d'une goutte d'huile d'olive et d'une prise de vrai poivre sont exquis.

Vient ensuite le bouilli. Pour des champignons de premier choix, c'est un procédé barbare, qui leur fait perdre tout leur parfum et toute leur saveur. Il n'en reste que le squelette qui n'en vaut pas la peine. Toutefois, pour certaines espèces de goût ou d'odeur trop marqués, comme le Clitocybe nébuleux, un passage à l'eau bouillante avant d'autres apprêts est avantageux. Il leur fait perdre ce que leur goût aurait de trop sauvage. Mais c'est exceptionnellement qu'on aura recours à ce procédé.

Après vient la friture. Elle est avantageuse pour les espèces à chair trop molle comme celle des cèpes. Il est bon alors de couper le champignon en morceaux gros comme une noix, sans le laver, et on le fait rissoler dans un peu d'huile d'olive jusqu'à ce qu'il ait pris une belle couleur dorée et une consistance ferme et croustillante à l'extérieur. Dans ce cas, on ajoute pour terminer un hachis d'ail et de persil après avoir éliminé l'huile qui pourra servir une autre fois. Les Bolets de pin, *luteus* et *granulatus*, pelés, mis dans une casserole sur le feu où ils rendront leur eau qu'on jettera, puis roulés dans la farine et frits comme des poissons, puis arrosés des herbes nécessaires, sont au dire des fins gourmets, supérieurs aux cèpes eux-mêmes.

Enfin, citons les préparations à la casserole. Il faut alors distinguer si les champignons doivent fournir un plat à eux seuls ou servir de garniture à un rôti ou à une volaille. Ou encore s'ils doivent parfumer une sauce dite « financière ». Mais si par exemple vous avez fait une belle récolte de Tricholomes de la Saint-Georges, lavez-les rapidement, coupez-les en morceaux et mettez-les dans une poêle avec un morceau de beurre de premier choix. Pas de margarine, surtout ! Au bout de quelques minutes, ils se couvriront d'eau que vous laisserez s'évaporer. Quand elle aura complètement disparu, ajoutez à vos champignons au moment de servir un bol de crème fraîche battue avec un jaune d'oeuf. Donnez encore un tour, et c'est tout. Servez immédiatement, soit tels quels, soit sur des croûtons grillés à l'huile si votre récolte est trop modeste. Bien entendu vous aurez salé, mais seulement quand vos champignons seront réduits, et poivrés à peine. C'est là un plat royal. Cette formule peut s'appliquer également aux Oronges, aux Morilles, aux diverses Psalliotes, et au Tricholome iris, qui vaut le mousseron de printemps.

Curieusement, les Morilles et les cèpes sont infiniment plus savoureux et parfumés secs que frais. Pour les utiliser dans cet état, faites-les tremper dans de l'eau tiède quelques heures pour qu'ils se « retendent ». Et servez-vous-en pour garnir un vol-au-vent, ou pour entourer une belle pièce de rôti. Dans ce cas, faites cuire à part tout doucement vos champignons avec de la crème. Cela demande une demi-heure. Au moment de servir, ajoutez-y le jus du rôti et un filet de madère. Servez à part dans un légumier pour accompagner la viande.

Mais les champignons frais peuvent aussi bien se prêter à cette préparation. Quant aux Morilles, le regretté Dr Ramain a donné pour elles dans son traité célèbre de mycogastronomie une recette particulièrement raffinée. Ayez des Morilles fraîches, rondes et de belle taille. Lavez-les et faites-les d'abord revenir au beurre sans les couper en morceaux. Quand elles sont cuites, remplissez-les avec de la mousse de foie gras, plongez-les dans une pâte à frire, et faites-les frire à grande friture jusqu'au beau doré. C'est inoubliable. Evidemment, un tel plat doit être accompagné d'un vin convenable, et un Tokay d'Alsace en fera ressortir toute la saveur et l'originalité.

Vous pouvez avec différentes espèces préparer des « croûtes » dont la cuisine franc-comtoise s'est fait une spécialité. Ce n'est pas difficile. Il faut avoir des champignons parfumés : Morilles, champignons roses, mousserons, meuniers, etc. que vous faites préalablement revenir au beurre, que vous mélangez avec beaucoup de crème battue avec un jaune d'oeuf ou davantage selon la quantité ; vous mettez ce coulis dans de petits moules à croûtes, moules à tarte miniature foncés avec une pâte brisée bien sablée, et vous mettez au four chaud pour faire prendre et dorer. C'est là une préparation de dernière minute et qui n'attend pas.

Les espèces de belle taille et dont le chapeau est encore fermé, comme les gros champignons de couche ou les belles Psalliotes des bois, ou encore les chapeaux tout creux du Cortinaire majestueux *(C. praestans)* se prêtent très bien à être farcis exactement comme des tomates. Mais il faut prendre la précaution de les faire cuire d'abord tels quels au four pour qu'ils réduisent et soient cuits, sans quoi on risque de les trouver encore crus alors que la farce est déjà à point.

Quand on trouve beaucoup de Chanterelles, voici une préparation très agréable. On les épluche et on les lave, puis on les met dans une jatte et on jette sur elles deux ou trois poignées de gros sel. Au bout de deux ou trois heures, elles auront rendu leur eau. Passez-les, mettez-les dans un bocal, recouvrez-les de vinaigre à 6°, ajoutez une branche d'estragon, deux échalotes et deux gousses d'ail. Vous obtiendrez ainsi des « pickles » incomparables pour accompagner des viandes froides ou un pot-au-feu.

Si vous avez encore une cuisinière à bois, et si vous avez trouvé quelques champignons roses, quand le dessus est bien chaud, placez-y les champignons sans leur queue, les lamelles en l'air, et attendez qu'ils se mettent à frémir et à rétrécir. Dégustez-les alors tels quels avec seulement un grain de sel sur chacun. On a l'impression de goûter à la nature elle-même.

Voici encore une recette toute simple. Il arrive qu'on ne trouve qu'un cèpe. Qu'en faire ? Eh bien, préparez une simple soupe de pommes de terre, et quand elle est bien moelleuse, ajoutez-y au dernier moment votre cèpe haché aussi fin que du tapioca. Vous obtiendrez ainsi un potage incomparable.

Les conserves

En cas de grande abondance, il peut être utile de préparer des conserves avec ses récoltes. Tous les champignons ne s'y prêtent pas également. Le meilleur moyen est de les mettre d'abord dans une casserole pour qu'ils rendent leur eau. Aussitôt que c'est fait, on les met dans des bocaux en les recouvrant de cette eau (il y en a toujours beaucoup trop) et on stérilise les bocaux, deux fois de suite de préférence. C'est de cette façon qu'ils gardent le mieux leur saveur propre. On peut aussi, après les avoir égouttés, les surgeler. Mais le résultat n'est pas fameux, et ils deviennent insipides par ce procédé.

La dessiccation donne des résultats excellents. Plusieurs espèces s'y prêtent au mieux. Les cèpes d'abord. On les coupe en tranches (sans les laver), et on les met au four au degré le plus faible jusqu'à ce qu'ils deviennent cassants. On pratique la même opération avec les meuniers, les Marasmes, les Chanterelles, et quelques autres espèces comme l'*Hydnum rufescens* qui acquiert par la dessiccation un parfum extraordinaire. Dans le Midi, on peut faire sécher les cèpes au soleil en les enfilant sur des ficelles qu'on suspend au grand air.

Quelques précautions

Ne récoltez que les champignons dont vous êtes sûrs. Ne prenez que ceux qui sont dans un état de fraîcheur incontestable, consommez-les rapidement, et n'en consommez pas trop à la fois. La satiété vient vite, et ils ne sont pas tous faciles à digérer. Dites-vous aussi qu'ils ne sont pas très nourrissants. Mais ils le sont autant que des haricots verts ou des choux. C'est leur parfum qui fait leur charme. On sait que les nourritures absolument insipides sont inassimilables. Les champignons ont donc avant tout le mérite de provoquer l'activité gastrique par les saveurs et les odeurs qu'ils nous offrent, et ce n'est pas un mince mérite.

Les champignons toxiques

S'il est vrai qu'une promenade en forêt permet souvent d'agréables récoltes, il est vrai aussi que ces récoltes faites sans les précautions élémentaires peuvent aboutir à des catastrophes. Car c'est un fait qu'il existe un certain nombre d'espèces très dangereuses à risque mortel, d'autres qui rendent très malades, d'autres qui sont simplement lourdement indigestes, d'autres enfin qui sont douées de propriétés psychotropes dont il faut absolument se méfier. Les erreurs commises par les imprudents ont souvent pour origine une série de préjugés ridicules qui se transmettent par la tradition et qui sont sans aucune valeur. Par exemple, on dit que tous les champignons des prés sont comestibles. C'est une erreur. Que les champignons visqueux sont toxiques. C'est une erreur. Que les champignons mangés par les limaces sont comestibles. C'est une erreur. Que tous les champignons blancs sont comestibles. C'est une erreur. Que les champignons qui changent de couleur sont toxiques. C'est une erreur. Et on multiplierait des exemples de ces sornettes qui ne sont que des recettes de *bonne femme.* Pour ne pas s'empoisonner, il faut tout simplement apprendre à connaître les espèces dangereuses pour éviter toute surprise. Il n'y a aucun autre moyen, et comme elles ne sont pas en tel nombre, quoique certaines soient très communes, n'importe quel chercheur de bonne volonté doit en être capable.

Certains empoisonnements sont restés célèbres. C'est ainsi que mourut toute la famille du poète grec Euripide, que l'Empereur Claude fut empoisonné par sa femme Agrippine pour faire accéder son fils Néron au trône, que périt le pape Clément VII qui avait fait interdire la cueillette des champignons dans ses Etats pour se les réserver, mentionnons encore l'empoisonnement, mais non mortel, de l'Empereur Alexandre III de Russie lors d'un dîner officiel à Paris.

Comment se présentent ces différentes intoxications ? Commençons par les plus graves, celles dont les suites sont mortelles si on n'y apporte pas les soins appropriés. Les coupables sont trois espèces de chez nous, trois Amanites : l'Amanite phalloïde, qui provoque 80 % des intoxications mortelles, l'Amanite printanière qui en ferait autant si elle était moins rare, et l'Amanite vireuse, plus rare encore. Ces trois espèces contiennent ce qu'on appelle des amatoxines et des phallotoxines, près d'une douzaine de corps chimiques associés dans la chair de ces espèces et diversement dangereux, mais qui le sont tous. On peut se demander, mais il n'y a pas de réponse, comment des organismes aussi rudimentaires que les champignons peuvent fabriquer des substances aussi complexes, et pourquoi. Les symptômes de l'intoxication sont ceux-ci : une incubation lente, et ce n'est qu'après dix ou même quatorze heures après le repas qu'apparaissent les premiers signes. Tout commence par des douleurs abdominales « térébrantes », comme disent les médecins, accompagnées de sueurs abondantes, de diarrhée particulièrement fétide, et d'une rétention des urines. Viennent ensuite des troubles nerveux, manifestés par des crampes très douloureuses, avec des moments de rémission qui ressemblent à un coma. Puis surviennent des troubles hépatiques et rénaux, avec une altération profonde des mitochondries et de la destruction de la membrane des lysosomes. En l'absence de soins adéquats, la mort se produit en un espace de deux à quatre jours, parfois davantage. Pendant très longtemps, la médecine a été à peu près impuissante devant ces intoxications. On a tout essayé : un vaccin, l'ingestion de cervelles et d'estomacs de lapins – cet animal étant moins sensible que l'homme à ces toxines –, des lavages d'estomac, des purges draconiennes, mais tous ces traitements anciens étaient d'une efficacité douteuse ou nulle. Depuis quelques années, le Dr Bastien, de Remiremont, a instauré un traitement qu'il a appliqué sur lui-même avec plus que du courage : il consiste à administrer au malade une dose relativement énorme de vitamine C, plus un désinfectant intestinal appelé Ercéfuryl. Avec quelques autres soins appropriés, il est arrivé à 90 % de guérisons dans des empoisonnements collectifs, alors qu'autrefois 40 % étaient considérés presque comme miraculeux. Ce traitement a eu le plus grand mal à s'imposer, des « pontifes » de la médecine admettant mal qu'un simple praticien de province se mêle d'une question dont ils croyaient qu'elle était leur monopole.

Voici un autre coupable, et l'empoisonnement produit par lui est dit « paraphalloïdien ». Il s'agit de la Lépiote brunâtre, heureusement très rare, mais qui se révèle de temps en temps coupable de graves accidents. Les symptômes sont les mêmes, sauf que s'y ajoute un refroidissement du malade dont on ignore encore la raison. La mort est également présente au bout de l'accident.

Et puis il y a encore un autre champignon particulièrement tragique : le Cortinaire couleur de rocou, figuré dans ce livre. C'est un beau champignon dont la couleur varie du rouge sanguin au rouge feu, rare en France où on ne signale jusqu'à présent qu'un seul cas d'intoxication, mais commun en Europe centrale et de l'Est, où il provoque tous les ans des accidents terribles. En effet, le début de l'intoxication ne se manifeste qu'après trois ou quatre jours, parfois après plus d'une semaine, c'est-à-dire à un moment où la toxine est complètement diffusée dans l'organisme. L'intoxication se manifeste par des troubles gastriques sévères, des vomissements, une soif inextinguible, une déshydratation profonde, des frissons, des maux de tête intolérables, des lésions rénales irréversibles et souvent totales, des lésions hépatiques aussi graves, et la mort survient après une à deux semaines, parfois davantage, au milieu de douleurs atroces. Le traitement du Dr Bastien semble donner quelques résultats, mais la seule personne atteinte en France a vu ses reins mis hors d'usage définitivement et ne survit que moyennant des dialyses régulières. La moralité est qu'il faut absolument se méfier de tous les Cortinaires rouges, et également des jaunes dont certains semblent bien avoir des propriétés analogues.

Les intoxications muscariniennes se nomment ainsi parce que la muscarine a été d'abord découverte dans l'*Amanita muscaria,* mais elle s'y trouve en si faible quantité qu'elle n'est pour rien dans l'intoxication produite par cette espèce, que nous verrons ci-après. Cette action muscarinienne est surtout le fait de plusieurs Inocybes, et de quelques Clitocybes blancs et « givrés ». Les plus fréquents coupables sont l'Inocybe de Patouillard, et les Clitocybes *cerussata,* et *rivulosa* spécialement. Ces empoisonnements se manifestent très rapidement, souvent une heure après le repas, par des vomissements et des diarrhées, mais surtout par des sueurs surabondantes. Il est fréquent que le malade perde plusieurs kilos en une journée. En même temps, on constate des troubles cardiaques très angoissants, des troubles oculaires, une salivation surabondante, un écoulement nasal, si bien que le malade est rapidement complètement épuisé. Mais cette intoxication, malgré son allure spectaculaire, est très rarement mortelle, et elle est presque instantanément guérie par l'administration de sulfate d'atropine. Ce sont les chimistes suisses qui ont mis au point cette thérapeutique, en intoxicant artificiellement des grenouilles et en essayant sur elles toutes les substances possibles. Ils se sont aperçus que le sulfate d'atropine redonnait la vie à des grenouilles qui semblaient être dans un coma profond. Et ce remède appliqué à l'espèce humaine a eu les mêmes résultats.

Parlons maintenant des intoxication dites psychotomimétiques. Ce sont celles produites chez nous par les Amanites tue-mouches et panthère. Le début est très précoce et se manifeste souvent par quelques troubles intestinaux. Mais bientôt apparaissent des troubles psychotropiques très impressionnants. Le malade se conduit comme un homme ivre, il a des hallucinations souvent terrifiantes, ou au contraire il peut être pris d'un fou rire incoercible, il peut aussi manifester une excitation dangereuse, de l'hystérie, et se montrer sujet à des convulsions. Un bûcheron qui en avait mangé fut pris d'un délire dans lequel il croyait qu'on voulait l'enterrer vivant, et il fracassa à coups de hache tout le mobilier de sa maison qu'avait abandonnée sa famille terrorisée. Après cette excitation, le malade s'endort d'habitude pesamment, et à son réveil ne se souvient de rien. Le traitement consiste à administrer au malade des calmants vigoureux pour l'endormir au plus tôt, et avant que la crise ne dégénère en drame.

Parmi les psychotropes se trouvent les Psilocybes mexicains étudiés par Heim et Wasson. Divers Psilocybes et Panéoles de chez nous ont les mêmes propriétés. Ceux qui les ingèrent sont l'objet de visions paradisiaques et ont le sentiment d'échapper à l'espace et au temps. Malheureusement, les travaux de nos deux savants ont eu comme conséquence de faire connaître ces espèces qu'ont immédiatement recherchées les drogués de toute sorte, surtout en Amérique, où on peut maintenant les cultiver chez soi. S'il est vrai que ces hallucinogènes sont moins dangereux que d'autres et ne provoquent, dit-on, aucun sentiment de dépendance, il faut cependant se méfier toujours de tout ce qui peut faire sortir l'esprit de ses limites, si l'on peut dire. La raison est chose trop rare et trop précieuse pour qu'on puisse jouer avec elle.

N'oublions pas les grands indigestes, au premier rang desquels se trouvent l'Entolome livide, le Tricholome tigré, et le Pleurote de l'olivier. On ignore à peu près tout des substances responsables des troubles gastriques et intestinaux violents provoqués par ces trois espèces. Ils se manifestent comme une indigestion monumentale, qui déshydrate le malade, l'affaiblit, le refroidit, et aboutit à un état d'épuisement complet. Mais à moins d'une ingestion massive, cette intoxication passe d'elle-même. Il est bon toutefois de soutenir le malade par des boissons chaudes, du café pour le remonter, et il faut surtout attendre d'en savoir plus, puisque le poison en cause est encore inconnu.

D'autres espèces sont également indigestes et purgatives, au premier rang desquelles se trouvent plusieurs Clavaires, surtout l'élégante, si bien qu'il vaut mieux s'abstenir de consommer des Clavaires jaunes difficiles à distinguer les unes des autres quand elles sont adultes, et se contenter de la Clavaire chou-fleur, qui se distingue de toutes les autres par ses troncs blanchâtres et les pointes pourpres de ses rameaux. On mettra dans la même liste le Bolet Satan qui a surtout une action vomitive comme la Psalliote jaunissante. Laissons de côté les Russules et les Lactaires âcres, qui évidemment peuvent être irritants, mais ne sont rigoureusement pas mangeables à cause de leur saveur horrible.

Un autre champignon très dangereux, et qui surtout le fut, est l'Ergot de seigle. Il provoque une gangrène des extrémités, des convulsions épouvantables, une dégénérescence du système nerveux et finalement la mort. Il a provoqué durant tout le Moyen Age et jusqu'à l'époque classique de véritables épidémies chez des populations affamées par les mauvaises récoltes et qui dévoraient même la farine faite avec les grains contaminés. L'ordre religieux de Saint-Antoine fut créé pour venir en aide aux victimes de ce fléau incompréhensible pour les contemporains.

Il y a également des intoxications provoquées par l'ingestion de divers champignons crus, alors qu'ils sont inoffensifs quand ils sont cuits. Notons aussi les oedèmes provoqués par l'absorption de boissons alcoolisées en même temps que le Coprin noir d'encre. C'est plus ennuyeux que grave.

Faut-il résumer ? Il est nécessaire de connaître les trois Amanites mortelles, de connaître les deux Amanites délirantes, de connaître l'Entolome livide qui provoque à lui seul 80 % de toutes les intoxications recensées, et de se méfier prudemment de quelques autres espèces, Cortinaires, Clitocybes blancs, Inocybes qui sans être mortelles ont des effets plus que désagréables. Mais il ne faut jamais oublier que ramasser des champignons n'est pas seulement un jeu. C'est une folie de commettre des homicides par imprudence ou inconscience. L'ignorance est bien coupable quand elle s'accompagne de vanité et de prétention.

Les espèces indifférentes

Sans doute si l'on est un « mycophage exclusif », l'on n'éprouve qu'un attrait bien faible pour toutes ces espèces qui ne servent à rien. Une fois le panier plein, on se moque tout à fait de ces brimborions qui garnissent le bois mort, de ces Vesses de loup qui brillent dans l'herbe, de ces Russules infernales ou de ces Lactaires dont aucun ne mérite la casserole. Et pourtant, il y a la masse innombrable des espèces qui autour de nous colonisent tous les milieux possibles et qui nous accompagnent partout. Est-il permis de les ignorer complètement ? Peut-on ne pas avoir envie de connaître leurs noms et leurs particularités ?

A y regarder de près, on s'aperçoit qu'il n'y a pas d'espèce qui soit réellement sans intérêt, et même les plus banales ont *quelque chose à dire*. La méprisable Amanite citrine vous révèlera tout de suite que vous êtes sur un terrain acide, l'Armillaire couleur de miel, qu'on croirait être une seule espèce, vous avouera qu'en réalité il y en a plusieurs, et que ce n'est pas la même qu'on voit sur les conifères, sur les feuillus, ou ailleurs encore. Vous verrez aussi que ces petits Marasmes ou ces Mycènes qui colonisent les feuilles mortes ne se comportent pas de la même façon. Les Mycènes, plus fragiles, se contentent d'en lécher le limbe, pour ainsi dire, tandis que les Marasmes plus solides s'attaquent aux nervures plus substantielles pour se nourrir.

C'est ainsi que par la simple observation on est amené à vouloir connaître, non seulement le nom des espèces, ce qui serait peu de chose, mais leur signification dans la nature. On se rend compte peu à peu qu'elles sont les unes et les autres adaptées à des milieux différents, et on en vient à considérer que les champignons n'ont pas pu être les premiers, mais qu'ils ont suivi les autres créatures. Incapables de synthétiser les matières organiques, ils ont été contraints de se contenter de celles qui étaient déjà préparées par les autres végétaux, ou même par les animaux. Ils se sont ainsi voués au rôle soit de parasites, soit de « réducteurs », et leur efficacité est à la fois nécessaire et incommensurable. Sans eux, les matières mortes s'accumuleraient sans fin et submergeraient le monde. Mais ils les digèrent et les ramènent à leurs éléments minéraux, qui retournent grâce à eux dans le cycle de la vie.

Qu'ils se soient adaptés peu à peu à tous les milieux disponibles, on en a une belle illustration avec les Marasmes. Ces petits champignons vivent souvent sur les feuilles mortes, mais pas n'importe lesquelles. Il en est qui se sont étroitement spécialisés aux feuilles de tremble, de buis, de lierre, d'olivier, de houx, etc. Comme on ne les trouve pas ailleurs, il faut bien penser qu'au début, il a dû y avoir un « proto-marasme », si l'on peut dire, qui se contentait un peu de n'importe quoi. Mais peu à peu certaines de ses formes se sont spécialisées à un milieu particulier, et si bien adaptées qu'elles n'ont pu en adopter un autre. Mais tous ces Marasmes n'ont pu que suivre l'évolution des plantes supérieures et s'adapter progressivement à toutes celles qui s'offraient à leur appétit.

On en a une preuve encore plus flagrante dans la forêt tropicale, où le nombre des espèces d'arbres est tel qu'on peut parfois faire plusieurs kilomètres sans voir deux fois le même, alors que la flore française ne compte qu'une cinquantaine d'espèces arborescentes. Eh bien, dans ces forêts tropicales, on voit bien à la saison des pluies, que sous chaque arbre on trouve une autre espèce de Marasme, et que chacun a son Marasme attitré. On se trouve là, au bout de peu de temps, complètement noyé par le nombre de leurs espèces, et on éprouve rapidement le sentiment de l'inconnaissable.

C'est dire qu'il n'y a pas d'espèce qui n'ait un sens. Son nom ne suffit pas, il faut également connaître ses moeurs et ses nécessités. Car si les nommer est nécessaire, puisqu'il faut avoir des idées claires, les comprendre est une tout autre affaire.

Il en est d'ailleurs ainsi pour tous les êtres vivants. Leur catalogue n'est qu'un état civil sans vie. Une flore elle-même doit être considérée comme une partition que chacun doit jouer du mieux qu'il peut, en mettant sous les noms et les définitions le souvenir des lieux et des saisons où on a vu telle espèce, les observations qu'elle a permises, et comment pour finir elle est devenue intelligible, alors qu'elle n'était qu'un numéro.

Ainsi tous ces champignons dits « indifférents » ne le sont pas le moins du monde. Rien n'est indifférent dans la Nature, et les êtres les plus modestes y occupent une place nécessaire.

Les champignons, du fait de leurs apparitions souvent capricieuses et inattendues, excitent bien plus que les autres végétaux notre besoin de comprendre. Constater qu'ils sont là n'est qu'un premier pas. Le second consiste à se demander pourquoi ils y sont, et la réponse, quand elle est possible, engage toute notre philosophie de la nature. Quiconque a fait ce petit effort sait bien quel plaisir on en retire. On devient presque un initié, puisqu'on a été admis à partager quelques secrets que les autres ne connaîtront jamais. Cette forme de connaissance donne à la vie une autre dimension. Elle nous fait soulever le voile des apparences et nous fait pénétrer dans les coulisses du monde, bien plus passionnantes que celles du théâtre ou du cinéma.

On aurait tort de sous-estimer ce que la pratique d'une science comme la mycologie peut apporter d'enrichissement à l'intelligence. Elle aiguise le flair, l'intuition, le besoin de l'exactitude, le raisonnement, l'observation précise, l'amour de la vérité, et la modestie. Elle oblige à aborder les problèmes philosophiques les plus ardus. Quand on s'est demandé ce que c'est qu'une espèce, et ce n'est pas facile, quand on a essayé de définir ce que c'est qu'un genre, et c'est presque insoluble, on a fait un grand progrès, ne serait-ce que parce qu'on est conduit à avouer qu'on ne sait pas.

Prenez la notion de genre. Certaines espèces comme les Amanites ont tant de caractères communs que le genre Amanite saute aux yeux et se définit de lui-même. Mais si vous considérez les Hygrophores, qui eux aussi ont en commun beaucoup de caractères, considérerez-vous qu'ils forment un genre en soi, ou bien trois genres comme le veulent certains modernes qui l'ont coupé en morceaux ?

Il ne faut jamais oublier que les mycologues professionnels proposent leurs vues aux usagers. Mais les usagers ont le droit d'examiner la chose et de dire leur sentiment. Si, par exemple, vous pensez à part vous que les Hygrophores ne sont qu'un genre et non trois, vous en avez absolument le droit. Comme la notion de genre en mycologie n'a jamais été définie convenablement, les genres qui nous sont offerts par les systématiciens ne sont que des possibilités, quelquefois des probabilités, mais la Nature n'a sans doute jamais pensé à créer des genres, qui ne sont que des « casiers » où nous mettons ensemble des formes voisines pour notre commodité personnelle. Vous verrez donc que si les espèces ont une réalité à peu près manifeste, les genres, eux, sont une création purement métaphysique (du moins trop souvent) et que les adopter ou les rejeter est une pure affaire de sentiment.

On pourrait croire que de telles réflexions sont inutiles et qu'elles ne concernent en rien la science elle-même. Ce serait une erreur. Si des sciences comme les mathématiques ne souffrent pas discussion, vu l'évidence qui est leur principe, il n'en va pas de même avec les êtres vivants, qui présentent toujours des éléments aléatoires et se refusent aux définitions fermées. Il faut les prendre comme ils sont, et nos champignons, plus aléatoires encore que tous les autres êtres vivants, doivent développer notre prudence et notre scepticisme. Ils nous apprennent qu'il ne faut pas toujours croire ce qu'on pense et que la réalité est hors de notre portée. Nous devons seulement espérer en approcher un peu plus chaque jour, en essayant de voir et de comprendre autant qu'il nous est permis de le faire. Un vulgaire Lactaire poivré pose tant de questions sans en avoir l'air, qu'il nous oblige à mesurer nos limites.

Tout ceci pour bien montrer que la Mycologie n'est pas seulement une manie, une toquade, un « *hobby* », un passe-temps ou une passion, mais qu'elle est un des meilleurs moyens qui nous soient offerts de comprendre le monde où nous vivons. Si elle permet à ses adeptes d'accomplir quelques progrès intellectuels ou spirituels, elle est, semble-t-il, suffisamment justifiée.

Les champignons sont-ils nourrissants ?

Sans être très nourrissants, les champignons offrent un aliment de valeur non négligeable, et variable selon les espèces. On a depuis quelques années analysé avec précision ce qu'ils pouvaient apporter comme ressources à l'organisme humain et on est aujourd'hui fixé avec assez de précision. Il faut d'abord noter leur forte teneur en eau, qui va de 70 à 95 %, et qui dépend de la consistance plus ou moins fibreuse de l'espèce. Mais cette teneur en eau à l'état cru diminue de plus de moitié après la cuisson. On sait que les champignons « réduisent » une fois soumis à la chaleur du feu. On y trouve des matières minérales, potasse et acide phosphorique en particulier. La teneur en lipides est très faible, tandis que celle en protides peut varier de 1 à 7 %. Le squelette des champignons est fait d'une pseudocellulose, qu'on appelle « hémicellulose », qui est strictement inassimilable. Les sucres qu'ils contiennent y sont toujours en très faible quantité. Leur valeur énergétique est donc faible, et il faudrait manger 40 kilos de Chanterelles pour atteindre la valeur d'un kilo de bœuf.

Il semble bien que ce soit le champignon de couche

qui est le plus nourrissant de tous. Toutes les analyses le confirment et c'est sans doute une des raisons qui l'ont fait entrer dans l'alimentation courante où il tient avantageusement sa place à côté de tous les légumes verts. De plus il est assez riche en oligoéléments, fer, silicium, soufre et magnésium en particulier, et en vitamines. La vitamine C et l'acide nicotinique s'y trouvent en quantités remarquables.

Si malgré leur relative pauvreté nutritive les champignons sont l'objet d'une telle consommation, c'est surtout à cause de leurs saveurs et de leurs parfums. On sait maintenant que les nourritures insipides sont inassimilables, et qu'au contraire celles qui sont odorantes ou de haute saveur se digèrent bien mieux. Si nous recherchons avec tant de soin les épices et les herbes qui accompagnent toutes nos nourritures pour les « relever », comme le dit très bien l'expression courante, c'est qu'un instinct profond nous y pousse. L'usage de toutes ces herbes est vieux comme le monde, et on sait que la recherche des épices, poivre, girofle, cannelle, vanille, a été à l'origine des grandes explorations classiques.

Dans ce domaine, les champignons occupent une place de choix et leur arôme est devenu indispensable à beaucoup de préparations culinaires dont ils sont l'ornement obligé. Leur effet d'incitation n'est pas négligeable et c'est sans doute à ce titre qu'ils valent d'être consommés. Il est bien probable que s'ils n'avaient aucun goût, on les considérerait comme une matière filandreuse sans intérêt.

Si le plus gros tonnage vendu est celui des champignons de culture, néanmoins les champignons sauvages arrivent sur nos marchés en quantités considérables. Par exemple, il se vend aux Halles de Rungis de 200 à 500 tonnes de cèpes par an, selon que la saison est plus ou moins propice. Bien entendu, la vente des champignons sauvages est sévèrement contrôlée, et chaque ville a une liste d'espèces autorisées et interdites. Le contrôle est généralement opéré par des vétérinaires spécialisés, et les erreurs sont extrêmement rares.

Que signifient les champignons pour l'homme ?

Si l'étude des champignons s'appelle la mycologie, il faut bien admettre que sa complexité la met hors de portée de l'amateur moyen. Les professionnels (et ils sont peu nombreux) disposent d'un laboratoire, d'une équipe de spécialistes qui travaillent avec et pour eux, d'une littérature énorme, de microscopes à balayage, de tous les réactifs possibles, de tous les moyens de culture et surtout de tout leur temps.

Au contraire, l'amateur ne peut avoir d'autre ambition que de connaître le plus grand nombre d'espèces qu'il se peut, et d'essayer de comprendre ce que c'est que cet énorme ensemble que représente le monde à peu près infini des champignons. L'amateur, plutôt qu'un mycologue, est, pourrait-on dire, un usager de la mycologie, et c'est déjà beaucoup. Car le rôle de l'amateur n'est pas négligeable. Alors que le professionnel est le plus souvent condamné à travailler dans un laboratoire dont il n'a pas le temps de sortir, l'amateur, lui, connaît les espèces sur le terrain. Il les voit dans la nature, et, mieux que d'autres, connaît leurs rapports entre elles et avec le sol, les arbres, les herbes, le climat, la saison.

Le professionnel pénètre admirablement les secrets de leur anatomie, de leur nature chimique, de leur sexualité, il est capable de raffiner la notion d'espèce, il n'hésite pas (et sans doute pas assez) à créer des genres nouveaux, à faire progresser sans cesse la classification, et il est à la source de tout ce que peut savoir à sa suite l'amateur qui l'écoute, le lit, et profite de ses découvertes et de ses leçons.

Mais l'amateur lui-même peut rendre au professionnel de signalés services, d'abord en lui fournissant les espèces rares ou critiques dont il a besoin, et puis en lui faisant part des observations qu'il a pu faire lui-même sur le terrain. Il faut remarquer que pendant longtemps la mycologie n'a pas eu d'existence officielle dans notre enseignement, et qu'elle a été abandonnée aux amateurs souvent géniaux qui l'ont enrichie de toutes leurs recherches. Ainsi en France Bulliard était officier, Boudier et Patouillard pharmaciens, Quélet médecin, Bataille instituteur. Même de nos jours, si un Romagnesi porte un nom qui est inséparable de celui de Kühner, et si Kühner a bien été un professionnel à part entière, Romagnesi était par sa formation un pur littéraire. Mais il est venu à la mycologie avec tant de passion et de sérieux que ses énormes travaux ont fini par étendre sa réputation bien au-delà de nos frontières.

Que faire donc quand on est un modeste amateur ? Eh bien, il faut faire ce qu'on peut. C'est-à-dire qu'il faut commencer par connaître le plus grand nombre possible d'espèces, car les espèces sont l'alphabet de la mycologie. Chacune d'elles peu à peu va se ranger dans un ensemble, et si quand elle est isolée elle n'a aucun sens, une fois qu'elle a trouvé sa place dans la famille et dans le genre dont elle fait partie, elle devient intelligible. Chaque espèce de plus qu'on connaît est un petit enrichissement pour l'esprit, et chacune nous permet d'entrer un peu plus profondément dans les secrets de la Nature.

Car c'est bien là de quoi il s'agit. Si on désire seulement récolter de quoi garnir une omelette, la mycologie n'est rien. Mais le jour où en poussant plus loin on désire absolument déterminer une Russule ou une Mycène qui ne servent absolument à rien, alors on a fait un grand progrès. Il n'est pas exagéré de dire que déterminer une Russule est un fait de haute civilisation. Car cette détermination difficile suppose les travaux infinis de nombreux devanciers qui ont apporté peu à peu leur lumière dans un genre apparemment impossible. Et quand on met ses pas dans les leurs, on continue une tradition, on fait vivre la mycologie qui autrement serait toute enfermée dans le cercueil de quelques livres, et chaque espèce ainsi reconnue devient très exactement une « connaissance », un visage familier qu'on saura « reconnaître » à la prochaine rencontre et qu'on n'oubliera plus.

Il y a là un phénomène auquel on ne pense jamais, parce qu'il paraît trop évident. Nommer ou pouvoir nommer une plante, est une opération de tous les jours. Nous savons tous ce que c'est qu'une rose, un pissenlit ou une pomme de terre, et c'est en partant de la nécessité de nommer les plantes utiles et familières que, peu à peu, les hommes se sont aventurés à définir et à nommer tous les êtres vivants qui les entourent. Le nom de chaque plante, et de chaque champignon est son état civil, et il n'est pas toujours facile de l'établir. Mais un champignon une fois étiqueté et catalogué n'est plus seulement cette créature de hasard qu'on rencontre au coin d'un bois, il prend alors une existence métaphysique, il existe en soi, diraient les philosophes, puisqu'il a été connu et reconnu et ensuite nommé pour toujours.

Chaque amateur le sait bien. Il comprend ce qu'est la joie de trouver une espèce rare qui n'a pas été vue depuis des années et dont l'existence même devenait douteuse, la joie de retrouver une espèce qu'il a dans la mémoire et qu'il n'avait pas vue depuis très longtemps et dont le nom lui revient aussitôt comme s'il rencontrait un cousin revenu d'un autre monde. L'amateur participe ainsi sans y penser à l'ensemble du monde vivant et à travers les noms et les espèces, il fraie son chemin dans l'ordre et souvent le désordre de la Création.

Sans doute peut-on en faire autant en étudiant les phanérogames, les poissons, les insectes ou les gastéropodes. Mais les champignons ont cette particularité qu'ils dépendent de tous les règnes à la fois. Ils obligent ceux qui veulent les connaître à connaître également le reste de la nature. Connaître les champignons contraint à connaître aussi les arbres, les herbes, le sol et la géologie, les insectes qui les dévorent, leur étrange morphologie, leur architecture et leur esthétique.

Car c'est bien d'architecture qu'il faut parler. Quand vous cueillez une grande Lépiote, vous pouvez ne penser qu'à la faire cuire sur le gril comme elle le mérite. Mais si vous la regardez de près, si vous voulez voir comment elle se développe, quelle est la nature étonnante de son pied, l'économie de moyens grâce auxquels elle peut développer une surface hyméniale énorme par rapport à son poids, vous pourrez mesurer la distance qui la sépare d'un champignon aussi stupide et primitif qu'une Clavaire en pilon, par exemple.

Quant à l'esthétique des champignons c'est une tout autre affaire. S'ils sont beaux, ils n'en savent apparemment rien, et c'est nous qui projetons sur eux une idée de beauté et d'harmonie de formes et de couleurs que nous avons dans l'esprit. Mais justement, cette idée de beauté coïncide avec ce que les industriels appellent l'efficience. Une Lépiote nous étonne parce qu'elle atteint à une productivité sporale obtenue avec des moyens ingénieux et élégants.

Et puis il y a les couleurs. Selon toute apparence, les pigments que produisent les champignons ne leur servent absolument à rien. Les incolores ne se portent pas plus mal que les autres. Alors pourquoi une Oronge se pare-t-elle de pourpre et d'or ? Pourquoi un pied bleu enrichit-il ses lamelles d'un merveilleux violet améthyste ? On multiplierait les exemples à l'infini, et il suffit à chacun d'ouvrir les yeux pour s'étonner de ces couleurs si fraîches et si éphémères. Comme elles n'ont pas de raison apparente et que personne n'en a hasardé une explication, peut-être doit-on simplement voir dans cette débauche de coloris gratuits un luxe de parure nuptiale. Le carpophore signale le moment où le mycélium décide de se reproduire, et c'est pour lui la fête. En un moment, il va dépenser toutes ses « économies » pour manifester sa joie organique et la solennité d'un moment pour lequel il a travaillé dans la terre pendant un an. Il en va de même pour les fleurs des plantes, qui ne sont pas seulement faites pour attirer les insectes fécondateurs, mais aussi pour le plaisir, et de même encore pour le plumage des oiseaux, qui ne brille si fort que pour leurs brefs mariages. La queue superbe des paons tombe aussitôt que leurs noces sont consommées.

Rêveries que tout cela ? Peut-être, mais il n'est pas défendu de rêver, et il arrive que le rêve nous révèle une réalité plus profonde que le scalpel, les réactions chimiques, ou les images les plus étonnantes fournies par les microscopes d'aujourd'hui. Et ces rêves sont le fruit de l'étonnement que provoquent chez tous les bons esprits les productions de la nature. Le naturaliste, et le mycologue peut-être plus que les autres, est un homme (ou une femme) qui a su conserver dans son âge adulte cette faculté merveilleuse de l'enfance, qui est de savoir s'étonner de toutes choses. L'enfant qui n'a encore rien vu attache à tout son regard tout neuf. Mais la plupart des adultes ont cessé d'ouvrir les yeux, et ne voient plus rien. Le mycologue, lui, voit tout et il a encore la candeur de s'étonner quand dans une rue de Paris ou d'ailleurs, il récolte une espèce rare au pied d'un arbre ou dans le bac où languissent les troènes d'une terrasse de café. Cette faculté permet de conserver une jeunesse inépuisable, et on remarquera combien les mycologues avancent en âge en conservant une fraîcheur d'esprit que bien d'autres pourraient leur envier. Comme ils ne s'ennuient jamais, ils sont heureux tout naturellement et ils ont tiré de la vie un plaisir infini et toujours renouvelé. Pourquoi demander davantage ?

L'homme et les champignons

On imagine mal les rapports nécessaires entre l'homme et les champignons. On pense tout de suite aux champignons cultivés, dont l'importance économique est considérable. C'est ainsi que le champignon de couche, dit champignon de Paris, vient au sixième rang de nos exportations. De même en Extrême-Orient, la culture du *Lentinellus edodes* (le champignon parfumé des restaurants chinois) est menée industriellement et il s'en produit un tonnage énorme. Nos champignons sauvages eux-mêmes sont maintenant récoltés systématiquement et certains conserveurs les vendent en boîtes, en mélanges plus ou moins innommables, au sens propre du terme. Il se fait aussi un commerce considérable de cèpes et de Morilles à l'état déshydraté, et la France par exemple importe chaque année des tonnes de Morilles sèches en provenances des pays de l'Est ou (dit-on) de l'Inde.

Mais la plus grande importance, et de loin, est celle des champignons microscopiques. Si les levures n'existaient pas, nous n'aurions ni pain ni vin. Ces levures nous accompagnent dans tous les jours de notre vie, et nous n'y pensons guère, tant nous trouvons leur usage naturel. En dehors du vin et du pain, elles sont aussi responsables de nos fromages, et chaque saveur de fromage est due à une levure particulière, dont les souches sont soigneusement entretenues à l'Institut Pasteur. Car il arrive qu'un fabricant « perde » sa semence et ne puisse plus fabriquer son fromage habituel. Dans ce cas, c'est l'Institut Pasteur qui le tirera d'affaire. Sur ce point la France est bien favorisée, puisqu'elle produit 360 espèces de fromages. Et on sait bien la différence qu'il y a d'un munster à un roquefort, ou d'un camembert à un bleu d'Auvergne.

Et voici que depuis quelques années, l'étude des champignons microscopiques a permis, depuis la découverte de Fleming, de fabriquer en masse des antibiotiques qui ont apporté à la médecine une révolution égale à celle qu'avait apportée la vaccination. Grâce à ces antibiotiques, des maladies comme la typhoïde ou la tuberculose ont si bien disparu que beaucoup de médecins d'aujourd'hui n'en ont jamais vu un cas. C'est ainsi que des champignons méprisés ont réussi à faire reculer quelques fléaux qui terrorisaient nos parents.

La médecine d'autrefois utilisait quand même déjà quelques espèces. C'est ainsi que les médecins anciens administraient à leurs malades victimes de sueurs nocturnes, surtout les tuberculeux, quelques doses de l'*Agaricum officinale,* qui malgré son nom est un Polypore, d'ailleurs représenté dans cet ouvrage. Cette espèce d'une amertume épouvantable était très efficace dans un tel cas. De même se servait-on de fines tranches d'amadou pour arrêter les petites hémorragies, et aussi pour isoler les ongles incarnés.

Dans l'est de la France, les bûcherons qui formaient

autrefois une corporation à part, soignaient leurs blennorragies avec des Lactaires poivrés cuits sur le gril. Il est probable que cette espèce contient un antibiotique, mais la médecine officielle n'a pas encore daigné en faire cas. On attend peut-être que des chercheurs américains s'y mettent !

Certains champignons ont eu un usage industriel. Ainsi l'*Inonotus hispidus* était-il utilisé par les ébénistes pour donner au bois une belle couleur marron brillant. Le Polypore du bouleau a été utilisé comme cuir à rasoir, divers « amadous » bien préparés tenaient lieu d'allumettes ou de garde-feu. La Dédalée du chêne est encore utilisée par les apiculteurs pour enfumer les abeilles car sa fumée très âcre les assomme positivement.

Enfin, il y a les hallucinogènes. Il en existe en Europe, mais dans notre Ancien Monde, il semble bien que seule l'Amanite tue-mouches ait fait l'objet d'un usage de ce genre chez les tribus de Sibérie, auxquelles leur ingestion inspirait des visions et des délires plus ou moins furieux.

C'est en Amérique Centrale que les Psilocybes hallucinogènes ont acquis une réputation extraordinaire, au point qu'ils y étaient considérés comme divins. Leur usage était d'ailleurs réservé aux initiés, prêtres ou sorciers, et leur ingestion s'accompagnait d'un cérémonial compliqué. Toujours est-il qu'aujourd'hui encore, sur les hauts plateaux du Mexique, on va consulter le sorcier, qu'on appelle *curandero,* c'est-à-dire guérisseur, qui mange quelques champignons frais ou secs, entre bientôt en transes, et qui alors se trouve pourvu du don de double vue. Si on a perdu son âne, il dira où est l'âne, ou qui l'a volé. Si on est malade, il formulera le diagnostic.

Le mycologue américain R. G. Wasson, qui a exploré ces pays et leurs pratiques, raconte un fait qui l'a stupéfié. C'était pendant la dernière guerre. Pour mettre à l'épreuve le curandero, il lui demanda ce que faisait maintenant son fils. Le curandero ferma les yeux et lui dit : « Ton fils maintenant vole sur un grand oiseau et va faire la guerre de l'autre côté du monde ». Wasson ne pensait plus à cette fantaisie, car son fils faisait ses études de médecine à New York, et quand il y rentra, ce fut pour apprendre que ce fils ayant eu un chagrin d'amour s'était engagé et était parti en avion pour l'Angleterre, le jour même où le curandero lui avait annoncé la nouvelle. Wasson avoue que pour lui qui est un rationaliste « pur-sang », cette affaire l'a profondément troublé.

Autre particularité intéressante : le curandero lui a dit que si on veut manger de ces champignons, il faut avoir le coeur pur. Car si on a le coeur pur, on ne voit dans son délire que de belles et bonnes choses. Mais les méchants et les vicieux ne voient que des monstres et du sang. Un psychanalyste serait sans doute d'accord.

Comme il existe des espèces de ce genre chez nous, la question se pose automatiquement de savoir si leur usage peut être autorisé. S'agit-il vraiment d'un stupéfiant ? Ces champignons sont-ils dangereux à l'usage ? Provoquent-ils une accoutumance et une dépendance désastreuse ? Si oui, comment en interdire la récolte ? Et sinon, quelles mesures prendre à leur égard ? Il y a là de quoi exercer la subtilité de nos législateurs. Si chez nous jusqu'à présent les expériences de cette espèce sont rares, aux Etats-Unis elles sont monnaie courante, et comme la culture de ces champignons est très facile, même en appartement, tout un commerce s'est développé qui met à la disposition de certains amateurs des spores et le milieu où les faire prospérer.

Le regretté mycologue Roger Heim, qui avait accompagné Wasson dans ses explorations, a voulu en faire l'expérience sur lui-même. Il a décrit les visions extraordinaires qui l'avaient enveloppé, cathédrales de lumière, fleuves d'or fondu, etc. Puis la perte complète de l'équilibre, de la notion du temps et de l'espace, et pour finir une fatigue extrême qui dura plusieurs jours. Il avait, en tous cas, juré qu'il ne recommencerait jamais.

Glossaire des principaux termes utilisés en mycologie

Aculéolé : hérissé d'aiguillons ou de mèches sur le chapeau.

Adné : se dit des lamelles qui adhèrent au stipe.

Amarescent : d'un goût devenant amer après mastication.

Amyloïde : se dit des parois ou des ornements des spores qui se colorent en gris bleu ou en gris noir sous l'effet des réactifs iodés.

Appendiculé : se dit surtout du bord du chapeau de certaines espèces dont la marge est débordante et forme un court feston sur son bord.

Apprimé : se dit des écailles de certaines espèces qui sont couchées et pour ainsi dire collées sur la surface du chapeau.

Aranéeux : se dit d'une apparence de toile d'araignée qui peut couvrir le chapeau, surtout dans son jeune âge.

Aréolé : se dit de la surface du chapeau quand elle se craquèle en plaques, ou quand elle se tache comme de gouttes d'eau.

Arête : c'est le bord libre et comme tranchant d'une lamelle.

Argilacé : de couleur brunâtre et terne comme celle de l'argile.

Arqué : se dit surtout des lamelles quand leur bord est concave vers le bas.

Arrière : partie de la lamelle qui se trouve contre le pied.

Arrondie : se dit d'une lamelle dont l'arête forme une courbe arrondie vers le bas. Le champignon de couche en donne un bon exemple.

Aspérulé : couvert d'aspérités très fines.

Avant : partie de la lamelle proche de la marge du chapeau.

Bai : d'un brun rougeâtre bien marqué.

Base : la base d'une lamelle est la partie adjacente au chapeau et opposée à son arête.

Baside : article caractéristique de beaucoup de champignons, qu'on trouve à la surface des lames des Agarics ou à la surface interne des tubes des Bolets. C'est une cellule plus longue que les autres, qui dépasse l'hyménium, et porte à son sommet, à l'extrémité des stérigmates, un nombre variable de spores.

Bipolaire : se dit d'une espèce dont les myceliums primaires se classent en deux groupes, tels qu'un mycélium primaire ne peut produire un mycélium secondaire que s'il est confronté à un mycélium de l'autre groupe.

Caduc : qui disparaît spontanément, comme le font souvent les anneaux.

Calcicole : se dit surtout des champignons qui ne se trouvent que sur les terrains calcaires.

Calcifuge : qui ne peut subsister sur un sol calcaire.

Campanulé : en forme de cloche.

Cannelle : d'une belle couleur brun chaud, comme celle de la poudre de cannelle.

Carpophore : le carpophore est l'appareil reproducteur du champignon, c'est-à-dire à nos yeux le champignon lui-même, par opposition à son mycélium qui est presque toujours invisible et enfoui dans son milieu.

Cartilagineux : se dit de certains champignons, ou de leur stipe, quand ils sont à la fois souples et résistants, comme le cartilage de l'oreille par exemple.

Céracé : qui a la consistance de la cire d'abeille.

Cespiteux : qui pousse en touffes.

Claviforme : en forme de massue. Se dit surtout du stipe d'un champignon quand sa base est renflée en massue.

Collarium : bourrelet annulaire auquel sont fixées les lamelles dans certaines espèces.

Concolore : de la même couleur.

Conné : se dit des stipes des champignons quand ils partent ensemble d'une même base.

Coprophile : se dit des espèces qui viennent sur le fumier ou sur les excréments.

Corticole : se dit des champignons qui poussent sur les écorces des arbres.

Cortine : c'est un voile tendu comme une toile d'araignée entre le bord du chapeau et le pied dans le jeune âge.

Cortiqué : se dit du stipe quand il est revêtu à l'extérieur d'une sorte d'écorce plus tenace que la chair elle-même.

Costé, ou Costulé : se dit du bord du chapeau quand il est marqué de côtes ou de rainures.

Cupuliforme : en forme de coupe.

Cuticule : on nomme ainsi la couche superficielle du chapeau qui est souvent détachable.

Cyathiforme : en forme d'entonnoir.

Cystides : cellules stériles qui se trouvent souvent sur la face des lamelles ou sur leur arête et qui sont souvent couronnées de cristaux d'oxalate de calcium. Examinées au microscope, elles sont souvent très utiles pour les déterminations.

Décurrentes : se dit des lamelles qui descendent plus ou moins longuement sur le pied.

Déliquescent : qui se résout en liquide à la maturité. Se dit surtout des Coprins chez qui ce phénomène est constant.

Descendant : se dit de l'anneau des Amanites par exemple, qui se rabat sur le pied de haut en bas.

Dimidié : se dit des chapeaux des champignons qui sont réduits à l'une de leur moitié, comme les Polypores, ou comme certains Pleurotes.

Discolore : qui présente deux couleurs différentes.

Disque : désigne la partie centrale du chapeau.

Distinct : se dit du stipe quand il est possible de le détacher du chapeau sans déchirure, car il forme alors un organe indépendant. Comme on le voit chez le champignon de couche.

Ecartées : se dit des lamelles quand elles n'atteignent pas le stipe.

Emarginées : se dit des lamelles qui sont comme échancrées à l'endroit où elles atteignent le stipe.

Epiphyte : se dit des champignons qui viennent sur d'autres plantes.

Excédente : se dit de la marge du chapeau quand elle en dépasse le bord.

Excorié : se dit d'une surface de chapeau qui se dilacère en écailles.

Farci : se dit d'un stipe dont la chair intérieure est plus lâche et finit par disparaître avec l'âge.

Fauve : variété de couleur jaune plus vive et plus profonde, tirant sur le roux.

Festonné : se dit de la marge du chapeau quand elle est bordée de crénelures arrondies.

Fimicole : qui se fend selon l'axe radial.

Fistuleux : tubulaire, se dit des stipes régulièrement creux dès le jeune âge.

Floculeux : qui présente de petits flocons.

Fugace : qui disparaît rapidement.

Fuligineux : gris-brun ou noirâtre.

Furfuracé : comme couvert de son ou d'une poussière très fine.

Fusiforme : se dit d'un stipe atténué au sommet et à la base, en forme de fuseau.

Gélifié : se dit surtout du revêtement de certains champignons qui, avec l'humidité, se transforme en une espèce de gelée plus ou moins épaisse.

Gibbeux : se dit du chapeau quand il porte en son centre une bosse remarquable.

Glutineux : couvert d'une mucosité épaisse et qui se gonfle par l'humidité. On trouve ce gluten surtout sur les chapeaux, mais aussi sur le stipe de beaucoup de Cortinaires et d'Hygrophores.

Guttules : petites gouttes.

Gymnocarpe : se dit des champignons qui naissent directement à la surface du primordium, et non à l'intérieur d'une chambre hyménienne.

Hispide : couvert de grosses mèches.

Hyalin : désigne les spores incolores sous le microscope.

Hygrophane : se dit de la chair du chapeau quand elle change d'aspect par l'humidité et devient alors translucide, puis redevient opaque par le sec.

Hyménium : c'est la partie d'un carpophore qui porte les asques ou les basides, par exemple les lamelles, les tubes des Bolets, ou les pointes des Hydnes.

Imbriqué : se dit des écailles du chapeau qui se recouvrent comme les tuiles d'un toit.

Imbu : se dit d'un champignon gorgé d'eau par la pluie.

Incurvé : se dit surtout de la marge du chapeau quand elle est recourbée ou enroulée, surtout dans la jeunesse.

Infundibuliforme : en forme d'entonnoir.

Inné : se dit des écailles qui ne sont pas superficielles, mais font partie intégrante de la chair du chapeau.

Interveiné : qui est réuni par des veines, comme par exemple les plis des Chanterelles ou les lamelles des Russules.

Isabelle : de couleur blond roussâtre, comme la crinière des chevaux du même nom.

Lactescent : qui laisse échapper du lait à la cassure.

Latex : lait qui s'écoule des carpophores à la cassure, et qui provient de vaisseaux « laticifères », comme chez les Lactaires ou certaines Mycènes.

Leucosporé : dont les spores sont blanches.

Lignicole : se dit des champignons qui poussent sur le bois.

Livide : d'une couleur grise et nuageuse.

Lubrifié : faiblement visqueux, comme le chapeau du *Bolestus edulis.*

Mamelon : c'est la saillie centrale de certains chapeaux, plus ou moins individualisée.

Mamelonné : qui possède un mamelon.

Marge : ce mot désigne le bord du chapeau, qui est souvent de couleur ou de texture différente de celle du centre.

Marginé : qui présente une marge ou un rebord distinct. Se dit surtout du rebord du bulbe que présentent à la base de leur pied certains Agarics, comme par exemple l'Amanite panthère.

Médullé : se dit du pied quand il est rempli à l'intérieur d'un tissu plus lâche et fragile que son écorce.

Membraneux : se dit de certains chapeaux particulièrement minces et sans chair, comme ceux de certaines Mycènes ou Marasmes.

Micacé : semé de petits points brillants.

Mycélium : c'est la partie végétative du champignon, qui porte les carpophores quand vient la saison de sa maturité. Ce mycélium passe le plus souvent inaperçu, car il est fait de filaments très fins dispersés dans la terre ou dans le support du champignon.

Napiforme : en forme de navet.

Obconique : se dit d'un stipe en forme de cône renversé, c'est-à-dire plus épais à son sommet qu'à sa base.

Obtus : se dit des chapeaux qui ne présentent aucune saillie et sont soit aplatis soit faiblement convexes.

Ochrosporé : désigne les spores d'une couleur qui va de l'ocre au brun rouillé.

Olive : couleur des olives vertes.

Ombiliqué : se dit d'un chapeau qui présente en son centre une dépression profonde et étroite.

Ovale : se dit des spores courtement elliptiques.

Ovoïde : en forme d'oeuf de poule, c'est-à-dire plus largement arrondi à une extrémité qu'à l'autre.

Papilionacé : se dit de certaines lamelles dont les faces sont marquées de plages plus claires ou plus sombres côte à côte.

Papillé : se dit d'un chapeau qui présente en son centre un mamelon étroit et brusquement individualisé.

Pellucide : équivalent à translucide, ou transparent.

Pigment : substance colorée naturelle qui donne aux champignons leur couleur.

Piléique : qui concerne le chapeau.

Pleuropode : dont le stipe est latéral.

Pliciforme : se dit de lamelles très étroites qui ont la forme d'un simple pli.

Pore : désigne l'orifice des tubes des Bolets ou des Polypores, dont la couleur est souvent différente de celle des tubes eux-mêmes.

Primordium : c'est l'ébauche du futur champignon dans son extrême jeunesse. Le primordium se présente comme une tête d'épingle d'habitude blanche et généralement invisible, car elle est cachée dans le sol.

Pruineux : se dit du chapeau ou du stipe de certains champignons qui semblent couverts d'une poudre très fine, faite en réalité de poils minuscules et dressés sur la surface.

Pubescent : brièvement poilu.

Pulvérulent : couvert d'une sorte de poudre, ou très brièvement poilu.

Radicant : se dit d'un stipe dont la base se prolonge par une pseudo-racine.

Radicelles : petits cordons mycéliens visibles à l'oeil nu.

Raphanoïde : qui présente une odeur de rave ou de radis.

Réfléchi : se dit de l'aspect de certaines espèces dépourvues de pied qui s'écartent de leur support et deviennent horizontales avec le temps.

Résupiné : se dit du chapeau de plusieurs espèces lignicoles quand il adhère à son support par un de ses côtés, de sorte que les lamelles rayonnent à partir d'un point généralement excentrique.

Réticulé : se dit d'un pied orné d'une sorte de filet ou de réseau, fait chez les Bolets en particulier de tubes avortés.

Rhizoïde : la base du pied de plusieurs espèces est souvent hérissée de gros poils plus ou moins charnus qui ressemblent à des racines. On les appelle « rhizoïdes », c'est-à-dire pseudoracines.

Rhizomorphe : cordon mycélien souvent ferme et tenace qui s'allonge sur le support. Voir *Armillaria mellea.*

Rhodosporé : champignon à spores roses ou rougeâtres.

Rigide : indique une consistance qui résiste à la pliure. Certains champignons se brisent quand on veut les plier, comme la plupart des Lactaires.

Rimeux : se dit des chapeaux qui se crevassent dans tous les sens de manière à laisser voir la couleur da la chair entre les fentes.

Rugueux : raboteux ou couvert d'aspérités médiocres.

Saprophyte : se dit des espèces qui croissent aux dépens de matières organiques, par opposition à ceux qui sont parasites ou qui vivent en symbiose avec d'autres plantes.

Scissile : se dit des lames qui se fendent facilement en deux, suivant leur plan de symétrie.

Sclérote : sorte de tubercule vivace, sur lequel naissent les carpophores de certaines espèces à qui il sert de réserve.

Scrobiculé : orné de taches bien délimitées ou de petites fossettes, comme le pied de certains Lactaires en particulier.

Serrulé : se dit des lamelles dont le bord est dentelé comme une scie.

Sessile : qui n'a pas de pied, comme beaucoup de Pleurotes ou de Polypores.

Sinuées : se dit des lamelles qui se retrécissent au voisinage du stipe, où leur arête devient rapidement ascendante.

Sous-hyménium : partie du carpophore qui se trouve immédiatement au-dessous de l'hyménium.

Spinuleux : couvert de petites épines.

Spongieux : qui peut être comprimé comme une éponge et qui retient l'eau comme elle.

Spore : c'est la « graine » du champignon, qui se détache à la maturité des basides, ou qui s'éjecte des asques qui les contiennent et sont emportées par le vent pour tenter leur chance dans la nature.

Sporée : amas de spores récolté sous un carpophore pour en définir exactement la couleur. Pour obtenir une sporée, il faut placer le chapeau d'un champignon dont on a coupé ras le stipe sur une feuille de papier blanc, lamelles en dessous, pendant 24 heures. L'examen de la couleur des sporées est surtout utile pour la détermination des Russules.

Squame : synonyme d'écaille.

Squarreux : se dit d'un chapeau ou d'un stipe quand ils sont hérissés d'écailles saillantes et remarquables.

Stérigmates : filaments très fins qui émergent au sommet des basides et au bout desquels se forment puis tombent les spores.

Stipe : pied du champignon.

Stipité : pourvu d'un pied.

Strié : se dit surtout du bord des chapeaux de certaines espèces, qui est très mince et laisse apercevoir par transparence le dessin des lamelles qui se trouvent en dessous. Ces stries sont facilement observables chez certaines Amanites et chez beaucoup de Russules. Mais les stries peuvent aussi affecter le stipe, où elles se marquent comme de longs sillons plus ou moins continus et profonds.

Supère : se dit d'un voile, anneau ou cortine, qui se forme à la partie supérieure du stipe, et qui à l'épanouissement du chapeau retombe vers le bas, tandis que les voiles infères partent de la base du stipe vers le haut.

Testacé : couleur de brique, mais plus brun que briqueté.

Tétrapolaire : se dit d'une espèce dont les mycéliums primaires issus d'un même carpophore se classent en quatre groupes A, B, C, D, tels qu'on ne peut obtenir de mycéliums secondaires qu'en confrontant les mycéliums A × B et C × D.

Tomenteux : couvert d'un velours plus ou moins grossier. C'est presque un synonyme de velouté.

Trame: on appelle trame des lames la partie de leur tissu comprise entre les deux sous-hyméniums. Trame peut aussi désigner la chair du chapeau.

Turbiné : épaissi de la base vers le sommet, comme une toupie. La Chanterelle en est un bon exemple.

Umboné : se dit du sommet du chapeau quand il est brusquement gonflé en forme de gros mamelon.

Uncinées : se dit de lamelles qui adhèrent au stipe par un petit crochet.

Velouté : qui présente l'aspect mat et doux du velours, comme par exemple le pied de *Collybia velutipes.*

Ventrue : on dit qu'une lame est ventrue quand elle est largement convexe vers le bas et que son milieu est plus large que ses extrémités.

Vergeté : on dit qu'un revêtement est vergeté quand on y distingue des fibrilles innées dans le tégument.

Villeux : poilu, mais d'une façon désordonnée, et non pas comme un velours régulier.

Voile : on groupe sous ce nom tous les éléments qui dans le jeune âge abritent la formation hyméniale, qu'il s'agisse de la volve, de l'anneau ou de la cortine. On dira que la volve qui enveloppe le champignon tout entier dans sa jeunesse est un voile général, mais l'anneau et la cortine ne sont que des voiles partiels puisqu'ils ne protègent que la région hyméniale.

Volve : c'est une enveloppe distincte du revêtement du chapeau et qui enveloppe le carpophore tout entier dans la jeunesse, et qui peut se rompre en restant entier à la base du pied, ou éclater en écailles plus ou moins fragiles qui se dispersent sur le chapeau.

En guise de bibliographie

Une bibliographie complète comprendrait des milliers de titres, et il ne saurait en être question. Voici seulement, en dehors des ouvrages trop spécialisés, ceux qui peuvent rendre service ou qui sont nécessaires. Citons d'abord les « grands classiques » qui malheureusement sont devenus introuvables, ou atteignent des prix extravagants. Boudier, Emile : *Icones fungorum,* 220 planches représentant surtout des Ascomycètes. Cet ouvrage superbe a été édité à 200 exemplaires en 1910 et a été vite épuisé. Une réédition moderne l'a été en très peu de temps. Lange, J. : *Agaricals of Denmark,* texte en anglais, illustrations excellentes qui fixent une fois pour toutes un très grand nombre de petites espèces jamais figurées jusqu'alors. L'édition originale étant épuisée, une édition nouvelle est envisagée. Konrad et Maublanc : *Icones selestae fungorum,* cinq volumes de planches et un volume de texte. Ouvrage précieux qui se trouve parfois d'occasion. Il en va de même pour les ouvrages de Bresadola dont les Italiens ont entrepris une édition nouvelle.

Voilà pour les grands atlas d'autrefois. Aujourd'hui, il y en a presque une inflation, et beaucoup de ces livres sont d'une qualité trop souvent douteuse. On peut recommander entre autres et au premier rang les divers *Atlas* de Romagnesi, dont la documentation est irréprochable. Le *Larousse des Champignons,* de Moreau, très riche en renseignements de toute sorte. Les cinq volumes de Marchant, illustrés de photographies dues à l'auteur qui reproduisent souvent des espèces très rares. Qu'il nous soit permis de citer les ouvrages de Becker, G. : *La vie privée des Champignons* et *La mycologie et ses corollaires,* chez Maloine ; *Les Champignons,* et *Champignons,* chez Gründ. Le présent ouvrage est la suite naturelle ée, en plus développe, de *Champignons* qui représentait une bonne initiation.

Voici une Flore qui peut rendre beaucoup de services, quoiqu'elle soit bien oubliée, et à condition qu'on puisse encore la trouver d'occasion : c'est la *Flore* en deux volumes, de Bigeard et Guillemin. Curieux ouvrage, composé sans grand esprit critique, et qui se contente de reproduire les descriptions originales dues aux auteurs qui ont créé les espèces. D'où souvent de doubles emplois, et aussi nombre « d'espèces fantômes », mais cette compilation est une sorte de somme de ce qu'était la mycologie au début du siècle, et ce livre rend de grands services quand on sait s'en servir. N'oublions pas les deux volumes d'*Atlas* de Maublanc, chez Lechevalier, qui ont initié d'innombrables mycologues.

Enfin, il y a deux ouvrages qui sont absolument indispensables : pour les Aphyllophorales, c'est-à-dire les champignons sans lamelles, Clavaires, Hydnes, Polypores, etc. la *Flore* de l'abbé Bourdot est irremplaçable. Et pour les Agaricales, la *Flore* de Kühner et Romagnesi, qui est un monument rigoureusement original, tous les champignons décrits dans cet ouvrage ayant été vus par les auteurs, à un nombre infime d'exceptions près. C'est le livre que le mycologue ne quitte pas, et auquel il est obligé de se référer sans cesse. Un supplément à cette *Flore* est en voie d'exécution.

Bien entendu, on peut acquérir encore beaucoup d'autres ouvrages, et aucun n'est tout à fait inutile. Cependant cette liste vous donne l'essentiel et il vous suffira de monter peu à peu votre bibliothèque.

Descriptions illustrées

Pour chaque espèce de champignon illustré,
on trouvera un des symboles suivants :

🍴 = comestible

🍴 (barré) = non comestible

☠ = vénéneux

☠ ☠ = mortel

Aleuria aurantia

Pezize orangée

Cette Pezize se présente sous la forme d'une coupe irrégulière et plus ou moins chiffonnée, d'abord creuse puis aplatie sur le sol, quand elle n'est pas comprimée par ses voisines. Elle est très mince et fragile, jaune clair à l'extérieur qui est velouté, et d'un bel orangé vif à l'intérieur. Elle peut atteindre de 8 à 10 cm de diamètre. Elle ne présente aucune odeur notable. La spore est ellipsoïde, de 16–18 mu × 10–12 ; elle est revêtue d'ornements réticulés.

C'est une espèce commune, mais pas partout. Elle se plaît surtout sur la terre nue et battue, aussi bien dans les bois que dans les vieilles prairies, et on la rencontre souvent à très haute altitude dans les Alpes, toujours en automne. Il arrive qu'elle forme de longues traînées et qu'elle illumine le terrain de son tapis brillant. On la récoltera avec précaution, vu son extrême fragilité, et on la débarrassera de son pied terreux avant de la mettre dans un panier, pour n'avoir pas à lui infliger à la maison un lavage auquel elle ne résisterait pas. Car elle est comestible, quoique de peu de saveur. Certains amateurs la consomment crue, assaisonnée avec du sucre et du kirsch. Elle ne joue alors que le rôle d'un support pour l'alcool. Autrement, simplement sautée au beurre et accompagnée d'un peu de crème et de persil, elle offre un mets très agréable.

L'autre Pezize, figurée à gauche de la planche, est la Pezize coccinée *(Peziza coccinea)*. Elle vient au premier printemps sur les branches sèches dans les bois. Elle présente une petite coupe d'un rouge éclatant qui la fait remarquer tout de suite par les promeneurs les moins avertis. C'est la plus colorée de toutes les Pezizes.

Otidea onotica

Pezize oreille d'âne

Alors que les Pezizes ordinaires ont régulièrement la forme d'une coupe, celles du genre *Otidea* présentent la particularité d'être dressées verticalement et fendues sur le côté. Il en existe plusieurs espèces qu'on distingue à leurs couleurs, mais celle-ci, l'« Oreille d'âne », est de loin la plus commune et celle qui atteint la plus grande taille. Elle se montre en touffes plus ou moins fournies. Elle est dressée un peu comme une cuiller, et sa fente latérale commence dès la base du champignon. Le pied est blanchâtre et un peu velu, il s'enfonce dans le sol assez profondément. L'ensemble de cette oreille est jaune soufre, parfois plus pâle et presque blanc, moins fragile que d'autres Pezizes, et quelque peu élastique. Cette jolie espèce se rencontre communément en automne dans les bois de conifères, mais tout aussi bien sous les hêtres où parfois elle peut foisonner. Dans sa première fraîcheur, elle est très gracieuse et évoque dans les sous-bois quelque étrange floraison.

C'est une espèce comestible, quoique sans grand parfum. Elle a l'inconvénient de noircir à la cuisson, mais elle peut agréablement épaissir une récolte un peu maigre d'autres espèces plus savoureuses. On trouvera dans les mêmes endroits, mais plus rarement, l'« Oreille de lièvre » *(Otidea leporina)* qui en diffère par sa taille plus faible (car l'Oreille d'âne peut atteindre 15 cm de haut) et par sa couleur beige foncé, couleur du pelage du lièvre, comme son nom l'indique très bien. Elle est tout aussi comestible.

paraphyses

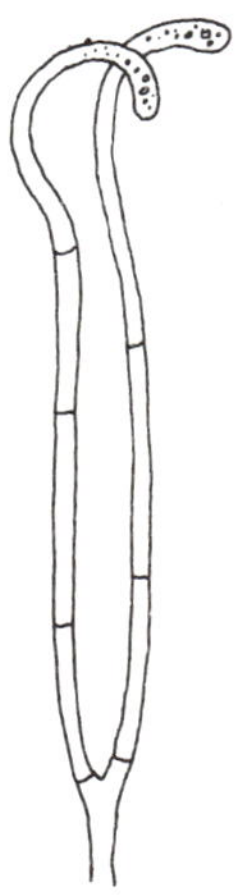

asque

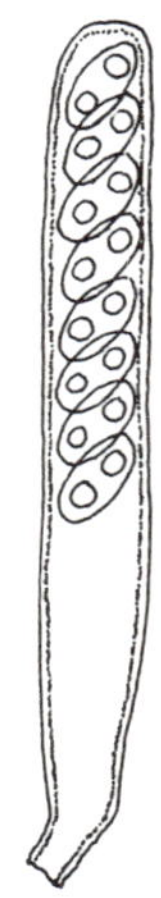

spore

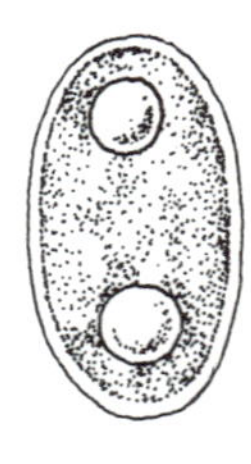

Sarcosphaera eximia

Pezize superbe

Cette Pezize est bien étrange. On la prend dans sa jeunesse pour une pomme de terre qui affleure à la surface du sol dans les bois de pins au printemps. Elle forme alors une sorte de tubercule plus ou moins régulièrement sphérique ou allongé. Mais ce stade est très court. A peine a-t-il émergé de la terre que ce pseudo-tubercule éclate, car il est creux, et se divise en cinq ou six lanières aiguës et triangulaires, qui entourent la coupe du champignon lui-même qui reste toujours concave. Au début, l'intérieur de cette coupe est d'un mauve frais qui évoque la plus fine porcelaine. Mais il brunit rapidement à mesure que mûrissent les spores qui sont brunes, si bien qu'à la fin, tout le champignon se couvre de cette teinte brune qui n'a plus rien de la fraîcheur primitive. Cette espèce peut atteindre de grandes dimensions, et les coupes de 20 cm de diamètre ne sont pas rares.

C'est un hôte exclusif des conifères, et presque toujours des pins. Les terrains les plus lourdement argileux ne lui font pas peur, et elle soulève les mottes de terre pour apparaître au jour. Sa saison est le mois d'avril, parfois de mai.

Cette superbe Pezize, qui est le géant de la famille, est comestible une fois cuite, mais elle est insipide. Mais consommée crue, elle est violemment toxique, et on a constaté plusieurs empoisonnements mortels chez des personnes qui l'avaient consommée crue en salade. Sa spore est ovoïde et présente deux noyaux huileux.

spore

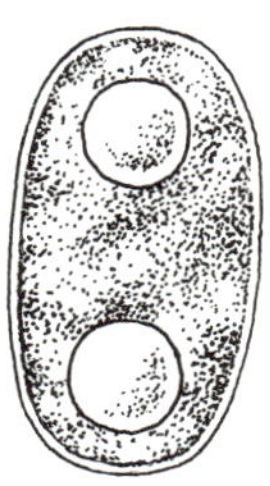

paraphyse

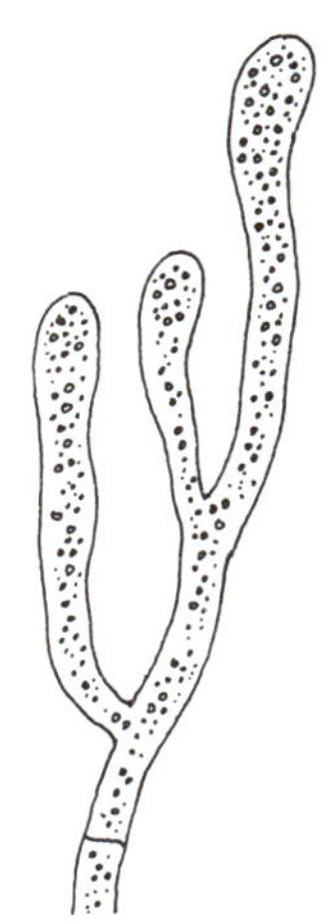

Rhizina inflata

Pezize renflée

La Pezize renflée est si particulière qu'on la reconnaît du premier coup. On croit voir sur le terrain des chiffons bruns plus ou moins contournés et informes qui se gondolent les uns à côté des autres. D'abord brun clair, ils deviennent noirâtres avec le temps et peuvent avoir de 10 à 15 cm de diamètre. Si on essaie de les recueillir, il arrive presque toujours qu'on les déchire, car cette Pezize est attachée au sol parfois par un pied unique, mais le plus souvent par un ensemble de pseudo-racines qui tapissent la face inférieure du chapeau, qui est blanche.

On trouve cette curieuse espèce uniquement sous les conifères, et presque toujours là où un feu a été allumé. Elle aime la terre brûlée et fait partie du nombre considérable des espèces habituées et adaptées à ces stations particulières. Il est probable qu'elles ont besoin plus que d'autres de potasse, qui abonde là où se trouvent des cendres de bois, et c'est sans doute ce qui explique cette préférence inattendue. Quand une forêt a été incendiée, il arrive que presque toute la surface soit envahie un ou deux ans plus tard par cette espèce. C'est dire qu'elle est à la fois rare et commune, rare là où les conifères brûlés manquent, et commune là où elle profite d'un incendie ou même simplement des restes d'un feu allumé par les touristes pour faire leur cuisine.

On n'a pas de renseignements sur sa comestibilité. Elle est sûrement inoffensive, mais comme elle est sans parfum, elle n'offre probablement aucun intérêt.

Sa grande spore est couverte d'une très fine réticulation bien décorative.

spore de *R. inflata*

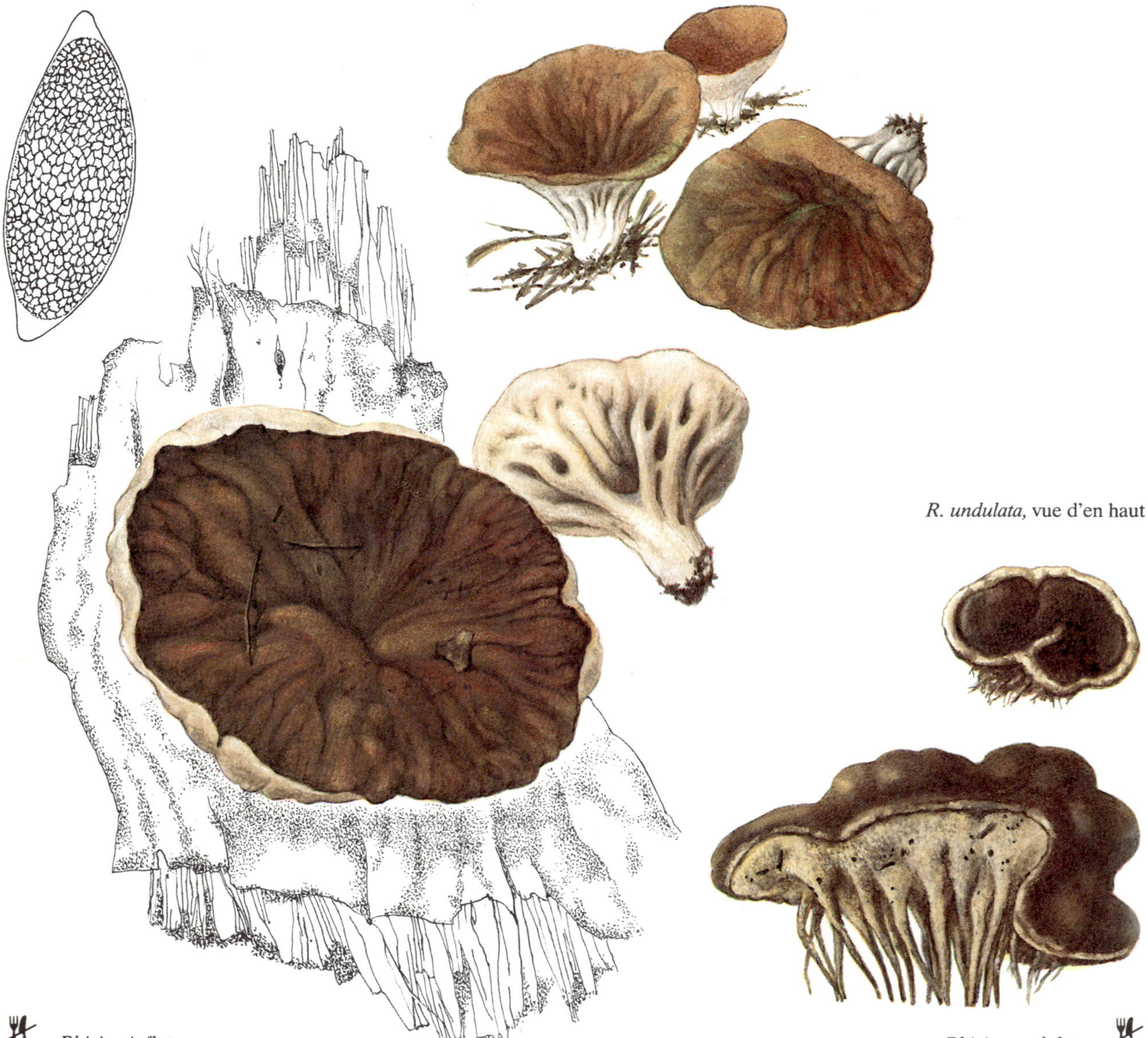

R. undulata, vue d'en haut

Rhizina inflata

Rhizina undulata

Gyromitra esculenta

Fausse Morille

Cette Gyromitre est bien voisine des Morilles, mais alors que les Morilles ont un chapeau complètement alvéolé, celui des Gyromitres est fait d'une plaque hyméniale complètement contournée, un peu comme les replis d'une cervelle. Elle peut atteindre 15 cm de haut et porte sa tête sur un pied aussi creux qu'elle, et tout blanc. Cette tête peut être brune ou noirâtre, et cette variation de couleur dépend de ses stations. L'odeur en est assez agréable. Cette espèce est très commune dans l'est de l'Europe, d'où on l'expédie séchée en grandes quantités comme succédané des Morilles, qu'elle est loin de valoir. On a dû interdire de la vendre sous le nom de Morille ronde.

On la trouve surtout dans les bois de pins siliceux. Elle affectionne le voisinage des vieilles souches et se montre au printemps en même temps que les Morilles véritables.

Cette espèce est comestible une fois séchée, mais elle peut provoquer des accidents quand on la mange plusieurs fois de suite fraîche. Il semble que la première fois, le sang mobilise tous ses anticorps pour en neutraliser la toxine, et qu'on ne ressente rien. Mais ensuite, la provision d'anticorps étant épuisée, la toxine agit sans barrière et produit des accidents dont certains ont été mortels. Ne la consommez donc jamais que séchée, car dans cet état elle est inoffensive.

L'espèce figurée à gauche est la Gyromitre géante *(Gyromitra gigas),* assez commune dans les sapinières de montagne en automne. Elle est beaucoup plus développée, et se récolte dans le Jura sous le nom de « Nez de chat ». Elle est également plus pâle, et d'un brun chaud particulier. Ses propriétés comestibles sont les mêmes que celles de l'autre espèce.

spore de *G. esculenta*

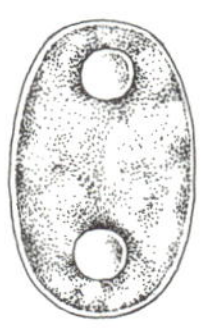

carpophore de *G. gigas*

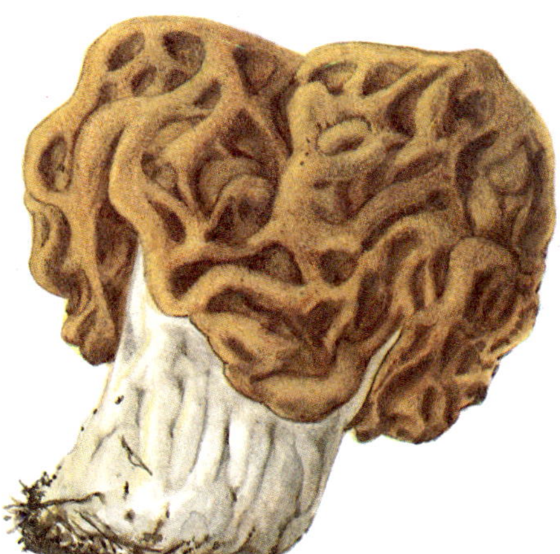

Gyromitra gigas

Gyromitra esculenta

Helvella crispa

Helvelle crépue

Les Helvelles sont des Pezizes « perfectionnées » dont le réceptacle au lieu d'être simplement appliqué sur le sol est monté sur un pied. De plus, cette Pezize « montée » augmente sa surface sporifère en contournant son réceptacle, de sorte que tous ces replis élargissent considérablement son efficacité. Ce réceptacle peut avoir de 5 à 8 cm de diamètre. Il est très mince, et sa couleur est d'un blanc plus ou moins teinté de gris. Le pied est de constitution très particulière. Au lieu d'être plein ou lisse, il est fait de faisceaux de fibres qui laissent entre eux de larges espaces. Il est organisé un peu selon le procédé architectural que donne l'usage des fers en T. Cette Helvelle est commune en automne le long des lisières des bois, dans l'herbe, dans les haies et souvent dans les forêts elles-mêmes. On pourrait consommer cette espèce, mais elle est coriace dans le pied, et la Pezize qui le surmonte est à peine charnue. D'autre part sans aucun parfum. La spore est énorme avec une grosse guttule en son centre.

L'Helvelle lacuneuse *(H. lacunosa)* n'en diffère que par sa couleur sombre ; elle se trouve dans les mêmes endroits. Quant à l'Helvelle élastique *(H. elastica)*, elle est moins perfectionnée. Son pied blanc est cylindrique tout simplement, et son chapeau au lieu d'être savamment chiffonné est tout uniment replié sur lui-même souvent en forme de selle. Ces deux dernières espèces ne sont pas plus comestibles que la première. Presque toutes les Helvelles sont de port gracieux, et presque toutes sont des champignons d'automne. Leur détermination n'est pas toujours facile.

spore de *H. crispa*

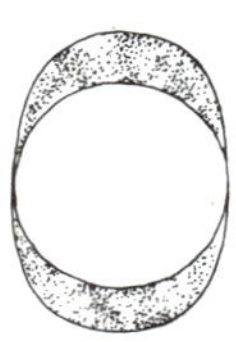

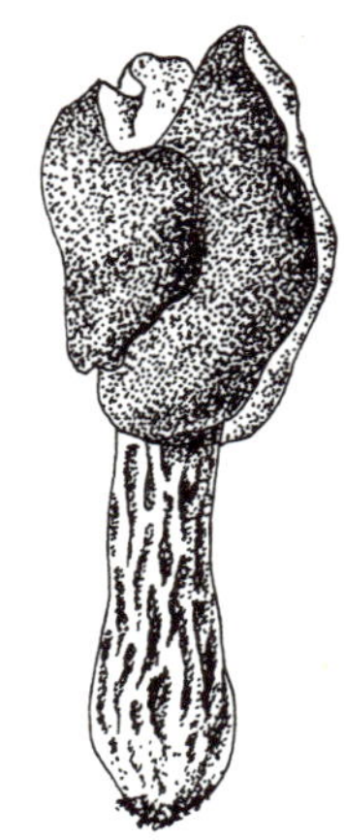

Helvella lacunosa

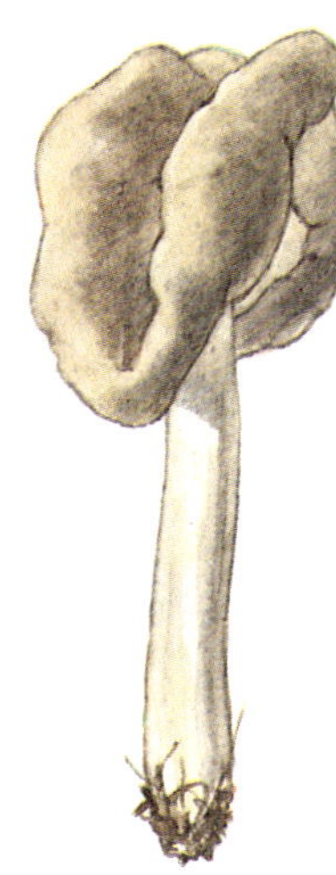

Helvella crispa

Helvella elastica

Morchella esculenta

Morille comestible

Les Morilles se distinguent parmi tous les Ascomycètes par leur hyménium alvéolé. Leur chapeau ressemble un peu à une éponge car il est fait en apparence de trous juxtaposés. En fait, ces trous sont autant de petites Pezizes agglomérées, et on pourrait les appeler des Pezizes collectives. Elles ne sont pas toujours faciles à déterminer, vu l'inconstance de leurs coloris et de leurs formes. Mais cette Morille comestible, qui est la plus grande de toutes, se distingue facilement à sa grosse tête blonde mais parfois tirant sur le brun clair, arrondie, et dont les alvéoles sont juxtaposés sans aucun ordre. Le pied est large, mais toujours creux ainsi que la tête. Cette espèce est très capricieuse dans son habitat. On la trouve souvent sous les pommiers, sous les frênes, sous les ormes, mais aussi sur les terres remuées, sur les déblais, dans les jardins, dans les plantations d'artichauts, dans les massifs de pivoines, et aussi en temps de guerre dans les tranchées. Elle aime les terrains légers et poreux, et aussi les débris organiques contenant de l'amidon ou des sucres.

La Morille conique *(M. conica)* est très différente de silhouette. Elle est de port pointu, de couleur sombre, et ses alvéoles sont ordonnés en rangées verticales caractéristiques. On la trouve surtout sous les conifères en montagne au tout premier printemps. Il s'en fait un commerce considérable sous forme séchée, généralement en provenance des pays de l'est de l'Europe où elle surabonde. Ces deux espèces sont d'excellents comestibles justement réputés, et bien plus parfumées une fois sèches que fraîches. Comme beaucoup d'Ascomycètes, elles sont toxiques crues, et on évitera de les goûter avant de les avoir bien cuites.

spore de *M. esculenta*

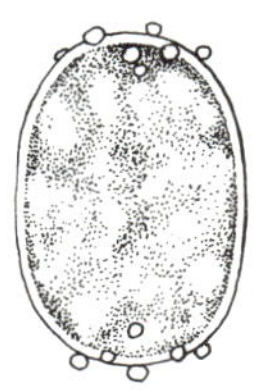

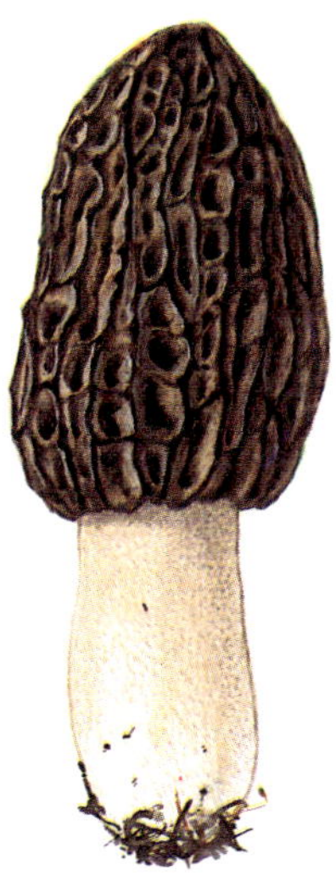

Morchella conica

Morchella esculenta

Morchella elata

Morille élevée

Cette Morille élevée ressemble beaucoup, surtout dans sa jeunesse, à la Morille conique. Mais elle atteint une plus grande taille, son chapeau est monté sur un pied bien plus gros et puissant, et surtout ce chapeau est séparé du pied par un large sillon qu'on appelle « vallécule ». Pour beaucoup de Morilles, ce caractère est de première importance pour leur distinction. Malheureusement, il n'est pas très fixe, et il arrive qu'on se demande si ce sillon existe ou non. Le chapeau de cette espèce est brun, parfois presque noirâtre, et ses alvéoles sont rangés selon des sillons très apparents et comme côtelés. Son parfum est le même que celui de toutes les Morilles, encore que les connaisseurs donnent la palme à la Morille conique, qui est de loin la plus aromatique. On a beaucoup discuté sur le parfum des Morilles. Pour bien le humer, il faut qu'elles soient fraîches, en très bon état, et surtout non saturées d'eau. Alors, en y prêtant la narine, on distingue dans ce parfum composite, un fond musqué, plus un rien de fleuri, et souvent, surtout chez celles qui viennent sous les conifères, un rien de résineux. C'est cet ensemble de bouquet qui donne aux Morilles une valeur gastronomique de premier ordre, et c'est ce qui explique leur prix très élevé. Ajoutons que les spores des Morilles sont d'un faible secours pour les déterminations, car elles se ressemblent toutes. Leurs asques sont inoperculés et contiennent classiquement huit spores, et leurs paraphyses (c'est-à-dire les cellules qui séparent des asques) sont presque filiformes. Cette Morille élevée se trouve un peu n'importe où, avec une préférence pour les lisières des bois herbeux, où on la trouve le plus souvent en exemplaires isolés. C'est toujours, vu sa taille, une belle trouvaille.

spore

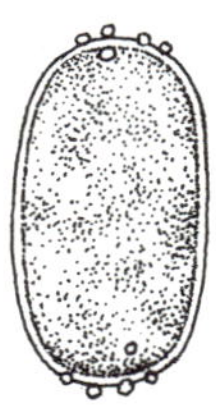

asque

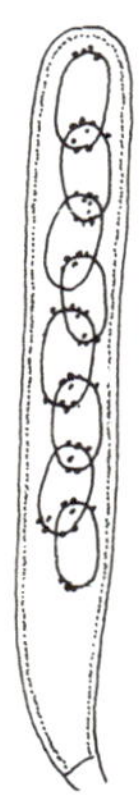

paraphyse

Verpa bohemica

Verpe de Bohême

Les Verpes sont des Morilles « simplifiées ». Si leur pied est identique à celui des Morilles, leur chapeau est lisse ou à peine ridé, et repose sur le pied comme un gros dé à coudre. Cette espèce-ci, rare en France comme son nom l'indique, a de 8 à 10 cm de haut, mais son pied occupe les trois quarts de sa taille. Le chapeau petit est d'un brun sombre et légèrement ridé, parfois au point de faire songer à une Morille qui n'aurait pas fini son développement. On trouve plus facilement en France une espèce voisine, la Verpe en forme de dé *(V. digitaliformis)* qui croît çà et là dans les haies au printemps. Son pied est plus mince, plus lisse, et son chapeau sans aucune ride semble un simple capuchon posé sur le pied. Ces Verpes sont peu communes, et nombreux sont les mycologues d'expérience qui ne les ont vues qu'une ou deux fois dans leur carrière. Mais pour les champignons, la notion de rareté est très vague. Leur présence ou leur absence sont affaire de climat, de terrain, et aussi d'essences d'arbres. Dans une région où il n'y a pas de pins, les champignons qui leur sont associés manqueront complètement, comme manqueront les Oronges là où il n'y a ni chênes ni châtaigniers, et où les étés ne sont pas assez chauds. Ainsi les Morilles, presque rares en France, abondent dans l'Europe de l'Est et en Inde, d'où on nous en envoie des tonnes déshydratées. Contrairement aux Morilles, les Verpes sont inodores, et de ce fait sont sans intérêt pour la cuisine. Elles se montrent au même moment que les Morilles, c'est-à-dire au printemps, et leur station favorite est constituée par les haies, qui leur fournissent un milieu à la fois ombragé et aéré. On ne les trouve guère en les cherchant, et c'est le fait du hasard quand on tombe dessus. La Morille hybride *(M. hybrida)* figurée ici est assez rare et se distingue par son chapeau modeste, aigu, et de teinte sombre.

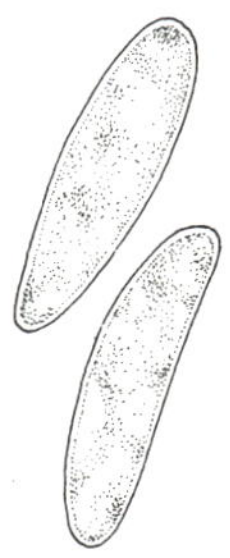

spores de *V. bohemica*

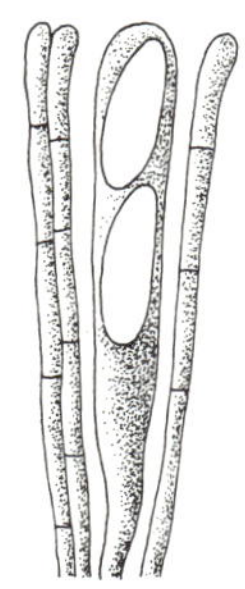

paraphyses et asque de *V. bohemica*

Morchella hybrida

coupe du carpophore de *V. bohemica*

Verpa bohemica

distribution en Europe de *V. bohemica*

Choiromyces venosus (meandriformis)

Truffe des porcs

Cette « Truffe des porcs », ou plutôt des sangliers qui en sont friands, se présente curieusement dans les forêts de sapins et d'épicéas où elle passerait inaperçue si elle ne se montrait un peu à la surface, car elle est très peu enterrée. Au moins d'habitude, car en grattant la terre autour de celle qu'on a pu voir, il est rare de ne pas en déterrer deux ou trois autres qui n'ont pas émergé. Cette fausse Truffe a la forme d'un gros tubercule, de 8 à 10 cm de diamètre, plus ou moins sphérique, mais souvent de forme biscornue, d'abord blanc, mais bientôt brun roux, et qui se gerce peu à peu et devient de ce fait comme craquelé. L'intérieur est blanc, mais tout marqué par des veines brunes dans lesquelles se forment les asques remplis de spores brunes. Ces veines forment des dessins tortueux comme des méandres, et de là le synonyme de cette espèce. Les spores sont enfermées dans des asques très larges, et elles sont superbes sous le microscope, car elles sont toutes rondes et hérissées de pointes avec une extraordinaire régularité.

L'odeur de cette espèce n'est pas désagréable quand elle est jeune. Plus tard, elle devient écoeurante. De ce fait, on peut induire qu'elle doit être comestible au début, mais répugnante à la fin. En tous cas, les sangliers ont vite fait de la flairer et de la déterrer là où elle se trouve, même si elle est enterrée. Ils sont à l'affût de tout ce que contient la terre. C'est ce flair qui a conduit à utiliser les porcs dans la recherche des truffes qu'ils ne manquent jamais.

Il ne semble pas qu'on trouve cette espèce ailleurs que sous les conifères en montagne, où elle est assez commune. Elle se montre en automne, et parfois en abondance.

spore

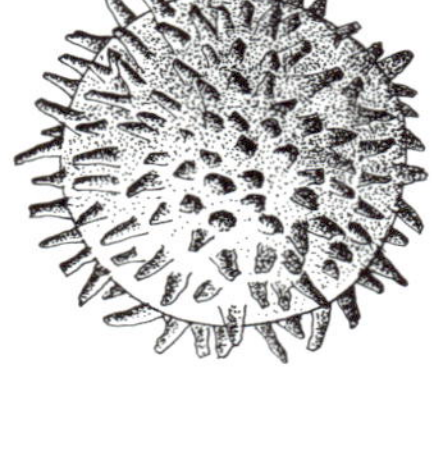

asque

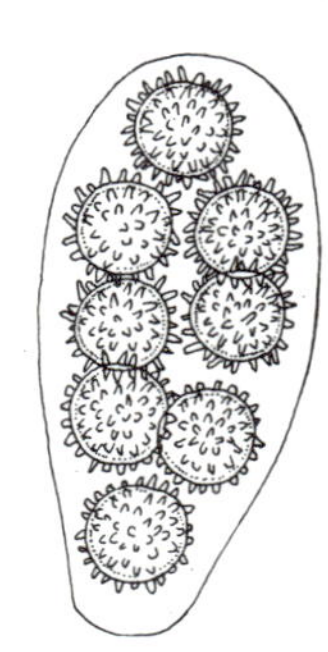

Tuber aestivum

Truffe d'été

Alors que presque toutes les Truffes sont très tardives en saison, celle-ci fait exception, et on la trouve dans ses stations dès le mois d'août. C'est une grosse truffe, de forme irrégulière, grossièrement ovoïde, mais souvent hérissée de bosses et sillonnée de creux sans aucun ordre. Elle est de couleur brun sombre, noir roussâtre, et elle porte sur toute sa surface des verrues ciselées, prismatiques ou en tronc de pyramide, et qui sont striées transversalement. L'intérieur, qui constitue l'hyménium, est d'abord blanc jaunâtre, puis il devient brunâtre et tout marbré de veines blanches ramifiées. Les spores sont brun jaunâtre, réticulées et alvéolées. Cette espèce a un parfum agréable et elle est tout à fait comestible, mais sans égaler, même de loin, la Truffe noire du Périgord *(Tuber melanosporum)*. Elle a l'avantage d'être beaucoup moins méridionale, et on la trouve un peu dans toute la France et toute l'Europe, dans les terrains calcaires, sous les bouleaux, les chênes et les hêtres. Elle est sans doute bien plus commune qu'on ne le croit, car on ne la recherche pas systématiquement, et on se contente de la trouver par hasard, quand il lui arrive d'affleurer à la surface du sol dans les endroits où elle se plaît. On voit alors ces tubercules bruns qui dépassent entre les feuilles mortes – car elle est très peu enterrée – et quand on en voit une, il est bien rare qu'avec un peu d'attention on n'en découvre pas quelques autres dans les environs. En Bourgogne, où elle est assez commune, on la voit souvent sur les marchés où elle a ses amateurs. La meilleure façon de l'apprêter est de la cuire sous la cendre, enveloppée dans un papier d'aluminium. Elle garde ainsi tout son parfum, qui est faible mais délicat.

spore

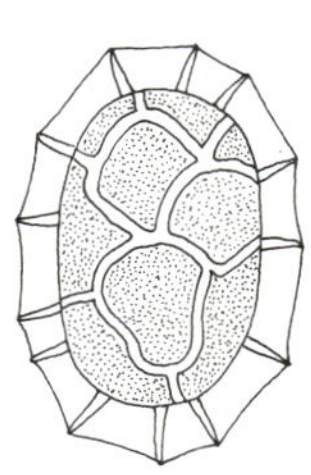

asque

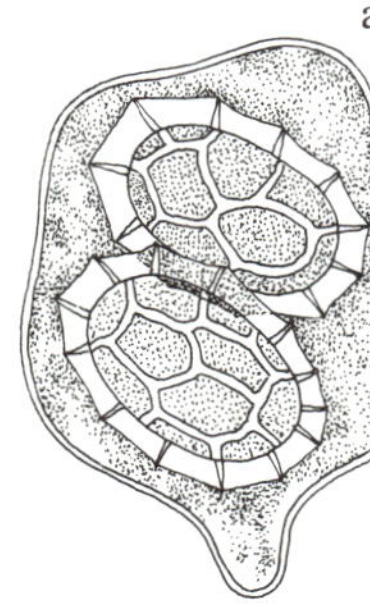

Tuber brumale

Truffe d'hiver

Cette Truffe a la taille et la forme d'un oeuf de poule, car elle est presque toujours d'une forme sphérique plus ou moins allongée. Mais elle peut aussi comme la précédente présenter des bosses et des excroissances qui la rendent tout à fait irrégulière. Il est probable que ces déformations lui sont imposées par la nature du terrain. S'il est tout à fait homogène et sans obstacle, la Truffe sera lisse. Mais si dans sa croissance elle rencontre des cailloux ou d'autres obstacles, elle en épousera par force la forme et présentera toutes sortes d'irrégularités. Elle est toute noire, comme la Truffe du Périgord, et couverte d'aspérités verruqueuses et polygonales. Ces aspérités sont le fait de son écorce qui, lisse dans le jeune âge, se disjoint au fur et à mesure de la croissance du champignon et se disloque en fragments d'aspect géométrique. L'intérieur, c'est-à-dire l'hyménium, est d'un noir cendré marbré de veines blanches irrégulières. Cette espèce est assez commune surtout dans le Midi, dans les bois de chênes en sol calcaire, aux mêmes endroits que la Truffe classique. Elle est de bonne qualité, mais son parfum est très loin de valoir l'inimitable arôme de la Truffe du Périgord, qu'elle sert parfois à fâcheusement imiter. Quant à cette Truffe du Périgord *(T. melanosporum)* elle est surtout méridionale, quoiqu'on l'ait signalée jusque dans l'Est et dans la région parisienne. Sur le marché de Sarlat, qui est son pôle, quand elle couvre les éventaires des marchands, son odeur est si puissante que toute la place en est imprégnée. C'est une espèce très tardive, qui ne se récolte guère avant le mois de décembre, et même parfois plus tard, sous les chênes et les noisetiers. Il y faut des chiens spécialement dressés qui les devinent grâce à leur flair et les désignent à leurs maîtres.

spore

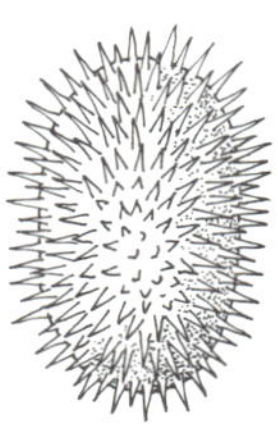

asque

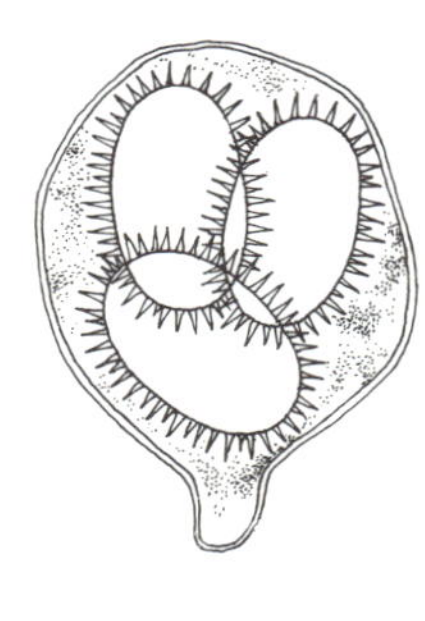

Elaphomyces granulatus

Truffe de cerf

Cette Truffe de cerf est ainsi appelée parce que les cerfs les devinent grâce à leur odorat, et les déterrent pour les manger. Elle se présente sous une forme globuleuse, de la grosseur d'une prune ou d'une cerise, de 1 à 2 cm de diamètre. Elle est d'abord d'un jaune roussâtre, puis elle passe au brun, et elle est hérissée de petites verrues peu nombreuses, en forme de légères papilles qui lui donnent un aspect granulé, d'où son adjectif latin. L'écorce de cette espèce est très dure, blanche en dessous de sa surface, tandis que l'intérieur du champignon est d'abord rougeâtre, puis brun marqué de veines roses, d'abord ferme et charnu, mais il se résout rapidement en une poussière rougeâtre faite des spores libérées, entremêlée de filaments blancs. L'odeur en est forte et peu agréable. La spore sphérique est toute hérissée de courtes pointes. Cette espèce n'est sûrement pas rare. Mais elle est difficile à découvrir, et quand on la trouve, c'est grâce à un champignon parasite qui se nourrit de sa substance, le *Cordyceps ophioglossoides,* le Cordyceps langue de serpent, qui affleure à la surface du sol et dénonce ainsi son hôte. Ce curieux champignon, dont la famille est vouée au parasitisme aussi bien des champignons que des insectes, a la forme d'un petit fuseau de 3 ou 4 cm de haut, d'un brun noirâtre, et quand on veut le retirer de son support, on a la surprise de voir l'*Elaphomyces* venir avec lui. C'est une des espèces les plus communes du genre. En Chine, on vend pour la table et comme une friandise, d'autres Cordyceps qui ressemblent à des macaronis. On peut aussi rencontrer en France le *Cordyceps militaris* qui parasite les guêpes et qu'on voit émerger des feuilles mortes où est enfouie leur victime.

spores de *E. granulatus*

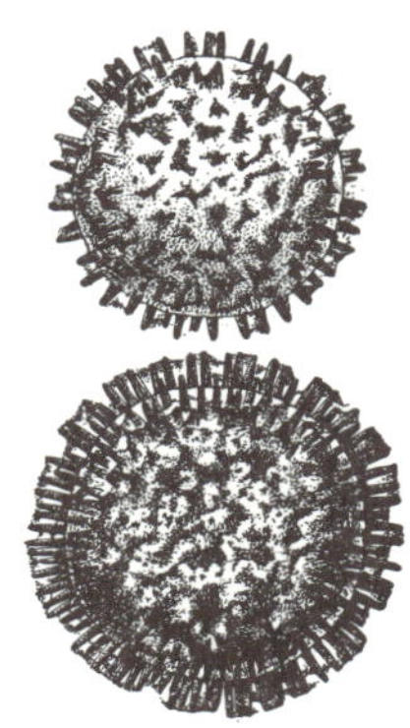

Cordyceps ophioglossoides

Elaphomyces granulatus

Scleroderma verrucosum

Scléroderme verruqueux

Les Sclérodermes (dont le nom signifie « peau dure »), sont voisins des Vesses de loup, et s'en distinguent principalement par cette particularité, car la peau des Lycoperdons est toujours fragile, alors que celle des Sclérodermes persiste longtemps après que le champignon a fini de vivre. Celui-ci mesure de 5 à 6 cm de diamètre. Il est de couleur ocracée ou brun clair, et il est entièrement couvert de petites verrues comprimées, comme granuleuses, qui forment sur toute la surface une couverture de points bai brun. La tête de cette espèce repose le plus souvent sur un pied qui peut atteindre deux ou trois cm de haut sur un à deux cm de diamètre, et qui se termine dans le sol par un bouquet fourni de pseudoracines qui sont en réalité le mycélium d'où le champignon est issu. La chair en est d'abord blanche, mais elle devient vite d'un noir violacé, et elle répand une odeur désagréable. On l'a utilisée pour la falsification des Truffes, mais sans aucun succès, vu sa mauvaise odeur. Les spores en sont grosses, rondes et hérissées. Cette espèce se trouve communément çà et là dans les bois, et surtout dans les terrains sablonneux. A côté d'elle se trouve aussi et plus communément encore le Scléroderme vulgaire *(S. vulgare)* qui est plus gros, brun clair, couvert de grosses verrues obscures, sans pied, et dont l'hyménium d'abord blanc puis noir répand une odeur typique de gaz d'éclairage (du temps où le gaz était obtenu à partir de la houille, et c'est dire que cette odeur est à peu près inconnue des plus jeunes de nos contemporains). Ce Scléroderme vulgaire se plaît surtout sur les talus dans les bois et il colonise souvent les endroits les plus ingrats qui semblent lui plaire particulièrement.

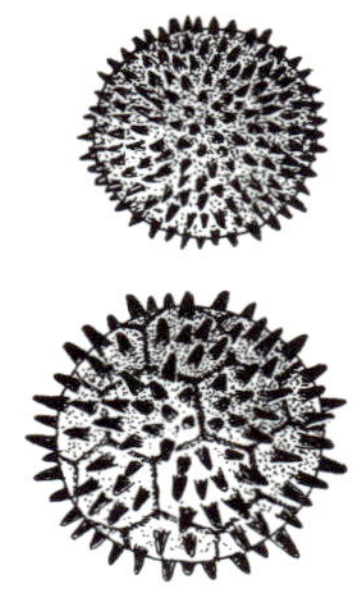

spores de *S. verrucosum*

Scleroderma verrucosum

Scleroderma vulgare

Pisolithus tinctorius

Pisolithe colorant

Ce Pisolithe, assez rare en France, a la forme d'une Vesse de loup. Il est subglobuleux, terminé par un pied stérile assez long. Il est de couleur roussâtre, puis brun grisâtre à reflets violetés. Sa surface est peu à peu divisée en compartiments limités par des crevasses plus foncées. La chair, d'abord blanchâtre, devient rapidement d'un violet noirâtre et laisse échapper quand on la presse, un jus d'un noir violet qui tache durablement les doigts ou les tissus qu'il a pu toucher. Le pied est solide, compact et se termine par de longues pseudo-racines. Nous employons toujours ce terme de « pseudo-racine » parce que les champignons n'ont jamais, à proprement parler, de racines. Ce qui y ressemble à leur base ne sont jamais que des filaments mycéliens plus ou moins évidents, car la plupart du temps le mycélium est si ténu qu'il est très difficile de l'observer. A la fin, chez cette espèce, le sommet de la tête s'entrouvre et laisse échapper la poussière des spores. Notons que toute cette famille des Lycoperdons (c'est la traduction en grec de Vesse de loup) est faite de champignons globuleux, dont la trame à la maturité déchire son enveloppe, et s'échappe en poussière faite de millions de spores. Il est d'ailleurs très difficile d'expliquer comment l'intérieur de ces Vesses de loup peut ainsi se déshydrater, même par les temps les plus humides. On pense qu'au moment de la maturité des spores le pied de ces espèces, qui est fait de grosses cellules creuses, absorbe toute l'eau disponible dans le chapeau, qui se trouve ainsi à sec. Mais comme il y a des Vesses de loup sans pied, cette explication reste bien hasardeuse.

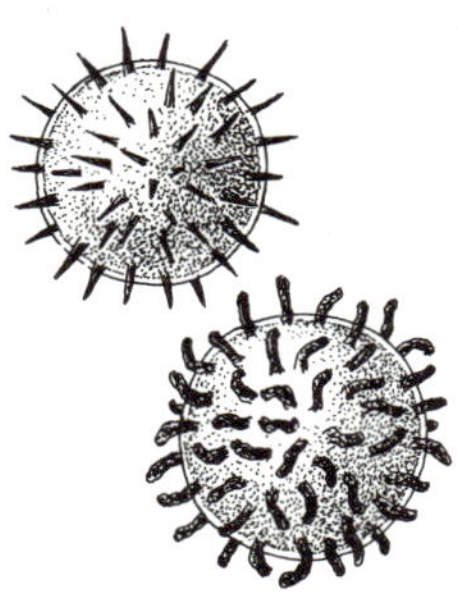

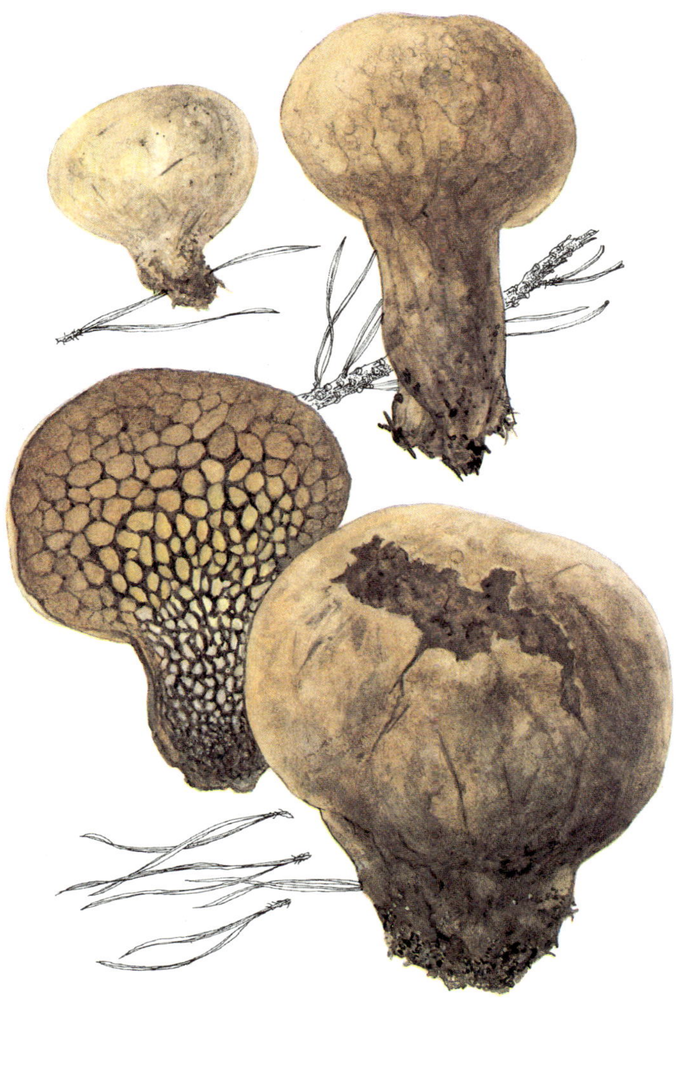

Astraeus hygrometricus

Géastre hygrométrique

Les Géastres, qu'on appelle aussi Astraeus, sont des Vesses de loup perfectionnées. En effet, au lieu de se contenter d'une simple enveloppe, ces champignons en ont une supplémentaire, solide et coriace, qui entoure toute la tête au début, puis qui éclate en étoile et s'aplatit alors sur le sol. Selon les espèces, cette étoile a un nombre variable de rayons, de trois à six en général. De plus cette étoile a la propriété de se refermer sur la tête quand il pleut, puis de s'ouvrir à nouveau par temps sec. De là le nom d'« hygrométrique » donné à l'espèce la plus commune ici figurée. A vrai dire, cette ouverture et cette fermeture de l'étoile n'annoncent pas le temps qu'il fera, mais seulement le temps qu'il fait. Ce Géastre a une tête de 2 à 4 cm de diamètre qui s'ouvre irrégulièrement par une déchirure pour laisser s'échapper la poussière des spores. Quant à son étoile, elle est faite de 6 à 7 segments qui peuvent s'aplatir, se dresser tout debout, ou se refermer selon le sec ou la pluie. C'est une espèce très commune par endroits, et rare dans d'autres. Elle préfère les bois sablonneux et les terres légères. L'autre espèce figurée à côté est plus rare. C'est l'*A. quadrifidum,* ainsi appelé parce que son étoile n'a que quatre rayons. La tête en est petite, et terminée par un orifice rond et étroit. On la trouve surtout dans les bois de conifères. Les espèces de ce genre sont très nombreuses, souvent difficiles à déterminer, et presque toutes très rares. Certaines ne se trouvent que dans les dunes de l'océan, d'autres uniquement sous les conifères, d'autres dans les bruyères, mais toutes étonnent toujours celui qui les rencontre. Elles semblent construites pour éviter à leur tête – ou leur péridium pour parler savamment – d'être en contact avec le sol qui pourrait les faire pourrir.

spores de *A. hygrometricus*
spore mûre (a), section (b)

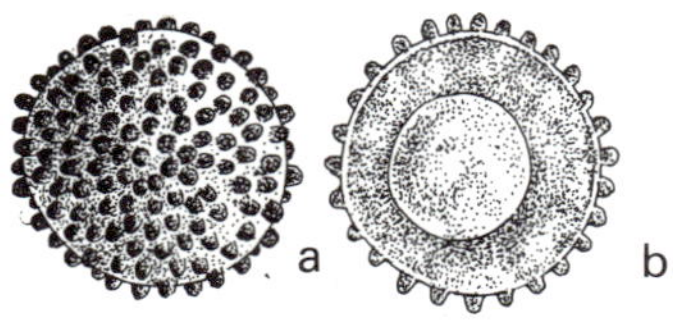

Astraegus quadrifidum

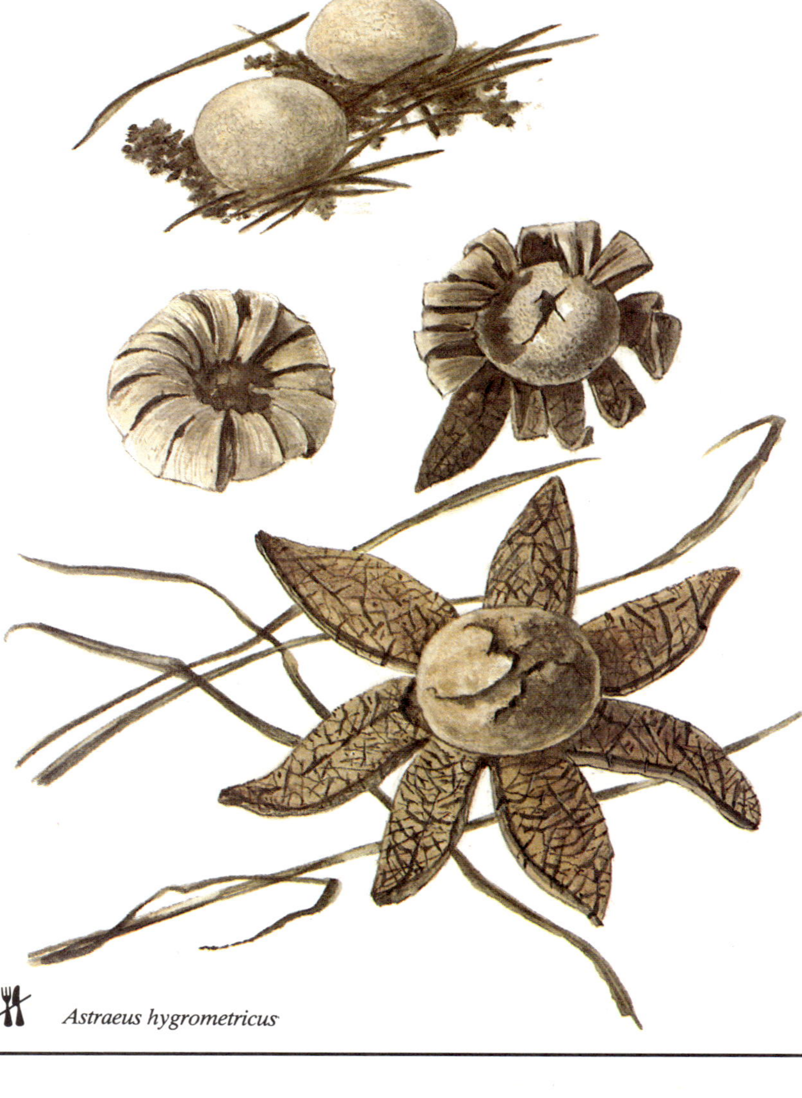

Astraeus hygrometricus

distribution en Europe de *A. hygrometricus*

Cyathus striatus (= hirsutus)

Nid d'oiseau

Les Cyathus appartiennent à une famille spéciale, les Nidulariacées, appelée ainsi parce que ses représentants ont la forme d'un godet ou d'un nid, au fond duquel on trouve des organes sphériques, blancs et qui évoquent des oeufs. Ces « oeufs » sont en réalité les réceptacles d'où s'échapperont les spores. L'espèce que voici est la plus commune, et se rencontre un peu partout sur le bois mort, vieilles poutres abandonnées, sur le bord des abreuvoirs en bois, mais aussi sur les souches pourrissantes. C'est un « godet » conique, de 1 cm de haut et de 6 à 10 mm de large au niveau de son ouverture. L'extérieur en est tout couvert de gros poils hirsutes et noirâtres. Au début, l'ouverture du godet est fermée par un opercule tout blanc, comme une petite rondelle de papier. L'intérieur, grisâtre, est entièrement strié, justifiant les deux noms qui lui ont été donnés. Au fond de cette petite coupe, on aperçoit quatre ou cinq petits « oeufs » blancs, attachés au fond par de fins ligaments. A la maturité, ces oeufs se dissolvent en poussière de spores, et le godet, plus solide, persiste très longtemps après qu'il a fini de servir. On pourrait considérer ces petits oeufs comme des Vesses de loup miniatures, qui se trouvent ainsi protégées jusqu'au moment où elles sont à même d'émettre leurs spores. La faible taille de cette espèce ne doit pas la faire négliger, car sa constitution est si curieuse qu'elle mérite l'attention. Elle nous présente une de ces solutions inattendues dont la nature est capable quand elle invente un mode de reproduction particulièrement ingénieux. Ces Cyathus sont évidemment sans aucune importance gastronomique. Leur rôle consiste à digérer le bois qui les nourrit et à le faire retourner à ses éléments primitifs. Toutes les espèces lignicoles présentent la même utilité fondamentale.

spores de *C. striatus*

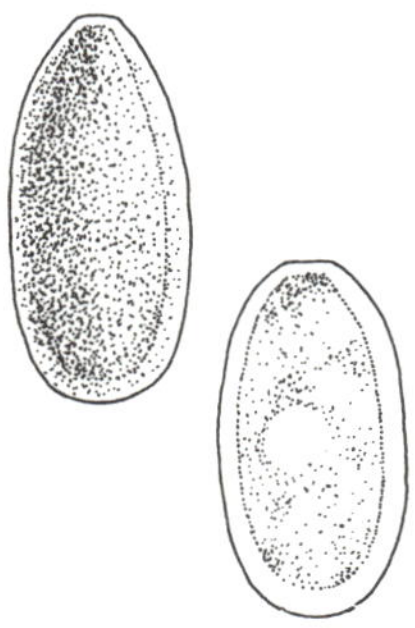

Cyathus olla

Cyathus striatus

Sphaerobolus stellatus

Sphérobole étoilé

Voici encore une espèce appartenant à la famille des Nidulariacées. Toute petite, elle passe facilement inaperçue. Elle se présente comme une minuscule sphère de 2 mm de diamètre, jaunâtre et couverte d'un fin duvet blanc. Cette sphère est faite d'une enveloppe coriace, se déchirant en étoile à 6 ou 8 rayons, et laissant voir l'intérieur qui est blanchâtre, d'où se détache une sphère plus petite, d'un mm de diamètre, d'un brun roux, qui se projette au loin par son élasticité propre. C'est une espèce de bombardement minuscule, qui pour l'espèce a l'avantage de disperser le plus loin possible les spores qui s'échapperont du « péridiole », puisque c'est ainsi qu'on appelle cette sphère naine qui contient l'avenir de l'espèce. Ce Sphérobole n'est pas très rare, mais sa petite taille empêche qu'on le remarque. On le trouvera en cherchant un peu sur le bois mort. On y voit côte à côte des sphères encore entières, et de petites étoiles qui ont donc éclaté et dont le péridiole a été projeté au dehors. Il y a là un phénomène très curieux, qui fait penser aux fruits de certaines espèces de plantes à fleurs, comme ceux des Balsamines par exemple, qui éclatent à la maturité et dispersent le plus loin possible leurs graines. L'*Impatiens noli-tangere,* c'est-à-dire la Balsamine n'y touchez pas, est caractéristique de ce mécanisme. Quand on la rencontre dans les forêts de montagne où elle est commune, il suffit d'en effleurer les pieds bien fleuris pour entendre les explosions des siliques dont les valves se retournent sur elles-mêmes pour projeter leurs graines à une distance considérable. Les Sphéroboles nous offrent un mécanisme analogue, et c'est là une des solutions inventées par la nature pour assurer les meilleures chances aux semences qu'elle produit.

spores

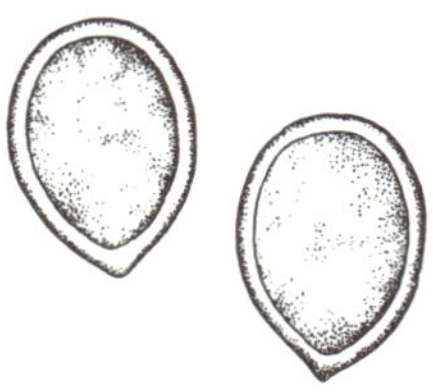

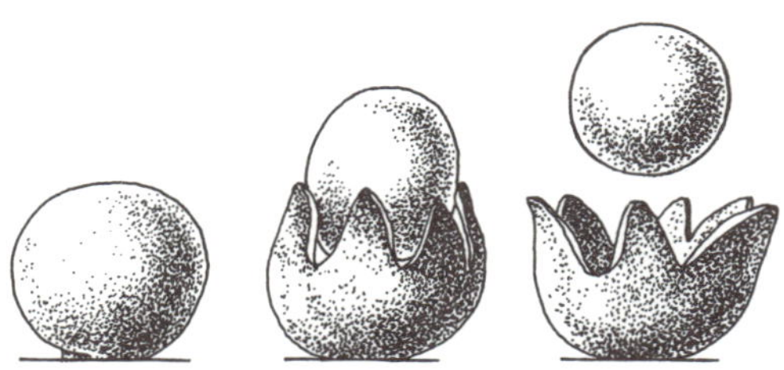

libération de l'endopéridium

Bovista nigrescens

Boviste noircissante

Les Bovistes sont voisines des Vesses de loup. Elles en diffèrent parce qu'elles sont pourvues d'un voile double. En effet, elles présentent une première enveloppe d'habitude très fragile, qui se disloque rapidement en écailles fugaces, et laissant la place à une deuxième enveloppe, lisse, mince, mais tenace. La Boviste noircissante est très commune dans les pâturages et même dans les forêts. Elle forme une sphère de 5 à 6 cm de diamètre, enveloppée d'un voile épais, fragile, blanc de neige et rapidement caduc. Le péridium lui-même sort d'une base plissée et persistante bien après la dissolution de la tête. Il est d'abord tout blanc, mais rapidement devient bai brun, couleur de terre d'ombre, puis à la fin il devient complètement noir. L'intérieur de la sphère est finalement d'un bai purpurin qui est la couleur même des spores. La tête se déchire irrégulièrement à la maturité, et il n'en reste bientôt que le pied qui est presque imputrescible. L'autre espèce, la Boviste plombée *(B. plumbea)* est commune surtout en montagne dans les pâturages. Elle est un peu plus petite et ne dépasse guère 4 ou 5 cm de diamètre. Son voile épais et blanc est vite caduc. L'enveloppe intérieure est lisse et comme papyracée, d'un gris bleuâtre ou verdâtre, puis couleur de plomb. Cette espèce apparaît en été et en automne. Ni cette espèce ni la précédente n'offrent d'intérêt culinaire. Elles prennent très rapidement une couleur ingrate, et leur chair d'abord blanche est très molle, puis pulvérulente, et d'odeur désagréable. Mais il est bon de les connaître car ce sont des hôtes presque obligés de toutes les prairies, et on les voit très haut en montagne, souvent à la limite même de toute végétation.

spores de *B. nigrescens*

spore mûre, à fort agrandissement

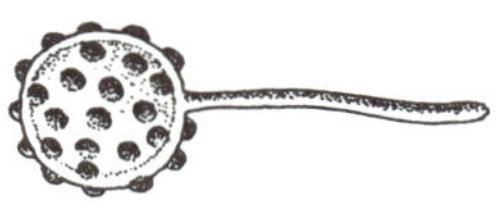

capillicium de *B. nigrescens*

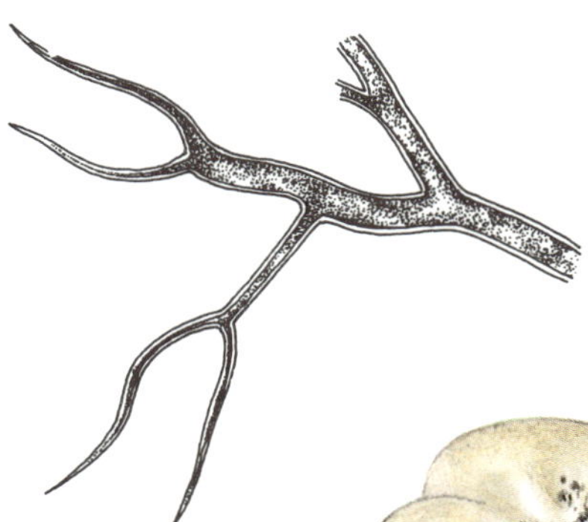

Bovista plumbea

Bovista nigrescens

Lycoperdon perlatum

Vesse de loup perlée

Les Lycoperdons se caractérisent par un péridium monté sur un pied stérile plus ou moins important. Ils sont revêtus d'une membrane unique, fragile, et le plus souvent hérissée d'ornements divers, pointes, aiguillons, pyramides, qui peuvent être disposés sans ordre ou selon une géométrie savante. Tous se déchirent à maturité, soit par une décomposition de leur enveloppe, soit par un orifice plus ou moins régulier. Leur chair blanche au début est spongieuse et humide, elle est faite de logettes dans lesquelles se forment les basides, et au moment de leur maturité, elle se déshydrate complètement, et se résout en une poussière chargée de spores qui s'envole à tous les vents. Le Lycoperdon perlé possède un péridium arrondi, de 5 à 6 cm de hauteur, supporté par une base cylindrique et non plissée. Il porte partout des verrues compactes, vite caduques, qui laissent à leur place des aréoles pentagonales sur toute la surface, qui est d'abord blanchâtre puis passe au brun fuligineux. C'est une espèce très commune aussi bien dans les bois que dans les prairies. C'est un comestible insignifiant.

Le Lycoperdon hérissé *(L. echinatum)* est remarquable par sa tête en forme de toupie, grise ou rousse, entièrement couverte de longs aiguillons arqués, blanchâtres, caducs, très serrés au sommet, et qui donnent à cette Vesse de loup de 5 à 6 cm de diamètre l'allure d'une châtaigne dans sa bogue. C'est une espèce exclusivement forestière, qu'on trouve çà et là surtout sous les hêtres, mais jamais en grande quantité. Elle se distingue de tous les autres Lycoperdons par sa couleur sombre, et surtout par la longueur de ses aiguillons qui forment une véritable toison. Les Lycoperdons comportent de nombreuses espèces, pas toujours, faciles à identifier.

spores de *L. perlatum*
spore jeune (a)
spore mûre (b)

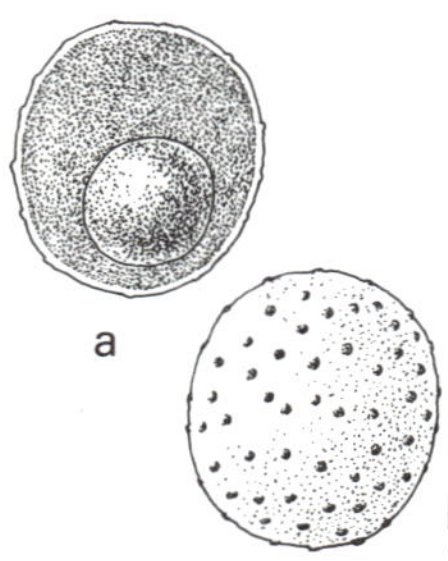

Lycoperdon pyriforme

capillicium

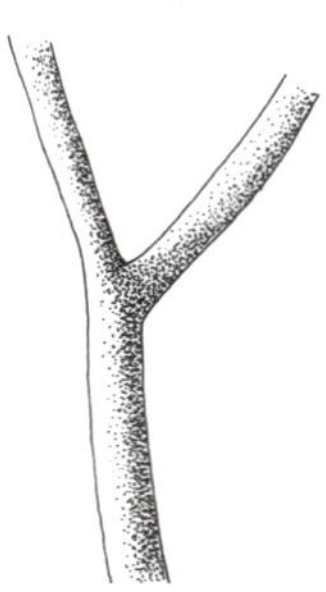

Lycoperdon perlatum

Lycoperdon echinatum

Langermania (Bovista) gigantea

Vesse de loup géante

C'est une espèce énorme, de 15 à 40 cm de diamètre et davantage. L'enveloppe de cette espèce, couramment appelée « tête de mort », est d'abord floconneuse, puis absolument lisse comme de la peau d'un gant, d'un blanc éclatant. L'intérieur de cette espèce est d'abord tout blanc, puis il devient jaune verdâtre, et enfin pulvérulent. Le nombre de spores émis par un seul gros exemplaire doit se chiffrer par plusieurs milliards. Le plus curieux est que cette espèce croît avec une vitesse extraordinaire. En une nuit, on voit complètement développés des exemplaires dont il n'y avait pas trace la veille, phénomène facile à remarquer dans les jardins ou les vergers qui sont sa station de prédilection. On a peine à imaginer comment tant de cellules peuvent en si peu de temps s'engendrer les unes les autres de manière à former cet énorme réceptacle avec toutes ses particularités, et sans se tromper dans leur programme. Il semble bien par ailleurs qu'il en existe au moins deux formes. Celle de la plaine qu'on vient de décrire est à chair légère et se décompose rapidement. Mais dans les pâturages de la montagne, dans le Jura par exemple, il s'en trouve une autre forme beaucoup plus compacte, encore plus grosse, qu'on peut voir à plusieurs kilomètres de distance, et qui se conserve fort longtemps en bon état. Cette dernière forme est recherchée pour la consommation. Pour la cuire, on la découpe en tranches qu'on fait frire dans du beurre, et qu'on sert arrosée d'un jus de viande ou de citron. Sans être extraordinaire, ce mets est acceptable et original.

spores

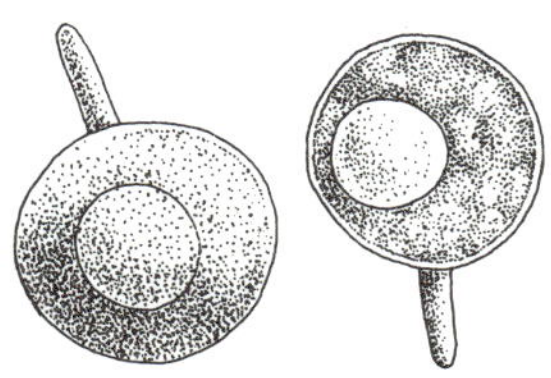

capillicium

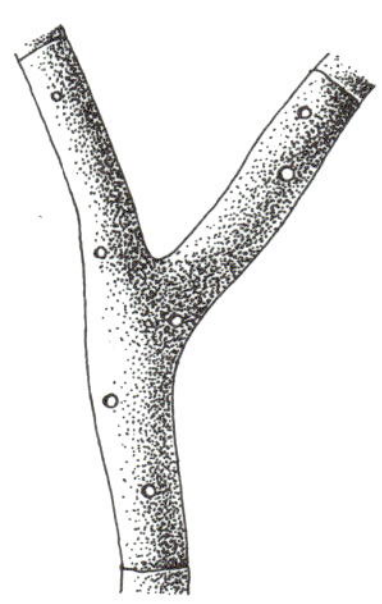

Geastrum triplex

Géastre triple

Les Géastres se distinguent des Astrées par leur orifice qui au lieu d'être vaguement déchiré, est fait d'un orifice aigu et bien délimité. Ce Géastre triple n'est pas de grande taille, encore fermé il n'excède pas 3 ou 4 cm de diamètre. L'exopéridium, ou, si on préfère, sa tunique extérieure, est charnue et écailleuse et se divise en 5 à 8 lanières aiguës, enroulées, et qui forment à la fin une cupule au milieu de laquelle se trouve le péridium lui-même. Il est membraneux, sans tige apparente, châtain, globuleux, parfois un peu déprimé, et ne dépasse guère 3 cm de diamètre. Il se termine au sommet par une ouverture conique, striée et floconneuse. L'intérieur de cette tête est brunâtre et se résout en poussière comme toutes les espèces de la famille. Les spores sont petites, globuleuses et hérissées de pointes. On trouve cette espèce dans les bois ombragés. Elle est peu commune.

Le Géastre roussâtre *(G. rufescens)* est plus fréquent, et de plus grande taille. Quand ses lanières sont étalées, elles atteignent un diamètre de 12 cm, et elles s'enroulent sur elles-mêmes en se crevassant. Leur couleur est d'un brun roussâtre. La tête d'abord enfermée est ovale, sessile, et nue, lisse et de couleur pâle. L'ouverture est de contour net et denté. La chair est brunâtre et elle est portée par une courte columelle presque sphérique. On trouve cette jolie espèce surtout dans les bois de pins en automne. On peut noter que toutes les espèces de la famille des Vesses de loup sont surtout fréquentes dans les terrains steppiques, et c'est sans doute pourquoi les mycologues hongrois en sont les grands spécialistes, car la puszta leur fournit en abondance un grand nombre d'espèces très rares ailleurs.

spore de *G. triplex*

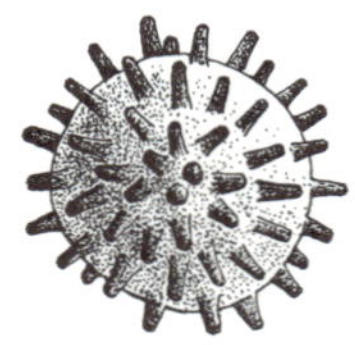

Geastrum triplex

Geastrum rufescens

Phallus impudicus

Satyre puant

Les Phallacées comptent parmi les productions les plus étranges du règne végétal. On les a longtemps rattachées aux Lycoperdons, mais leur constitution est tellement plus élaborée qu'il faut les en séparer pour en faire une famille à part. L'exemple de ce Phallus puant est caractéristique. Il naît dans un oeuf gros comme un oeuf de poule, de consistance gélatineuse. Si on ouvre cet oeuf, ou voit à l'intérieur, baignant dans une gélatine semblable à du blanc d'oeuf, le champignon futur sous la forme d'une boule verdâtre et très dure, à l'intérieur de laquelle se trouve un tissu blanc très dur lui aussi. Bientôt cette boule verte va se développer, la partie blanche se détendant sous la forme d'un corps caverneux qui portera à son sommet le capuchon verdâtre déjà visible dans l'oeuf. Ce capuchon, d'abord lisse, se décompose rapidement en répandant une odeur horrible de cadavre, qui attire les mouches de très loin. Celles-ci vont se gorger de cette substance verte, qu'est l'hyménium déliquescent, mais les spores ne sont pas digérées, et se retrouveront dans les excréments des mouches, capables alors de germer et de reproduire l'espèce. La forme obscène de cette espèce a frappé depuis longtemps l'imagination des hommes, et au Moyen-Age, on appelait ce Phallus « Oeuf du diable ». Il est probable qu'il était utilisé dans les cérémonies sataniques. Si les climats tempérés sont assez pauvres en représentants de cette famille qui révèle un très haut degré d'évolution, on en trouve beaucoup d'espèces extraordinaires sous les tropiques, qui sont sa véritable patrie. On trouve ce Phallus dans les bois où il parasite les racines des arbres, et il lui arrive d'envahir les roseraies et les vignes pour leur plus grand dommage.

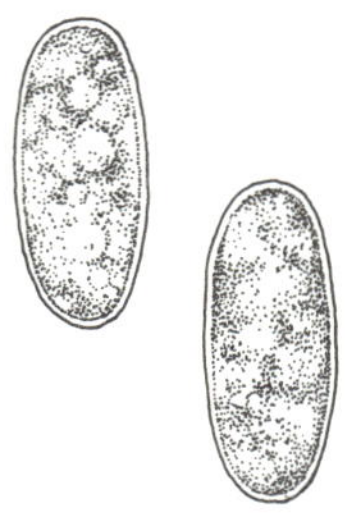

Hysterangium clathroides

Hystérange barrelé

Les Hystéranges sont de curieux champignons à moitié souterrains, qui ressemblent un peu aux Sclérodermes. Cette espèce-ci est d'abord une petite sphère blanche, de 1 à 3 cm de diamètre, qui se tachète peu à peu de brun ou de jaune verdâtre. L'intérieur de cette boule, toute hérissée de filaments divers, est d'un vert glauque comme les spores qui sont à la fois verdâtres et transparentes. C'est une espèce assez rare qu'on trouve çà et là dans les bois de conifères, dans les tas d'aiguilles pourries, mais aussi dans le Midi sous les chênes-lièges. Cette espèce, d'odeur repoussante, n'a évidemment aucun intérêt comme comestible. On a souvent du mal à la repérer, car elle est presque toujours à moitié enfouie soit dans la terre soit dans le tapis d'aiguilles où elle a poussé, et la plupart du temps il n'y a que sa surface qui émerge un peu du sol. Le *Rhizopogon foetens* a les mêmes habitudes. Il présente un péridium subglobuleux, petit, irrégulier, de couleur olivacée, et il est environné de petits cordonnets mycéliens qui ressemblent à des racines. La chair est toute percée de petites logettes dans lesquelles se forment les basides et les spores. Comme chez toutes les espèces de cette famille la chair tombe en poussière à la maturité. L'odeur très désagréable de cette espèce élimine toute espèce de comestibilité. Ces champignons souterrains ou à demi souterrains appartiennent aussi bien aux Basidiomycètes qu'aux Ascomycètes. La plupart sont des formes adaptées aux climats secs sous lesquels les champignons charnus habituels ont beaucoup de mal à fructifier normalement. En revanche, en repliant leurs fructifications dans le sol, ces champignons sont à l'abri des variations atmosphériques et y font leurs spores tout à leur aise.

spores de *H. clathroides*

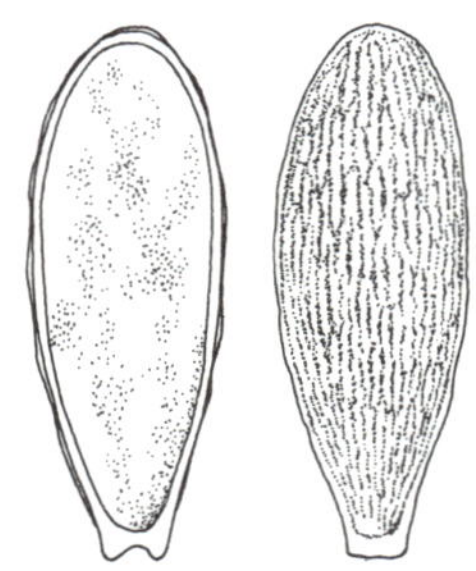

Hysterangium clathroides

Rhizopogon foetens

Anthurus archeri

Anthurus d'Archer

C'est encore une Phallacée, et qui nous est venue d'Australie en deux épisodes distincts : la première fois dans la région bordelaise avec des laines débarquées de Sydney, et la deuxième fois en Lorraine, à Saint-Dié, où pendant la guerre de 1914 des soldats australiens sont venus cantonner avec leurs chevaux et leur fourrage. A partir de ces deux pôles, cette espèce s'est répandue à travers la France, puis dans toute l'Europe. C'est un des très rares exemples de champignons qui se soient acclimatés en dehors de leur aire naturelle. Cet Anthurus sort aussi d'un oeuf gélatineux, comme le Phallus puant, mais il s'étale sous la forme d'une étoile aux rayons rouges, très mous, luisants, et qui répandent une odeur fétide. Cette espèce est surabondante parfois dans les forêts siliceuses, où elle préfère le voisinage des vieilles souches ou les tas de feuilles mortes pourries. Il arrive qu'il y en ait tant que leur odeur remplisse l'air d'une façon insupportable. Elle évoque bien par sa forme quelque animal marin de la famille des calmars ou des pieuvres.

Quant au *Lysurus gardneri,* il est extrêmement rare en France. Il ressemble à un petit Phallus mais sa tête est régulièrement sillonnée et divisée en quatre ou cinq compartiments d'un curieux effet. On trouvera souvent dans le Midi et le Sud-Ouest une autre espèce de la même famille, le Clathre grillagé *(Clathrus cancellatus)* qui se présente hors de sa volve glutineuse comme une cage toute rouge faite d'un réseau charnu à l'intérieur duquel se forme un hyménium également malodorant. On pense à propos de cette famille, à celle des Aracées dont les fleurs cadavéreuses assurent elles aussi leur fécondation par les mouches à viande, et non par les abeilles.

spores de *A. archeri*

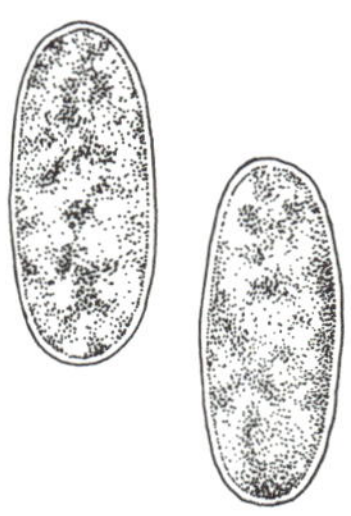

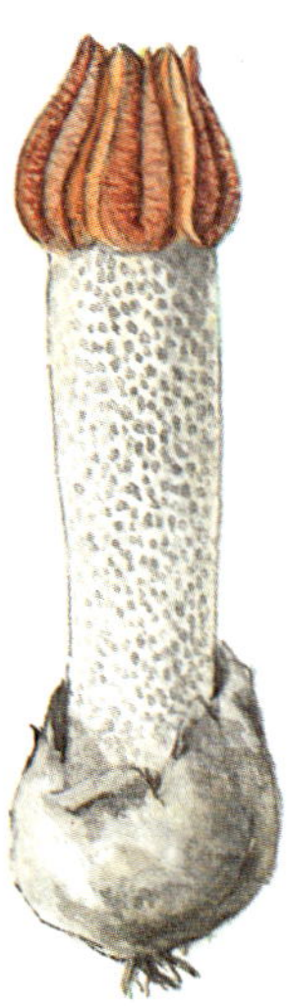

Lysurus gardneri

Anthurus archeri

Russula nigricans

Russule noircissante

Si dans leur ensemble les Russules se caractérisent par des lamelles toutes égales ou simplement fourchues, le groupe de celles qui noircissent font exception à cette règle. Elles possèdent en effet des lamelles et des lamellules. Elles sont quatre ou cinq dans cette section, et c'est celle-ci qui est la plus commune et la plus facile à identifier. Elle a de 10 à 15 cm de diamètre, est très dure et compacte, et très tôt se met à rougir puis à noircir, devenant finalement toute noire. Son pied puissant et plein, noircit souvent le premier, et ce noircissement gagne peu à peu tout le champignon. Ce sont ses lamelles, épaisses, et très espacées les unes des autres, qui la distinguent immédiatement de toutes les espèces voisines. La chair d'abord blanche rougit puis noircit. Elle est succulente, d'odeur nulle, de saveur un peu acide et non toxique : le mycologue René Maire en était friand et lui trouvait un goût de homard. Cette Russule a une curieuse particularité : elle est à peu près imputrescible, et il est fréquent de trouver au printemps les squelettes tout noirs et intacts des champignons de l'année précédente. Une autre de ses propriétés est d'héberger un champignon parasite, le *Nyctalis asterophora,* qui pousse en bouquets de petits chapeaux blanchâtres sur les vieux exemplaires. Les autres espèces de ce groupe ne sont pas toujours faciles à identifier, et leurs noms de *adusta,* c'est-à-dire brûlée, *albonigra,* c'est-à-dire noire et blanche, et *densifolia,* c'est-à-dire à lamelles serrées, sont un signe de leur air de famille. Quant à la noircissante, c'est un des champignons les plus communs, surtout dans les bois feuillus. Elle se montre dès l'été et tout le long de l'automne.

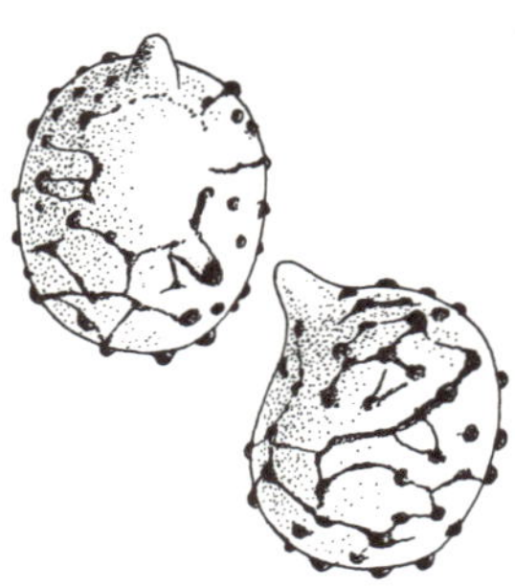

Russula ochroleuca

Russule blanche et jaune

Le chapeau de cette Russule atteint de 4 à 11 cm de diamètre. Il est charnu, ferme et rigide. D'abord convexe, il s'étale puis se creuse en forme de soucoupe. Sa marge est obtuse et onduleuse, jaune clair, ocracé roussâtre, et parfois d'un gris olivâtre sur les bords. La cuticule est nettement séparable presque jusqu'au centre du chapeau. Humide quand il pleut, elle peut rester brillante et comme laquée par le sec. Regardée à la loupe, elle est un peu grenue surtout vers le centre. Le pied est puissant, de 4 à 7 cm de haut et de 1 à 2 cm de diamètre, ferme au début, puis spongieux et mou à la fin, souvent brun à la base, mais devenant gris quand il s'imbibe d'eau. La chair est ferme au début, presque dure et cassante, tendant à brunir, mais grisonnant par l'humidité. L'odeur est insignifiante, ou simplement un peu fruitée. La saveur est variable, régulièrement âcre, mais beaucoup moins que chez d'autres espèces. Les lamelles sont assez serrées, minces, rarement fourchues, arrondies vers la marge, larges de 4 à 12 mm, sinuées à l'insertion sur le pied, d'un blanc à peine teinté de crème. Elles se tachent de brun ou de roussâtre aux endroits blessés. La sporée est blanche ou très pâle. La couleur de la sporée est un élément très important pour la détermination des espèces de ce genre difficile. Elle varie du blanc pur à une couleur ocre ou jaune d'oeuf. Les spores de 9 mu sur 7 sont ovales, fortement hérissées. C'est une espèce très commune dans les forêts siliceuses aussi bien sous les conifères que sous les feuillus. Sa saveur ingrate l'interdit pour la table. Quoique cette Russule soit assez variable, on la reconnaît toujours à son brunissement quand il fait sec, et à son grisonnement par temps humide.

Russula virescens

Russule verdoyante, Palomet

C'est la plus populaire de toutes les Russules, car certainement la plus savoureuse dans un genre en général âcre, amer, ou insipide. Il est impossible de la confondre avec une autre espèce. Son chapeau a de 10 à 15 cm de diamètre. Il est ferme et même dur, d'abord sphérique, puis convexe et étalé ou même un peu creusé au centre, souvent un peu bosselé, avec une marge d'abord mince puis obtuse et irrégulière. Il est parfois presque blanc, mais le plus souvent vert pâle, entre le vert olive et le vert amande, parfois même d'un bleu vert noir très sombre. La cuticule est séparable sur le bord et elle porte typiquement des plaques écailleuses et veloutées qui lui donnent un aspect farineux. Le pied de 8 à 10 cm de haut a 1,5 cm de diamètre. Il est souvent ventru, plein, ferme, mais rapidement creusé par les larves qui en sont friandes. Il est blanc, mais peut se tacher de brun ou de roux pour éclater en écailles brunes. Sa surface est farineuse dans le haut. La chair est épaisse et ferme, de saveur douce, et on l'a comparée à celle de la noisette. L'odeur est d'abord fruitée, mais devient moins agréable avec le temps. Le sulfate de fer donne une réaction rose. Les lamelles sont serrées, minces et cassantes, et il arrive qu'elles brunissent sur l'arête. Cette jolie et savoureuse espèce est plus ou moins commune selon les régions, dans les bois feuillus, et sur sol siliceux. Il semble qu'elle soit plus commune dans le Midi où on en fait une grande consommation. Elle a l'inconvénient de se gâter très vite par temps humide et d'être trop facilement la proie de diverses larves mycophages. Pour la préparer, rien ne vaut de la faire rissoler au beurre, ou mieux à l'huile d'olive et de la servir alors simplement avec un hachis de persil.

Russula vesca

Russule comestible

Cette jolie Russule est la plus printanière de toutes, on la trouve dès le mois de mai dans les forêts de chênes, son habitat favori, mais on la voit aussi sous les hêtres et les charmes. Son chapeau est d'abord presque sphérique, puis convexe, enfin étalé et déprimé en son centre. Il est charnu, ferme, avec une marge obtuse ou brièvement cannelée. Il peut avoir de 5 à 12 cm de diamètre. Sa couleur typique est d'un brun vineux ou pourpré, avec le centre plus foncé. Il lui arrive d'être toute décolorée, comme beaucoup de Russules, et aussi teinté d'olive ou de verdâtre. La cuticule est séparable presque jusqu'au centre. Elle est finement chagrinée, et à la maturité régulièrement elle n'arrive plus à recouvrir le bord de la marge où apparaissent les dos des lames. Le pied de 8 à 10 cm de haut sur 1 cm de diamètre est à peu près cylindrique, quoique atténué à la base. Il est d'abord ferme, puis spongieux du fait des larves qui le colonisent. Il est blanc avec une tendance à jaunir. La chair est assez ferme, blanche, un peu colorée sous la cuticule, se tachant parfois de jaune ou de brun vers la base du pied. L'odeur est insignifiante. La saveur, de noisette, est très douce. Le sulfate de fer provoque une rapide réaction rose orangé. Les lamelles sont serrées, souvent fourchues, blanchâtres, et assez fragiles sous la pression du doigt. Leur arête est souvent piquetée de petites taches brunes. La sporée est blanc pur. On la signale dans toute l'Europe, et c'est une des Russules les plus communes, et si on la trouve pendant tout le printemps et l'été, elle disparaît en automne. C'est un comestible agréable, quoique sans grande saveur se montrant en un temps où elle est le seul champignon qu'on puisse récolter.

réaction au vitriol vert

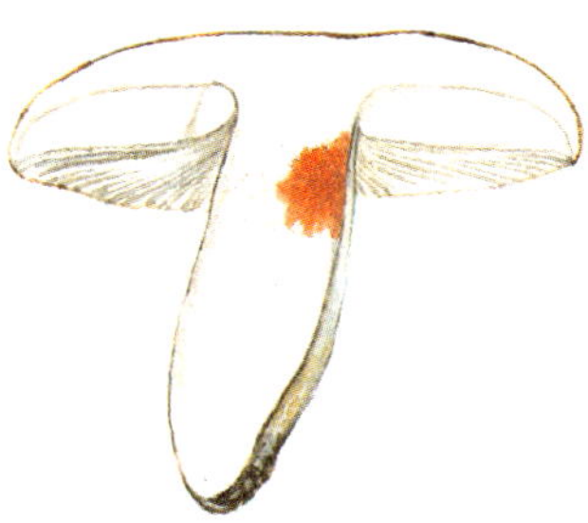

Russula cyanoxantha

Russule bleue et jaune, Charbonnière

C'est aussi une Russule bien populaire, du fait de sa fréquence et de la facilité de sa détermination. Elle présente un chapeau de 5 à 15 cm de diamètre, d'abord sphérique puis convexe et enfin déprimé en son centre qui prend la forme d'une coupe. Il est charnu et ferme, avec une marge aiguë et souvent lobée à la fin. La couleur typique est un violet noir ou bleu, mais elle peut aussi être d'un noir bronzé qui pâlit peu à peu, devenant violet clair. Cette espèce peut présenter toutes les teintes possibles entre le vert noirâtre, le violet, le vert de gris, et même montrer des taches jaunes ou rosées. La cuticule est à moitié séparable. Elle est humide et devient brillante par le sec. Le pied est épais, charnu et ferme mais vite véreux, cylindrique ou ventru, et atténué à la base. La chair est ferme ou dure, épaisse, blanche, un peu violacée sous la cuticule. L'odeur est insignifiante, et la saveur douce ou à peine piquante. Les lamelles sont serrées, souvent fourchues, épaisses, et de consistance tout à fait particulière. En effet, alors que chez toutes les Russules les lamelles sont fragiles et se brisent sous la pression du doigt, celles de la Charbonnière sont comme on dit, lardacées, c'est-à-dire de toucher gras et élastique, si bien que si on appuie le doigt sur elles, elles ploient et reviennent à leur forme première sans fracture. Ce seul signe permet de reconnaître cette espèce sous tous ses déguisements. La sporée est blanc pur. Commune dans toutes les forêts, conifères et feuillus, on la trouve en quantité sous les tropiques dans les plantations d'eucalyptus. C'est un comestible sans grand caractère, mais qui peut gonfler la substance d'une récolte un peu trop maigre. De l'été à l'automne.

Russula aeruginea (= graminicolor)

Russule vert d'herbe

C'est une puissante Russule, dont le chapeau peut atteindre 15 cm de diamètre. Il est ferme, à la fois charnu et rigide, à la fin cassant, d'abord convexe, puis étalé avec le centre déprimé, régulier, avec une marge obtuse, droite et faiblement cannelée, d'un beau vert clair, couleur de gazon, mais variable et plus ou moins foncé, se tachant parfois de brun ou d'ocre. La cuticule est séparable sur la moitié de sa largeur. Elle est visqueuse et brillante par l'humidité et le plus souvent à peu près lisse. Le pied, de 5 à 8 cm de haut et 2 cm d'épaisseur, est ferme et égal, mais s'élargit vers le haut, plein puis spongieux, blanc, se tachant un peu de brun ou de jaune, et sa surface est lustrée et brillante. La chair est épaisse, ferme et cassante, blanche, d'odeur faible et de saveur douce ou légèrement piquante. Les lamelles sont minces et serrées, fourchues près du pied, fragiles et cassantes, atténuées et presque décurrentes, plus on moins ventrues et d'un blanc d'ivoire et se tachant de points bruns. La sporée est crème. On trouve souvent cette belle espèce sous les bouleaux, les pins et les épicéas, surtout en terrain siliceux. On la rencontre presque toujours en compagnie de l'Amanite tue-mouches, associée justement aux mêmes arbres. Bien qu'assez variable de couleur, le plus souvent c'est ce beau vert gai et sa grande taille qui la font reconnaître. C'est un comestible acceptable, quoique de saveur sans grand caractère. Elle fait partie des Russules qu'un débutant peut reconnaître sans faute. C'est le mycologue H. Romagnesi qui dans un excellent ouvrage a débrouillé le premier l'ensemble des Russules européennes après plus de vingt ans de travail et d'explorations dans tout notre continent.

Russula olivacea

Russule olivâtre

C'est la géante du genre, et son chapeau peut atteindre 20 cm de diamètre. Il est énorme, épais, ferme sans être dur, d'abord subsphérique, puis convexe plan, à la fin étalé et creux, à marge épaisse, arrondie et recourbée en dessous où elle déborde sur l'arête des lamelles. Sa couleur est extraordinairement variable, le plus souvent dans les tons verts, mais aussi brun olivâtre et souvent rouge ou pourpre sombre, gris violet sur les bords, et souvent d'une autre couleur en son centre que sur ses bords. Le pied de 6 à 15 cm de haut peut avoir de 2 à 4 cm de diamètre. Il est ferme, à peu près cylindrique mais évasé vers le haut. Il peut être tout blanc, mais le plus souvent il est teinté d'un beau voile d'un rose carminé. Il arrive que ce voile rose se disloque en petites plaquettes. La chair est épaisse, ferme, blanche avec une tendance à brunir. L'odeur est faible et la saveur douce. Le phénol y provoque immédiatement une réaction rouge groseille. Les lamelles sont assez serrées près du pied, mais plus écartées vers la marge, beaucoup sont fourchues, d'un beau jaune de cire, chatoyantes avec des reflets ocre. Leur arête est souvent colorée comme le chapeau vers la marge. La sporée est jaune vif. C'est une espèce des grandes hêtraies sur sol calcaire et surtout en montagne. Elle abonde dans le Jura en fin d'été. Elle est comestible, mais sa chair une fois cuite donne dans la bouche l'impression qu'on mâche de la sciure, et de ce fait elle est peu recommandable. On la reconnaîtra toujours à sa grande taille, à ses larges lamelles jaunes, et surtout à son pied puissant et lavé de rose sur toute ou partie de sa surface.

Russula mustelina

Russule couleur de belette

C'est aussi une grosse Russule massive et compacte, avec un chapeau de 10 à 14 cm de diamètre, et souvent davantage. Il est ferme et dur, d'abord sphérique puis étalé et conservant une dépression en son centre, à marge d'abord enroulée et se déployant lentement. La couleur est d'un ocre brunâtre ou ocre roux, vraiment « couleur de belette ». La cuticule est à peine séparable sur le bord, elle est épaisse, lisse au toucher, brillante et d'aspect gras par l'humidité. Le pied a de 5 à 11 cm de haut sur 2 à 4 cm de diamètre. Il est dur, d'abord ventru puis cylindrique, plein puis creusé de petites cavernes, et devenant brun avec l'âge. La chair est très épaisse, dure, compacte, blanche avec une tendance à jaunir. Odeur insignifiante et saveur absolument douce. Réaction rouge au sulfate de fer. Les lamelles sont très serrées, rigides, avec quelques lamellules larges de 5 à 10 mm couleur paille et se maculant de rouille en vieillissant. La sporée est crème.

La Russule fétide *(R. foetens)* est aussi une grande espèce reconnaissable du premier coup. Le chapeau a de 5 à 20 cm de diamètre. Il est charnu et rigide, d'abord globuleux, puis irrégulièrement étalé, à marge irrégulière et profondément cannelée, d'un ocre roussâtre sale et souvent parsemé de taches noirâtres. Il est entièrement couvert d'un voile glutineux épais qui sèche avec le temps. Le pied est volumineux de 10 à 15 cm de haut sur 2 à 4 cm d'épaisseur, ventru, blanc mais très rapidement complètement creux, et il n'en reste plus qu'une écorce qui entoure de grosses cavernes séparées par des filaments. La chair est épaisse et rigide, d'odeur nauséeuse et de saveur très âcre. C'est un champignon répugnant, très commun dans toutes les forêts et aussi dans les friches. Autour de cette espèce gravitent d'autres formes analogues et plus rares.

spores de *R. mustelina*

spore de *R. fœtens*

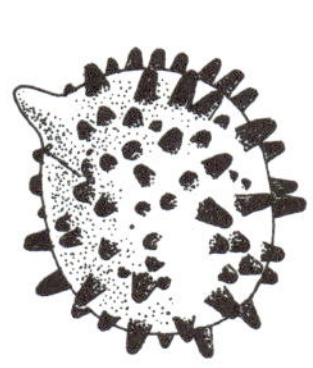

sporée

Russula foetens

Russula mustelina

Russula xerampelina

Russule feuille morte

Rien de plus variable que la Russule feuille morte, mais rien de plus facile à reconnaître. On considère aujourd'hui comme type la forme robuste, à chapeau de 8 à 12 cm de diamètre, dur, convexe puis étalé et légèrement creusé, à marge obtuse, lisse et d'un superbe pourpre noir, rouge carmin intense, mais pouvant se teinter de brun ou d'ocre par places. La cuticule est épaisse, à peine séparable. Le pied, de 4 à 10 cm sur 1 à 3 d'épaisseur est à peu près cylindrique, plein, dur puis à la fin élastique et spongieux. Il est typiquement d'un superbe rose rouge se tachant plus ou moins d'ocre à la base. La chair est épaisse, dure, blanche passant au jaunâtre, pourpre sous la cuticule. Elle présente une odeur d'écrevisses cuites tout à fait caractéristique, surtout quand elle est un peu sèche, qui permet de la déterminer « au nez » immédiatement. De plus, comme toutes les russules de ce groupe, elle présente une réaction verte et immédiate au sulfate de fer. Les lamelles sont assez serrées, larges, crème puis crème ocracé et leur arête brunit souvent près de la marge. Cette espèce est fréquente en automne sous les conifères, pins et épicéas, aussi bien en plaine qu'en montagne. Quoique sa saveur soit douce, son odeur bizarre en fait un comestible peu ragoûtant. Autour de cette espèce s'en trouvent quelques autres plus pâles, plus brunes ou plus jaunes, qui toutes présentent cette même odeur, et cette même réaction au sulfate de fer, et comme il n'est pas toujours possible au premier coup d'oeil d'être sûr de sa détermination, beaucoup de mycologues ont toujours dans leur poche un cristal de ce sulfate qui fait office de *juge de paix* dans les cas douteux. Il faut dire qu'il n'y a pas de genre où les réactions chimiques soient aussi utiles que chez les Russules.

Russula integra

Russule entière

Quand on débute en mycologie, on est tout de suite capable, devant un champignon, de dire si c'est une Russule. En effet, elles ont toutes un port particulier, dont la simplicité est le caractère. Un chapeau d'abord globuleux puis aplati, des lamelles blanches ou jaunes et toutes semblables, un pied cylindrique et sans aucun ornement, ni anneau ni volve, des couleurs souvent très vives, et un pied qui se casse comme de la craie sans plier. Mais dire à quelle Russule on a affaire est une autre histoire. Il y en a plus de 200 espèces, beaucoup très rares, et beaucoup se ressemblent tellement que les déterminer sur le terrain « relève de la plus haute fantaisie », comme le dit Romagnesi lui-même, spécialiste mondial. Toutefois, quelques-unes, celles figurées dans cet ouvrage sont de celles-là, peuvent être identifiées en toute certitude. La Russule entière en fait partie. Elle a un chapeau de 8 à 12 cm de diamètre, dur et charnu, d'abord subglobuleux puis étalé plus ou moins régulier, un peu déprimé à la fin, lisse, et plus ou moins brun, brun jaune ou brun pourpre, avec des reflets ocracés ou olive. La cuticule est peu séparable, humide et visqueuse par la pluie, lisse et brillante, et rougissant dans les morsures des limaces. Le pied est dur et ferme, à peu près cylindrique, blanc et légèrement marbré de grisâtre sur le fond blanc. La chair est dure et ferme, blanche, de saveur douce, et d'odeur faible. Bien frite, elle fournit un comestible assez agréable. Les lamelles sont d'abord blanches, mais passent vite au jaune intense. La sporée est jaune. Elle se trouve très communément dans les forêts de sapins et d'épicéas en montagne et en terrain calcaire dès l'été et jusqu'à la fin de l'automne ; rarissime en plaine. La *R. puellaris* (Russule enfantine) est beaucoup plus petite et fragile. Sa chair est âcre.

spores de *R. integra*

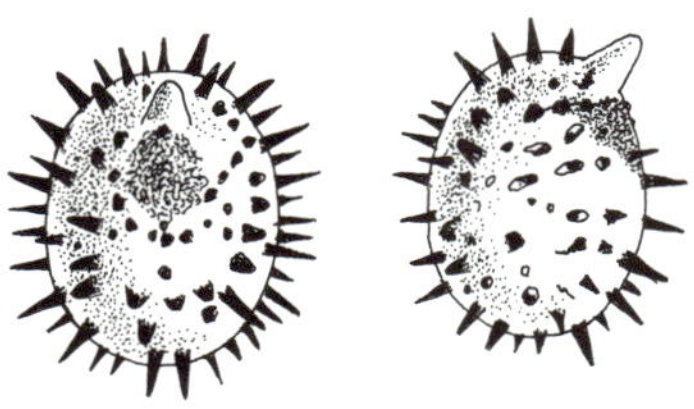

sporée

spore de *R. puellaris*

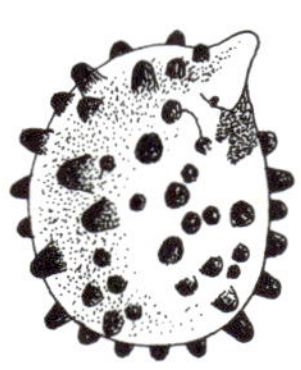

Russula puellaris

Russula integra

Russula paludosa

Russule des marais

C'est encore une grande et belle Russule, dont le chapeau atteint de 10 à 16 cm de diamètre, ferme, convexe puis étalé à marge obtuse et unie, d'un beau rouge vif, rouge sang, avec le centre plus foncé, mais pouvant parfois être orangé et même rose. La cuticule est presque entièrement séparable, visqueuse, grasse au toucher et brillante. Le pied, de 5 à 10 cm sur 3 cm d'épaisseur est charnu, ferme, cylindrique, avec une base souvent épaissie, plein d'abord mais bientôt rempli d'une moelle molle, entièrement teinté de rose ou de rose rouge. Ce signe distinctif permet toujours de déterminer cette espèce. La chair est ferme et épaisse, blanche, d'odeur faible, et de saveur douce. Les lamelles sont assez serrées, crème d'abord puis ocre clair, avec une arête teintée de rouge le plus souvent. La sporée est ocre, et l'une des plus foncées parmi les Russules. On la trouve communément dans les bois de conifères humides ou même marécageux, en particulier dans les tourbières. C'est une espèce surtout nordique. En France, on ne la voit que dans les Vosges, dans les tourbières du Jura et, çà et là, dans les Alpes. Elle n'est pas signalée en plaine. Probablement comestible comme toutes les Russules à chair douce. La figure précédente donne une image de *Russula puellaris.* C'est une toute petite espèce, de 2,5 à 5 cm de diamètre, fragile, convexe puis déprimée au centre, à marge entièrement sillonnée, de couleur pourpre, lie de vin, presque noirâtre au centre, mais parfois brun clair, et souvent elle jaunit complètement dans la vieillesse et devient d'un ton cuivré qui la rend méconnaissable. La cuticule est presque entièrement séparable et elle se gerce sur l'extrême bord. Le pied est court et blanc, la chair blanche et douce et les lamelles ocre clair. On la trouve surtout sous les conifères en terrain sec et calcaire.

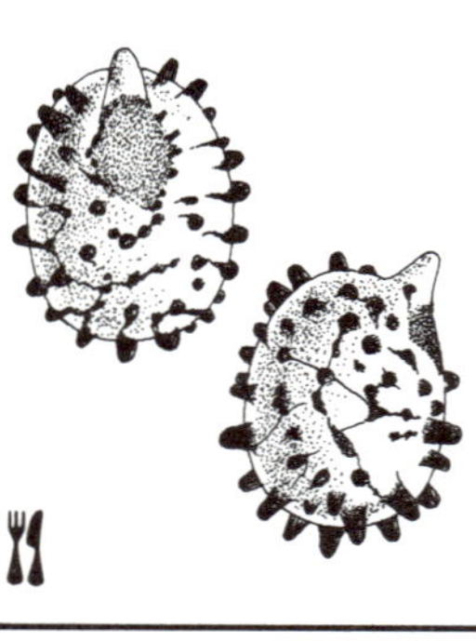

Russula emetica

Russule émétique

La Russule émétique, malgré son nom, n'a sûrement jamais fait vomir personne, car son âcreté est telle qu'il serait impossible de la consommer. C'est une jolie Russule de 5 à 10 cm de diamètre, convexe puis étalée, à marge obtuse, rouge vif, rouge sang, rouge cerise, avec parfois des taches noirâtres et quelquefois des îlots décolorés et presque blancs, soit du fait de la pluie soit du fait du soleil. La cuticule est visqueuse et très brillante, et presque complètement séparable. Le pied de 7 cm de haut et de 1,5 cm d'épaisseur est cylindrique, un peu aminci en bas, spongieux et très fragile, blanc et satiné et tendant à jaunir un peu avec le temps. La chair est assez épaisse, fragile et molle, blanche, teintée de rouge sous la cuticule. Son odeur est fruitée, et sa saveur d'une âcreté insupportable. Les lamelles sont peu serrées, fourchues, ventrues, libres, blanches et finement interveinées. La sporée est blanche. On trouve cette Russule dans la mousse et les sphaignes des bois marécageux, surtout dans les tourbières et sous les pins. Il en existe quelques formes très voisines attachées à d'autres arbres. Quant à la Russule jolie *(R. lepida)* elle a un chapeau de 8 à 15 cm de diamètre, charnu, très dur, globuleux puis convexe, à marge obtuse, d'un beau rouge carmin mais parfois rouge vif ou entièrement blanchâtre. Ce qui permet de distinguer cette espèce sous tous ses changements, c'est la nature de son revêtement. En effet, il est velouté et paraît presque farineux. Le pied est plutôt court, de 8 à 10 cm, mais épais et dur. La chair est dure comme celle d'une pomme, blanche, à odeur un peu mentholée et de saveur douce. Les lamelles très serrées sont blanches. C'est une espèce commune en été dans toutes les forêts. Sa chair trop compacte en fait un comestible misérable.

spore de *R. emetica*

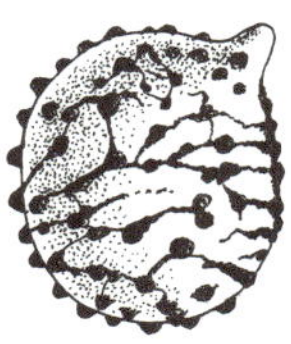

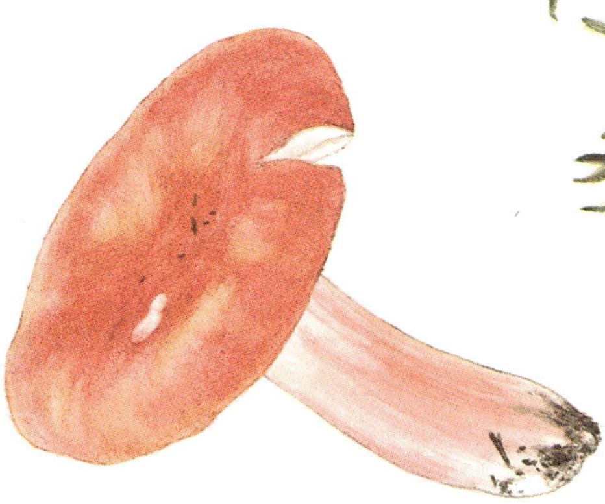

Russula lepida

Russula emetica

Russula sanguinea

Russule sanguine

Encore une Russule rouge ! Mais elle est bien facile à distinguer de ses voisines. Son chapeau a de 5 à 12 cm de diamètre, il est rigide et dur, convexe puis s'étalant et se déprimant au centre, à marge mince, d'un rouge sang, rouge pourpre ou rouge rose, pâlissant avec le temps, souvent tacheté de blanchâtre, et parfois complètement décoloré par la pluie ou par le soleil. La cuticule est à peine séparable à la marge. Elle est très mince, faiblement visqueuse, mais devient sèche et mate par beau temps. Le pied est ferme, à peu près cylindrique mais atténué à la base, longtemps plein mais creux à la fin, teinté de rouge rose, rarement tout blanc. La chair est épaisse au milieu, mais très mince sur les bords, ferme et dure, devenant cassante avec l'âge, blanche sauf sous le revêtement où elle est rose. Elle présente une odeur un peu fruitée mais insignifiante, et elle est à la fois âcre et amère. Les lamelles sont d'abord serrées, mais s'écartent à la fin, fourchues à tous les niveaux, et elles sont arquées décurrentes, caractère très rare chez les Russules et qui est la signature de celle-ci. La sporée est ocre pâle. Elle est assez commune dans les bois de pins en terrain acide, où elle ne manque pour ainsi dire jamais. On la trouve aussi bien en plaine qu'en montagne, et aussi mais plus rarement sous les mélèzes et les épicéas. Elle fait partie de ces innombrables Russules immangeables à cause de leur âcreté, doublée ici d'amertume. D'ailleurs si on veut absolument consommer des Russules, il suffit d'en goûter un fragment cru, quelle que soit l'espèce, de le recracher s'il est âcre, et de conserver l'exemplaire s'il est doux, signe indubitable qu'il est mangeable. Mais en dehors de la Russule verdoyante, il n'y en a pas qui soient de première qualité.

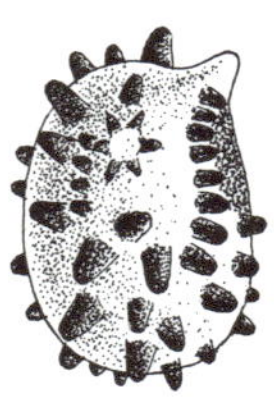

sporée

Lactarius vellereus

Lactaire toisonné

C'est un gros et robuste Lactaire, de 15 à 20 cm de diamètre, épais, dur, d'abord arrondi mais rapidement développé en forme d'entonnoir, blanc ou blanchâtre, se tachant de jaunâtre avec l'âge (2). Son revêtement est tout à fait remarquable : loin d'être lisse, il est complètement feutré, sans faire de mèches, mais composé de gros poils entremêlés grossièrement. Les lames larges, épaisses et peu serrées, sont d'abord blanches, puis roussissent avec le temps. Le pied est court, dur, velouté, blanc puis ocracé brunâtre. Il est en forme de cône renversé, beaucoup plus large en haut qu'à la base. La chair est inodore. Le lait blanc ne change pas de couleur à l'air, et il est d'une âcreté insupportable. C'est une espèce des bois de hêtres, où elle est très commune en automne ; et souvent très tard en saison, elle vient en troupes parfois très nombreuses. Evidemment non comestible. Le Lactaire poivré *(L. piperatus)* (1) lui ressemble un peu. C'est également une espèce robuste, blanche, à chair ferme, de 10 à 20 cm de diamètre, avec un chapeau étalé, plus ou moins ondulé, et finalement en forme de coupe. Les lamelles sont extrêmement serrées, minces, étroites, et franchement décurrentes. Le pied est généralement court, lisse et un peu farineux. La chair est blanche et inodore, le lait est blanc et immuable, très âcre. C'est une espèce commune dans tous les bois au mois de juillet, et qui disparaît complètement plus tard. Malgré son âcreté, elle a ses amateurs, surtout dans l'est de l'Europe, où on en fait une espèce de choucroute à consommer en hiver. Une espèce très voisine est le Lactaire verdissant, qui ne s'en distingue que par le fait que le lait devient vert à l'air, et le chapeau se pique souvent de petites taches vertes. On la trouve mêlée au type à la même saison et dans les mêmes endroits.

spores de *L. piperatus*

spores de *L. vellereus*

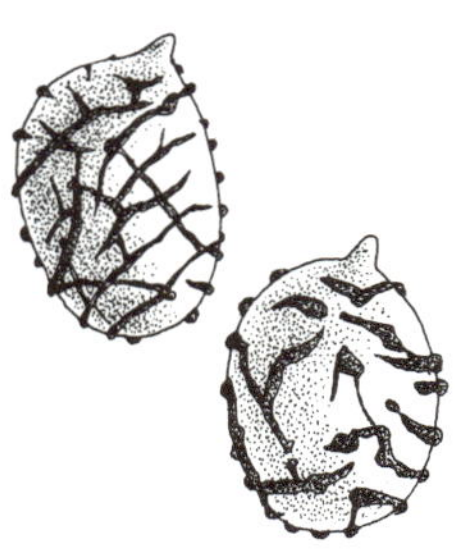

Lactarius piperatus

Lactarius vellereus

Lactarius torminosus

Lactaire aux coliques

Si les Lactaires sont peu décoratifs, celui-ci échappe à la règle. Il a un chapeau de 6 à 12 cm de diamètre, d'un bel incarnat pâle passant dans la vieillesse à l'ocre clair, orné de zones concentriques plus foncées très régulières. La chair est épaisse et laisse échapper un lait blanchâtre qui ne change pas de couleur, et qui est d'une âcreté intolérable. Si la surface du chapeau est lisse et brillante, le bord qui est d'abord tout enroulé, est couvert d'un gros duvet de poils mous caractéristiques. Les lamelles sont de la même couleur incarnate, minces et serrées. Le pied cylindrique ne présente pas de particularité essentielle. Il est lisse, brillant, creux à la fin, et se termine en pointe à la base. Ce Lactaire est commun en automne surtout sous les bouleaux, et préfère l'orée de forêts, dans l'herbe, à l'intérieur des bois, comme s'il avait besoin de lumière et de soleil pour végéter convenablement. Le Lactaire velu *(L. pubescens)* est un peu plus petit, ne dépassant guère 7 ou 8 cm de diamètre, avec un chapeau blanc crème sur le bord, et ne présentant pas de zones. Il n'a pas de teintes incarnates, mais seulement ocrées pâles. On le trouve presque uniquement dans les marais tourbeux, ou dans les forêts de conifères siliceuses et humides. Quant à ce nom de Lactaire aux coliques, il est exagéré, car son âcreté épouvantable interdirait à quiconque de le consommer. La grande majorité des Lactaires présente cette âcreté, souvent doublée d'amertume, due aux résines mal connues qui composent leur lait, dont on ne sait encore s'il est simplement une excrétion ou s'il joue un rôle physiologique tout à fait inconnu. Les Lactaires sont en général moins difficiles à déterminer que les Russules parce qu'ils présentent un plus grand nombre de caractères visibles à l'oeil nu.

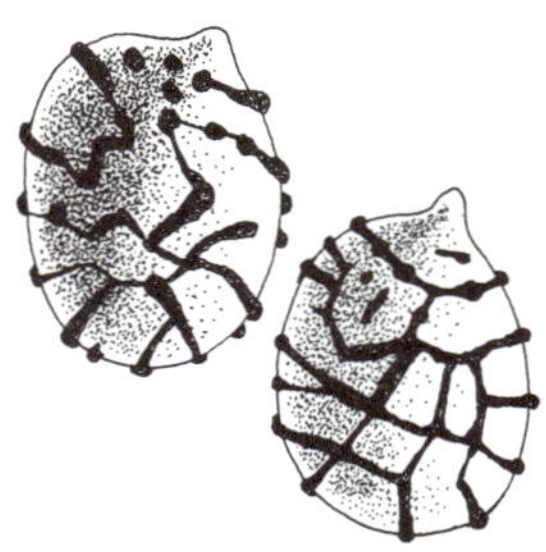

spores de *L. torminosus*

Lactarius torminosus

Lactarius pubescens

Lactarius deliciosus

Lactaire délicieux

Le Lactaire délicieux est le type le plus commun d'une série de Lactaires à lait rouge ou orangé. Il a un chapeau convexe plan, puis en coupe, de 5 à 15 cm de diamètre. Il est entièrement zoné, de couleur aurore ou orangé clair, puis progressivement il se tache de vert et peut devenir entièrement vert. Les lamelles sont arquées, crème orangé, verdoyantes. Le pied est farci d'une moelle cotonneuse blanche, mais il devient bientôt complètement creux. Il est dur et cassant, et orné de petites fossettes qui permettent de le déterminer à coup sûr parmi les Lactaires de la même série, car il est le seul à présenter cette particularité. Ce pied est crème aurore ou orangé, pruineux, puis taché de vert comme le reste du champignon. La chair est dure, cassante, d'abord blanche puis orangé verdâtre. Elle a une saveur un peu âcre, disparaissant à la cuisson. Le lait est orange et doux. La spore est de 10 mu, d'un blanc incarnat. Cette espèce est commune sous les conifères, mais surtout sous les pins. Son nom de délicieux est excessif. Linné, qui l'a nommé ainsi, l'a fait d'après sa réputation venue du Midi par confusion avec le Lactaire sanguin *(L. sanguifluus)* dont le lait est d'un rouge vineux, et qui est de bien meilleure qualité. Ne le confondez pas avec le Lactaire saumon *(L. salmonicolor)* plus jaune, qui ne verdit pas, qui n'a pas de fossettes sur le pied, qui pullule sous les épicéas en montagne, et qui ne vaut rien du tout. Les Lactaires sont surtout appréciés dans les pays du Midi, où les pins abondent et où les Lactaires de cette série les suivent. Au contraire dans les régions du Nord, on les méprise. Le mieux qu'on puisse dire est que le sanguin est moins mauvais que les autres.

spores de *L. deliciosus*

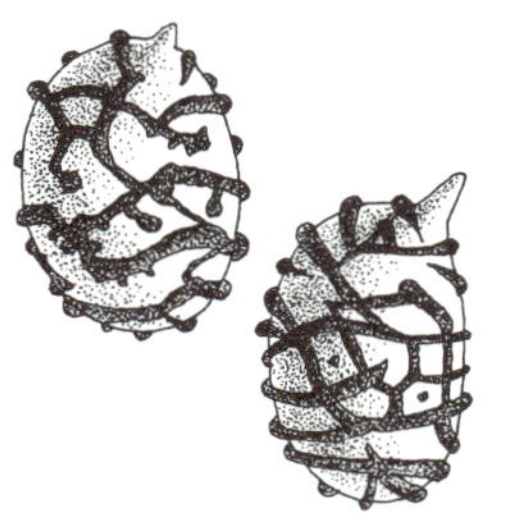

Lactarius salmonicolor

Lactarius deliciosus

Lactarius helvus

Lactaire fauve

Ce Lactaire a un chapeau convexe puis en coupe de 5 à 15 cm de diamètre, charnu fragile, finement velouté et grenelé, ocre fauve puis café au lait. Il est souvent de forme plus ou moins dissymétrique et ondulé sur les bords. Les lamelles sont décurrentes, minces, souvent fourchues, crème citrin puis paille ou incarnates. Le pied est plein puis creux, incarnat ocracé, renflé, poilu et blanc à la base. La chair est jaunâtre et elle présente une odeur tout à fait particulière, qui rappelle surtout celle du céleri et celle des potages déshydratés, si bien que les Allemands l'appellent « champignon Maggi », malgré les protestations du fabricant qui jure n'avoir jamais employé cette espèce. Le lait est peu abondant, presque transparent, doux ou légèrement âcre. On trouve cette espèce uniquement dans les bois de conifères siliceux ou dans les tourbières, seulement sous les pins. Il se trouve aussi bien dans les endroits les plus arides que dans les marais : il lui faut seulement un terrain acide et des pins. L'humidité n'y est pour rien. Le Lactaire tranquille *(L. quietus)* a un chapeau convexe puis en coupe, de 6 à 8 cm de diamètre, charnu, à peine visqueux, puis légèrement soyeux. Il est incarnat cuivré, plus foncé au centre, faiblement zoné et pâlissant. Les lamelles sont adnées décurrentes, bifides, blanc crème puis incarnates. Le pied est spongieux, allongé, plus clair que le chapeau, puis rouillé ou brun purpurin. La chair est tendre, blanche puis rougeâtre, d'odeur tout à fait écoeurante. Le lait est blanc et doux. On trouve cette espèce communément dans les bois de hêtres en été et en automne, surtout en montagne. Son odeur à elle seule empêcherait de le consommer, quoi qu'il ne soit sans doute pas toxique.

spores de *L. helvus*

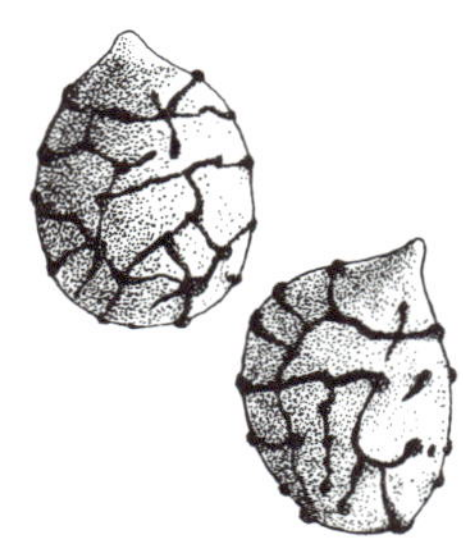

Lactarius helvus

Lactarius quietus

Lactarius volemus

Vachette

Le mycologue suédois Fries a nommé « volemus » ce Lactaire, mais aucun latiniste ne peut dire ce que signifie cet adjectif qui n'a été employé que pour désigner une variété de poires par ailleurs inconnue. On emploiera donc en français son nom vulgaire, qui est tout à fait significatif, car le lait tout blanc de cette espèce est d'une abondance remarquable. C'est un gros Lactaire, au chapeau de 10 à 15 cm de diamètre, très épais, dur, glabre, nankin, fauve, crème, jaune d'oeuf, brun safrané ou rouge brique. Malgré ces variations, on le reconnaît tout de suite à sa silhouette massive, et à son revêtement dépourvu de toute viscosité, mat et presque velouté. Les lamelles sont adnées décurrentes, minces, crème, puis ocre incarnat, brunissant par le froissement. Le pied est plein, gros, dur, pruineux, jaune, souci ou fauve safrané. La chair est blanche ou fauvâtre, d'un goût assez agréable. L'odeur est nulle mais le champignon laisse sur les doigts, quand on l'a cueilli, une odeur de ménagerie caractéristique et qui n'a rien de bien agréable. C'est une espèce très commune et un comestible bien quelconque. En été, se trouve surtout sous les feuillus. Le Lactaire très doux *(L. mitissimus)* est beaucoup plus petit, avec un chapeau mamelonné, lubrifié, couleur brique clair, plus ou moins orangé ou jaune fauve et brillant par le sec. Les lamelles sont couleur souci, piquetées de fauve. Le pied est grêle, farci, creux, fragile, allongé, de la couleur du chapeau mais plus pâle. La chair et le lait sont un peu âcres, malgré le nom spécifique. On trouve cette espèce en troupes dans les forêts ombragées en été et en automne, parfois en abondance. Elle est sans doute comestible, mais bien peu tentante.

spores de *L. volemus*

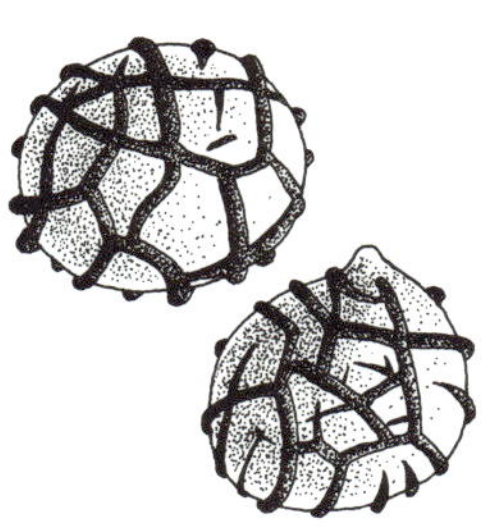

Lactarius mitissimus

Lactarius volemus

Strobilomyces floccopus

Bolet pomme de pin

Voici un champignon qui a les apparences d'un Bolet, c'est-à-dire un pied central, un chapeau charnu, et un hyménium tubulaire et séparable. Mais ce n'est peut-être pas un Bolet malgré ces ressemblances. En effet, il est dans sa jeunesse couvert d'un voile épais qui se déchire au moment où s'ouvre le chapeau, et qui reste visible sous forme d'un anneau plus ou moins fourni sur le pied, et d'une frange largement denticulée sur la marge. Or aucun Bolet ne présente une telle particularité. D'autre part, alors que tous les Bolets sont mycorhiziques, cette espèce-ci vit de la terre, comme le prouve son habitat préféré : de vieilles taupinières où aucune racine d'arbre n'est visible. Autre caractère aberrant : alors que toutes les spores de Bolets sont lisses et de forme banale, celles de ce champignon sont longues de 15 mu, et couvertes d'ornements en relief qui évoquent un rayon de miel. Quand il est tout jeune, ce pseudo-bolet se présente comme une petite boule toute noire et floconneuse. Mais rapidement, le pied s'allonge et porte à son sommet une tête primitivement refermée sur le pied, puis qui se développe en déchirant le voile fragile qui protégeait les tubes. En même temps, le dessus du chapeau se dilacère et le revêtement noir du début se morcelle en grosses écailles noires et pointues qui laissent entrevoir la chair grise. Les pores des tubes sont d'abord blancs puis gris, larges et anguleux. Le pied est fibreux, couvert de mèches floconneuses grises qui forment à son sommet un anneau plus ou moins fragile. La chair est légère, blanche, puis rosée, enfin bistre noir. Elle n'a aucune saveur particulière. Le nom de pomme de pin convient très bien à cette étrange espèce qui n'est pas rare dans les forêts de feuillus en automne.

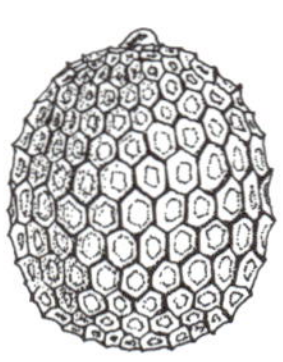

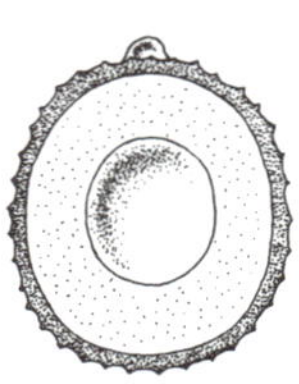

Porphyrellus pseudoscaber

Bolet à spores pourpre

On a créé pour ce Bolet un genre particulier où il se trouve tout seul sous prétexte qu'il a des spores pourpres, au lieu de les avoir brunes comme tous les autres. Il y a là un exemple typique de la manie des mycologues modernes de diviser les genres classiques en une infinité de genres nouveaux. Il est permis de se demander quelle est l'utilité de ce procédé et si ces genres nouveaux correspondent à une réalité profonde. Nous interprétons ainsi les fantaisies de la Nature qui ne peut pas protester, et nous ne savons pas du tout si ces genres valent quelque chose, et d'autant moins que personne n'a jamais donné une définition claire de ce que devait être un genre en mycologie. C'est le modèle de ces querelles qui animent les spécialistes, ce qui n'empêchera jamais que dans le langage courant on dira Bolet, ne serait-ce que parce que *Porphyrellus* est impossible. Ce Bolet-ci est robuste, son chapeau peut atteindre 15 cm de diamètre, il est d'abord hémisphérique puis convexe, épais, finement velouté, de couleur olive passant au brun, puis il se tache de purpurin. Les tubes sont gris pâle ou olivâtres tirant peu à peu sur le pourpre. Ils se tachent de vert au toucher et colorent le papier en vert émeraude. Le pied est velouté, épais, bistre noirâtre. La chair est compacte, blanche, bleuissant à l'air, de bonne odeur. La spore est violette ou purpurine de 12 mu. Cette espèce ne se trouve qu'en été dans les forêts siliceuses. Elle est de ce fait commune dans les Vosges, mais absente du Jura calcaire. On n'a aucun renseignement sur sa comestibilité, sans doute parce qu'elle est assez rare, et peu appétissante, vu ses couleurs aberrantes. Mais elle est très probablement inoffensive.

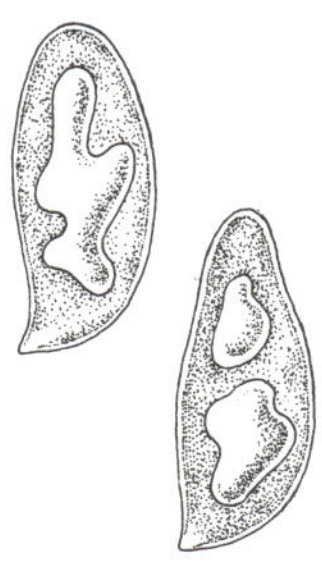

Gyrodon castaneus

Bolet châtain

Avoir créé un genre pour ce Bolet-ci et son voisin le *cyanescens* est quand même assez légitime. En effet, ces deux espèces ont la particularité unique d'avoir des spores blanches, et une architecture tout à fait personnelle. Ils ont tous deux un pied cortiqué, vite creux, qui ne ressemble à celui d'aucun autre Bolet. Ils sont d'allure si personnels qu'on a pu légitimement leur donner un logement à part dans la classification. Le Bolet châtain a un chapeau convexe, plan à la fin, finement velouté, brun marron ou châtain fauve, brun rougeâtre parfois, ne dépassant pas 6 à 8 cm de diamètre. Les tubes sont séparés du pied par une large dépression, ils sont libres et très courts. Les pores sont petits, arrondis, blancs puis crème. Le pied est plein, mais très vite creux, son écorce est dure, il est lisse et de la même couleur que le chapeau. Il ne dépasse pas 4 à 5 cm de haut. La chair est ferme, blanche, immuable ou bleuissant à peine. Elle a un goût de noisette. On trouve cette espèce, comme la suivante, uniquement dans les forêts siliceuses, et surtout sous les conifères. C'est un comestible très fin mais peu commun. Quant au Bolet bleuissant *(Gyrodon cyanescens),* on le reconnaîtra toujours si on l'a vu une seule fois. Son chapeau convexe peut atteindre 10 cm de diamètre, il est finement peluché, crème citrin. Les tubes et les pores sont ronds, blancs et se tachent de bleu vif au moindre contact. La chair est dure, blanche, cassante, se tachant de bleu indigo aussitôt brisée, puis devenant jaune. La spore blanche est de 10 mu. On trouve cette excellente espèce dans les mêmes stations que la précédente, mais elle est plus commune, et son bleuissement lui a fait donner le nom vulgaire d'« Indigotier ».

spores de *G. castaneus*

Gyrodon castaneus

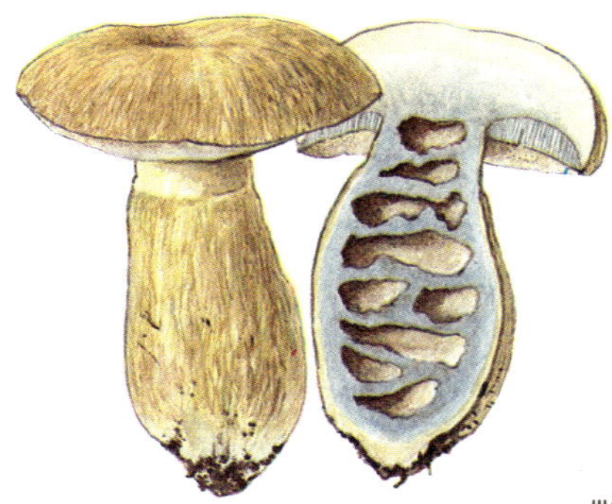

Gyrodon cyanescens

distribution de *G. castaneus*

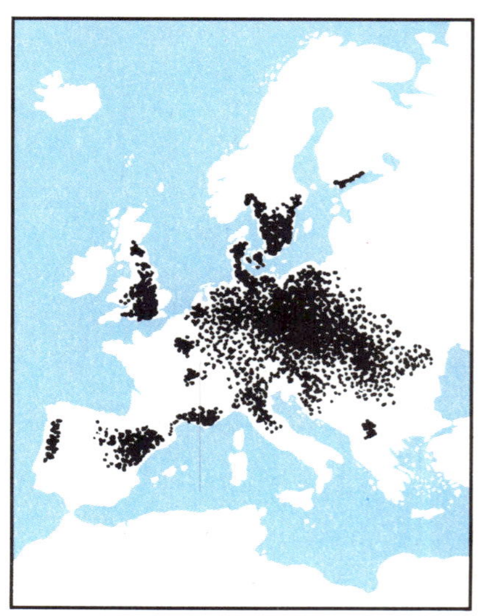

Boletinus cavipes

Bolet à pied creux

Encore un genre nouveau peut-être pas très nécessaire. Ce Bolet (1) à pied creux se caractérise, comme son nom l'indique très bien, par son pied creux dès le début de son existence. Le chapeau a de 5 à 10 cm de diamètre, avec un mamelon pointu, entièrement jaune doré à brun rouge ou châtain, et fortement tomenteux pelucheux, et même hérissé au disque de petites mèches pointues et dressées, brunes. Le pied est de la même couleur que le chapeau, il est tout laineux squamuleux, avec un anneau blanc très fragile. Les pores sont généralement disposés en séries radiales et ils sont allongés dans la même direction. Ils sont anguleux, irréguliers et composés, d'un jaune de soufre puis olivâtres, décurrents sur le pied jusqu'à l'anneau, et bien plus difficilement séparables que chez les autres Bolets. Les spores elliptiques de 9 mu sur 4 sont banales. On trouve cette curieuse espèce uniquement sous les mélèzes en montagne, où elle est commune. On ne sait rien de sa comestibilité, qui est probable. Quant au Bolet vergeté *(Boletus variegatus)* (2), c'est un Bolet d'allure ordinaire, avec un chapeau de 6 à 12 cm de diamètre, humide, lubrifié, de couleur paille ou ocracée, et il est tout pointillé de flocons granuleux et bruns. Les tubes sont adnés, assez grands, jaune olive, puis bistrés. Le pied est cylindrique, ferme, paille, blanc à la base. La chair est tendre, d'un beau jaune, bleuissant légèrement. Elle répand une odeur fâcheuse d'eau de Javel. Cette espèce se trouve souvent en masse dans les forêts de pins siliceuses en été et en automne. Son odeur à elle seule suffit à la faire rejeter, quoiqu'elle ne soit sûrement pas vénéneuse.

2

spore de *B. cavipes*

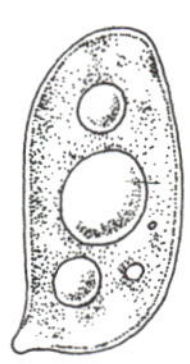

1

spore de *B. variegatus*

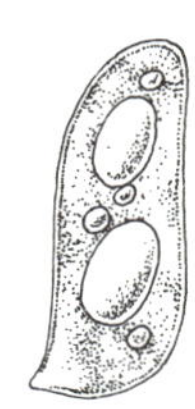

Boletinus cavipes

Boletus variegatus

Gyrodon lividus

Bolet livide

C'est un petit Bolet de forme bien curieuse, et qui s'éloigne beaucoup des Bolets ordinaires. Son chapeau a de 5 à 10 cm de diamètre. Il est couvert d'un revêtement lubrifié, jaunâtre ou vergeté de fibrilles bistrées, qui montre sous le microscope d'innombrables poils bouclés. Les tubes sont très courts, de 1 à 3 mm seulement, et ils sont longuement décurrents sur le pied. Ils sont jaunes dès le début, comme le sont les pores qui sont petits, mais irréguliers et polygonaux. Le pied est blanchâtre sale et passe au gris brun, devenant brun rosé au froissement. La chair est d'un blanc citrin, bleuissant très vite au froissement et elle est d'une élasticité particulière. On trouve cette espèce dans les terrains marécageux, presque toujours sous les aulnes. Elle n'est pas très commune et on ne sait rien sur sa comestibilité, qui doit être nulle. Ce champignon fait partie du cortège des aulnes, qui comprend surtout des Lactaires, presque toujours de petite taille et souvent à peine perceptibles et bien peu décoratifs. Les aulnes hébergent également quelques Flammules qui vivent sur leur bois mort, tandis que ce Gyrodon est un mycorhizique. On l'a séparé des Bolets à cause de ses caractères qui le rapprochent un peu des Polypores, dont il a les pores décurrents et l'élasticité. Il est évidemment très loin de l'idée qu'on se fait d'un cèpe et il représente sans doute une des formes les plus primitives de ce genre dont nous avons en Europe un nombre restreint d'espèces, à comparer avec celles qu'on trouve sous les tropiques et dont la liste s'allonge tous les ans.

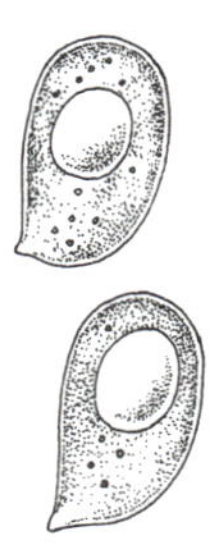

Suillus grevillei (elegans)

Bolet élégant

Les mélèzes hébergent une série de Bolets dont celui-ci est le plus fréquent. Il est même à peu près impossible de planter un mélèze dans un parc sans que, après quelques années, ce Bolet ne s'y manifeste. Il est probable qu'il est aussi nécessaire à la bonne santé de son arbre que cet arbre l'est à lui-même. C'est un joli Bolet, comme le dit son nom plus traditionnel d'*elegans.* Son chapeau de 8 à 12 cm de diamètre est d'un beau jaune jonquille ou doré, un peu fauve au milieu. Il est très visqueux par temps humide, et sa cuticule s'enlève facilement et tout d'une pièce. Les tubes sont décurrents, avec des pores anguleux, jaune doré, d'un ton encore plus vif que le chapeau. Le pied est grenelé, réticulé au sommet, blanc crème, floconneux, fauve safrané en bas. La chair est molle, crème jaunâtre, de saveur douce. La spore de 11 mu est guttulée. On trouve cette espèce dès l'été et tout l'automne, selon les pluies. Elle est comestible, mais ne vaut pas les Bolets de pins tels que *luteus* et *granulatus,* car sa chair est beaucoup plus molle et elle n'a pas grand goût. On trouvera aussi sous les mélèzes un autre Bolet de couleur bizarre: le *tridentinus,* originaire des Alpes mais qui a suivi les plantations de cet arbre un peu partout dans la plaine. Il a un chapeau brun, non visqueux, d'apparence rugueuse, et des pores d'une belle couleur orangé saumon qui permettent son identification du premier coup. Toutes les espèces affiliées aux mélèzes n'accompagnent pas partout leur hôte: ces deux espèces-ci l'ont fait, mais le Bolet à pied creux n'est jamais descendu dans la plaine, et il en va de même pour beaucoup d'espèces montagnardes qui restent cantonnées en altitude. Il y a là toute une série d'observations intéressantes à faire.

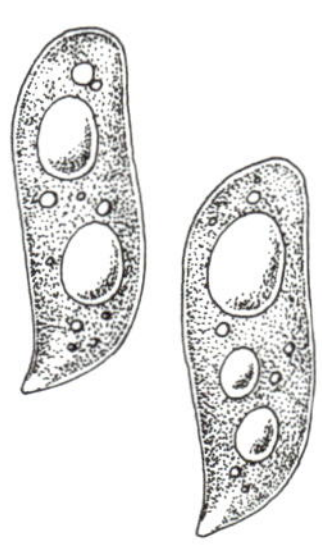

Suillus aeruginascens (viscidus)

Bolet visqueux

Ce Bolet-ci n'est pas très appétissant. Son pied est mou, floconneux, visqueux, d'un blanc grisonnant ou verdoyant, tout alvéolé et réticulé, et blanc verdâtre au sommet. Il porte un anneau membraneux, large, fragile et blanc. Le chapeau est campanulé convexe, souvent difforme, de 6 à10 cm de diamètre, floconneux rugueux et en même temps visqueux, blanc grisâtre ou verdoyant, mais pouvant aussi bien devenir jaunâtre, rougeâtre ou vert de gris. Ses couleurs sont toujours douteuses et mal fixées et lui donnent une apparence sale et négligée qui n'a rien de sympathique. La chair est molle, humide, blanche, puis lilacine, et verdâtre à la base du pied. Les tubes sont décurrents, et les pores sont amples, anguleux et dentelés, blancs, puis gris perle avec un reflet verdâtre. La spore brunâtre est de 13 mu. Cette espèce se trouve en compagnie de la précédente sous les mélèzes, mais elle est plutôt moins commune. Elle n'est sûrement pas toxique, mais elle est si peu appétissante qu'elle n'est pas récoltée et on n'a aucun renseignement sur sa comestibilité. Les spécialistes des Bolets considèrent que toutes ces espèces qui sont attachées aux conifères sont les plus primitives du genre. Leur architecture est pauvre, leurs tubes sont très courts, et comme les conifères sont des végétaux bien plus anciens que les arbres à feuilles, il est permis de penser que les champignons qui leur sont associés eux aussi sont plus anciens que ceux des arbres feuillus, qui sont venus beaucoup plus tard. La phylogénie de ce genre est donc en rapport évident avec celles des phanérogames. C'est ainsi que les Bolets du groupe *Leccinum* qui sont les plus évolués ne se trouvent que sous les feuillus.

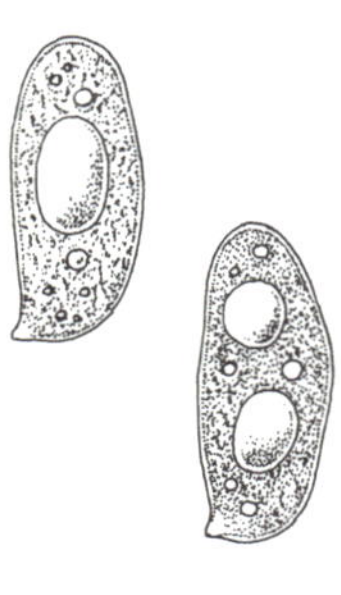

Suillus placidus

Bolet tranquille

Voici un Bolet bien rare, car il ne se trouve que sous les pins à cinq feuilles, le *Pinus strobus* dont l'habitat est la haute montagne, et le *Pinus Weymouth,* originaire d'Amérique et qui a été planté çà et là dans les parcs ou même par les forestiers en semis de régénération dans certaines forêts épuisées. Il est curieux que cette espèce de notre continent se soit adaptée à un pin américain qui présente cette même particularité d'avoir des aiguilles ordonnées en bouquets de cinq, alors que chez les autres pins elles ne vont que par deux. Ces pins à cinq feuilles, malgré la distance géographique qui les séparait, devaient être pourvus des mêmes particularités chimiques. C'est une espèce comprenant un chapeau convexe en forme de toupie, de 8 à 10 cm de diamètre, lisse, visqueux, d'abord jaunâtre, puis vite tout blanc. Les tubes sont très courts, décurrents, avec des pores sinueux, d'abord jaune pâle, puis de couleur rouge rouillé. Le pied est obèse ou subbulbeux, blanc, strié et tacheté de rouge rouillé. Mais il peut aussi se montrer allongé, très atténué en bas, son extrémité se terminant en pointe, et souvent il est si profondément enterré que seul le chapeau affleure à la surface du sol. On trouvera aussi sous les Pins à cinq feuilles de nos montagnes une autre espèce très voisine, mais qui ne vient pas sous les Weymouth : c'est le *Boletus plorans.* Il ressemble beaucoup au précédent, mais brunit, et son pied brunâtre se nuance d'orangé. Comme le *Pinus cembra* dont il est l'hôte ne se trouve qu'en très haute montagne, il faut vraiment vouloir aller le dénicher dans son aire, et ces pins broussailleux n'ont rien de confortable à explorer.

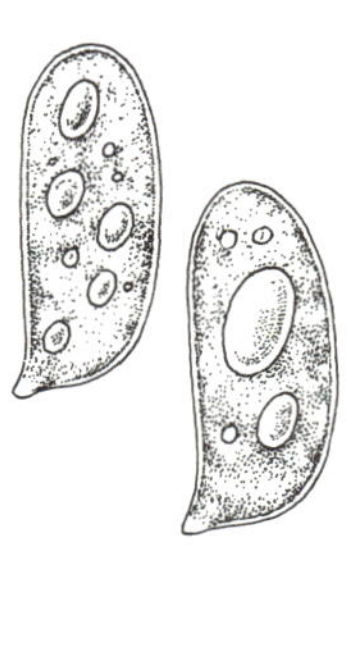

Suillus luteus

Bolet couleur de terre

C'est la « nonnette voilée » du Midi. Ce Bolet est des plus faciles à reconnaître. Il a un chapeau d'un jaune brunâtre, couleur de terre comme l'indique son nom, convexe, de 6 à 15 cm de diamètre, entièrement visqueux, avec une cuticule entièrement séparable. Les tubes, courts, sont adhérents au pied. Les pores sont petits, ronds, jaune vif. Le pied est blanc jaunâtre, sans réseau, mais il est ponctué de brun au-dessus de l'anneau. Cet anneau est bien particulier. Il est d'abord blanc et joint au début les bords du chapeau au pied. Il se dilacère très vite, passe au lilas, puis au brun, et à la fin il n'en reste plus qu'une zone noirâtre qui persiste sur le pied. La chair est blanche au début, puis devient jaune. Elle est épaisse, de bonne odeur et de saveur douce. Ce Bolet est commun dans les bois de pins en automne, en terrain calcaire surtout, mais il préfère les pins isolés dans les prairies aux forêts proprement dites. C'est un excellent comestible. Il n'en va pas de même avec le Bolet des bouviers *(S. bovinus)*. Celui-ci a un chapeau vite convexe, de 5 à 8 cm de diamètre, glabre, fauve incarnat ou jaune rougeâtre. Les tubes sont décurrents avec des pores amples, composés, dentelés, crème olive, puis bistre olive ou bruns. Le pied est cylindrique, glabre, fauve incarnat, blanchâtre à la base. La chair est mince, molle, tendre, crème, douce. Cette espèce, très commune dans les bois de pins surtout siliceux, est un misérable comestible, que les seigneurs de notre sud-ouest réservaient à leurs bouviers, en gardant pour eux les espèces plus nobles comme le *luteus* ou le Tricholome des chevaliers. Curieux exemple de la séparation des classes sous l'ancien régime !

spores de *S. luteus*

Suillus luteus

Suillus bovinus

Suillus collinitus

Bolet gluant

On ne peut guère mieux définir ce Bolet que comme un *luteus* qui n'aurait pas d'anneau. Peut-être est-il un peu plus sombre de couleur, et tirant sur le brun plus que sur le terreux. La différence principale est qu'il possède un mycélium rose, très visible quand on tire ce champignon avec un peu de précaution. Autrement, il possède des tubes adnés, plus longs que ne sont ceux de la même série, variant du crème au début au jaune vif à la fin. Le pied, aminci en bas, est d'abord blanc, puis brunissant, avec une sorte de réseau floconneux et apprimé. La chair est ferme, blanche et douce. On le trouve en cercles dans les bois de pins siliceux, et il est assez commun dans les Vosges. Dans le groupe de ces Bolets visqueux, l'un des plus curieux est le *cramesinus,* dit aussi *sanguineus,* c'est-à-dire rouge sanguin. Il a un chapeau modeste rouge sang ou rouge groseille éclatant, brunissant un peu avec l'âge, extrêmement visqueux, et ses pores sont d'un jaune d'or éclatant. Le contraste entre l'or des tubes et le rouge brillant du chapeau est saisissant. Cette petite espèce se trouve en été dans les forêts de hêtres surtout, et elle n'est pas très commune. Une autre espèce remarquable est le Bolet soufré *(S. sulphureus)* qui peut être énorme : 20 cm de diamètre. Il est entièrement jaune soufre, comme son nom l'indique et se rencontre soit sur les souches mortes de pins, soit sur la sciure de cet arbre aux abords des scieries en montagne. Comme sa chair est amère, il est impossible de le consommer. Ce groupe des Bolets visqueux comprend en outre quelques espèces surtout méridionales qui ne sont pas toujours faciles à identifier, et qu'on reconnaît le plus souvent à leur habitat.

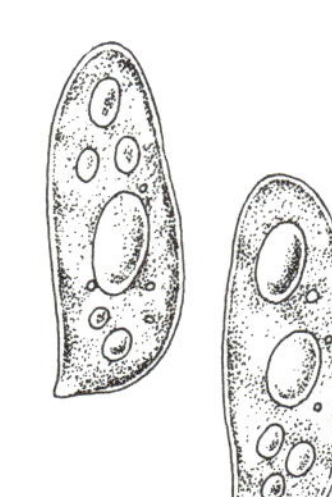

Suillus granulatus

Bolet granulé

Si le Bolet couleur de terre s'appelle dans le Midi « nonnette voilée », celui-ci s'appelle nonnette tout court. Car il ressemble un peu à son voisin, mais son pied est absolument nu. Il a un chapeau convexe, puis aplani, blanc jaunâtre, puis fauve ou roussâtre, très visqueux par temps humide, et il peut avoir de 8 à 12 cm de diamètre. Les tubes sont adnés et très courts, avec des pores grenés, jaunes ou crème sulfurin, couverts de gouttelettes laiteuses. Ces gouttelettes, quand on récolte cette espèce, se collent aux doigts où elle forment un goudron noirâtre, épais et tenace dont il est difficile de se débarrasser. Le mieux pour y parvenir est d'utiliser un dissolvant de vernis à ongles. Ces gouttelettes uniques en leur genre sont probablement une excrétion, mais leur nature véritable n'est pas encore élucidée. Le pied est de couleur citrine, et il est orné de grains floconneux et brunâtres. Il est de couleur crème au sommet, et cotonneux à la base. La chair est molle, jaune serin, douce et sapide. Cette espèce est commune dans les forêts de pins parfois dès le printemps, et surtout dans l'herbe qui entoure les arbres isolés. C'est en Europe un excellent comestible. Or cette espèce existe dans le monde entier, partout où il y a des pins à l'état naturel ou plantés. Vous la verrez aussi bien à Cuba, au Mexique, à Ténériffe, à Madagascar, à la Réunion, etc. Mais sous les tropiques ce Bolet est violemment purgatif, propriété qu'il a quelquefois dans le Midi. Il est possible qu'il en existe une race tropicale dont les propriétés diffèrent de la nôtre, qui est inoffensive.

Phylloporus rhodoxanthus

Phyllopore rouge et jaune

Ce champignon a tellement intrigué les anciens mycologues qu'il n'a pas moins de seize synonymes ! Ce doit être un record. On le comprend si on l'examine de près. Au premier abord, on se demande si on a affaire avec un Bolet ou avec un Agaric. Il a un chapeau modeste, de 3 à 8 cm de diamètre, charnu, convexe, à la fin légèrement déprimé ; avec des bords recourbés, velouté, brun ou brunâtre, lavé souvent de rougeâtre, plus pâle par le sec. Quant à son hyménium, on ne saurait dire s'il est fait de lamelles. Car si ce sont des lamelles, elles sont subdécurrentes, larges, jaunes, et réunies entre elles par de grosses veines, si bien qu'elle forment sinon de véritables tubes, au moins de gros alvéoles. C'est cette bizarrerie qui a fait promener cette espèce dans des genres aussi différents que les Flammules, les Paxilles, les Bolets et quelques autres. Le pied est plein, jaune, brun à la base, ponctué de rouge et strié dans le haut. La chair est épaisse et jaune. On trouve cette espèce un peu partout, mais jamais en grande quantité, et le plus souvent en exemplaires isolés, çà et là dans les forêts. En fait, il est très voisin à la fois des Paxilles et des Bolets du groupe « à chapeau sec », dits *Ixocomus,* que nous verrons plus loin. C'est la démonstration que dans la Nature tout se tient par chaînons voisins. Les deux chaînons du bout sont très différents, mais d'un chaînon à l'autre les différences sont parfois minimes. C'est pourquoi beaucoup de mycologues trouvent abusif de séparer en genres différents des Bolets dont l'air de famille est si évident qu'il est inutile de les séparer sous prétexte de la couleur d'une spore ou de la nature de leur revêtement.

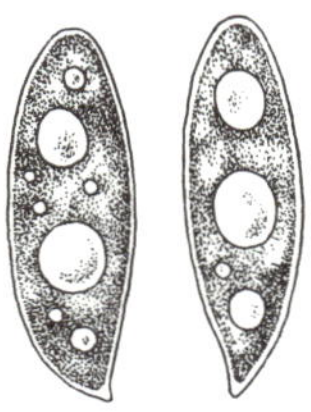

Xerocomus parasiticus

Bolet parasite

Voici encore une curiosité. C'est le seul exemple d'un Bolet véritable qui ne soit pas mycorhizique et qui vive en parasite sur les Sclérodermes. Et encore peut-on se demander si c'est un véritable parasite, car le Scléroderme ne semble pas souffrir du tout de cet hôte indésirable. Il est possible qu'il vive en mycorhize sur le mycélium même du Scléroderme, qui est abondant et forme dans le sol un paquet de fibres sur lesquelles le mycélium de ce bolet pourrait très bien s'intégrer. La question n'est pas close et mériterait plus ample examen. Cette espèce est modeste. Son chapeau jaune indien à reflet verdoyant est globuleux et ne dépasse pas 5 ou 6 cm de diamètre. Il se craquèle par le sec. Les tubes sont courts, subdivisés, avec des pores amples, ronds, jaune d'or, puis ils passent à une couleur vineuse. Le pied qui part du dessous du Scléroderme est toujours recourbé. Il est fibrilleux, jonquille, couvert de petits flocons frisés et fauves au sommet. La chair est ferme, jaune vif. La spore est particulièrement grande, de 16 à 17 mu, guttulée, d'une couleur fauve rouillé. On trouve ce Bolet en automne mais pas partout. C'est ainsi que s'il se montre fréquemment dans le centre de la France et dans la vallée du Rhône, on ne le voit jamais dans l'Est, où pourtant les Sclérodermes abondent. Il y a ainsi des énigmes dans la répartition de beaucoup d'espèces. On le comprend pour les espèces à affinités méridionales, comme l'Oronge, qui n'existe à peu près pas dans le Nord, mais qui s'aventure dans l'Est et parfois dans la région parisienne. On citerait nombre d'espèces tout à fait localisées, et jusqu'à présent il n'y a guère d'explication convenable de ces diverses dispersions.

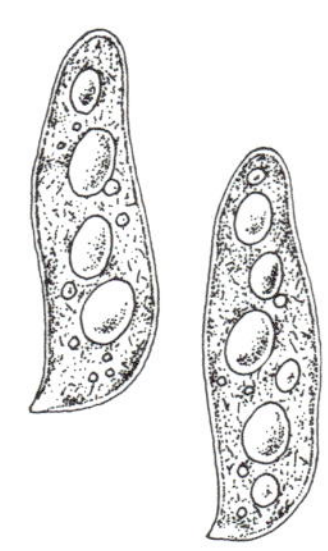

Xerocomus rubellus

Bolet d'un beau rouge

Les Bolets du groupe *Xerocomus* ont pour particularité d'avoir un chapeau tout sec et plus ou moins velouté, une chair jaune ainsi que les tubes, avec une tendance à bleuir. Le *rubellus* a un chapeau convexe plan ou un peu déprimé avec l'âge. Il est glabre, mat, vraiment rouge, de 3 à 8 cm de diamètre. Les pores des tubes sont très fins, arrondis, égaux, d'un beau jaune. Les tubes sont courts et laissent un intervalle avec le pied. Celui-ci est plein, rouge et lisse en haut, et atténué à la base qui est jaunâtre. Il peut avoir 3 ou 4 cm de haut. La chair est molle, jaunâtre et ne change pas de couleur. On trouve cette espèce rare en France surtout dans les bois herbus. Le *X. subtomentosus* qui appartient au même groupe est beaucoup plus commun (pour l'ill. voir pp. 114 et 115). Il a un chapeau convexe, de 6 à 9 cm de diamètre, tomenteux, brun olive plus ou moins foncé, se gerçant profondément par le sec (comme l'espèce précédente) ; les interstices entre les gerçures sont d'un jaune pâle. Les tubes sont adnés, avec des pores amples, anguleux, d'un ton sulfurin doré. Le pied, crème jonquille, est pointillé et pulvérulent, orné de fines côtes bistre, et il est brun roux à la base. La chair blanc crème, de couleur rouille sous la cuticule, bleuit un peu à la cassure. Cette espèce est très voisine de la précédente, dont elle se différencie par sa couleur brune et non rouge, par ses pores plus larges et quelque peu anguleux, et d'un jaune plus doré. Ces deux espèces sont comestibles, mais sans aucun mérite, à cause de leur chair molle et insipide. Les Bolets de ce groupe sont souvent difficiles à distinguer les uns des autres, surtout quand ils sont un peu avancés. Il faut toujours avoir des exemplaires très frais pour arriver à une détermination sûre.

spores de *X. rubellus*

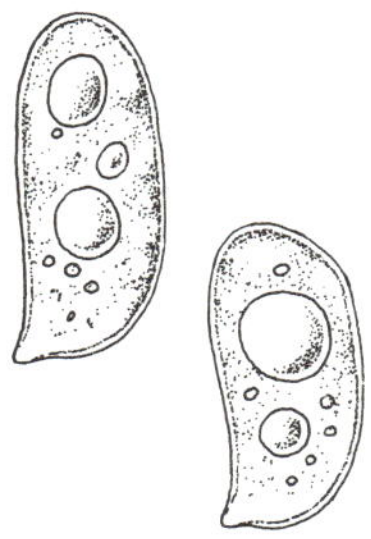

Xerocomus chrysenteron

Xerocomus rubellus

Xerocomus badius

Bolet bai

Voici un Bolet qu'il est bon de connaître, car il est d'excellente qualité pour la table. Il a un chapeau hémisphérique de 5 à 12 cm de diamètre, parfois plus, d'abord visqueux, puis velouté, comme si sa viscosité s'était évaporée. Il est d'un beau brun rougeâtre, ou bai brun. Les tubes sont adnés, avec des pores polygones, crème citrin, qui se tachent de bleu verdâtre au moindre toucher. Le pied est de couleur paille, couvert d'une pruine ou même d'un velouté brun. La chair est épaisse, tendre, blanc citrin, bleuissant un peu, de bonne odeur, et de saveur douce. La spore fait 15 mu. Cette espèce est assez commune surtout sous les conifères en terrain siliceux, où elle se montre parfois en quantités énormes. Elle a l'avantage d'être beaucoup moins véreuse que les cèpes classiques, mais l'inconvénient que son pied est un peu trop fibreux pour figurer dans un plat, à moins d'être très jeune. Si cette espèce se trouve surtout sous les conifères, il peut arriver qu'on la rencontre aussi sous les chênes, et alors elle est un peu différente. Plus grande d'abord, car son chapeau atteint facilement 15 ou 16 cm de diamètre. Son pied est plus épais et plus coloré, et si ce n'est pas une variété ni en tous cas une autre espèce, c'est sans doute ce qu'on peut appeler une race écologique, c'est-à-dire une forme de la même espèce adaptée à un milieu différent et qui, de ce fait, manifeste des différences très faibles, mais qui n'échappent pas à un observateur attentif. Il en va de même, nous l'avons vu, pour la Chanterelle, qui change de physionomie selon l'arbre sous lequel elle pousse. Ce Bolet bai se traite pour la cuisine exactement comme les cèpes avec lesquels il rivalise facilement.

spores de *X. badius*

Xerocomus badius

Xerocomus subtomentosus

Xerocomus chrysenteron

Bolet Tripe d'or

Xerocomus subtomentosus

Bolet velouté

Ces deux spécimens figurent ici pour préciser les espèces déjà présentées dans les pages précédentes.

Le *X. chrysenteron* (1) se reconnaît à sa cuticule veloutée et souvent craquelée, et surtout à la couleur rouge vif de sa chair sous la cuticule. De plus, cette chair est d'un jaune brillant qui lui a valu son nom vulgaire de « Tripe d'or ».

Pour la description de *X. subtomentosus* (2) voir p. 113.

spores de *X. chrysenteron*

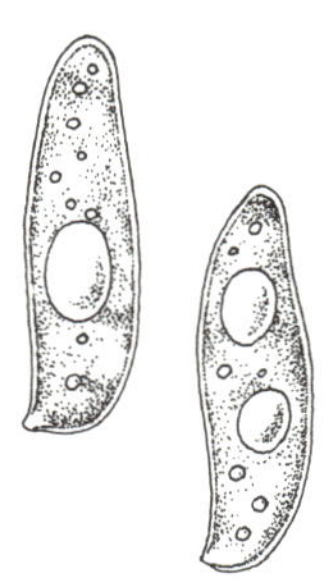

spores de *X. subtomentosus*

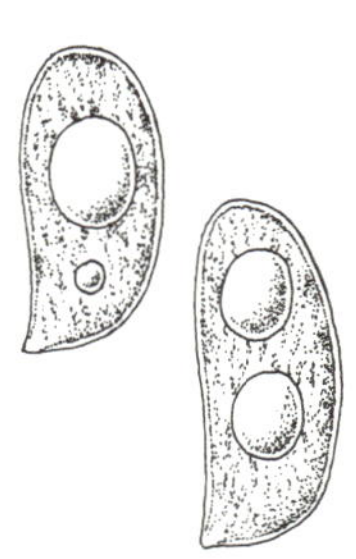

Xerocomus chrysenteron – 1

2 – *Xerocomus subtomentosus*

Xerocomus porosporus

Bolet à spores porées

Ce Bolet est très voisin de *X. chrysenteron*. Son chapeau a de 3 à 7 cm de diamètre, hémisphérique puis pulviné, obtus, à marge irrégulière ou vaguement sinueuse, noirâtre olivacé, bistre olive, très mat, très velouté, puis fendillé en tous sens en petites plaquettes qui se détachent sur la chair pâle et non rouge, à la fin superbement tigré. Le pied a de 7 à 10 mm d'épaisseur, il est jaunâtre olivâtre pâle, brunissant en bas, rayé longitudinalement. Il est normalement sans trace de rouge, mais peut en présenter des plages dans le haut qui peut être nuancé de carmin vif. Extérieurement, il est bien facile de le confondre avec le *X. chrysenteron*. La chair est blanc jaunâtre, puis gris olivacé sale et très pâle. Sous la cuticule, elle devient un peu roussâtre puis passe au rougeâtre pâle et terne au bout de longtemps (et non rouge vif comme chez *chrysenteron*). Contrairement aux autres espèces de ce groupe qui sont toutes inodores, celle-ci présente une odeur désagréable de Scléroderme, qui doit mettre tout de suite sur la voie. Le bleuissement de la chair est faible. Les pores sont composés, amples et irréguliers, jaunâtres, jaune sulfurin (comme chez *chrysenteron*), bleuissant au froissement. Les tubes sont pâles, profondément sinués. Les spores de 15 mu possèdent un gros pore germinatif, qui a valu son nom à l'espèce. On trouve cette espèce peu commune (ou méconnue) dans les bois feuillus sur sol argilo-siliceux en été. Il semble bien que les spécimens récoltés en Europe centrale présentent un pied plus ou moins rouge, alors que ceux de France ont toujours un pied jaune tout à fait banal. Ces différences géographiques sont assez fréquentes à l'intérieur d'une même espèce.

spore de *X. porosporus*

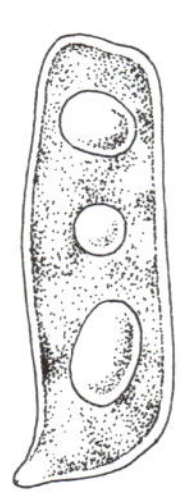

détail du chapeau de *X. chrysenteron*

Xerocomus porosporus

Chalciporus piperatus

Bolet poivré

C'est un tout petit Bolet, qui passe facilement inaperçu à cause de sa taille mineure et de ses couleurs ternes. Le chapeau est hémisphérique, glabre, jaune cuivré terne ou couleur de cannelle. Les tubes sont adnés, décurrents, ou parfois arrondis vers le pied sur lequel ils descendent par une dent. Les pores sont amples, anguleux, dentelés, cuivrés, puis rouillés ou briquetés. Le pied est grêle, fragile, fauve, jaune vif à la base. Il n'a que 3 ou 4 cm de haut. La chair est tendre et même molle, couleur de soufre, incarnat rosé en haut du pied, laiteuse à la base du pied, et d'une saveur très poivrée. S'il y a beaucoup de Bolets à saveur amère, c'est presque le seul à présenter cette âcreté caractéristique. La spore est de 10 à 12 mu, de couleur fauve purpurin. C'est à cause de la couleur de cette spore qu'on a créé pour cette espèce un genre séparé, sans nécessité bien évidente. On trouve ce Bolet dans les bois, surtout de conifères, mais aussi sous les feuillus dans les plaques de mousse et dans les endroits frais. Il existe une autre espèce poivrée, le *Boletus amarellus,* qui est à la fois poivré et amer. Il ressemble beaucoup au précédent, mais ses tubes sont jaune vif et ses pores d'un rouge rosé. Il diffère du Bolet poivré surtout par ses tubes jaunes et son chapeau plus pâle. Ces deux espèces sont les plus petites que compte le genre Bolet. Dans l'ensemble, ce sont des champignons vigoureux et charnus, souvent massifs et d'une taille respectable. Ces deux-ci sont des exceptions et des curiosités amusantes à découvrir. Et comme beaucoup de petites espèces, ils se plaisent dans les bois le long des sentiers, là où la terre a été tassée par les pieds des passants.

Boletus lupinus

Bolet de loup

Ce Bolet de loup qui est très rare (beaucoup de mycologues ne l'ont jamais vu) fait partie d'un groupe très difficile de Bolets où les couleurs rouges, jaunes, pourpres sont toujours présentes en quantités variables, et qui changent d'aspect d'une façon étonnante du début à la fin de leur existence. Pour être sûr de les déterminer, il est nécessaire d'avoir en main des exemplaires aussi frais que possible. Celui-ci présente un chapeau de 10 à 15 cm de diamètre, souvent davantage, d'abord blanc cendré ou gris livide, mais rapidement taché de rouge ou de pourpre, et qui prend souvent, surtout sur son pourtour, des tons jaune d'or ou jaune de chrome. Sa surface est toute veloutée et jamais visqueuse. Le pied est toujours dépourvu de réseau, et tout au plus peut-on distinguer tout en haut les prolongements des tubes qui y forment quelques grosses mailles lâches. Mais il est rapidement ponctué ou chiné-tigré de zigzags pelucheux, d'abord rougeâtre pâle sur les jeunes exemplaires, mais bientôt brunâtres, ou bistrés et bleuissants, et ces dessins se remarquent du haut en bas sur un fond au début d'un beau jaune. La chair est jaune vif, fortement bleuissante à la cassure. Elle présente une odeur faible d'acétylène quand le champignon n'est pas coupé, mais à l'intérieur l'odeur est acide et désagréable, semblable à celle de la Lépiote crêtée. Cette espèce aux couleurs superbes et si variables est au moins suspecte, au même titre sans doute que le Bolet Satan. Mais son odeur presque nauséabonde n'invite guère à la consommation, et il est par ailleurs si rare qu'on ne connaît pas d'exemple d'intoxication. Sa spore mesure 15 mu sur 6. Cette espèce se trouve en été dans les bois feuillus, surtout de charmes.

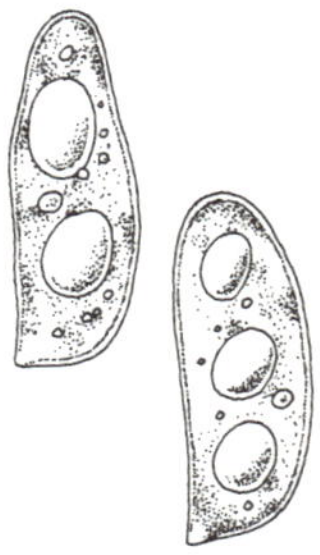

Boletus erythropus

Bolet à pied rouge

Ce Bolet a un chapeau convexe, de 10 à 15 cm de diamètre, et davantage. Il est finement pulvérulent, ou même velouté, sec, bai ou brun de couleur. Les tubes sont très fins, libres, de couleur jonquille, mais les pores sont d'un rouge sanguin sombre. Il est très fréquent chez les Bolets que la couleur des pores soit différente de celle des tubes eux-mêmes. Le pied est épais, ventru, de 10 à 15 cm de haut et de 2 à 3 cm d'épaisseur. Il est finement velouté, jaune vif, mais entièrement ponctué de minuscules mèches d'un beau rouge orangé. La chair jaune est épaisse, compacte, bleue, verte et violette à l'air. L'odeur est agréable et la saveur douce. Cette espèce est commune dans les bois, surtout de conifères en été et en automne. C'est un comestible agréable malgré son bleuissement intense.

Le Bolet à beau pied *(B. calopus)* en diffère par son chapeau hémisphérique puis convexe, de 10 à 20 cm de diamètre, épais, tomenteux, chamois olivâtre. Les tubes sont adnés, fins, citrin puis vert clair. Les pores sont ronds, crème, se tachant de bleu-vert au toucher. Le pied est épais, d'un beau rouge purpurin, jaune dans le haut, orné d'un beau réseau blanc ou rosé. La chair est compacte, bleuissant à l'air, et très amère (pour l'ill.plus détaillée voir p. 121). On trouve cette espèce aussi bien sous les feuillus que sous les conifères, surtout en montagne. Elle est plus commune en terrain siliceux. Quoique son pied soit aussi rouge que celui de l'espèce précédente, on ne saurait les confondre, ne serait-ce que par la couleur du chapeau complètement différente, et de par le réseau de *calopus* qui n'existe pas chez le pied rouge. Son amertume extrême en interdit évidemment la consommation.

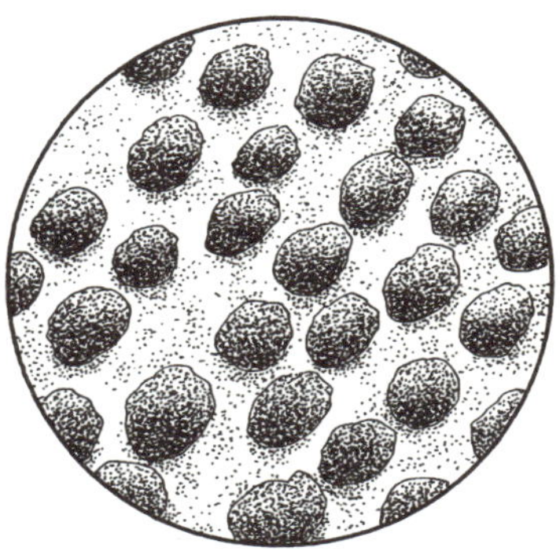

détail du pied de *B. erythropus*

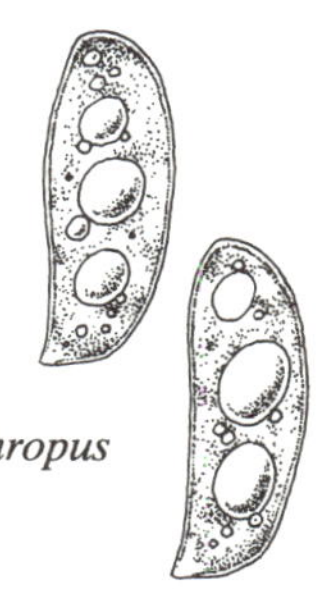

spores de *B. erythropus*

Boletus calopus

Boletus erythropus

Boletus luridus

Bolet blême

C'est un Bolet qu'on peut trouver partout, sous les conifères, sous les feuillus, en tous terrains, sur les sentiers, aux lisières des bois, et à toute altitude. Il a même la particularité de n'être pas forcément mycorhizique, comme les Bolets le sont régulièrement. En effet, si généralement on le voit sous les arbres auxquels il est associé, il arrive qu'on le voie croître et prospérer sur des monceaux de détritus forestiers dans lesquels il n'y a aucune apparence de racine nourricière. Il a un chapeau longtemps hémisphérique, de 6 à 18 cm de diamètre, finement velouté, de couleur café au lait, chamois avec des reflets olivâtres. Son teint est exactement celui des Gitans typiques. Ses tubes sont libres, jaune vif passant au vert olivâtre. Les pores sont ronds, d'un beau rouge orangé. Le pied est cylindrique ou renflé à la base, jaune ou ocracé, orné d'un beau réseau veineux d'un rouge sanguin. La chair est épaisse, jaune vif ou jaune rougeâtre. Elle devient purpurine puis verte à l'air. Elle est rouge ou orangée sous la cuticule. La spore est de 12 mu, biguttulée. Cette espèce offre une particularité qui permet de la déterminer à coup sûr : quand on la coupe, on voit entre les tubes et la chair du chapeau se dessiner une ligne rouge, et la chair est toute rouge sous les tubes. On appelle cette ligne « ligne de Bataille », car c'est cet excellent mycologue qui le premier a remarqué ce signe qui avait échappé à ses prédécesseurs. Ce champignon est un bon comestible, trop longtemps considéré comme vénéneux du fait de ses changements de couleur, mais il est consommé depuis toujours en Sicile ou dans l'Italie du Sud. Il se prépare exactement comme les cèpes.

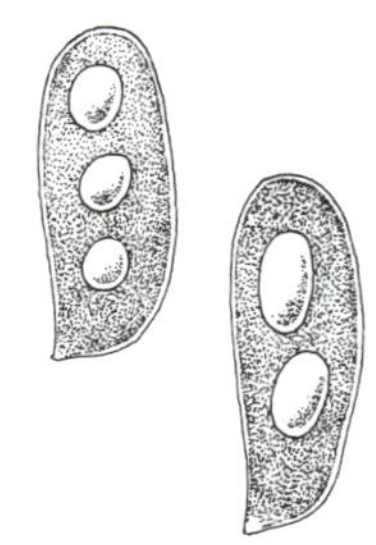

détail du pied

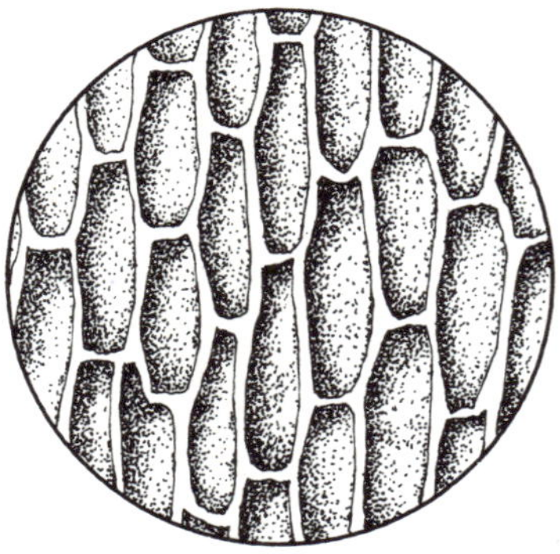

Boletus satanas

Bolet Satan

C'est le plus gros des Bolets européens. Il a généralement de 20 à 30 cm de diamètre et peut peser 2 kilos. Il est globuleux, compact, lubrifié puis pruineux, entièrement blanc grisâtre, verdoyant à peine à l'occasion. Les tubes sont libres, jaune vif, terminés par des pores ronds, d'un superbe rouge sang. Le pied est ovoïde, de 4 à 8 cm d'épaisseur et de 8 à 15 cm de haut. Il est généralement très court par rapport à la masse du chapeau. Il est pruineux, crème jonquille, orné d'un réseau veineux rouge sang. Mais peu à peu il se tache entièrement de rouge à partir de la base, qui noircit à la fin. La chair est blanche, très épaisse, passant au jaune laiton, bleuissant ou verdissant à l'air, mais rougissant dans le pied, de saveur douce mais écoeurante. La spore est de 13 mu, guttulée. Cette superbe espèce n'est pas commune partout et n'existe que dans les terrains calcaires. Elle vient presque toujours à la lisière des bois, dans l'herbe, où on la remarque de très loin. Elle aime les endroits secs et bien exposés. Elle ne se montre que par les années chaudes, et souvent en quantités considérables. Son nom de Satan est un peu excessif, car si ce Bolet est franchement vomitif et purgatif, il n'est pas mortel. Mais mieux vaut s'en abstenir. Si l'énormité de cette espèce a de quoi nous étonner, il faut savoir que sous les tropiques, il en existe de bien plus grandes encore, comme le *B. colossus* de Madagascar, qui peut peser cinq ou six kilos. On le trouve non pas dans la grande forêt, mais dans les savanes à la saison des pluies. Les Malgaches le croient hanté par les mauvais esprits et le détruisent quand ils le voient pour conjurer le mauvais sort.

spores de *B. satanas*

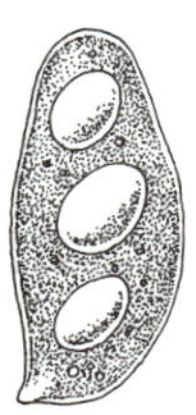

spores de *B. calopus*

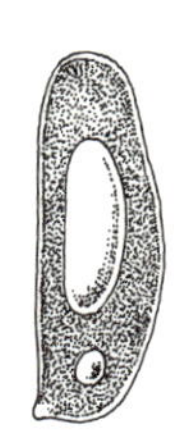

Boletus satanas (1)

Boletus calopus (2)

Boletus impolitus

Bolet mat

C'est un Bolet très sympathique, de 10 à 20 cm de diamètre, épais, finement peluché, puis tout ridé, chagriné et gercé, de couleur châtain. Les tubes sont libres, crème citrin, teintés de vert. Les pores sont ronds, petits, d'emblée jaune vif, contrairement aux Bolets de la série des cèpes où ils commencent par être blancs. Le pied est obèse, de 10 à 15 cm de haut sur 3 à 5 cm de diamètre. Il est finement poilu, jaune pâle, rayé et tacheté de brun, sans aucune apparence de réseau. La chair est tendre, blanche, jaune pâle sous la cuticule, bleuissant à peine. Elle a une saveur agréable et une odeur de noix particulière. C'est un excellent comestible, au même titre que les cèpes, auxquels cette espèce ressemble beaucoup, sinon que son pied est dépourvu de réseau et que ses pores sont jaunes dès le début. Elle est malheureusement assez rare, et ne se trouve guère que çà et là, d'une façon imprévue, sous les conifères surtout. Elle semble aimer les parcs où ces arbres ne sont pas entassés en plantations continues, mais espacés, de telle sorte que l'air circule entre eux en même temps que les rayons du soleil. Mais elle n'est jamais commune et ne se montre pas tous les ans. Elle apparaît en même temps que les cèpes et sa saison est très courte. Il ne semble pas qu'elle soit signalée en altitude. C'est dans la plaine et surtout dans l'Ouest de la France qu'on aura le plus de chance de la récolter. En tous cas, c'est une espèce tout à fait isolée de par ses caractères propres, et on peut s'étonner que quelque mycologue amoureux des nouveautés n'ait pas encore créé pour elle un genre inédit. Il ne faut pas désespérer.

Boletus aereus

Bolet bronzé

C'est le plus célèbre des « cèpes » véritables, celui dont l'évocation à elle seule fait saliver les gourmets. Car le « tête de nègre » a sur les autres cèpes le mérite d'être plus ferme et encore plus musqué. Comment le distingue-t-on de ses frères ? Il est de taille en général plus modeste, de 8 à 15 cm de diamètre. Son chapeau est d'abord sphérique et complètement appliqué par ses bords contre le pied. C'est la couleur de ce chapeau qui au début lève tous les doutes. Elle est bai ou bistre noirâtre, et souvent dans le tout jeune âge, la marge du chapeau est voilée d'un léger duvet blanchâtre. Ce chapeau, sec par beau temps, est de toucher simplement humide par la pluie. Les tubes sont libres, fins, et terminés par des pores ronds, d'abord blancs, puis jaunes, et enfin verdâtres. Le pied est souvent énorme, presque sphérique au début, puis il s'allonge à mesure que sa substance passe dans le chapeau pour le nourrir. La spore est grande, de 15 à 20 mu. Cette espèce, plutôt méridionale, se trouve surtout dans les bois de chênes bien exposés, et dans les régions du nord, elle se trouve presque toujours en même temps que les Oronges qui ont également besoin de chaleur. Quant au Bolet des pins *(B. pinicola)* il ressemble un peu au « tête de nègre », mais au lieu d'être bistre noir, il a un chapeau d'un beau brun rouge acajou, et sa surface évoque le toucher du drap. De plus ses pores, au lieu d'être blancs au début, sont de couleur citrine et son pied beige foncé est entouré d'un beau réseau jaunâtre en relief. On le trouve surtout sous les pins, mais aussi sous les chênes ; plus fréquent dans le Midi, on peut le rencontrer jusque dans l'Est par les années chaudes. C'est également un excellent comestible.

spores de *B. aereus*

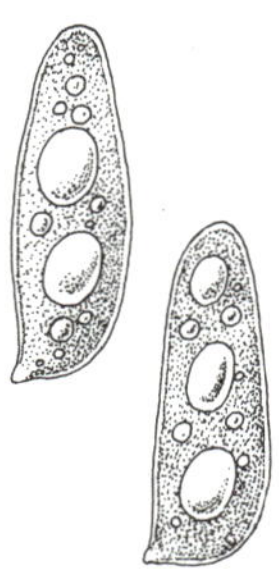

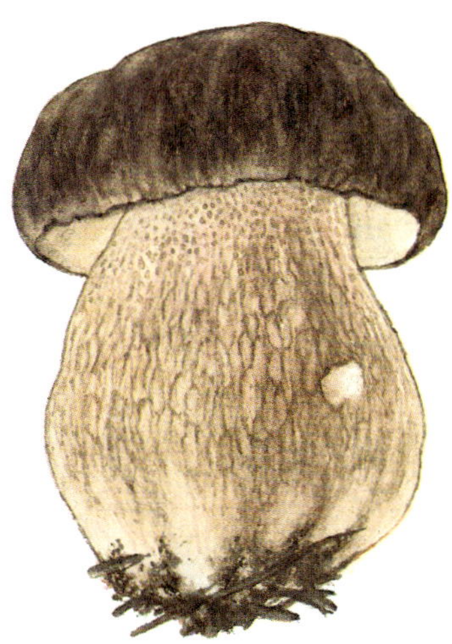

Boletus pinicola

Boletus aereus

Boletus aestivalis

Bolet d'été

Encore un cèpe, bien distinct des trois autres. Il peut être de très grande taille, et les exemplaires de 15 à 20 cm de diamètre ne sont pas rares. Ce qui le distingue des autres, c'est son chapeau convexe, velouté, puis grenelé, souvent crevassé par le sec, pâle, blanchâtre, crème bistré ou roussâtre. Mais son chapeau est presque toujours unicolore, et même par la pluie il n'est jamais visqueux. Les tubes sont libres, fins, blancs, avec des pores très pâles, presque blancs, mais qui passent peu à peu au verdâtre. Le pied est gros, ovoïde bulbeux, remarquablement orné d'un beau réseau blanc en relief, qui souvent descend jusqu'à la base du pied. La chair est ferme, blanche, parfumée, et elle présente parfois une étrange saveur sucrée. Cette dernière particularité varie selon les stations, car si elle est régulière dans la région parisienne par exemple, elle n'a jamais été remarquée dans l'Est où cette espèce est commune. C'est le premier cèpe de la saison, et si le mois d'avril est chaud, on peut déjà le trouver dans les bois feuillus, de hêtres surtout, bien exposés. Malheureusement, à cette époque il est presque toujours la proie des larves qui le parasitent. Ce qui ne l'empêche pas d'ailleurs de se montrer tout le long de l'été et même en automne. Il a pour synonyme *B. reticulatus,* c'est-à-dire Bolet réticulé, en l'honneur de son réseau d'une évidence exceptionnelle. Mais c'est surtout la surface veloutée de son chapeau qui le fait reconnaître sans faute. On ne s'étonnera pas, quand il fait chaud et sec, de voir le chapeau profondément crevassé, comme si la cuticule rétrécie était obligée de se déchirer et de laisser voir la chair blanche qu'elle recouvre.

Boletus edulis

Bolet comestible, Cèpe

Les trois autres cèpes déjà décrits étant plus rares, c'est celui-ci qui est considéré comme le type de cette série, ou de ce « quatuor ». On le distinguera des trois autres par sa cuticule. Non pas à cause de sa couleur qui est très variable, car si elle est généralement d'un brun jaunâtre ou olivâtre, il arrive qu'elle soit presque blanche, et il en existe une jolie forme du plus beau jaune citron. Mais cette cuticule est toujours humide, un peu visqueuse par temps humide, et d'un toucher gras, très différent de celui des trois autres cèpes voisins, qui sont secs ou veloutés. Le chapeau de cette espèce peut atteindre des tailles remarquables, et tous les ans les journaux signalent la trouvaille de cèpes monstrueux, qui pèsent un ou deux kilos. Mais en général, il se contente de 15 à 20 cm de diamètre. Il est convexe, épais, d'abord très ferme, puis mollissant avec l'âge. Les tubes sont blancs, fins et serrés. Ils n'arrivent pas tout à fait au pied et laissent entre eux et lui un petit sillon de séparation. Les pores sont d'abord blancs, puis jaunes et enfin brun verdâtre. Le pied est robuste, souvent obèse, atténué au sommet, blanchâtre ou fauve clair, de 6 à 20 cm de long sur 2 à 4 cm d'épaisseur. Il est orné sur la moitié de sa longueur d'un joli réseau blanc en relief. Les réseaux des Bolets ne sont que des tubes avortés, mais fertiles, car ils produisent des spores tout comme ceux qui se trouvent sous les chapeaux. La chair est épaisse, blanche, tendre, ne changeant pas de couleur, et elle est rougeâtre sous la cuticule. On trouve ce cèpe dans toutes les forêts, surtout d'épicéas, en automne. Mais il est très capricieux, surabondant certaines années, ou manquant complètement, sans raison explicable.

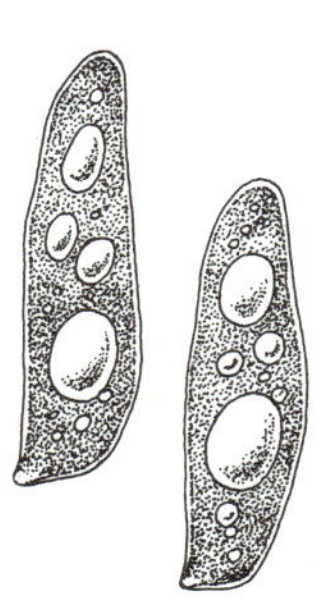

Tylopilus felleus

Bolet amer

Encore un malheureux Bolet qu'on a séparé de ses congénères parce qu'il a eu la fantaisie d'avoir des spores roses. C'est un Bolet « farceur », car il ressemble grossièrement, surtout quand il est jeune, à un cèpe. Il peut avoir de 8 à 15 cm de diamètre, et sa couleur est d'un brun chamois banal. Ses tubes sont d'abord blancs, mais rapidement ils se teintent de rose du fait de la maturation des spores qui sont de cette couleur. C'est cette teinte rose des tubes et des pores, unique chez les Bolets, qui doit éveiller l'attention du chercheur. Le pied est fortement réticulé, bien plus que celui d'aucune autre espèce, au point que les mailles du réseau au lieu d'être simplement appliquées sur la surface du pied, y semblent être creusées profondément. C'est encore un signe distinctif. La chair est blanche, immuable, épaisse, tendre et d'une amertume extrême. C'est pourquoi il faut se méfier de cette espèce, dont la présence dans un plat suffit à le rendre immangeable, car l'amertume d'un seul exemplaire se communique à tous les autres. Cette espèce n'est pas très commune et ne se trouve que dans les forêts siliceuses, aussi bien de conifères que de feuillus, et aussi bien en plaine qu'en montagne. On la voit presque toujours en exemplaires isolés, et elle a causé souvent de mauvaises surprises aux cueilleurs trop peu attentifs. On ne sait d'ailleurs si elle est toxique, car il serait impossible de l'avaler. Il y a d'autres Bolets amers, comme le *calopus* que nous avons vu, mais aucun n'approche de l'amertume de celui-ci. Son nom latin, qui signifie « à goût de fiel », a été fort bien choisi par le vieux mycologue Bulliard, et adopté ensuite par Fries qui n'avait pas trouvé mieux.

sporée de *T. felleus*

spores de *T. felleus*

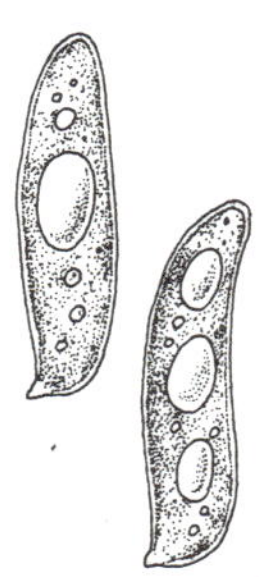

détail du pied

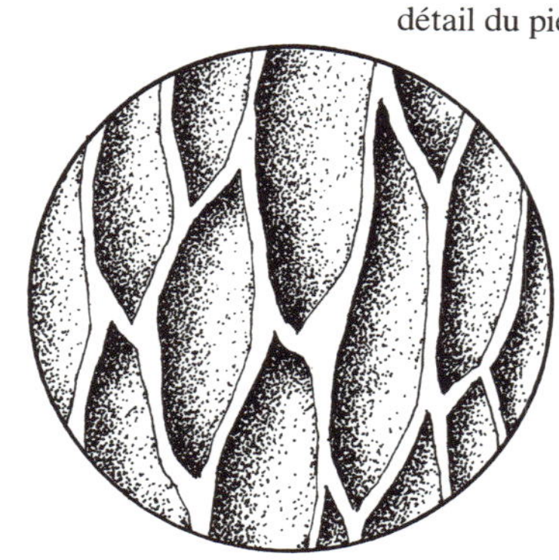

Tylopilus felleus

Boletus edulis

Krombholzia aurantiaca

Bolet orangé

Ce Bolet fait partie de ceux qu'on appelle communément de la série des *scaber.* Ils ont tous en commun d'avoir un pied séparable et plus ou moins écailleux ou moucheté, et jamais de réseau. Presque tous changent de couleur avec l'âge ou à la cassure, soit qu'ils rougissent ou noircissent. Presque tous se trouvent sous les feuillus, rarement sous les conifères, ce qui prouverait qu'il sont les derniers venus. En tous cas, leur pied séparable, ajouté à la longueur extrême de leurs tubes fait de ce groupe le plus évolué des Bolets. Pour la cuisine ils ne valent pas grand-chose. Presque tous deviennent noirs à la cuisson, ils sont mous, et insipides. Celui-ci est un beau Bolet, de 10 à 18 cm de diamètre, à chapeau assez sombre, rouge orange à brun-rouge, avec un pigment intracellulaire facilement visible sous le microscope. Il est velouté tomenteux et jamais visqueux. Le pied, de 10 à 20 cm de long et de 1 à 3 cm d'épaisseur est entièrement couvert de petites aspérités blanches, qui peu à peu deviennent rougeâtres, puis brunes, puis noirâtres. La chair devient ardoisée avec des tons violets, et elle est le plus souvent bleue à la base du pied. On trouve cette belle espèce dans les bois de charmes, mais surtout sous les bouleaux, et plus souvent à la lisière des bois dans l'herbe qu'à l'intérieur. On la voit ainsi de très loin, étant donné sa taille majestueuse et sa couleur voyante. Elle est évidemment comestible, et sa chair épaisse est assez tentante, mais elle a peu de goût et elle prend en cuisant une couleur noirâtre peu appétissante. Faute de mieux, elle peut compléter une récolte insuffisante. Elle demande à être grillée fortement pour en raffermir la chair trop flasque.

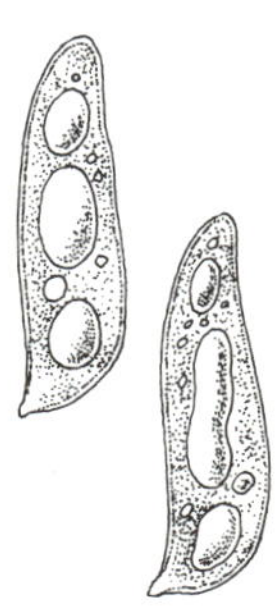

détail du pied

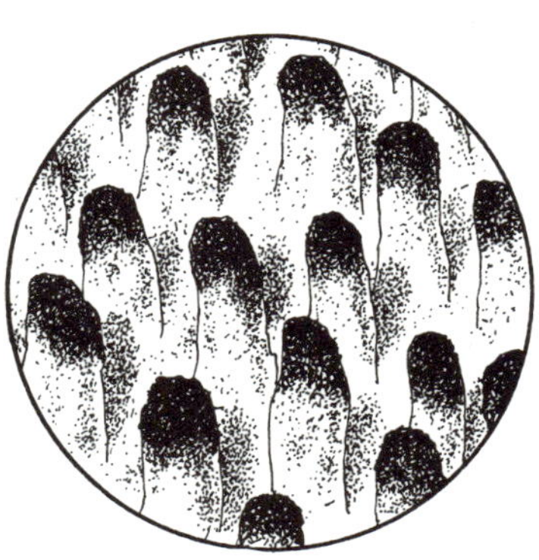

Krombholzia rufescens

Bolet roussâtre

Ce Bolet ressemble beaucoup au précédent. Mais sa couleur l'en éloigne, car elle est plus rousse et moins orangée. Il arrive même qu'elle tire un peu sur le gris et on y trouve toutes les gradations entre les deux tons. Un deuxième caractère le signale : la marge du chapeau est souvent débordante, surtout dans le jeune âge, et forme tout autour du chapeau une sorte de feston dentelé plus ou moins évident. Enfin, si la chair est également blanche et bleuissante, de même que les tubes, ceux-ci sont pourvus de pores d'un gris fumée dès le début, au lieu d'être blancs comme dans les espèces voisines. En cas de doute au moment de la récolte, c'est ce détail immanquable qui met sur la voie. Un autre détail encore : si dans l'espèce précédente les flocons du pied sont d'abord blancs, chez celle-ci ils sont dès le début colorés et très vite noirâtres. Ces deux espèces avaient été confondues par les premiers observateurs, mais leur différence ne saurait faire aucun doute. On la trouve à peu près uniquement sous les bouleaux ou les trembles en même temps que la précédente, et il faut noter que les Bolets de ce groupe sont beaucoup plus fidèles dans leurs apparitions que ceux du groupe des cèpes véritables qui, certaines années, peuvent manquer complètement. Le lecteur aura remarqué que les dessins des spores des Bolets qui accompagnent ces textes sont très uniformes. Il y a très peu de Bolets pour lesquels elles puissent fournir des renseignements intéressants, si ce n'est ceux qui ont des spores blanches ou roses. Chez les autres, elles se ressemblent tellement qu'il vaut tout juste la peine de les examiner. Ce qui prouverait d'ailleurs l'extrême unité de ce genre qu'on a pulvérisé sans grande raison.

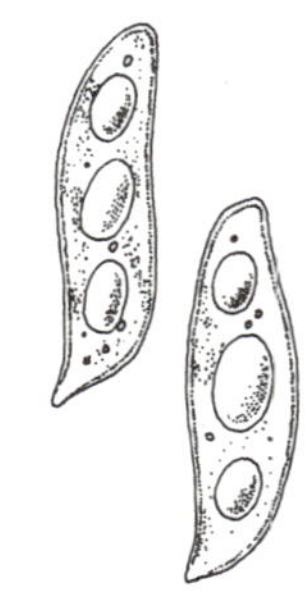

détail du pied

Krombholzia oxydabilis (scabra proparte)

Bolet rude

Il existait dans la tradition française un *Boletus scaber,* ou Bolet rude, sur lequel tout le monde était d'accord. On en a tiré au moins quarante espèces nouvelles ! Le pire est que personne n'est d'accord sur leur sens, et que ces espèces « nouvelles » forment un fouillis inextricable. Aussi, en attendant, mieux vaut s'en tenir au vieux « scaber » *sensu lato,* c'est-à-dire au sens large. Et si on désire plus de précision, se reporter aux travaux des spécialistes comme Blum. En tous cas, la plupart des espèces « créées » au dépens de ce pauvre *scaber* ne peuvent être déterminées que par l'examen au microscope de la nature de leur revêtement. Celui-ci, qui est sans doute le plus commun de tous les Bolets, a un chapeau hémisphérique qui ne s'aplatit jamais. Il va du gris cendré au gris noirâtre, de 6 à 10 cm de diamètre. Il est visqueux par l'humidité, et une fois adulte sa surface au lieu d'être lisse est inégale et comme légèrement bosselée par places. Les pores sont petits, blancs puis grisâtres. Les tubes sont très longs par rapport à la masse du chapeau, dont la chair blanchâtre et très molle est peu épaisse. Le pied est ferme et même dur, séparable, atténué dans le haut, et garni d'un grand nombre de petites écailles noires. Cette chair blanche noircit à l'air très rapidement. Elle est insipide et inodore. Quoique comestible, cette espèce en pratique ne vaut rien, à cause de son insipidité et de sa consistance gluante et irrémédiable une fois qu'elle est cuite, état dans lequel elle est toute noire par-dessus le marché. Le *duriusculus* qui en est voisin s'en distingue par une chair plus ferme, moins noircissante, et un pied qui porte un gros réseau en relief.

spores de *K. oxydabilis*

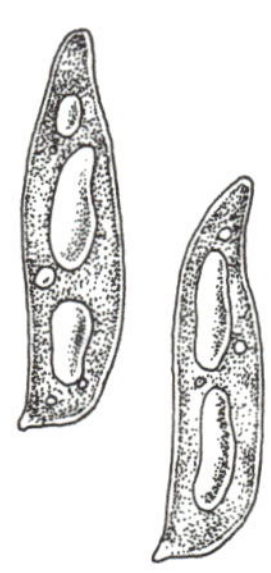

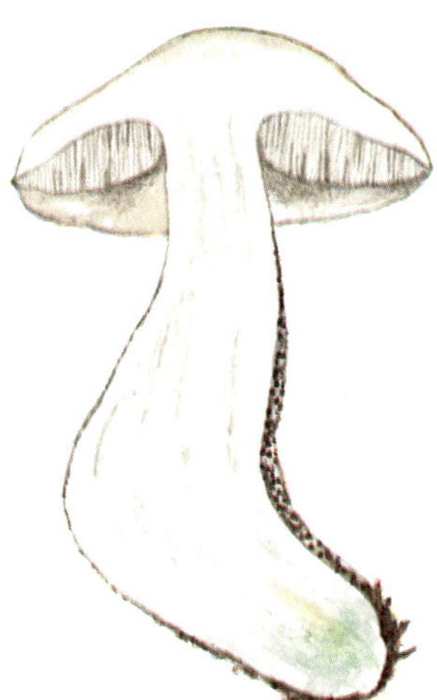

coupe du carpophore de *K. thalassina*

Krombholzia oxydabilis

Krombholzia scabra

Bolet rude

C'est peut-être ici figuré le type véritable du fameux *scaber.* Mais comment en être sûr ? Il ressemble comme un frère au précédent, sinon qu'il est plus clair. Pour l'en distinguer à coup sûr, il faut savoir que les articles terminaux des hyphes de la surface du chapeau sont courts et larges, au point de donner à celle-ci un aspect pseudo-parenchymatique, de sorte qu'elle apparaît souvent chagrinée ou même ridée à l'oeil nu ou à la loupe, mais elle reste sensiblement glabre (d'après Kühner et Romagnesi). Le chapeau est brun olivacé, bientôt jaune paille olivacé ou argilacé. La chair très molle est blanche, mais prend rapidement une teinte rosé sale, puis enfumée en quelques minutes, puis enfin toute noire. Cette espèce, qu'on appelle dans certaines campagnes le « cèpe des fous » parce qu'il faut être fou pour la confondre avec les cèpes véritables et parce qu'elle ne vaut rien, est extrêmement commune comme la précédente, surtout sous les charmes, d'où son synonyme de *Boletus carpini.* Il en existe une forme très foncée, à peu près noire, le *K. melaena,* c'est-à-dire le Bolet noir, qui ne s'en distingue que par le noir parfait de son chapeau. On trouvera aussi sous les bouleaux une espèce du même groupe, le *K. holopoda,* toute blanche tendant à verdir un peu. Elle n'est pas commune, mais sa couleur, ou son absence de couleur, permet de le nommer au premier coup d'oeil. C'est tellement rare dans cette série qu'il vaut la peine de citer cette remarquable exception.

spores de *K. scabra*

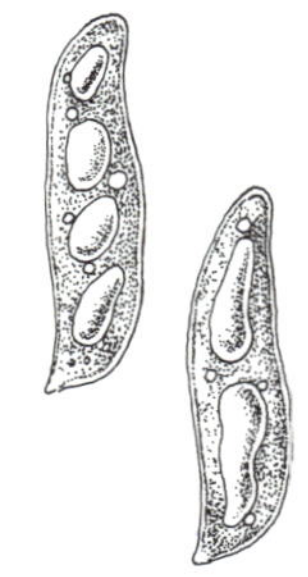

Krombholzia scabra

Krombholzia melaena

Paxillus involutus

Paxille à bords enroulés

Donné comme comestible par les anciens auteurs, et tout à fait comestible quand il est cuit, ce Paxille est mortel à l'état cru. Il est donc bon de le connaître et de s'en méfier. Il est très facile à reconnaître. Il présente un chapeau convexe puis plan et déprimé à la fin, dont les bords sont striés et enroulés en dessous avant de se déployer et de se redresser à la fin (1). Cette particularité remarquable a fait donner son nom à cette espèce. Le revêtement est tomenteux sur les bords, mais lisse et visqueux par l'humidité au centre, d'une couleur jaune terreux ou jaune sale. Il y en a des formes minuscules, de 2 ou 3 cm de diamètre, mais aussi de luxuriantes, surtout sous les peupliers, qui peuvent atteindre 20 cm et davantage. Les lamelles sont minces, serrées, rameuses, fortement décurrentes, pâles puis jaune ocracé, se tachant de brun quand on les froisse. Comme chez les autres Paxilles, elles se détachent toutes ensemble quand on les presse, comme les tubes des Bolets, dont les Paxilles sont très voisins. La chair est jaunâtre, molle, et noircit complètement à la cuisson. Cette espèce est commune partout, mais surtout sous les bouleaux et sous les peupliers, également dans les tourbières. Le Paxille velouté noir *(P. atrotomentosus)* est encore plus grand (2). Il atteint souvent 30 cm de diamètre, il est de couleur plus foncée souvent excentré, avec des lamelles crème et décurrentes, et un pied obèse, spongieux, tubéreux, couvert d'un beau velours brun noirâtre. Cette espèce pousse sur les vieilles souches de conifères. Elle est commune, et sa chair amère en interdit la consommation. C'est surtout une espèce majestueuse, et sa fréquente dissymétrie lui donne un intérêt particulier.

1

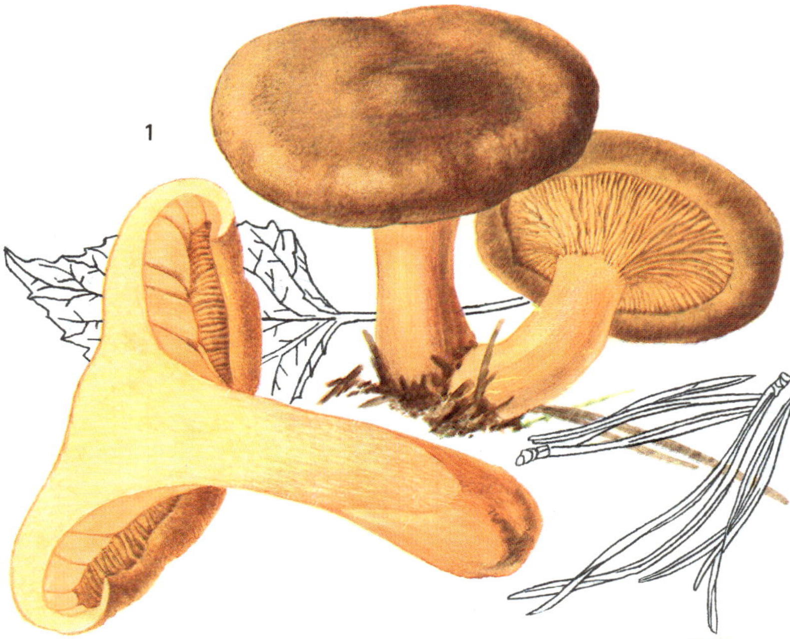

spores de *P. atrotomentosus*

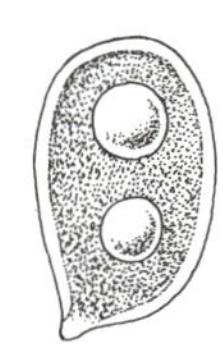

spores de *P. involutus*

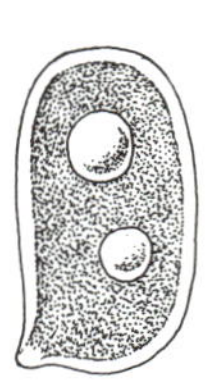

2

Paxillus involutus

Paxillus atrotomentosus

Hygrophoropsis aurantiaca

Fausse Chanterelle

On a longtemps rangé ce champignon parmi les Chanterelles, mais la constitution de ses lamelles l'en éloigne absolument. En effet, les vraies Chanterelles ont non pas des lamelles, mais de simples replis de l'hyménium. Or cette fausse Chanterelle a bel et bien des lamelles véritables. Il est arrivé alors qu'on ne savait quoi en faire, et certains ont voulu la faire passer parmi les Clitocybes, les Paxilles ou les Omphales. Pour en finir avec ces incertitudes, on a créé pour elle et quelques espèces analogues un genre à part, *Hygrophoropsis,* c'est-à-dire simili-hygrophore. Car il y a chez cette espèce une particularité frappante et unique parmi les Agarics : ses lamelles sont toutes fourchues. De quoi justifier une division devenue nécessaire. Son chapeau de 4 à 8 cm de diamètre est entièrement orangé à jaune d'ocre, à peine déprimé, finement tomenteux velouté grâce à de très courts poils dressés. La chair molle et spongieuse, est jaune et quelque peu élastique. Elle est mince et de saveur douce. Encore plus mince vers les bords du chapeau qui sont enroulés en dessous, comme chez les Paxilles. Les lamelles, toutes fourchues sont d'un jaune plus brillant que le chapeau. Le pied est mince, orangé pâle ou jaune-roux, souvent noir au moins en bas, de 3 à 4 cm de long. La spore est petite, de 5 mu, blanche. Dans les pâturages tourbeux, on en trouve une forme plus pâle à lamelles crème pâle, et parfois une autre forme entièrement blanche, appelée *lactea.* Cette espèce est assez commune surtout sous les conifères où elle vient en troupes nombreuses autour des vieilles souches. Elle est comestible, mais sans grande saveur et elle noircit à la cuisson. On ne la confondra pas avec la Chanterelle comestible *(Cantharellus cibarius),* qui est beaucoup plus charnue, et dont l'hyménium est formé non de lamelles mais de simples replis.

Hygrophoropsis aurantiaca — *Cantharellus cibarius*

Omphalotus olearius

Pleurote de l'olivier

Ce fut un Pleurote, et on a fait pour lui sans grande nécessité un genre à part. Il est vrai qu'on peut tout aussi bien en faire un Clitocybe, tant ses affinités sont douteuses. Dans le langage courant on dit toujours Pleurote, par la force de l'habitude, qui en vaut bien une autre. C'est une fort belle espèce, à chapeau de 10 à 15 cm de diamètre, orangé vif passant au brun-rouge orangé, souvent ondulé sur les bords, satiné et brillant. Les lamelles sont très décurrentes, jaune d'or ou orangées, et elles ont la curieuse propriété d'être phosphorescentes dans l'obscurité. Il suffit d'entrer avec ces champignons bien frais dans une cave obscure pour constater le phénomène : les lamelles émettent une lueur d'un blanc verdâtre d'un effet surprenant, et cette lumière est assez vive pour qu'on puisse lire un texte quelconque en l'en approchant assez près. Le pied est souvent oblique, parfois très court, il peut avoir de 10 à 15 cm de long. Il est velouté, hérissé, d'abord blanc, puis de la couleur du chapeau. La chair est blanche, mais vite couleur jonquille, amère et âcre, répandant une odeur curieuse d'huile d'olive. La spore est ovoïde sphérique, guttulée, jaunâtre, de 6 mu. On trouve cette espèce en touffes parfois énormes à la base de divers arbres, olivier, genêt, genévrier, charme, chêne, châtaignier, et il semble que sa forme diffère selon l'arbre colonisé. Beaucoup plus fréquente dans le Midi, cette espèce remonte cependant çà et là dans le nord où elle provoque des intoxications graves par confusion avec les Chanterelles auxquelles elle ressemble grossièrement. L'intoxication qu'elle produit est identique à celle de l'Entolome livide, et il faudra donc s'en méfier particulièrement.

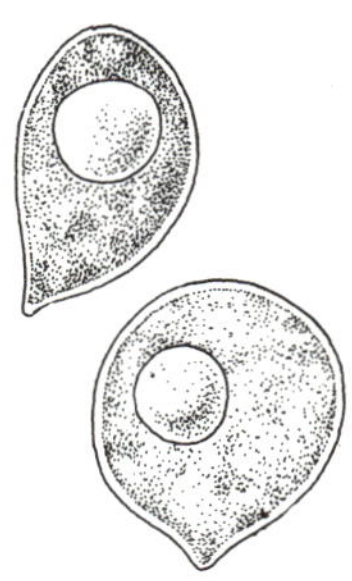

Gomphidius roseus

Gomphide rose

Les Gomphides font partie des Bolétacées, malgré leurs lamelles, de même que les Paxilles, du fait de particularités anatomiques communes. Cette petite espèce-ci a un chapeau charnu de 3 à 5 cm de diamètre, convexe puis plan et déprimé, glabre, glutineux en temps humide, rose incarnat, rouge rosé clair, et sa marge est typiquement enroulée. Les lamelles sont très épaisses, très décurrentes, très peu serrées, pas très larges, souvent crispées, fourchues, d'abord toutes blanches, puis vite cendrées et à la fin bistre noirâtre. Le pied est solide, atténué à la base, blanc en haut, rosé en bas. Il porte une cortine visqueuse dont les restes forment un léger bourrelet en haut du pied. La chair est tendre, succulente, douce, sapide, blanche, rosée sous la cuticule et dans le pied. La spore est bistre olivâtre, fusiforme, lisse, guttulée, grande, de 20 mu sur 7. De plus les lamelles présentent des cystides allongées de 160 mu sur 16. C'est une espèce des forêts de conifères, uniquement sur sol sablonneux. Absente du Jura calcaire, cette espèce se rencontre fréquemment dans les Vosges, et çà et là dans la région parisienne. On reconnaîtra ce Gomphide parmi les autres espèces du genre à la couleur rose incarnat du chapeau et de la base du pied. Il est tout à fait comestible, comme tous les Gomphides qui n'ont contre eux que leur extrême viscosité qui décourage la récolte. Mais en enlevant leur cuticule qui est entièrement séparable, on obtient un mets tout à fait agréable, et cette espèce-ci rivalise avec le *glutinosus,* plus commun et très apprécié des amateurs qui en ont fait l'expérience.

Gomphidius glutinosus

Gomphide glutineux

C'est une espèce commune, presque obligatoire dans les forêts ou les plantations d'épicéas. Le chapeau de 8 à 12 cm de diamètre est d'une couleur brun chocolat teintée de liliacé, parfois gris violeté, entièrement recouvert d'un voile épais et gluant. Ce voile gélatineux déborde le chapeau et va se coller sur le pied qu'il rend gluant à son tour. Les lamelles sont très décurrentes, fourchues, blanc grisonnant, puis bistre noir. Le pied est fibrilleux ou écailleux, blanc et sec au-dessus de l'anneau qui est glutineux, et visqueux en dessous. Il est à la base d'un beau jaune vif qui lui vaut dans le Jura le nom de « pied de rhubarbe ». Il y est constamment récolté et apprécié, malgré son aspect peu sympathique. Mais il y a plusieurs autres espèces dont il faut savoir oublier la viscosité pour apprécier leur substance. A côté de ce Gomphide glutineux, se trouve une espèce voisine, le Gomphide tacheté, *G. maculatus*. C'est une petite espèce, ne dépassant guère 4 cm de diamètre, à chapeau campanulé puis plan, mince, glutineux, violeté, briqueté, puis incarnat blanchâtre ou ocracé, et le plus souvent taché de noir, d'où son nom. Les lamelles sont décurrentes, fourchues, blanc gris puis olivâtres ou lilas bistré et curieusement hérissées de poils courts et glauques. Le pied est plein, fluet, blanc, jaune en bas, moucheté de flocons purpuracés. La chair est succulente, blanche, mais noircissant au toucher. La spore est grande, de 15 à 20 mu, à 3 guttules, olive bistré. On trouve cette espèce à peu près uniquement sous les mélèzes, dans les endroits humides ou tourbeux, mais même en plaine là où on en a fait des plantations.

spores de *G. glutinosus*

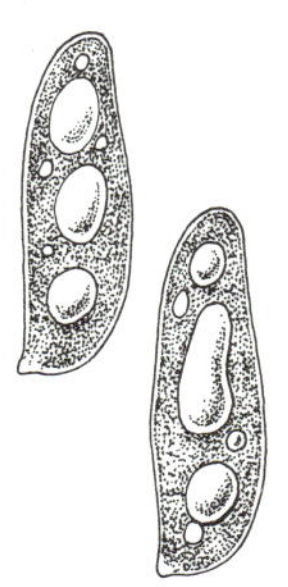

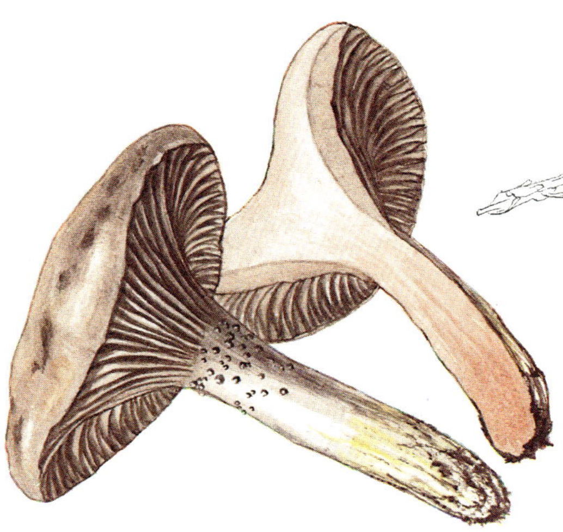

Gomphidius maculatus

Gomphidius glutinosus

Chroogomphus rutilus

Gomphide rutilant

Cette espèce a tellement l'apparence d'un Gomphide qu'on ne comprend pas pourquoi on a voulu en faire autre chose. Il a les mêmes spores que tous les représentants du genre, des cystides superbes, un voile glutineux, et tout ce qui le différencie, ce sont ses couleurs inattendues. Mais ce n'est guère suffisant pour le mettre en quarantaine. Nous dirons donc que le Gomphide rutilant a un chapeau de 4 à 8 cm de diamètre, avec un beau mamelon pointu et des bords abrupts. Il est visqueux, passant du brun violacé clair au pourpre tout pur. C'est une couleur riche et magnifique. Les lamelles d'abord pâles brunissent complètement à la maturité. Le pied est remarquablement long, de 10 à 15 cm ; il est marqué au sommet par un vague anneau provenant de la dilacération du voile, et en dessous il est strié en travers par des traces annulaires purpurines sur fond jaune. La chair est jaune, douce et sans odeur. Cette belle espèce se trouve sous les pins, mais elle semble très rare en France. Elle est voisine du Gomphide visqueux, qui a exactement la même silhouette, et le même habitat, mais qui est à peine visqueux malgré son nom, et qui ne présente aucune teinte violacée ou pourpre. Il est entièrement brun et jaune. Cette espèce-ci est très commune et accompagne les pins dans tous les terrains et tous les climats. Ces deux espèces ne sont pas toxiques, mais leur couleur les rend peu appétissantes et on ne sait rien sur leur valeur en tant que comestibles.

Hygrophorus eburneus

Hygrophore blanc d'ivoire

L'Hygrophore blanc d'ivoire est extrêmement commun en automne dans presque toutes les forêts, de feuillus ou conifères. On le reconnaît tout de suite à son chapeau blanc de 3 à 5 cm de diamètre, mamelonné, très visqueux, finement cotonneux sur les bords. Il est tout blanc, et ses lamelles le sont également. Elles sont épaisses, écartées, décurrentes et veinées à la base. Le pied est également visqueux, avec des granules glutineux à son sommet. La chair est molle, blanche et douce, inodore et à peu près insipide. Cette espèce est le type principal d'une série assez nombreuse d'autres formes voisines, mais différentes par des détails bien caractérisés. Il y a d'abord l'*H. cossus,* qui présente l'odeur écoeurante de la larve du *Cossus ligniperda,* et qui par ailleurs ne diffère aucunement du précédent. (Pour l'ill. de *H. cossus* voir p. 138). Il y a ensuite le *H. chrysaspis,* l'Hygrophore bouclier d'or, qui lui ressemble exactement, mais qui avec l'âge jaunit entièrement. Puis l'*H. carneipes,* qui lui a le pied et les lamelles roses. Puis l'*H. piceae,* qui a le pied sec et vient sous les épicéas en montagne. Puis l'*H. fagi,* analogue, mais plus grand, avec aussi un pied sec et des lamelles roses ou incarnates, qui vient sous les hêtres dans la plaine. Il peut atteindre 12 cm de diamètre. Il est probable qu'en cherchant bien dans ce groupe difficile on en trouverait encore d'autres espèces plus ou moins proches des précédentes. Et il y a aussi *H. chrysodon,* l'Hygrophore à dents d'or, qui ressemble à un *eburneus,* mais plus vigoureux, et dont le chapeau est tout bordé de faisceaux de mèches jaune d'or. Toutes ces espèces sont mangeables, sauf *cossus* qui est trop nauséabond, mais sans intérêt.

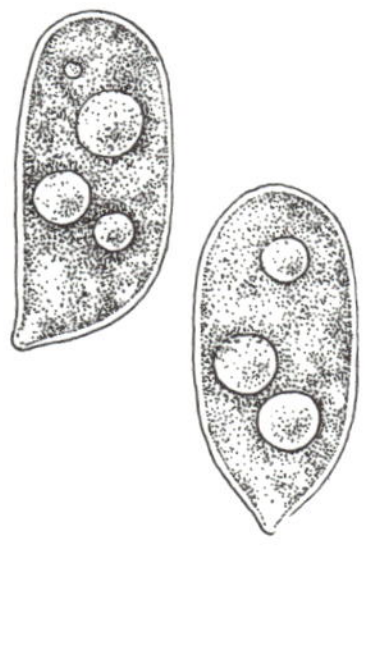

Hygrophorus cossus

Hygrophore puant

Cette espèce ne diffère de *H. eburneus* (cf. p. 137) que par son odeur écoeurante et insupportable. Il paraît donc peu utile d'en répéter la description.

Hygrophorus hypothejus

Hygrophore à lamelles soufrées

C'est un Hygrophore modeste, de 3 à 5 cm de diamètre, avec un chapeau convexe plan, très mince, rayé par transparence par le dos des lamelles, glutineux, fibrilleux, olive puis citrin doré au milieu. Les lamelles sont décurrentes, espacées, épaisses, crème jonquille, puis jaune plus ou moins teinté d'incarnat. Le pied est cylindrique, mou, un peu poilu, légèrement visqueux, blanc en bas et en haut, citrin au milieu. Il porte en haut un petit anneau soyeux et visqueux en même temps, fragile et fugace. On ne le voit souvent que sur les très jeunes exemplaires. La chair est tendre, blanche puis citrine, sans odeur, et de saveur douce. La spore pruniforme mesure 8 mu. Espèce très commune dans les bois de conifères, surtout sous les pins dans les endroits herbus, c'est aussi un des derniers champignons à se montrer en automne. Il est donné comme comestible, mais sa faible taille lui ôte tout intérêt. Il existe beaucoup d'Hygrophores visqueux, cette viscosité pouvant être énorme chez certaines espèces est le fait des cellules des revêtements qui, comme on dit, se gélifient, c'est-à-dire se distendent, puis crèvent et laissent place à cette couverture glutineuse si désagréable pour la cueillette. Il y a quelques Hygrophores excellents, mais il y en a aussi beaucoup qui sont amers, et certaines espèces sont tantôt amères tantôt douces, de sorte que leur récolte est toujours hasardeuse. Le meilleur de tous est l'Hygrophore du garde-manger *(H. penarius)* qui vient dans les bois de chênes caillouteux et calcaires. Il est d'un blanc à peine jaunâtre, massif au point qu'on le prendrait pour un Lactaire poivré. C'est un des meilleurs champignons d'automne. L'*H. lucorum* (Hygrophore des bocages) a un beau chapeau jaune et des lamelles blanches. Il est fréquent en automne sous les mélèzes, et c'est un comestible agréable.

spores de *H. hypothejus*

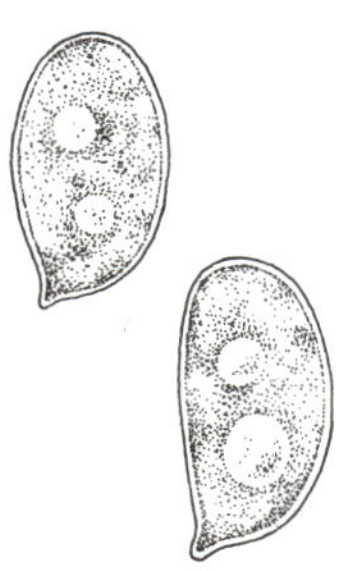

Hygrophorus lucorum

Hygrophorus hypothejus

Hygrophorus marzuolus

Hygrophore de mars

Cet Hygrophore présente une particularité unique parmi les Agarics : il pousse en fin d'hiver, souvent déjà sous la neige, dans les forêts de conifères des montagnes. Sans être très commun, il est signalé en Europe, et en France presque dans tous nos massifs montagneux, aussi bien calcaires que siliceux. Il a un chapeau très charnu, épais, ferme, convexe puis étalé, souvent bossu et difforme avec l'âge, jusqu'à 12 cm de diamètre, non visqueux, mat, subpruineux et glabrescent, d'abord tout blanc dans la terre ou s'il est recouvert de feuilles, mais devenant bientôt grisâtre à découvert, et se tachant de gris noirâtre, parfois presque tout noir à la fin. Le revêtement est à peine séparable vers la marge. Celle-ci est incurvée, pruineuse et blanche, puis étalée relevée, glabre et concolore, non striée, ondulée à la fin. Les lamelles sont espacées, faiblement décurrentes, un peu arquées, atténuées aux extrémités, étroites, épaisses, cireuses, réunies à la fin par des veines, blanches puis d'un gris verdâtre, à arête obtuse, lisse et pâle. Le pied est plein, fibro-charnu, ferme, irrégulier, assez court, épais, généralement atténué à la base, souvent courbé, fibrillo-soyeux, sec, un peu écailleux au sommet, blanc puis grisonnant au milieu. La chair est compacte, non hygrophane, blanche, grisonnant sous la cuticule, puis avec l'âge également dans le chapeau et dans le pied, sapide, douce, inodore. Les spores sont transparentes, blanc pur en tas, ovoïdes, un peu pointues à la base, lisses et guttulées. Cette espèce est très recherchée, à cause de sa date d'apparition. C'est un très bon comestible, qui demande seulement à être vigoureusement relevé, car si la chair en est de consistance parfaite, elle manque un peu de saveur.

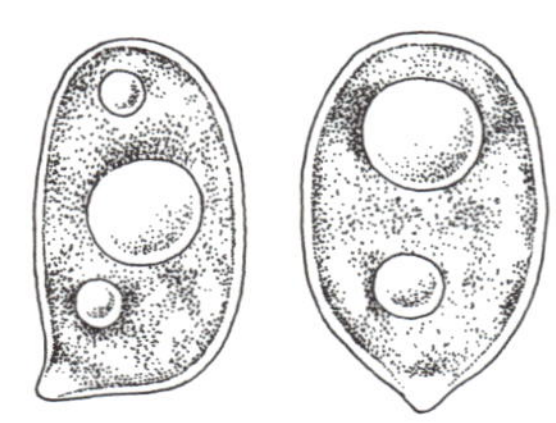

Hygrophorus pratensis

Hygrophore des prés

Cet Hygrophore des prés est une espèce très aimable, grâce à sa taille respectable, à sa couleur élégante, à son absence de viscosité, et à sa bonne qualité de comestible. Il se présente avec un chapeau campanulé de 5 à 8 cm de diamètre, et parfois davantage, bossu, aminci au bord ; le plus souvent pourvu d'un gros mamelon qui persiste en son centre. Il est glabre, d'une couleur nankin briqueté, ou simplement café au lait soutenu, humide au toucher, et il se crevasse souvent par le sec. Les lamelles sont adnées en pointe, souvent un peu décurrentes, arquées, espacées, fragiles, blanc crème, puis souci. Le pied est fibrilleux, strié, aminci à la base qui se termine en pointe comme chez presque tous les Hygrophores, blanc crème puis fauve. La chair est à la fois ferme et fragile, blanc crème puis ocracée, assez épaisse surtout au centre du chapeau, parfumée et sapide. La spore est pruniforme, de 5 à 8 mu. Cette espèce se trouve parfois en abondance dans les vieilles prairies, les bruyères et les friches, surtout en terrain siliceux. Elle est souvent plus vigoureuse que les exemplaires représentés ici. Alors que tous les Hygrophores des bois sont mycorhiziques des arbres qui les hébergent, et ils sont le plus souvent attachés à une espèce particulière, ceux des près sont mycorhiziques des graminées comme il est facile de s'en rendre compte en les déterrant soigneusement avec un grand couteau bien affilé. On obtient alors une carotte de terre qu'on délite doucement, et on voit le mycélium très ténu de l'Hygrophore attaché à une racine qui, parfois, en traverse la base. Ce sont sans doute les seuls champignons qui présentent cette particularité. C'est un excellent comestible.

Hygrocybe nigrescens

Hygrophore noircissant

Cet Hygrophore a un chapeau campanulé qui s'étale à peine, de 10 cm de diamètre, festonné, lobé, d'abord blanc, puis citrin ou jonquille, rayé de fibrilles rosées ou orangées, enfin satiné, gris, puis presque noir. Les lamelles sont crème ou citrines, orangées à la base, puis grises, puis noires ainsi que la chair et la cuticule. Le pied est fibro-spongieux, de 8 à 12 cm de haut, ridé, striolé, se fendant facilement de bas en haut, citrin, rayé d'orange, blanc à la base. La chair est d'abord orangée puis noire. Elle reste blanche dans le pied. Quand on ouvre le champignon, il en exsude un suc qui prend à l'air une teinte lilacine. La spore est grande, ellipsoïde, de 14 mu. Cette espèce pas très commune se trouve dans les vieilles prairies et surtout dans les montagnes en automne. On trouve dans les mêmes stations l'Hygrophore conique, qui lui ressemble en plus grêle, d'un rouge sulfurin, et qui noircit encore davantage. Sa spore est deux fois plus petite. Il est beaucoup plus commun, et c'est le premier Hygrophore qu'on voit dans les prairies nouvelles, alors que les autres espèces ne se rencontrent que dans les vieilles prairies pas trop soignées et qui ne reçoivent pas d'engrais chimiques. Ceux-ci sont funestes aux Hygrophores qui disparaissent irrémédiablement après leur épandage. Ils ne doivent croître que dans un sol de composition stable et dans un équilibre chimique très serré. Si cet équilibre est détruit brutalement par un apport de substances extérieures, les Hygrophores périssent et disparaissent. Ils sont les victimes innocentes de ce qu'on appelle le progrès. Ces deux Hygrophores passent pour être purgatifs.

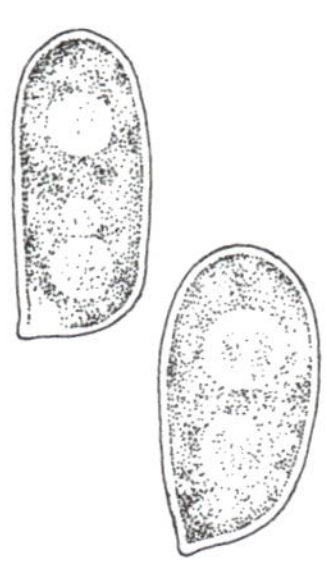

Hygrocybe punicea

Hygrophore rouge ponceau

C'est le plus beau de tous les Hygrophores des prés, appartenant à la section Hygrocybe, qu'on peut considérer à volonté comme un genre ou un sous-genre. Il semble que sous-genre suffit, et il est tellement plus commode de parler d'Hygrophores que les noms de ces genres nouveaux n'arrivent pas à entrer dans l'usage et ne sont qu'imprimés. Celui-ci a un chapeau charnu au centre, mince à la marge, campanulé obtus, s'étalant à peine. Il a jusqu'à 12 cm de diamètre. Il est souvent sinué lobé au bord, lisse, légèrement visqueux, fragile, se fendant facilement radialement, d'un beau rouge sang écarlate, pâlissant surtout au centre avec le temps et par le sec. Les lamelles sont adnées, libres, larges, ventrues, fragiles, épaisses, peu serrées, d'un jaune crème pâle, souvent orangées à la base. Le pied est épais, ventru, solide, creux, jaune orangé, strié de fibrilles rouge purpurin, atténué, villeux et blanc à la base. La chair est molle, jaune orangé ou écarlate au bord, inodore et douce. Les spores sont hyalines, blanches, de 8 à 10 mu. Dans les prairies en automne, çà et là et surtout en montagne. Très bon comestible auquel on trouve un goût de cuisses de grenouille. A côté de lui on trouve une espèce qui lui ressemble un peu : *H. quieta,* mais dont le rouge orangé passe le plus souvent au jaune doré. Le pied de la même couleur est tout brillant et le plus souvent comprimé et fendu du haut en bas. Les lamelles sont jaunes, souvent de couleur brique dans le fond. On distingue cette espèce surtout à son odeur désagréable identique à celle du Lactaire du même nom. C'est le seul des Hygrophores de cette série que l'on trouve aussi bien dans les bois que dans les prés.

spores de *H. punicea*

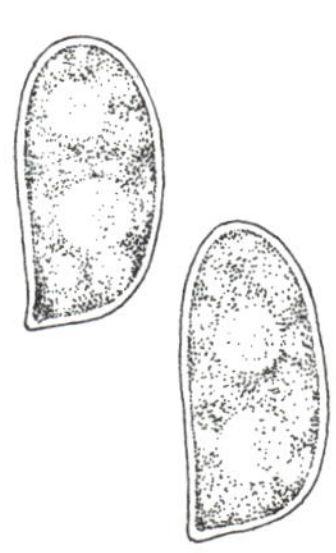

Hygrocybe quieta

Hygrocybe punicea

Omphalina epichysium

Omphale en urne

Cette petite Omphale a un chapeau membraneux, très mince, convexe plan puis ombiliqué, de 2 à 3 cm de diamètre au plus, strié, pelucheux ou soyeux, gris bistré pâlissant, entièrement strié par l'ombre des lamelles qui se distinguent au travers. Les lamelles sont courtement décurrentes, planes, grises comme le pied, qui est plein puis creux, tenace, lisse, cendré, cotonneux et blanc à la base. La spore pruniforme a 10 mu. On ne saurait parler de la chair de cette espèce, car elle est inexistante. Elle est assez commune sur les troncs pourris des forêts montagneuses, peut-être exclusivement sur les conifères. Les Omphales et analogues sont nombreuses en espèces, mais généralement mal connues, car elles ne sont vraiment communes que dans les montagnes, et les habitants des plaines n'ont pas souvent l'occasion de les rencontrer. Le vieux genre *Omphalia* est comme on dit, hétérogène, c'est-à-dire que ses représentants présentent des particularités telles qu'on est tenté de créer pour eux des coupures nouvelles, et cependant leur physionomie dans l'ensemble est si apparentée qu'en les voyant, ressemblant à des Clitocybes nains, le nom d'Omphale vient aussitôt à l'esprit, et on peut très bien admettre que l'apparence extérieure a autant d'importance que les détails anatomiques. Car si ces détails ont un sens, nous ne savons pas lequel, et ce qui importe vraiment, ce n'est pas tant le genre, toujours discutable, que l'espèce sur laquelle on arrive généralement à s'entendre. C'est bien l'essentiel. Il faut remarquer d'ailleurs que dans la conversation courante, on utilise à peu près exclusivement les noms des anciens genres, réservant les nouveautés pour les textes imprimés.

Gerronema chrysophyllum

Omphale à lamelles dorées

C'était une honnête Omphale, qu'on a placée dans le nouveau genre *Gerronema* sans aucune utilité apparente. Il ne faut pas croire que la mode n'affecte que les vêtements des dames ! Les mycologues en sont à l'affût, et toutes les fois qu'un d'eux invente une nouvelle coupure générique, il s'en trouve toujours d'autres pour savourer cette trouvaille, et pour essayer de l'imposer, sans même se demander quelle peut en être la légitimité. Mais proclamer ce nom inconnu devant les collègues fait trop souvent son effet, et c'est ainsi que des noms de genres tout à fait aberrants et inutiles encombrent peu à peu la nomenclature, grâce à la vanité des « créateurs » et au snobisme des usagers. Cette Omphale-ci est plus grande que ses congénères, elle atteint souvent 4 ou 5 cm de diamètre, avec un chapeau d'un jaune brun, presque transparent, glabre ou plus ou moins rugueux près du centre qui est ombiliqué. Les lamelles sont d'un jaune ocracé ou orangé vif, d'où le nom de cette espèce. Le pied est mince, de 3 à 4 mm d'épaisseur, de la même couleur que le chapeau, souvent comprimé. La spore est de couleur jaune d'oeuf en masse. Cette jolie espèce se trouve sur le vieux bois, surtout sur les branches tombées et à demi décomposées de conifères dans les forêts de montagne. Quant à l'Omphale en clochette *(Xeromphalina campanella),* c'est une petite espèce à chapeau en cloche, de 1 à 2 cm, campanulé puis convexe ombiliqué, jaune rouillé, presque transparent. Les lamelles sont arquées décurrentes, veinées et réticulées, sulfurines. Le pied est tubulaire, corné, grêle, jaune d'ambre et poli. On la trouve en troupes souvent innombrables sur les souches de sapins pourries en montagne, aussi bien au printemps qu'en été.

spores de *G. chrysophyllum*

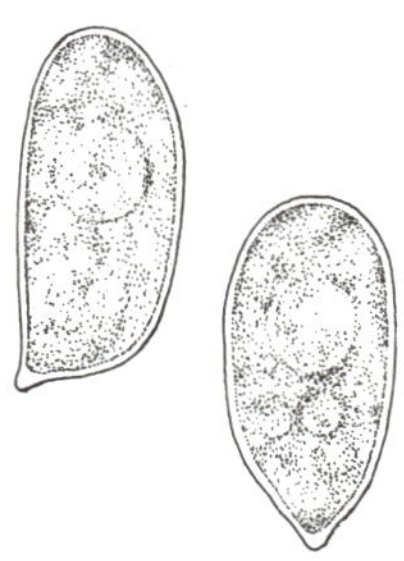

Xeromphalina campanella

Gerronema chrysophyllum

Laccaria amethystina

Laccaire améthyste

Les *Laccaria* avaient été rangées par Fries dans le genre *Clitocybe,* et par Quélet dans les Tricholomes. Cet embarras était justifié, car les espèces de cette série présentent de telles particularités qu'il a bien fallu trouver une solution. En effet, leurs lamelles ne sont pas vraiment décurrentes comme celles des Clitocybes, elles ne sont pas non plus distantes ou échancrées comme celles des Tricholomes, et chose plus grave, leurs spores sont tout à fait sphériques et hérissées de protubérances tout à fait personnelles. D'où la création pour ce groupe d'un genre tout à fait légitime et universellement adopté. La Laccaire améthyste est un des champignons les plus communs. On la trouve dans la mousse; les endroits humides et les plus ombragés de la forêt, surtout sous les conifères, et en terrain acide. Elle se montre souvent en troupes très nombreuses et en véritables tapis. Son chapeau a de 3 à 5 cm de diamètre. Il est convexe mais vite déprimé, avec presque toujours un ombilic au centre. Il est sec, soyeux, ondulé sur les bords, et il arrive qu'en son centre on voie un trou qui correspond au vide du pied qui est tubulaire. Les lamelles sont larges, espacées, dentelées sur l'arête, et touchent à peine le pied. Le pied est long par rapport à l'ensemble. Il peut avoir de 8 à 12 cm de haut. Il est grêle, tubuleux, souvent plus ou moins contourné, et fibreux. La chair est très mince, de saveur douce et d'odeur agréable. Malgré sa faible taille et sa maigreur, cette espèce mérite la récolte, car elle est de consistance et de saveur plaisantes, de plus elle surabonde. Mais il faut en éliminer le pied qui est coriace. La spore est sphérique et hérissée de grosses pointes.

Laccaria laccata

Laccaire laquée

Cette espèce-ci ressemble énormément à la précédente par sa forme et n'en diffère extérieurement que par sa couleur. Mais microscopiquement ses spores sont un peu plus grosses et avec des ornements en relief plus prononcés. Le chapeau a de 4 à 8 cm de diamètre, et il est d'une couleur terne carné roussâtre. Il est ombiliqué, pubescent, très hygrophane, passant parfois à l'ocracé purpurin ou à l'incarnat rosé. Les lamelles sont brièvement adnées, espacées, épaisses, rose incarnat, puis couvertes d'une farine blanche. Le pied est fibro-spongieux, très tenace, incarnat ou rose roux. Cette espèce est aussi commune que la précédente, sinon plus. Elle est extrêmement polymorphe, et bien souvent des mycologues expérimentés la cueillent en la prenant pour autre chose de plus intéressant. C'est seulement en la retournant et à la vue des lamelles si particulières qu'on est remis sur la voie. On l'appelle le « champignon attrape ». Quant au *Laccaria proxima,* il en diffère par un chapeau convexe puis plan et déprimé, fibrilleux, squamuleux, orangé fauve, avec des bords striés par temps humide. Les lamelles sont distantes, larges, épaisses, rosées, couvertes aussi à la fin d'une pruine blanche. Le pied est cylindrique, fibrilleux, roux. La chair est orangée ou fauve. La spore au lieu d'être sphérique est ovale, mais également échinulée. Cette espèce est assez commune, quoique un peu moins que ses deux voisines. Il existe encore une autre Laccaire, le *L. tortilis,* minuscule, ne dépassant guère 1 cm de diamètre avec un pied très court et filiforme, roussâtre, qu'on trouve surtout dans les ornières des chemins forestiers ; parfois aussi au bord des mares sur la terre nue qui lui semble nécessaire.

spores de *L. laccata*

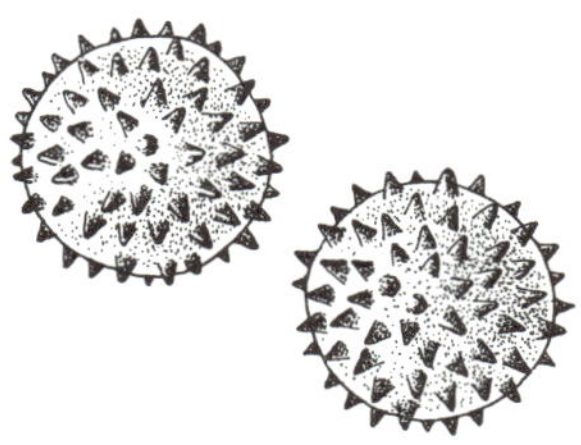

spore de *L. proxima*

Laccaria proxima

Laccaria laccata

Clitocybe odora

Clitocybe odorant

Rien de plus facile à reconnaître que ce Clitocybe. Il présente un chapeau mince, convexe plan, puis déprimé, de 3 à 8 cm de diamètre, tout à fait glabre, typiquement vert de gris, mais se décolorant un peu par le sec, et passant au bistré ou au gris verdâtre. Les lamelles sont adnées ou faiblement décurrentes, très serrées, minces, blanchâtres ou verdâtres, parfois de la même couleur que le chapeau. Le pied est élastique, mince, plus épais à la base, glabre, blanchâtre ou verdâtre. La spore est ovoïde sphérique, de 8 mu. La chair est de couleur blanchâtre enfumé, et dégage une forte odeur d'anis. Quand ce Clitocybe se trouve en troupes nombreuses dans les bois où il forme des cercles fournis, son odeur est si forte qu'on le devine avant de l'avoir vu. Ce parfum lui a valu le nom de « Champignon Pernod ». On le trouve en été et en automne, surtout là où il y a un gros tapis de feuilles mortes qu'il colonise et décompose par son mycélium. Il est comestible, mais son odeur est tellement forte qu'elle persiste après la cuisson. Il est donc prudent d'en ajouter seulement un ou deux exemplaires dans un plat à titre d'assaisonnement, car son abus est un peu écoeurant. Cette odeur d'anis se retrouve chez beaucoup d'espèces, même très éloignées les unes des autres. Tel Polypore, telles Psalliotes, tel Lentin en sont également pourvus à un degré plus ou moins fort. Mais ce Clitocybe détient le record avec le *Lentinus suavissimus* qui lui aussi se dénonce par sa fragrance. Il pousse sur les branches mortes de saule.

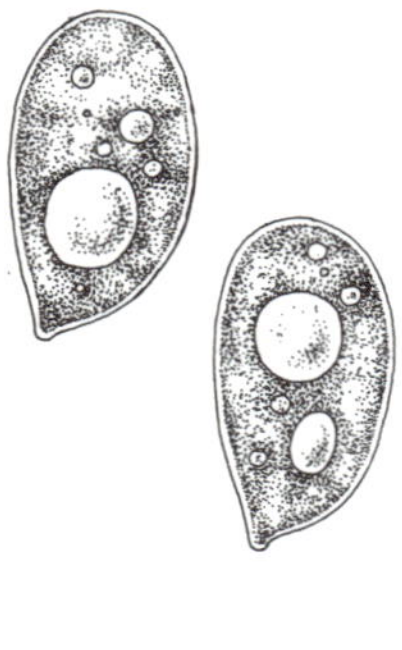

Clitocybe clavipes

Clitocybe à pied en massue

Ce Clitocybe ressemble un peu au C. nébuleux, dont on verra la description plus loin. Il a un chapeau charnu, mou, convexe puis plan, à la fin en cône aplati, avec souvent un mamelon plus ou moins prononcé en son centre. Il a de 5 à 10 cm de diamètre. Sa surface est lisse, absolument glabre, de couleur cendrée plus ou moins foncée, parfois d'un gris presque noirâtre, plus foncé au centre, et souvent tout blanc à la marge. Les lamelles sont longuement décurrentes, pas très larges, peu serrées pour un Clitocybe, molles et jaune citrin pâle. C'est surtout cette couleur des lamelles qui permet du premier coup de distinguer cette espèce du *C. nebularis,* qui les a blanchâtres ou à peine teintées de paille. Le pied est spongieux, plein, en massue, épaissi en bas, légèrement fibrilleux, gris pâle. Il représente un caractère particulier : il est presque toujours incurvé à la base, de sorte que sa tige n'est pas immédiatement verticalle. La chair est molle, humide, hygrophane, rendant de l'eau à la pression par temps humide, de saveur douce. Elle répand une odeur suave, qui évoque en plus faible celle du jasmin. Les spores sont transparentes, blanches en tas, pruniformes, lisses, à contenu granuleux. On trouve cette espèce aussi bien sous les feuillus que sous les conifères, souvent dans les forêts pierreuses et sèches. Elle n'est pas commune partout, mais peut parfois se montrer en quantités considérables. Elle est comestible, et certainement confondue assez souvent avec le *C. nebularis* par les chercheurs de peu d'expérience.

Clitocybe geotropa

Clitocybe géotrope

Le chapeau de cette espèce présente un développement bien curieux. Au début, on ne voit qu'un gros pied obèse et ovoïde, surmonté d'un tout petit chapeau pointu, qui lui a valu son nom vulgaire de « tête de moine ». D'autres noms sont si malhonnêtes qu'on ne saurait les imprimer. Mais rapidement, ce petit chapeau se développe aux dépens du pied. Il atteint de 10 à 20 cm de diamètre, toujours en coupe ou en entonnoir, avec un mamelon proéminent qui reste en son centre jusqu'à la fin. Il est glabre, jaune paille, fauvâtre ou couleur de cuir, brillant et blanchissant par le sec. La marge est mince, enroulée au début, pubescente et pruineuse. Les lamelles sont longuement décurrentes, serrées, blanc crème ou incarnat, à reflets chatoyants. Le pied est spongieux, conique allongé, cortiqué élastique, ordinairement long et atténué en haut, un peu fibrilleux et de la même couleur que le chapeau ou plus pâle. La chair est ferme et blanche, exhalant une odeur suave de flouve odorante, mais qui peut devenir fétide à la fin et par le sec. La spore est pyriforme sphérique de 8 mu. Cette grande espèce affectionne les vieux pâturages en terrain calcaire, où elle forme parfois des cercles immenses. Ce sont sans doute les plus étendus qu'on puisse observer sous nos climats. Mais on la trouve aussi dans les sapinières et dans les bois feuillus où elle se montre tardivement, en octobre – novembre. C'est un très bon comestible surtout quand il est très jeune, et dans l'Est il est passionnément recherché sous le nom de « mousseron d'automne ». Il a le mérite d'être très fidèle à ses stations, qui se signalent dans les prés par la verdure qu'impose à l'herbe son mycélium nitrogène.

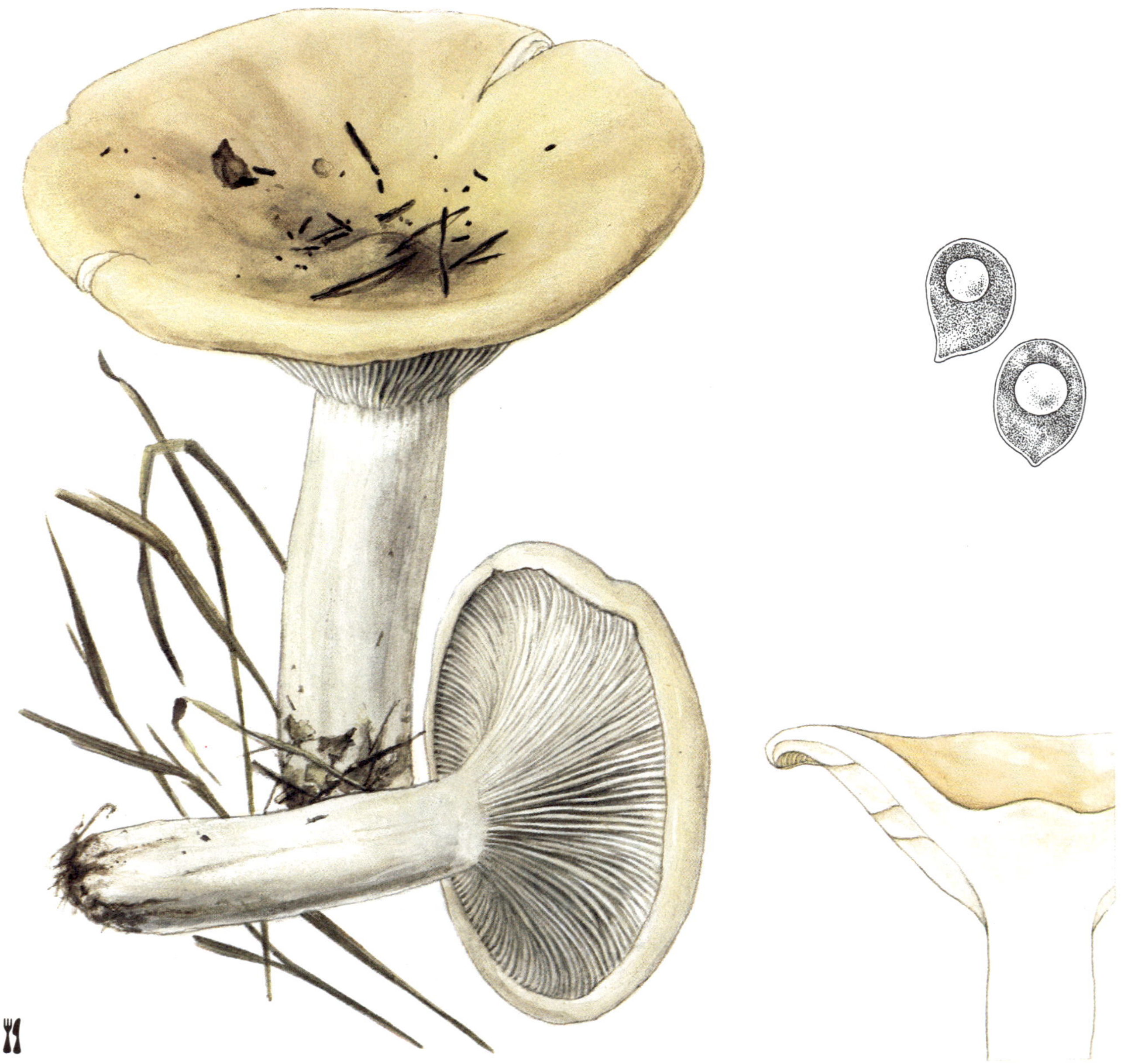

Clitocybe maxima

Clitocybe très grand

Cette espèce est très voisine de la précédente. On l'en distingue à sa taille encore plus développée, car elle peut atteindre 30 cm de diamètre. Son chapeau est moins régulier, plus ondulé, de couleur cuir pâle, et surtout il ne porte aucun mamelon en son centre. Les lamelles sont identiques, peut-être un peu moins décurrentes, et le pied est plutôt un peu plus court. Il n'a souvent que 8 à 10 cm de haut, mais une épaisseur de 3 à 5 cm. L'ensemble du champignon est plus flasque, plus mou et plus mince. La chair est molle et tenace en même temps, et son odeur est moins agréable que celle de l'espèce précédente. Ce Clitocybe est aussi plus rare. On le trouve dans les mêmes stations, et surtout aux lisières des bois de conifères, mais toujours dans l'herbe, contrairement au géotrope qui vient aussi bien sous le couvert des feuillus ou des conifères. C'est un comestible de bien moins bonne qualité. On ne le confondra pas avec l'*Aspropaxillus giganteus,* qui a un peu le même port. Mais il est encore plus grand et atteint facilement 40 cm de diamètre. Son chapeau est blanc de lait, un peu pelucheux, ses lamelles blanches sont extrêmement décurrentes, et son pied est très court, de 10 cm de haut sur 4 à 8 cm d'épaisseur. Sa chair répand une odeur fade de fleur de châtaignier, qui devient écoeurante à la cuisson et fait de cette espèce spectaculaire un comestible sans aucun attrait. Comme tous les champignons qui poussent dans les prés, ceux-ci sont condamnés à mort par l'usage de plus en plus répandu des engrais chimiques auxquels ils ne résistent pas. Et c'est bien dommage.

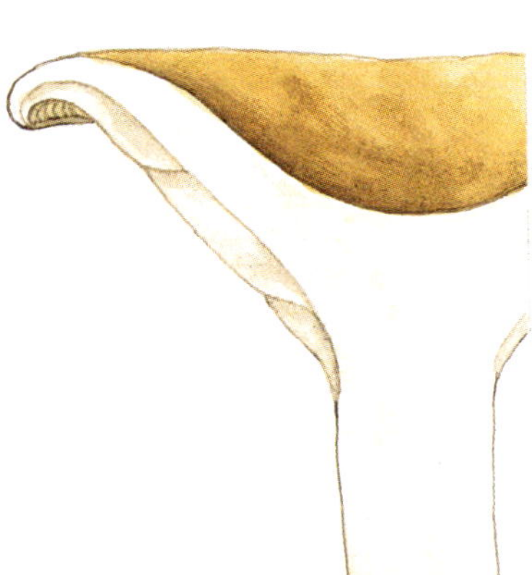

Clitocybe gibba (infundibuliformis ?)

Clitocybe en entonnoir

Ce modeste Clitocybe est une vraie réduction du géotrope. Il se présente avec un chapeau de 4 à 6 cm de diamètre, d'abord pointu, mais vite développé en forme d'entonnoir, avec un mamelon persistant en son centre. Il est de couleur paille à chamois, parfois très pâle, selon le sol où il a poussé. Il est plus foncé sous les conifères que sous les feuillus. Ses lamelles sont d'un blanc à peine crème, serrées, fines, longuement décurrentes. Le pied est spongieux, élastique, grêle, renflé à la base où il est cotonneux. Il est de la même couleur que le chapeau. La chair est molle, blanche, et elle présente une odeur cyanhydrique, c'est-à-dire légèrement d'amande amère. Cette odeur est fréquente chez les Clitocybes, et elle correspond à la présence d'une quantité très faible d'acide cyanhydrique dans la chair, mais cette quantité homéopathique n'empêche aucunement la comestibilité des espèces. Celle-ci croît dès le début de l'été aussi bien sous les conifères que les feuillus, et elle est très commune partout. Il suffit d'une période de pluie pour qu'elle apparaisse, jusque tard en automne. C'est un comestible assez agréable sauf le pied qui est coriace. La spore est ovoïde sphérique et pointillée. Ce Clitocybe est le type d'une série d'espèces analogues, plus ou moins colorées et pas toujours faciles à déterminer. C'est en tout cas la plus commune et c'est une bonne ressource faute de mieux. Le *Clitocybe incilis* est plus petit, avec un chapeau légèrement écailleux, rouge brique, ne dépassant guère 3 cm de diamètre. Le pied est très court, de 2 à 3 cm, creux et plus pâle que le chapeau. On le trouve peu communément dans les bois en automne.

spores de *C. gibba*

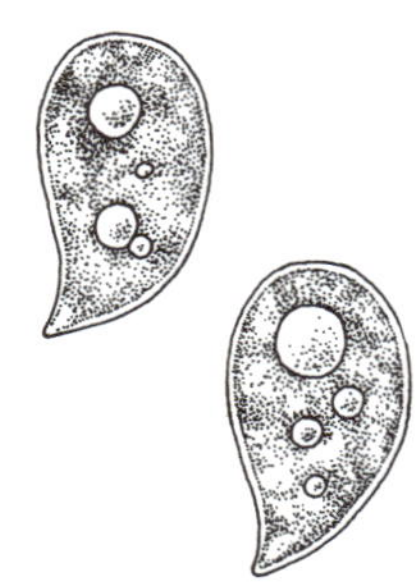

Clitocybe gibba

Clitocybe incilis

Clitocybe cerussata

Clitocybe couleur de céruse

Ce joli Clitocybe blanc est le type le plus vigoureux d'une série de Clitocybes blancs dont il faut absolument se méfier, car plusieurs d'entre eux contiennent de la muscarine et provoquent des intoxications non mortelles mais très désagréables. Il a un chapeau de 5 à 8 cm diamètre, glabre, humide, d'un beau blanc mat, lustré à la marge, pruineux au centre. Le pied est fibro-spongieux, tenace, blanc, renflé et tout cotonneux à la base. La chair est molle, blanche, épaisse, de saveur douce, et elle a une odeur aromatique particulière un peu pharmaceutique. La spore est petite, ovoïde, de 5 mu. On trouve cette espèce en cercles souvent fournis, mais pas très étendus, en automne surtout dans les bois de conifères. Malgré son apparence tentante, il vaut mieux s'en abstenir, car si elle contient peu de muscarine en comparaison de quelques autres, une ingestion massive suffirait à provoquer des accidents. On ne confondra pas cette espèce avec le *Clitocybe connata,* c'est-à-dire en touffes. C'est une espèce plus grande, toute blanche, qui peut atteindre 10 cm de diamètre, avec des lamelles décurrentes et crème. Le pied est le plus souvent gonflé, facilement fendu, farineux et blanc. La chair est ferme, blanche, élastique, de saveur douce et d'odeur spiritueuse. Contrairement aux autres Clitocybes blancs celui-ci est un comestible très agréable. On le trouve sous les conifères, les épicéas surtout, et presque uniquement en montagne en automne, et toujours en touffes qui peuvent compter une vingtaine d'individus, ou davantage. Il paraît impossible de confondre le *cerussata* avec le Marasme montagnard *(Marasmius oreades),* qui en est complètement différent et ne vient que dans les prairies.

spores de *C. cerussata*

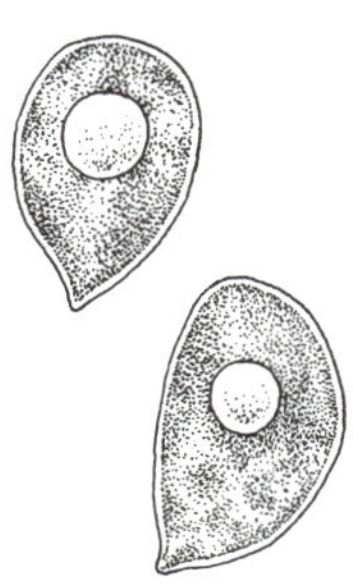

Marasmius oreades

Clitocybe cerussata

Clitocybe candicans

Clitocybe blanchâtre

Ce Clitocybe ressemble tellement au *cerussata* qu'il est bien difficile de les distinguer à l'oeil nu. Il est plus petit, avec un chapeau de 2 à 3 cm de diamètre, ombiliqué, pruiné, satiné, blanc brillant par le sec. Tous les Clitocybes de cette série ont sur le chapeau un revêtement qui paraît comme glacé, tout à fait particulier. Les lamelles sont adnées, minces et étroites. Le pied est grêle, à la fin creux, tenace, lisse et brillant. La spore est ovoïde, de 7 mu, plus grande que celle de *cerussata*. Sa petite taille n'invite guère à le consommer, et c'est tant mieux, car il contient suffisamment de muscarine pour incommoder fortement ceux qui voudraient y goûter. On le trouve en troupes dans les feuilles mortes, et non pas sous les conifères. Mais le plus méchant de tous est certainement le *C.dealbata* ici figuré. Il est très modeste, avec un chapeau de 2 à 4 cm diamètre, convexe plan puis flexueux, retroussé, pruineux, blanchâtre, avec des zones grises sur la marge, blanchissant et luisant par le sec. Les lamelles sont adnées, serrées, grisâtres puis blanchâtres. Le pied est farci, puis fistuleux, tenace, recourbé à la base, farineux au sommet, blanchâtre et roussissant. La chair est mince, blanche et a une odeur de farine. Il pousse en cercles dans les prairies et les bruyères en automne. Il est sévèrement toxique, et provoque des sueurs énormes en même temps que des troubles oculaires et cardiaques très angoissants. La muscarine, qui est son poison, a d'abord été découverte dans l'Amanite tue-mouches où elle existe en effet mais à doses infimes. Ce sont surtout ces Clitocybes blancs qui en fabriquent à des doses dangereuses et il est bon de les connaître pour s'en méfier comme ils le méritent.

spores de *C. candicans*

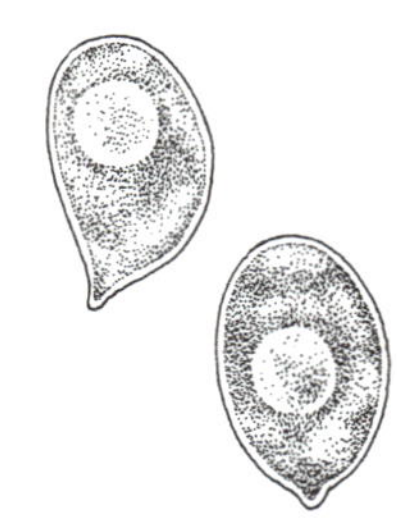

Clitocybe candicans

Clitocybe dealbata

Clitocybe brumalis

Clitocybe d'automne

Ce Clitocybe vient très tard en saison, d'habitude en octobre – novembre, et même plus tard s'il n'est pas pris par les premières gelées. Son chapeau est convexe plan puis ombiliqué, souvent avec un mamelon persistant en son centre. Il peut avoir de 3 à 8 cm de diamètre, il est flasque, glabre, grisâtre, parfois presque noirâtre, toujours plus obscur au centre. Il arrive qu'avec le temps il blanchisse et se teinte de jaune. Les lamelles sont arquées, décurrentes, serrées, couleur du chapeau mais jamais noirâtres. Elles sont fidèlement d'un beau gris clair. Elles peuvent aussi pâlir et se teinter de jaune à la fin. Le pied est fistuleux, élastique, grisâtre puis blanc, recourbé, laineux à la base. La chair est blanchâtre, douce, et d'odeur agréable. La spore est ovoïde pruniforme de 8 mu. On le trouve surtout sous les conifères, mais aussi dans les prés, le long des haies, et en terrain calcaire. Sa saveur douce et son parfum en font un comestible agréable, surtout apprécié du fait de la saison où il pousse, après toutes les autres espèces. Après lui, les récoltes sont bien terminées, et il faudra patienter jusqu'au printemps, au moins dans les prés. Car sous les conifères, les gelées se font moins sentir que dans les prairies où le sol n'a rien pour l'abriter. C'est pourquoi il arrive que dans les hivers très doux, on puisse trouver des champignons sous les sapins jusqu'au mois de janvier. Mais c'est une exception, sinon dans le Midi où il en vient tout l'hiver pourvu qu'il pleuve suffisamment. Le Clitocybe de Lange *(C.langei)* semble être une miniature du précédent, de 3 cm de diamètre, brun et non pas gris. On le trouve en même temps dans les mêmes stations.

spores de *C. brumalis*

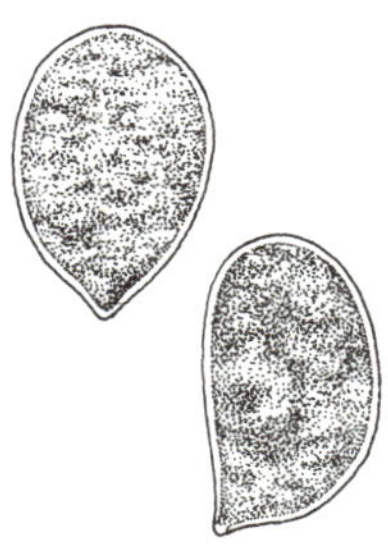

Clitocybe langei

Clitocybe brumalis

Lepista nebularis

Clitocybe nébuleux

On a transporté cette espèce du genre Clitocybe dans le genre *Lepista* pour ses particularités sporales. Mais on a tellement l'habitude de l'appeler Clitocybe que ce n'est pas un péché de continuer à le faire. C'est un gros champignon, de 10 à 20 cm de diamètre, d'abord convexe arrondi, puis plan et en coupe à la fin. Il est de couleur gris clair ou bistré, souvent taché et guttulé, il est couvert d'une pruine blanche qui peut disparaître par la pluie, et il est luisant par le sec. Les lamelles sont arquées, adnées d'abord, puis deviennent décurrentes. Elles sont blanchâtres, puis de couleur paille. Le pied est spongieux creux, à la fin, gonflé à la base, de 6 à 12 cm de haut et de 2 à 4 cm d'épaisseur. La chair est épaisse, molle, blanchâtre, et elle répand une odeur composite de farine, de fruits et de moisi. Cette odeur est très diversement appréciée. Certains lui trouvent du charme, mais nombre de personnes la considèrent comme écoeurante, insupportable et nauséeuse. Il s'en fait cependant une grande consommation, quoique bien des gens y soient allergiques et ne puissent le consommer sans vomir. Aussi est-il interdit à la vente sur beaucoup de marchés. Il en existe une forme blanche dont l'odeur est encore plus violente. Ce champignon est commun, et on peut le trouver sous les conifères en automne, mais aussi sous les feuillus, et même çà et là dans les prairies où il vient en cercles puissants, comme dans les bois. On évitera surtout de le confondre avec l'Entolome livide, qui lui ressemble dans son jeune âge, mais dont les lamelles sont alors d'un jaune vif qui doit toujours être vérifié pour éviter un accident.

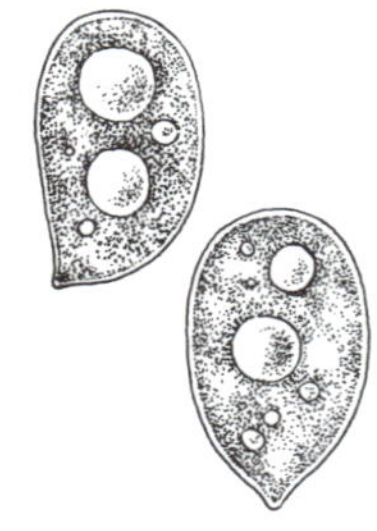

Lepista nuda

Pied bleu

Ce Pied bleu est un des champignons les plus populaires. Il a un chapeau convexe plan de 6 à 12 cm de diamètre, glabre, humide, violacé, mais brun ou fauve au milieu. La marge est infléchie, pruineuse et blanche, au moins au début. Les lamelles sont sinuées, puis un peu décurrentes, serrées, minces, d'un beau violet améthyste clair. Le pied est élastique, tomenteux, pulvérulent, de couleur lilas bleuâtre, d'où le nom commun de cette espèce. La chair est tendre, d'un blanc violacé, douce et d'odeur fruitée. La spore est ovoïde, de 8 mu, et glauque rosé. On trouve cette espèce surtout dans les bois de conifères en automne, mais aussi sous les feuillus, et parfois en cercles dans les prairies. A noter que les exemplaires récoltés en très haute montagne sont extraordinairement poivrés. Ce champignon est le type d'une série de « pieds bleus » qui en diffèrent par leur taille ou leur couleur. Celui-ci a une variété peu connue mais évidente qui a pour nom *lilacea,* qui est un peu plus petite, et qui est entièrement violette, sans aucune trace de brun sur le chapeau. Tout près se trouve la *glaucocana,* qui est entièrement grisâtre lilacin pâle, et les *Lepista personata* et *sordida* dont la description va suivre. Quant au Pied bleu, c'est un comestible agréable, quoiqu'il devienne un peu glutineux à la cuisson. Mais ses lamelles sont d'une si belle couleur qu'il est difficile de ne pas le cueillir quand on le trouve. Il vient tard en automne, et il arrive qu'il y en ait une poussée au mois de juin si celui-ci, comme il arrive souvent, est froid et pluvieux. Le pied bleu se trompe alors de saison et n'hésite pas à fructifier.

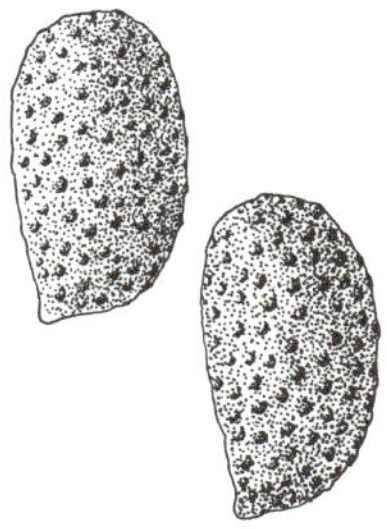

Lepista personata

Tricholome sinistre

On a extrait à juste titre quelques espèces du genre Tricholome parce qu'elles ont des spores rosées et piquetées au lieu de les avoir blanches et lisses, et de plus leurs lamelles sont séparables du chapeau comme les tubes d'un Bolet. Mais dans le langage courant on dit par habitude Tricholome. Cette espèce-ci fait partie des « pieds bleus ». Elle a un chapeau épais et convexe, de 8 à 15 cm de diamètre, charnu, humide, absolument lisse, gris bistré pâlissant, ou café au lait uniforme. La marge est enroulée au début, et elle est alors pruineuse et blanchâtre. Les lamelles sont sinuées, serrées, d'un blanc légèrement rosé. Le pied est épais, renflé à la base, de 6 à 10 cm de haut et de 1 à 2 cm de diamètre. Il est entièrement revêtu sur un fond blanc de fibrilles violettes ou violacées et c'est la seule partie de ce « pied bleu » qui soit à peu près bleue, car aucune autre partie du champignon ne présente la trace de cette couleur. La chair est très épaisse, juteuse, douce, avec une odeur fruitée ou de farine. La spore est pruniforme, de 8 mu, toute piquetée d'ornements en relief. On trouve cette belle espèce en arrière automne (c'est presque la dernière) dans les chaumes, les vieilles prairies, et surtout dans les prairies alluviales le long des rivières en terrain calcaire. Elle y forme de grands cercles irréguliers, souvent sinueux ou en zigzag, et ses poussées sont souvent d'une puissance remarquable. C'est un bon comestible. Si les appréciations varient sur la valeur de ce champignon, c'est qu'il n'a pas toujours la même saveur. Tout dépend sans doute de la nature du terrain, car il arrive qu'il ait une saveur sauvage peu agréable.

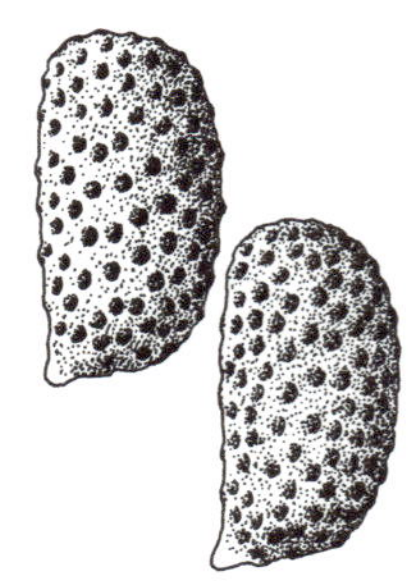

spores de *L. personata*

Lepista personata

Lepista sordida

Tricholomopsis rutilans

Faux Tricholome rutilant

Encore un qu'on a retiré des Tricholomes, parce qu'il pousse sur le bois, ce qu'un Tricholome ne fait jamais, et pour quelques raisons microscopiques acceptables. C'est un très beau champignon, de 8 à 12 cm de diamètre, parfois jusqù à 20 cm dans une forme géante, avec un chapeau convexe plan, finement velouté, sulfurin pâle, entièrement moucheté d'écailles granulées d'un superbe purpurin, si bien que parfois, quand elles sont particulièrement serrées, le chapeau paraît être entièrement pourpre. Les lamelles sont serrées, sinuées, sulfurines, ou d'un jaune doré éclatant, avec une arête épaisse et floconneuse. Le pied est gros, de 10 cm de haut sur 1 ou 2 de large, mou, flexible, fibrilleux, jaune pâle, orné au sommet de flocons granulés et purpurins. La chair est molle, humide, jaune vif, et amère. La spore est sphérique et transparente. On trouve assez communément cette espèce sur les vieilles souches de conifères exclusivement et plus souvent en montagne que dans la plaine. Son amertume interdit de la consommer. La planche précédente montre un exemplaire de *Lepista sordida.* C'est aussi un pied bleu, mais en miniature. Il est très grêle, avec un chapeau en entonnoir et ondulé, mince et flexible, un pied creux de la même couleur : violacé sale, ce qui lui a valu son nom. Se rencontre souvent dans les jardins, les vergers, et les endroits bien fumés en automne. Parfois très abondant, et tout à fait comestible. Il semble affectionner les places de haricots, peut-être à cause des nitrites accumulés par cette légumineuse et dont le champignon a besoin. Le *T. decora* (faux Tricholome magnifique) pousse en touffes d'un jaune éclatant moucheté de jolies écailles sur les souches de sapin. Il est beaucoup plus rare.

spores de *T. rutilans*

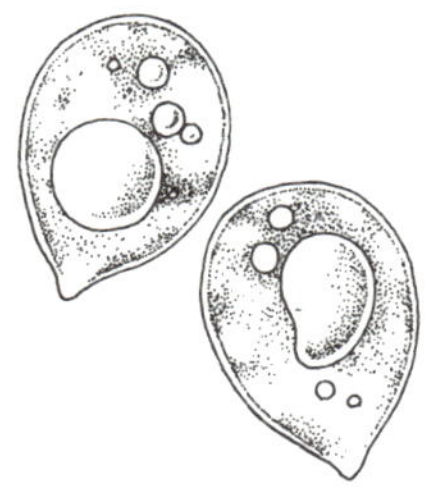

Tricholomopsis decora

Tricholomopsis rutilans

Tricholoma caligatum

Tricholome chaussé (Caussetta, en langue d'oc)

On a longtemps rangé ce Tricholome parmi les Armillaires, parce qu'il avait un anneau. On a considéré ensuite que cet anneau n'avait aucun sens particulier, et comme par tous ses autres caractères cette espèce se rapproche d'une série de formes analogues dépourvues d'anneau, on l'a fait « rentrer dans le rang », et c'est définitivement un Tricholome. C'est une robuste espèce, avec un chapeau de 10 à 15 cm et davantage, convexe, fibrilleux satiné, bai rosé, pâlissant au bord. Il arrive par le sec qu'on le trouve tout craquelé si bien qu'on le croirait écailleux. Les lamelles sont sinuées, larges, veinées en travers, blanc crème. Le pied est épais, fusiforme, blanc mais rayé de fibrilles rousses qui parfois le recouvrent complètement. La chair est épaisse, pesante, tendre, répandant un curieux parfum de poire pareil à celui de l'*Inocybe pyriodora.* Elle a une saveur douce et fruitée. Le pied porte à sa partie supérieure un anneau membraneux et solide, qui souvent se déchire et reste suspendu aux bords du chapeau. Cette chair blanche se montre souvent entre les parties dilacérées de la cuticule. La spore est ovoïde sphérique, de 7 mu, d'un blanc glauque. On trouve cette robuste espèce dans les bois de conifères, surtout dans le Midi, où elle est commune, de même qu'en Espagne où elle ne manque dans aucune pinède. Plus au nord, elle est signalée dans les Vosges, mais elle y est rare. C'est un comestible recherché en Roussillon, et c'est un des très rares champignons de cette série des Tricholomes bruns qui ne soit pas amer. On regrette seulement qu'il ne soit pas plus commun.

Tricholoma colossus

Tricholome colossal

Comme son nom l'indique, c'est le géant des Tricholomes. Son chapeau a souvent 20 cm de diamètre, et davantage. Il est d'abord sphérique, glabre, incarnat fauve, puis châtain. La marge est enroulée, cotonneuse, visqueuse et blanchâtre. Elle sous-tend une cortine qui forme un anneau très léger et qui s'évanouit rapidement. Les lamelles sont arrondies, sinuées, très larges, blanches puis d'un rose incarnat. Le pied relativement court, de 8 à 10 cm de haut, a souvent de 3 à 4 cm d'épaisseur. Il est bulbeux, blanc au sommet, incarnat rosé, saumon, puis fauve à la base. La chair est très épaisse, compacte, blanche, mais elle prend rapidement à l'air une teinte incarnat vermeil, et enfin briquetée. Elle a un goût de noisette plaisant, quoique légèrement amère. La spore est pruniforme, de 8 mu, ocellée. On trouve cette remarquable espèce surtout dans l'Ouest de la France, uniquement sous les pins auxquels elle est associée, et toujours dans les forêts les plus sèches et les plus exposées au soleil. C'est pourquoi elle est obligée d'attendre les grandes pluies d'automne pour pouvoir former ses énormes carpophores dont la taille dépend surtout du degré de l'humidité ambiante. Il est à noter aussi que ce Tricholome pousse en cercles mais jamais bien étendus, de deux ou trois mètres de diamètre tout au plus. Et souvent les exemplaires y sont si serrés qu'ils se déforment les uns les autres, et il leur arrive de venir en touffées de trois ou quatre individus soudés par leur base. C'est toujours une trouvaille majestueuse, et c'est un comestible convenable, mais qu'il faut faire blanchir pour en ôter la légère amertume.

Tricholoma fulvum

Tricholome fauve

Les espèces du groupe des *Albobrunnea* ne sont pas toujours faciles à distinguer les unes des autres. Elles sont toutes plus ou moins brunes, visqueuses, avec des lamelles soit blanches soit jaunes, et presque toutes très amères. Ce Tricholome fauve se reconnaît à ce que ses lamelles et son pied sont d'un jaune franc, alors que les autres ont des lamelles blanches qui peuvent se tacher de roux ou même roussir complètement. Le chapeau de 5 à 9 cm de diamètre est d'abord hémisphérique, puis étalé avec toujours un gros mamelon en son centre. Il est visqueux, mais finement vergeté ou fibrilleux et floconneux. Les lamelles sont serrées, émarginées, uncinées, assez larges, jaune pâle mais plus souvent jaune citrin, et se maculant de roux surtout vers l'arête à la fin. Le pied devient vite creux, un peu ventru, aminci en bas, souvent courbé, fibrilleux, nu et pâle au sommet, visqueux au début, brun roussâtre plus foncé à la base. La chair est ferme, blanchâtre dans le chapeau mais jaune dans le pied. Elle a une odeur forte de farine moisie et de concombre. Cette espèce ne venant que sous les bouleaux, cet habitat permet de la deviner tout de suite. Quant au *T. albobrunneum,* c'est-à-dire blanc et brun, il s'en distingue surtout par son pied brun en dessous d'une cortine fugace, et tout blanc au-dessus, le chapeau convexe de 10 cm de diamètre est glabre, visqueux, châtain ou bai, rayé de fines fibrilles innées et très serrées. La marge est enroulée, tomenteuse et blanchâtre. Les lamelles sont blanches et se tachent de roux. La chair est épaisse, blanche, amère. Odeur écoeurante de farine moisie. On le trouve assez communément en automne dans les bois de conifères des montagnes. Son amertume décourage de le consommer.

spores de *T. fulvum*

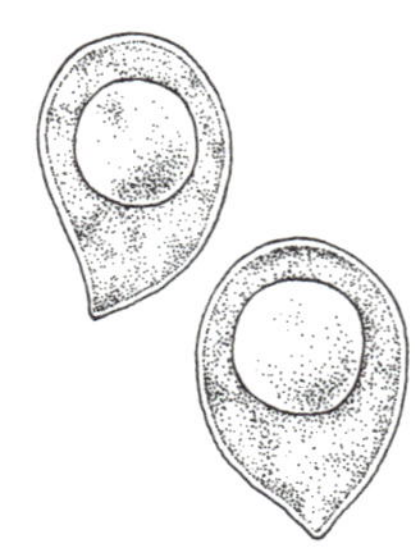

Tricholoma fulvum

Tricholoma albobrunneum

Tricholoma vaccinum

Tricholome couleur de vache

C'est un des plus faciles à reconnaître parmi la foule des Tricholomes. Il a un chapeau campanulé mamelonné, et ce mamelon ne manque jamais. Il a de 5 à 7 cm de diamètre, il est d'abord floconneux, puis bientôt complètement hérissé de mèches fibrilleuses et retroussées, de couleur brun fauve, avec une marge enroulée et laineuse. Elle est aussi laineuse que celle de Lactaires comme *L. torminosus.* Ce chapeau est toujours absolument sec et ne présente aucune trace de viscosité. Les lamelles sont assez larges, sinuées, peu serrées, blanchâtres puis tachées de roux. Le pied est d'abord plein, puis farci d'une moelle inconsistante, creux à la fin, cylindrique, fibrilleux, avec une légère cortine très fugace, roussâtre, qui passe facilement inaperçue. La chair est mince, blanche puis roussâtre ou rougeâtre. Elle ne sent rien et présente une saveur un peu aigre. La spore de 6 mu est ellipsoïde sphérique. Cette espèce est extrêmement commune dans tous les bois de conifères en été et en automne. Son abondance a quelquefois quelque chose de rebutant. On lui reprocherait presque de prendre la place d'espèces plus intéressantes. Car elle l'est très peu. Pas très jolie, avec un air un peu sale et négligé, elle n'a aucune qualité comestible, car elle est trop mince, trop poilue, et elle est de saveur ingrate. Elle fait partie des innombrables espèces sans éclat, surabondantes, inutiles, et qui n'ont rien d'attirant pour le regard. Mais elles font partie du décor, et leur rôle comme mycorhiziques n'est sûrement pas à négliger. Leur mycélium aide les arbres à vivre convenablement. Les juger selon nos idées esthétiques est sans doute une grande injustice.

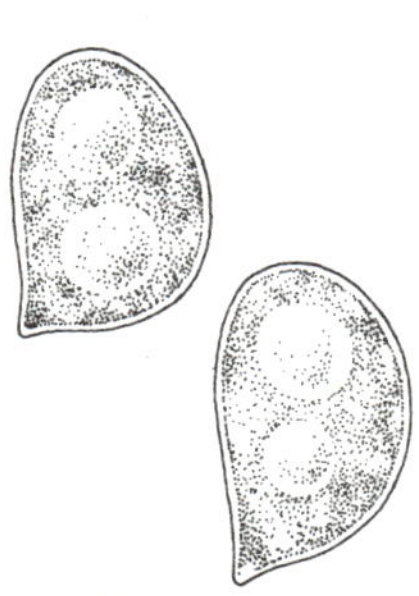

Tricholoma portentosum

Tricholome prétentieux

On se demande pourquoi on a traduit *portentosum* par « prétentieux. » Car ce champignon est d'allure toute modeste, et cet adjectif lui convient aussi peu que possible. D'ailleurs, *portentosum* signifie à proprement parler « miraculeux », et il n'a rien de miraculeux non plus. Il faut sans doute se reporter à Tournefort, qui le premier a indiqué que le nom qu'on donne aux plantes n'a souvent aucune importance, ni même aucun sens, et qu'il n'est qu'un point de repère sur lequel tout le monde est d'accord. Cette espèce a un chapeau de 5 à 10 cm de diamètre, convexe, mamelonné, onduleux et flexueux, un peu visqueux, gris, panaché de bistre et de violet, rayé par un fin chevelu inné, entrelacé de brun noir. Les lamelles sont sinuées, larges, espacées, blanches puis paille ou d'un glauque verdoyant. Le pied est radicant, fibrilleux, strié, blanc, prenant une teinte sulfurine ou glauque verdâtre. La chair est fragile, sapide, blanche, teintée de jaune ou de verdâtre. La spore est ovoïde, de 6 mu, toute pointillée. On trouve cette espèce dans les forêts surtout siliceuses, feuillus et sapins, en plaine et plus encore en montagne. On en fait une grande consommation dans les Vosges sous le nom de « petit gris » de même que dans le Massif Central, où cette espèce abonde. C'est un très bon comestible. Il ressemble un peu au Tricholome terreux *(T. terreum)* figuré à droite, mais ce dernier n'est absolument pas visqueux. Il est velouté, absolument gris, sans aucune trace de violet ni de vert. C'est aussi un agréable comestible dans sa jeunesse. Ne pas confondre le *portentosum* avec le *T. striatum,* gris foncé, lisse, strié, pointu, à lamelles grises, qui est très âcre et amer à la fois. Sans doute inoffensif, mais très désagréable.

spores de *T. portentosum*

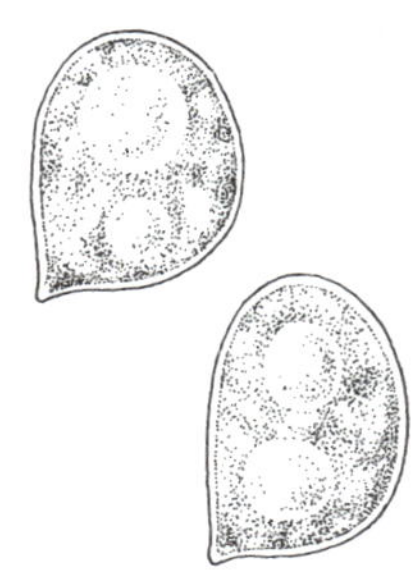

Tricholoma portentosum

Tricholoma terreum

Tricholoma flavovirens (equestre)

Tricholome vert-jaune

Le Tricholome vert-jaune est synonyme du classique Tricholome équestre. Son chapeau à fond jaune est entièrement moucheté de petites mèches brunes avec des reflets verdâtres. Ses lamelles sont d'un beau jaune d'or, comme le pied : la chair est blanche, de saveur douce. On le trouve surtout sous les conifères en terrain silicieux. C'est un excellent comestible. Le Tricholome soufré *(T. sulphureum),* figuré à ses côtés, est plus grêle, entièrement jaune soufre. Son chapeau ne dépasse pas 5 à 8 cm de diamètre. Il est fortement mamelonné et reste toujours de forme conique. Il est entièrement sulfurin, parfois teinté de brun au centre, ou parfois de bistre, mais le plus souvent il est unicolore. Il est villeux, soyeux, puis glabre et lisse. Les lamelles sont arquées, émarginées, espacées, épaisses, jaune vif. Le pied est cylindrique, strié, sulfurin. La chair est jaune, d'odeur nauséeuse, ou de celle du gaz d'éclairage. Cette espèce est commune dans toutes les forêts, feuillus et conifères. Il en existe une variété, *T. bufonium,* plus forte, et dont le chapeau se colore de rouge ou de pourpre en son centre. L'odeur horrible est la même, et quand on rapporte à la maison ces deux espèces on est obligé d'aérer très vite pour éliminer leur puanteur insupportable. Ces champignons peu sympathiques montrent que dans la même famille peuvent coexister des espèces excellentes et nobles à côté d'autres qui sont là pour prouver seulement qu'il faut de tout pour faire un monde!

spores de *T. flavovirens*

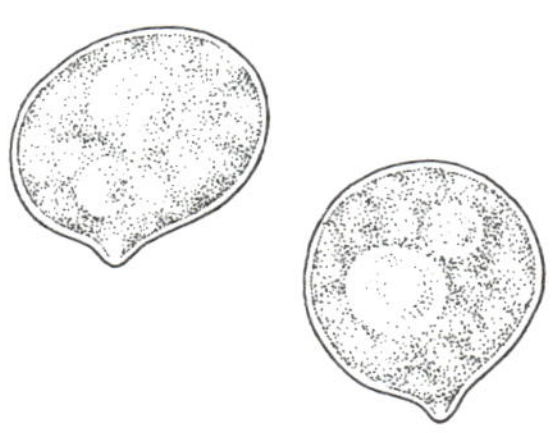

Tricholoma sulphureum

Tricholoma flavovirens

Tricholoma sejunctum

Tricholome émarginé

Le chapeau de cette espèce est d'abord campanulé-convexe, mamelonné puis étalé flexueux, ayant jusqu'à 12 cm de diamètre. Il est lisse, glabre, un peu visqueux par l'humidité, brillant par le sec. Il est jaune citrin verdâtre, plus ou moins foncé, brunissant au sommet, rayé surtout au centre de fines fibrilles innées d'un brun noirâtre. Mais il en existe des formes plus pâles, presque blanches, qu'on distinguera toujours à leur reflet jaune et à leur chair jaune sous la cuticule. Les lamelles sont peu serrées, très émarginées (d'où le nom de l'espèce), larges, blanches, se tachant parfois de jaune, surtout vers la marge. Le pied est plein, de 8 à 10 cm de haut et de 1 à 1,5 cm d'épaisseur, finement fibrilleux, pruineux squamuleux au sommet, blanc, parfois lavé de jaunâtre au milieu. La chair est compacte, humide, cassante, blanche, jaune sous la cuticule. La saveur est amère avec un arrière-goût très désagréable. L'odeur est à la fois de farine et de concombre. Les spores sont transparentes, pruniformes, ocellées, de 5 à 7 mu. On trouve cette espèce assez communément dans les forêts ombragées, aussi bien sous les conifères que les feuillus. Plus commune en montagne, elle n'est cependant pas rare dans la plaine. Son amertume et son odeur ingrate la rendent impropre à la consommation. La couleur du chapeau évoque souvent, vue de loin, certaines formes de l'Amanite phalloïde. Il faut ajouter que cette espèce est si changeante dans son coloris qu'elle a été décrite sous des noms différents jusqu'au moment où les mycologues ont pu se mettre d'accord sur son identité définitive.

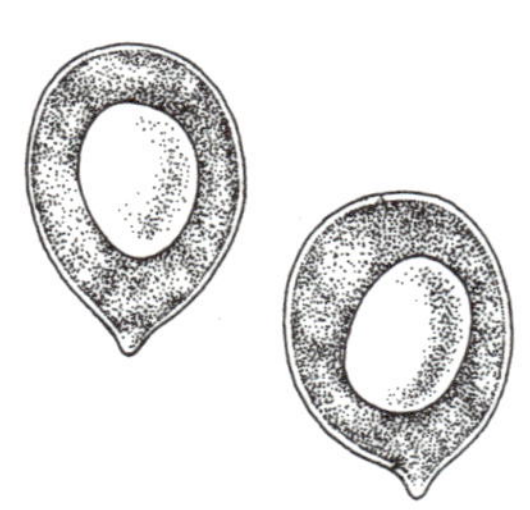

Tricholoma sulphureum

Tricholome soufré

Tricholoma flavovirens

Tricholome vert-jaune

Cette planche donne d'autres images des deux espèces déjà décrites et représentées à la page 165.

spores de *T. sulphureum*

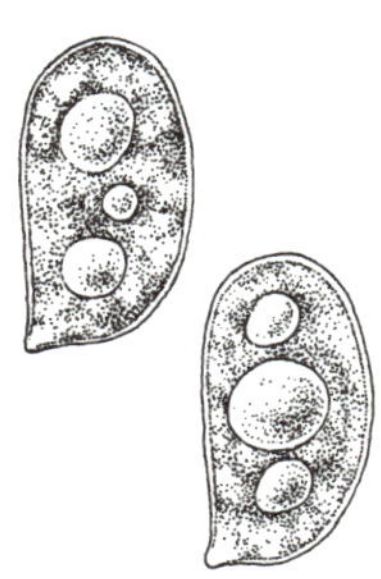

Tricholoma flavovirens

Tricholoma sulphureum

Tricholoma columbetta

Tricholome colombette

C'est un des tout premiers champignons qui aient reçu un nom officiel dès le XVIe siècle, par le botaniste Jean Bauhin, médecin des Princes de Montbéliard. Ce nom a été transmis par la tradition et adopté par Fries de qui part la nomenclature. Pendant longtemps les champignons furent considérés comme les enfants du hasard et on ne croyait pas à leur existence spécifique. Ce Tricholome-ci est tout blanc, avec quelquefois des taches bleues ou roses à la base du pied. Son chapeau est campanulé convexe, puis convexe plan, jusqu'à 10 cm de diamètre, humide, à peine visqueux par temps humide, puis soyeux, fibrilleux, satiné, ondulé, se fendant facilement. La marge est mince, enroulée au début, un peu veloutée au début. Les lamelles sont peu épaisses, serrées, largement émarginées, plus étroites vers la marge et frisottées sur l'arête. Le pied est plein, fibreux, cassant, atténué à la base, strié, soyeux, à peu près glabre, assez long par rapport au chapeau, taché de bleu vert, parfois de rose à la base. La chair est assez épaisse, fissile, blanche, sapide, et d'odeur faible mais agréable. Les spores sont transparentes, blanches en tas, ovoïdes, de 6 mu. On trouve cette espèce dans les bois feuillus, sous les chênes, en terrain siliceux seulement, et très tard en saison. C'est un des derniers champignons à récolter en forêt. Il possède un mycélium épais et tout blanc, qui enveloppe les racines des chênes, qui attire les sangliers qui en sont friands, alors qu'ils négligent complètement les carpophores eux-mêmes. C'est un bon comestible à ne pas confondre avec le *T. album,* tout blanc aussi, mais à lamelles très serrées, et dont la saveur est extrêmement poivrée.

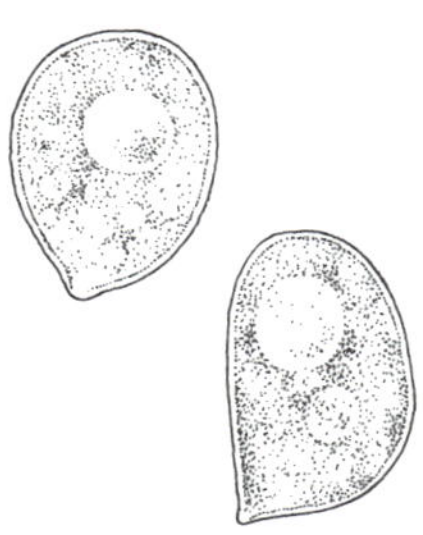

Tricholoma terreum

Tricholome terreux

Ce champignon extrêmement commun dans les bois de pins en automne – mais aussi sous les feuillus – est le type d'une série de champignons d'aspect semblable, caractérisés par un chapeau jamais visqueux, mais toujours velouté de gris et plus ou moins méchuleux. Celui-ci est de taille modeste, avec un chapeau de 4 à 8 cm de diamètre, facilement fendu radialement, couvert d'une toison villeuse, molle, soyeuse, gris souris, bistre et parfois noirâtre, comme saupoudrée de charbon. Les lamelles sont émarginées ou décurrentes en filet, dentelées, blanchâtres puis grises. Le pied est tendre, fragile, fibrillé floconneux, muni d'une cortine presque toujours invisible sinon sur les sujets en train de naître. Il est blanc, et parfois teinté de gris. La chair est fragile, blanche, douce et d'odeur insignifiante. La spore est pruniforme, ocellée, de 7 mu. On trouve ce Tricholome parfois avec une abondance prodigieuse surtout dans les bois de pins, où il croît en lignes qui suivent les racines des arbres. C'est un comestible agréable quand il est jeune, car plus tard il est tellement fragile qu'il est impossible de le récolter correctement. Une espèce voisine est très remarquable par sa taille plus grande, son chapeau plus massif, ses écailles plus abondantes, comme une toison, plus noires, et par son pied complètement couvert de petits flocons noirâtres. La chair plus épaisse que dans l'espèce précédente est blanche, de saveur agréable, et elle répand une odeur voisine de celle du clou de girofle. C'est un excellent comestible qui se trouve çà et là dans les forêts aussi bien de feuillus que de conifères, mais il est beaucoup plus rare que le *terreum,* et c'est bien dommage, vu sa qualité. C'est le *Tricholoma atrosquamosum.*

Armillaria mellea

Armillaire couleur de miel

Cette Armillaire peut aussi bien être considérée comme un Clitocybe qui aurait un anneau, car son espèce soeur *(C. tabescens)* n'en diffère que parce qu'elle en est privée. Cette Armillaire est très commune. Elle vit en parasite sur les arbrès vivants, mais se contente également de bois mort. Son chapeau a de 5 à 10 cm de diamètre, parfois bien davantage, il est blanchâtre, jaune, ocracé, fauve ou bistre, hérissé au centre de mèches poilues, olive ou brunes. La marge est mince, striée, couleur de miel. Les lamelles arquées sont adnées décurrentes par un large filet, blanches puis tachetées de brun. Le pied est élastique, fibrilleux, strié au sommet, jaunâtre, blanchâtre ou fauvâtre, brun, bistre ou olive à la base. L'anneau est membraneux, floconneux, épais, blanc, avec dans certaines variétés une belle bordure jaune vif. La chair est floconneuse et blanche, un peu piquante au goût. Cette espèce possède un mycélium en cordonnets noirâtres qu'il est facile de voir en soulevant l'écorce des arbres que ce champignon parasite. C'est une espèce collective, qui diffère d'aspect selon l'essence d'arbre à laquelle elle s'attaque. Le *Clitocybe tabescens* en diffère par l'absence d'anneau et aussi par le fait qu'il ne s'attaque apparemment qu'aux chênes et aux châtaigniers, alors que l'Armillaire s'en prend à n'importe quel arbre, et quand elle parasite un pommier, par exemple, il est condamné à mort. Car ses filaments mycéliens s'insèrent entre l'écorce et l'aubier. L'écorce finit par tomber, et l'arbre meurt. C'est un fléau forestier, mais aussi pour les arboriculteurs, qui sont désarmés devant son invasion.

spores d'*A. mellea*

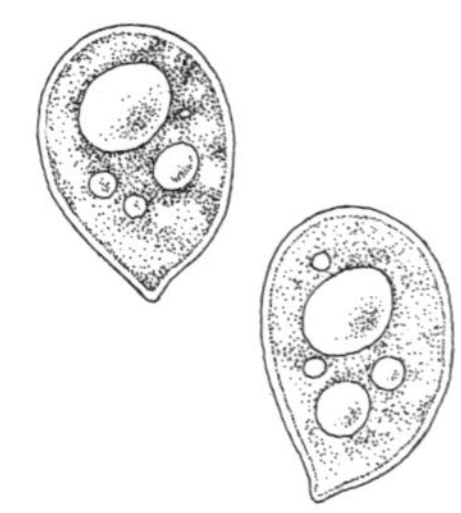

Armillaria mellea

Clitocybe tabescens

Lyophyllum connatum (Clitocybe)

Clitocybe en touffe

Ce Clitocybe étrange a un chapeau charnu, mince à la marge, convexe, à peine mamelonné, puis étalé et plan, jusqu'à 10 cm de diamètre, sinueux, absolument nu, à marge d'abord pruineuse et enroulée, entièrement blanc pur, à peine taché de gris dans la vieillesse. Les lamelles sont serrées, assez larges, tantôt adnées décurrentes, tantôt émarginées, blanches, puis crème. Le pied a de 10 à 15 cm de long sur 1 cm d'épaisseur. Il est égal ou renflé, d'abord plein, puis farci et enfin creux, souvent tortueux ou spiralé, glabre, farineux au sommet. Il est blanc ou blanchâtre et toujours conné avec ses voisins à la base. La chair est ferme, un peu élastique, blanche, douce, douée d'une odeur forte mais agréable qui évoque celle des fleurs de trèfle blanc. Les spores sont transparentes, blanches en tas, ovoïdes, granuleuses, de 5 à 6 mu. On trouve cette belle espèce uniquement en montagne, et uniquement sous les conifères, où elle se présente en touffes de nombreux individus soudés ensemble à la base. Elle forme parfois de beaux cercles, et c'est une bonne trouvaille car c'est un excellent comestible qui a l'avantage d'être inconnu de la plupart des amateurs. Il est très variable de taille et il est d'autant plus petit que les exemplaires de la touffe, dont il fait partie, sont plus nombreux. Il semble aussi que les spécimens trouvés sur terrain siliceux soient plus grands que ceux du calcaire. En tous cas, cette croissance en touffes interdit de le confondre avec le *Tricholoma album,* qui est toujours solitaire et a une saveur d'une âcreté insupportable.

Lyophyllum fumosum (= cinerascens)

Tricholome cendré

Le chapeau de cette espèce est charnu, élastique, convexe bossu, puis étalé et même déprimé à la fin. Il a jusqu'à 12 cm de diamètre. Il est lisse, glabre, sec, blanc grisâtre, plus souvent d'un gris cendré, pâlissant et brillant par le sec. La marge est mince, enroulée, lisse, festonnée, et la cuticule est séparable. Les lamelles sont serrées, adnées sinuées, courtement émarginées, aiguës vers la marge, assez larges, séparables, parfois un peu veinées à la base, blanc grisâtre. Le pied est plein, élastique, souvent épaissi à la base, où il se trouve relié à ses voisins et souvent tous les pieds semblent sortir d'une base commune et ramifiée. La chair est tenace, épaisse, blanc grisâtre, un peu amère crue, mais cette amertume disparaît complètement à la cuisson. Les spores sont transparentes, blanches en tas, presque sphériques, à contenu granuleux. On trouve cette espèce dans les bois feuillus, dans l'herbe à leur lisière, et en cercles étendus. C'est un très bon comestible. Longtemps cette espèce a été considérée comme un Clitocybe ou un Tricholome. C'est le mycologue français R. Kühner qui a trouvé la clef de l'énigme ; il a découvert en effet que toutes ces espèces distribuées autrefois dans plusieurs genres différents offraient toutes une particularité bien étrange : la cellule de base de leurs basides présente une réaction rouge des granulations qui prennent cette teinte en présence du carmin acétique bouillant. Il a donc réuni dans le genre *Lyophyllum* toutes les espèces qui présentent ce caractère, ce qui a bien éclairci un coin difficile de la classification. Si beaucoup de genres nouveaux sont hasardeux, celui-ci au moins a pour lui l'évidence et la clarté.

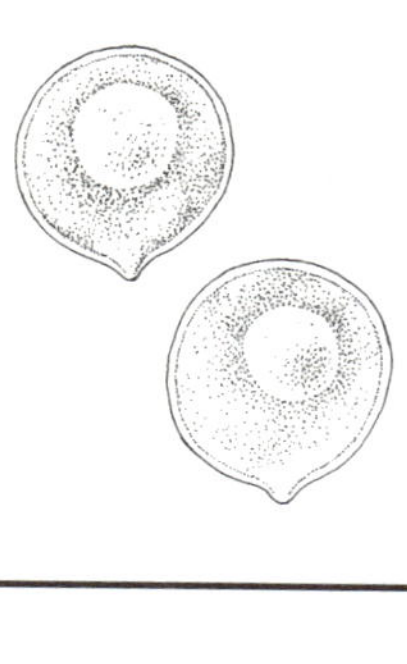

Tephrocybe atrata (ex *Collybia*)

Collybie noirâtre

Cette curieuse petite Collybie ne vit guère que sur les places à charbon, ou sur de la terre brûlée. Son chapeau est mince, convexe ombiliqué, puis déprimé, de 3 à 5 cm de diamètre, glabre, lisse lubrifié translucide, faiblement strié et brun noirâtre par l'humidité, mais par le sec brillant et brun olivâtre, pâlissant. Les lamelles sont adnées, sinuées, puis arquées décurrentes, assez serrées, étroites, blanchâtres puis grises. Le pied est farci puis creux, tenace, souple, cartilagineux à l'extérieur, luisant, de la même couleur que le chapeau, puis plus pâle. La chair, très mince, brun pâle, a une odeur désagréable et une saveur de farine rance. Les spores sont transparentes, ellipsoïdes, de 5 à 6 mu. On la distingue à ce qu'elle pousse toujours en touffes de 5 ou 6 individus soudés par la base, et à son odeur qui peut être très puissante.

Quant au *Geopetalum carbonarium,* c'est aussi une de ces espèces de la terre brûlée. On l'a longtemps pris pour une Chanterelle, à cause de sa forme en entonnoir évasé. Son chapeau a de 2 à 5 cm de diamètre, il est festonné et coriace, translucide, strié, rugueux, gris ou bistre noirâtre. Les lamelles sont décurrentes, droites, étroites, très ramifiées, blanches puis grisonnantes, hérissées à la loupe de petits aiguillons transparents. Le pied est plein, tenace, radicant et strié, un peu floconneux et blanc. La spore est ellipsoïde allongée, de 10 mu. C'est une des espèces les plus fréquentes sur les places des anciens feux, et si on l'a prise longtemps pour une Chanterelle alors que ses affinités sont du côté des Pleurotes, c'est à cause de ses lamelles décurrentes, étroites et fourchues, mais c'est un *Geopetalum* typique.

spores de *T. atrata*

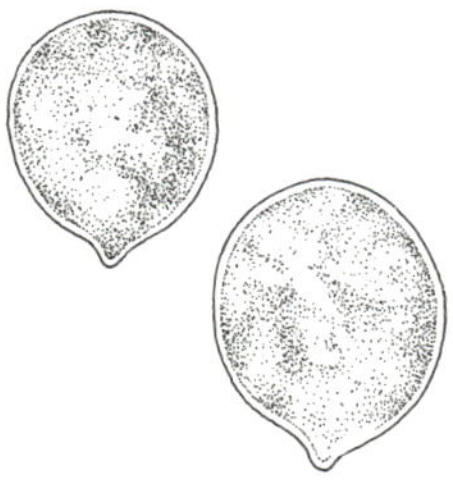

Geopetalum carbonarium

Tephrocybe atrata

Calocybe gambosa (georgii)

Tricholome de la Saint-Georges

C'est le fameux « mousseron de printemps », que beaucoup de mycologues considèrent comme le meilleur de tous les comestibles. Il a un chapeau blanc, crème, et dans certaines « races », couleur de croûte de pain, c'est-à-dire d'un beau brun clair soutenu. Il est d'abord hémisphérique puis convexe, tout nu, avec une marge enroulée et blanche. Les lamelles sont émarginées, très étroites, blanches puis crème. Le pied est épais, de 1 à 3 cm de diamètre et son épaisseur est en rapport avec le développement du chapeau qui peut avoir de 6 à 15 cm de diamètre. La chair est compacte, blanche, ferme et tendre en même temps, d'odeur particulièrement suave, qui évoque à la fois celle de la farine fraîche et celle des inflorescences d'hortensias. Cette espèce délicieuse pousse en avril–mai dans les pâturages où elle dessine de beaux cercles, au bord des forêts, dans les friches et les vergers, toujours en terrain calcaire. Elle fait l'objet d'une recherche passionnée, et dans les prés elle a malheureusement à souffrir d'engrais chimiques qui la font mourir. On trouve des cercles où ce mousseron est blanc pur, et à côté d'autres cercles où il est tout brun. Il s'agit probablement de deux races à peine distinctes. Il en existe aussi une variété *palumbina,* nuancée de lilas au centre du chapeau, et une autre appelée *graveolens,* c'est-à-dire à odeur forte, qui est vraiment fétide, et aussi très rare. Beaucoup de mycologues ne l'ont jamais rencontrée. Pour la cuisine, un champignon aussi délicat ne saurit accepter d'autre assaisonnement que du beurre dans lequel on le fait réduire, et de la crème mêlée d'un jaune d'oeuf pour assurer le lien. Toute autre adjonction serait barbare. A ne pas confondre avec *Inocybe patouillardi,* très toxique (voir p. 252).

spores de *C. gambosa*

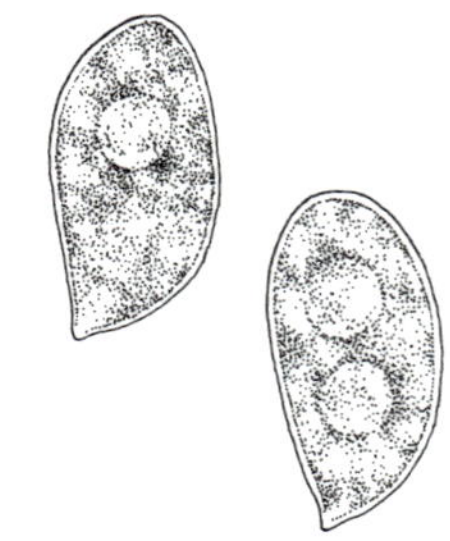

Calocybe gambosa

Inocybe patouillardi

Aspropaxillus giganteus

Clitocybe gigantesque

C'est un champignon vraiment énorme avec un chapeau charnu, déprimé puis en forme d'entonnoir, jamais mamelonné, atteignant fréquemment 40 cm de diamètre, d'abord glabre, lisse, doux au toucher comme la peau d'un gant, puis à cuticule se crevassant et plus claire au fond de ces fentes, d'abord blanchâtre, puis devenant jaunâtre, et passant enfin au roussâtre, surtout dans les endroits ensoleillés. La marge est d'abord fortement enroulée, poilue, puis glabre, souvent ondulée et festonnée, à la fin ridée et sillonnée. Les lamelles sont très serrées, faiblement décurrentes, séparables comme celles des Paxilles, inégales, minces, étroites, quelque peu veinées et rameuses près du pied. Ce pied est épais, de 2 à 5 cm, court par rapport au volume du chapeau, égal ou un peu bulbeux, glabre, puis rugueux et parfois crevassé sur sa longueur, plein, concolore ou plus pâle. La chair est blanchâtre, ferme, élastique, puis molle, aqueuse, douce, d'odeur faible. Les spores blanches en tas ont de 6 à 9 mu. On trouve cette espèce surtout sous les sapins et dans les pâturages de montagne qui bordent leurs forêts. Très souvent en cercles considérables, et c'est le seul champignon qui dessine des cercles verts dans les prairies siliceuses. Ce champignon est comestible, mais de saveur insignifiante et de consistance peu agréable. Il se distingue facilement des Clitocybes *geotropa* et *maxima,* car il a l'aspect d'une énorme Russule du groupe *delica,* ou d'un gros *Lactarius vellereus.* Le revêtement et la couleur du chapeau sont complètement différents, ainsi que la silhouette, plus trapue et plus massive. Le pied en particulier est en général plus court et plus massif que sur les exemplaires qui figurent ici.

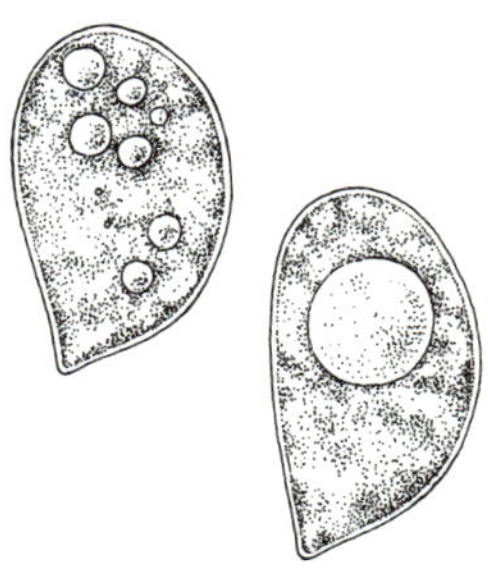

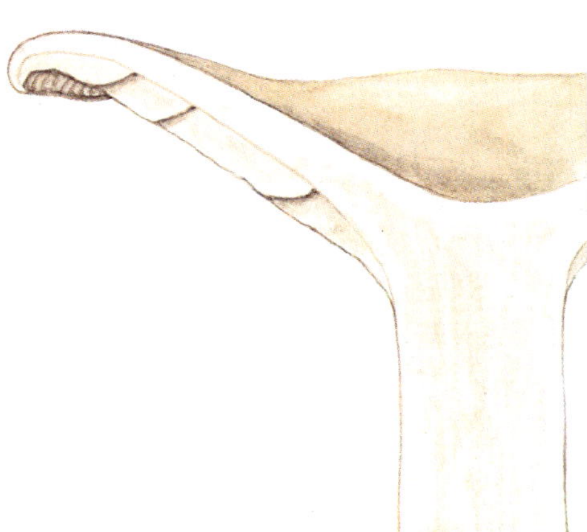

Melanoleuca brevipes

Tricholome à pied court

Cette espèce est un bon représentant de ce genre *Melanoleuca* qu'on a retiré des Tricholomes pour de très bonnes raisons. Une fois n'est pas coutume ! Ce sont des champignons tricholomoïdes mais dont les particularités sont évidentes : un chapeau toujours nu et fortement mamelonné, des lamelles très serrées et blanches, fortement émarginées, et régulièrement pourvues d'énormes cystides qui n'appartiennent à aucune autre série de ce groupe. Elles ont de plus, toutes tant qu'elles sont, une « physionomie » si personnelle qu'avec fort peu d'habitude, on sait qu'on est en présence d'un *Melanoleuca*. En outre, le pied est toujours cylindrique, fibrilleux, et très souvent teinté de sépia ou de noir soit à l'extérieur soit en dedans. De là ce nom barbare de *Melanoleuca,* qui signifie blanc et noir. Cette espèce-ci est bien appelée à pied court, car ce pied fait à peine le tiers du diamètre du chapeau, qui peut avoir de 5 à 12 cm de diamètre. Il est fortement coloré de brun bistré dedans comme dehors. Le pied est raide, très court, brun bistre, de même à l'intérieur. La chair est bistrée au début, mais elle pâlit et devient peu à peu blanchâtre. Elle a comme toutes les espèces de ce genre une odeur farineuse et aigre en même temps. On la trouve en automne dans les forêts sur les tas de feuilles mortes et décomposées, ou sur les débris d'écorces, et dans les jardins et les vergers aussi. C'est un médiocre comestible. Les espèces de ce genre sont nombreuses et souvent difficiles à déterminer, car il semble bien qu'il y ait entre elles des formes de passage auxquelles il n'est pas facile d'attribuer un nom.

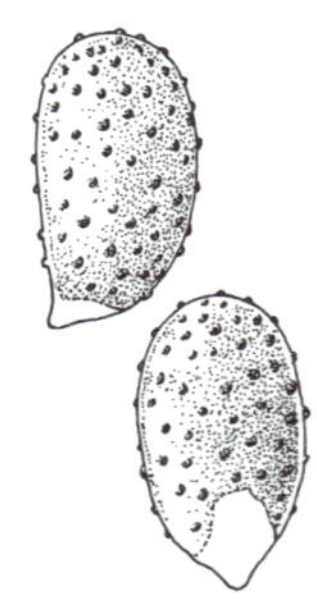

cystides

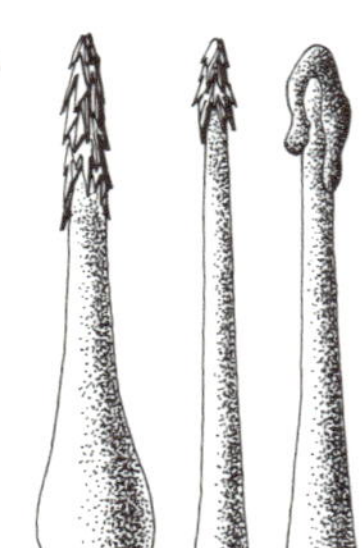

Catathelasma imperiale

Armillaire impériale

C'est un de ces champignons si personnels qu'il a bien fallu créer un genre exprès pour eux. Car ce fut une Armillaire, à cause de son magnifique anneau double. Et comme *Catathelasma* est un nom si ridicule qu'il est impossible d'en donner une forme française, on continue dans le langage courant à l'appeler Armillaire. Ce n'est pas un crime ! On en a d'ailleurs fait aussi un Clitocybe et un *Biannularia.* Son chapeau a de 8 à 18 cm de diamètre. Il est charnu, très compact, convexe puis aplani, sec, brun chamois ou châtain, couvert de débris blancs et floconneux du voile. La marge est très fortement enroulée. Les lamelles sont assez serrées, décurrentes, souvent fourchues, étroites, blanc crème, enfin café au lait. Le pied est solide, épais, dur, atténué en bas par une pointe, difficile à arracher tout entier, tant il est attaché à son mycélium mycorhizique, souvent gercé transversalement, blanc d'abord puis ocracé pâle. Il porte à son sommet un anneau membraneux, parcheminé, solide, bistre, double, car il est fait en dessous des restes du voile général, et en dessus des restes du voile partiel qui recouvrait les lamelles. La chair est dure, lourde, aigrelette, et elle exhale une odeur peu plaisante de concombre. On trouve cette robuste espèce dans les forêts d'épicéas, surtout sous les arbres encore jeunes. Autrefois connue seulement en montagne, elle a suivi les conifères dans les plantations de la plaine. Elle n'est jamais très commune, et souvent difficile à apercevoir, car elle se forme en profondeur et elle affleure à peine à la surface du sol. Sa chair trop compacte et d'odeur désagréable en fait un comestible en dessous du médiocre.

Collybia (Marasmius) peronata

Marasme chaussé

Ce Marasme (dont certains font une Collybie) est un des plus communs parmi les Marasmes forestiers. Il a un chapeau convexe ou presque plan, blanchâtre par le sec, mais plus souvent chamois terne, brun bistré, ou jaune sale roussâtre. Sa taille varie de 4 à 6 cm de diamètre. Les lamelles sont assez serrées, roussâtre pâle, puis brunâtres. Le pied est gris jaunâtre, tubulaire, raide et élastique à la fois, et on le reconnaît entre tous aux longs poils laineux qui l'entourent à la base. La chair est très mince, ocre, de saveur extrêmement poivrée. La spore est ovoïde, de 10 mu, ocellée. Cette espèce se trouve très souvent dans les tas de feuilles mortes, surtout de hêtre, souvent en troupes nombreuses, et comme tous les Marasmes elle est capable de se ratatiner par le sec et de reprendre ses formes quand il pleut. Non comestible à cause de son âcreté. Quant à la Collybie confluente *(C. confluens)* elle a un chapeau de 2 à 3 cm de diamètre, tenace, campanulé convexe, puis plan, translucide, incarnat violeté blanchissant par le sec. Les lamelles sont libres, puis écartées, très serrées, blanc carné. Le pied est fistuleux, tenace, grêle, souvent comprimé et comme aplati, incarnat ou purpurin, et il est entièrement couvert d'un velours laineux et blanc, mais il est nu tout au sommet. La spore est ovoïde, pointillée, et de 7 mu. On trouve cette espèce en grosses touffes et en cercles dans les forêts ombragées en été et en automne. Elle est assez commune et, vu sa petite taille, elle ne présente aucun intérêt en tant que comestible.

spores de *C. peronata*

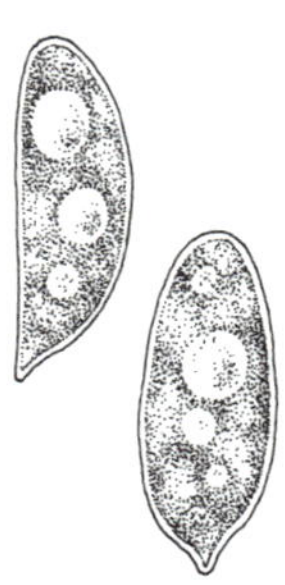

Collybia peronata

Collybia confluens

Collybia dryophila

Collybie amie du chêne

C'est un champignon qu'on peut trouver partout, et malgré son nom d' « amie du chêne », elle est encore plus commune sous les conifères. Son chapeau a de 2 à 3 cm de diamètre, exceptionnellement davantage. Il est déprimé, tenace, roux, fauve, ocre crème, et parfois tout blanc. Il pâlit toujours avec le temps et, par le sec, devient luisant. Les lamelles serrées sont à peu près libres, étroites, blanc crème et parfois jaune jonquille. Le pied est tenace, glabre, brillant, jaune vif ou jaune d'ambre. La chair est mince, blanche, sapide et parfumée. La spore est pruniforme, de 7 mu. Cette petite espèce apparaît dès le printemps, et ses poussées successives se suivent tout l'été jusqu'à la fin de l'automne. Malgré sa petite taille, quand elle surabonde, elle mérite la récolte en éliminant les pieds qui sont coriaces, car ce modeste champignon est très parfumé et relève la fadeur d'autres espèces moins bien douées. Il en existe une variété *funicularis* qui vit dans les grandes mousses, plus petite mais dont les lamelles sont jaune d'or, et une autre à peine distincte *oedematopus* (à pied gonflé), dont le pied est pourvu d'un renflement presque bulbaire à la base. Le point le plus intéressant de cette espèce est son ubiquité, puisqu'on la trouve sous toutes les essences, à toutes les altitudes, et en toute saison. Sous les sapins en particulier, elle est toujours la première à pointer au printemps, souvent même avant les Morilles. Elle annonce le début de la saison mycologique, et les derniers exemplaires en novembre en prononceront la clôture. On notera aussi que c'est un saprophyte pur, qui se nourrit exclusivement des feuilles mortes ou des aiguilles tombées.

Collybia butyracea

Collybie à odeur rance

Cette Collybie peu attirante a un chapeau de 4 à 5 cm de diamètre, toujours obtusément mamelonné, humide, de toucher gras, lisse, brun sale, bistre ou bai, pâlissant avec l'âge, souvent blanchâtre au bord. Les lamelles sont presque libres, assez larges, serrées, crénelées et blanches. Le pied est spongieux, cortiqué, conique, strié, roux ou bistré, bien renflé et laineux à la base. La chair est rousse, mais elle blanchit avec le temps. Elle a une saveur fade et une odeur de beurre rance peu agréable. La spore est en virgule, de 8 mu, finement aculéolée. On trouve cette espèce dans les bois, surtout le long des sentiers, en automne, souvent en grandes troupes. Elle se plaît aussi dans les jeunes sapinières dont elle est un de premiers occupants. Elle n'a aucun intérêt comme comestible. Quant à sa variété *asema,* figurée ci-dessous, elle s'en distingue à peine par sa taille un peu moindre, et sa couleur tirant plus sur le gris que sur le brun. De plus, son pied est moins renflé à la base et plus évidemment cylindrique. Mais beaucoup de mycologues considèrent cette *Collybia asema* (ce qui signifie « sans caractère ») comme une simple forme de la précédente. En tous cas les détails microscopiques sont identiques, ainsi que l'odeur si particulière. De là à conclure à l'identité spécifique de ces deux formes, il n'y a pas très loin. On les trouve d'ailleurs ensemble, *asema* s'aventurant toutefois hors des bois, dans l'herbe des lisières, et c'est peut-être cet habitat qui est responsable de la différence d'apparence extérieure.

spores de *C. butyracea*

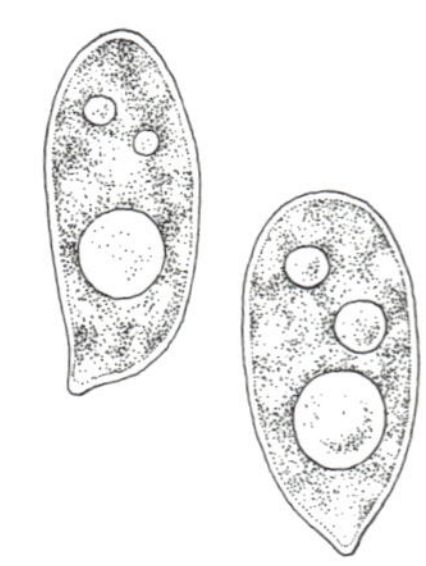

Collybia asema

Collybia butyracea

Collybia maculata

Collybie tachetée

C'est la plus élégante des Collybies. Pour commencer, son chapeau de 5 à 10 cm de diamètre est tout blanc, hémisphérique puis convexe plan, mais jamais tout à fait plat. Mais sa blancheur éclatante se tache peu à peu de points couleur de rouille. Il est absolument glabre et lisse. La marge est très mince et enroulée. Les lamelles sont d'un blanc pur, puis crème, puis se tachant d'un pointillé rouge brun. Elles sont extraordinairement serrées, libres, et finement dentelées sur l'arête. La chair est toute blanche, humide, un peu amère. La spore est ovoïde, de 6 mu, rosée en masse. Le pied est remarquable, tenace, tortu, ondulé, farci d'abord puis creux. On trouve cette espèce assez communément en touffes de 5 à 10 individus connés à la base et en cercles parfois étendus dans les forêts, surtout sous les conifères, mais aussi sous les feuillus et surtout sous les chênes. Sa blancheur qui la fait distinguer de loin évoque assez peu une Collybie, et on a souvent l'illusion qu'on va trouver quelques Psalliotes intéressantes. Ce n'est que de près qu'on s'aperçoit de sa méprise. Mais toute confusion est impossible, puisque les Collybies ont des lamelles blanches et jamais d'anneau. On remarquera aussi son pied tortu, qui est un caractère fréquent chez les Collybies, puisque l'une répond au nom de *distorta,* et la Collybie à pied en fuseau a aussi un pied non seulement fusiforme, mais souvent enroulé en spirale sur lui-même. Malgré son aspect tentant, cette espèce n'est pas comestible à cause de son amertume. Les anciennes Flores la donnaient même comme « suspecte », mais elle n'est sûrement pas toxique.

Hohenbuehlia (Acanthocystis) petaloides

Pleurote pétaloïde

Hohenbuehlia est le type de ces noms tellement barbares adoptés par les mycologues d'Europe centrale. *Acanthocystis* vaudrait beaucoup mieux, car il fait allusion à une particularité de ce genre voisin des Pleurotes, qui est de posséder des cystides superbes et aiguës. Mais pour la commodité, on dit toujours dans la conversation Pleurote, et tout le monde comprend. Tous ces *Acanthocystis* sont à demi terrestres, et leur chapeau n'est presque jamais entier. Il a la forme d'un éventail qui s'enroule plus ou moins en entonnoir. Celui-ci a un chapeau de 5 à 10 cm de diamètre, mince, atténué à la base, en forme de spatule, à pied latéral, comprimé en gouttière, bai brun, glabre, couvert d'une épaisse couche gélatineuse. Les lamelles sont très décurrentes presque jusqu'à la base, serrées, très étroites, blanc crème. La spore est ovoïde de 9 mu, finement chagrinée. De grosses cystides apparaissent entre les basides des lamelles. La chair est mince et d'odeur agréable. Cette espèce est comestible malgré la gélatine de son chapeau et son élasticité remarquable, mais sans grand mérite. On la trouve fréquemment autour des vieilles souches décomposées, et aussi dans les tas de sciure où elle prend parfois des proportions gigantesques. C'est d'ailleurs un phénomène constant que les champignons lignicoles qui ont pu s'installer sur de la sciure y deviennent géants à cause de l'abondance de la nourriture toute préparée qu'ils y trouvent. Ces formes géantes sont purement stationnelles et il n'y a pas de quoi en faire des variétés.

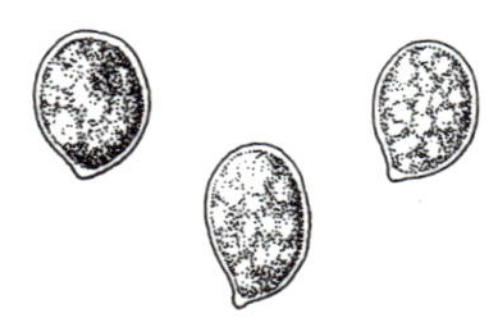

cystides

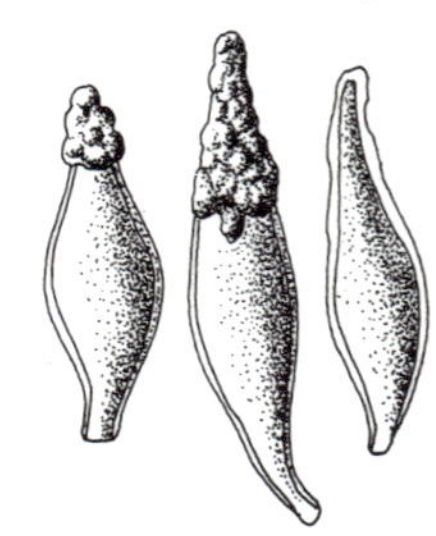

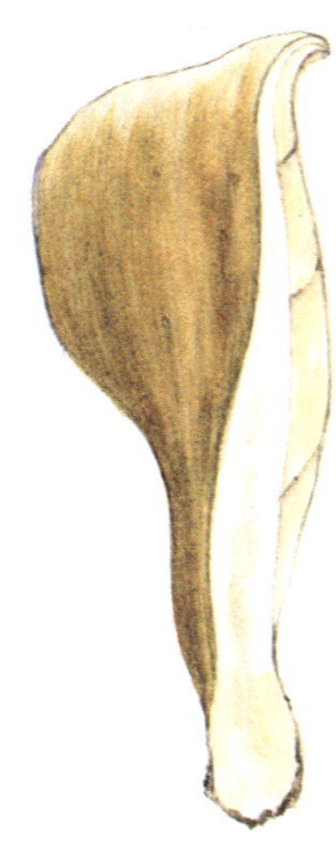

Megacollybia platyphylla

Collybie à larges lamelles

Cette Collybie a un chapeau de 5 à 12 cm de diamètre. Il est humide, bistré ou gris pâle, rayé de fibrilles bistre, pâlissant par le sec, et alors grivelé et souvent gercé. Les lamelles sont très larges, émarginées et tronquées, espacées et blanches. Le pied est épais, fibrillo-strié, blanchâtre, s'élevant hors d'un lacis de cordons mycéliens blancs, solides, et qui peuvent s'étendre sur plusieurs mètres sous les feuilles mortes qui sont son habitat. Ces filaments qui avaient intrigué les premiers mycologues avaient été pris pour une espèce mystérieuse, qu'ils avaient appelée *Rhizomorpha xylostroma,* avant de s'apercevoir que c'était simplement le mycélium de cette Collybie. C'est en tous cas le mycélium sans doute le plus monumental qu'on puisse rencontrer. La chair est très mince, sans odeur ni saveur. La spore est ovoïde sphérique de 8 mu. On trouve cette espèce qui n'est pas rare dès le premier printemps dans les forêts feuillues et sa fructification dure toute la saison. Il en existe dans les montagnes une forme, *Collybia lacerata,* qui lui ressemble en plus faible et qui ne croît que sur les vieilles souches de conifères. Elle se distingue surtout du type par le fait qu'elle ne forme pas ces cordons mycéliens si caractéristiques. Elle est aussi plus tardive en saison. Ces deux espèces sont comestibles, mais peu charnues et plutôt insipides. Toutefois, la première, quand on la trouve toute jeune et encore fermée, est assez agréable, et étant donné sa précocité, elle est une ressource à ne pas négliger par les amateurs. Son inconvénient est de presque toujours se montrer par exemplaires isolés, de sorte qu'il n'est pas facile d'en faire une récolte convenable.

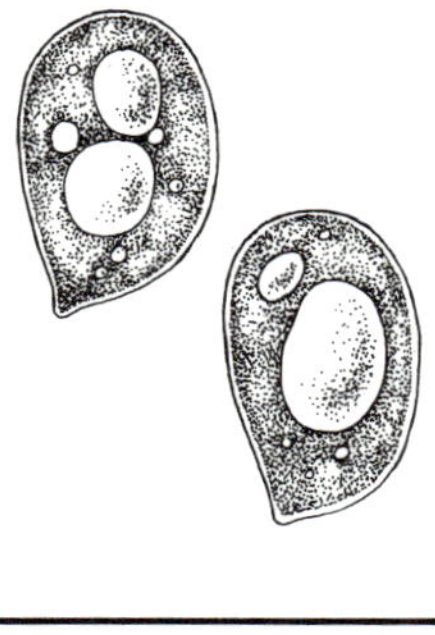

Oudemansiella (Collybia) mucida

Collybie muqueuse

Ce fut une Armillaire à cause de son anneau, puis une *Mucidula* à cause de sa viscosité, puis une *Oudemansiella* pour simple cause de priorité. En fait, c'est simplement une Collybie annelée, et il était inutile de se creuser la tête pour lui donner à toute force un autre nom. Cette espèce se présente avec un chapeau convexe étalé, de 3 à 5 cm de diamètre, mou, veiné, ridé, incroyablement glutineux, au point qu'il est difficile de le saisir entre les doigts, translucide, tout blanc, jaunissant ou grisonnant à la fin. Les lamelles sont sinuées, arrondies et décurrentes en filet, espacées, blanc de neige. Le pied est raide, épaissi à la base, blanc, glutineux comme le chapeau, strié au-dessus de l'anneau qui est supère (c'est-à-dire tourné vers le haut), ténu et cannelé par l'impression des lamelles. La spore est grande, sphérique, de 15 à 18 mu. Ce champignon est un parasite des hêtres morts ou malades. Il s'introduit dans son hôte à la faveur d'une blessure, branche arrachée par le verglas par exemple, et de là gagne l'ensemble de l'arbre en élargissant sa station de haut en bas. On voit souvent de vieux hêtres qui portent des centaines d'exemplaires de cette espèce jolie à voir à cause de sa blancheur éclatante, mais répugnante par sa viscosité extrême, et qui est peut-être bien un record parmi les champignons à lamelles. Le mycélium attaque le bois non seulement mort mais encore sain, et provoque une pourriture assez active et blanche. On trouve cette espèce en automne après les grandes pluies qui lui sont nécessaires. Il ne semble pas qu'on l'ait jamais observée sur d'autres arbres que le hêtre.

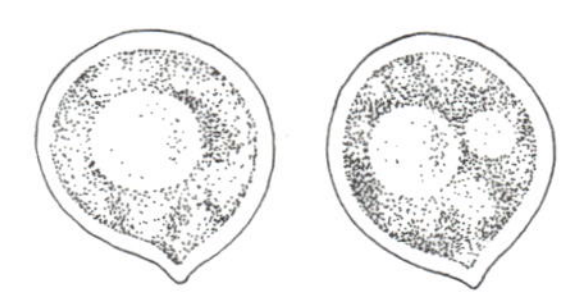

Oudemansiella (Collybia) radicata

Collybie radicante

Cette Collybie a un chapeau de 4 à 10 cm de diamètre, convexe plan, légèrement mamelonné, ridé, glutineux, bistre jaunâtre et parfois blanchâtre. C'est sa viscosité et ses rides radiales qui la font reconnaître sous toutes ses couleurs. Les lamelles sont libres, espacées, larges et blanches, parfois liserées de bistre dans la forme *marginata*. Le pied est farci puis creux, élancé, très long, rigide, atténué au sommet, épaissi à la base, terminé inférieurement par une longue racine pointue enfouie dans le sol. Il est élastique, striolé sillonné, souvent tordu sur lui-même et spiralé, plus foncé que le chapeau. Il est parfois granulé de bistre à la base, surtout dans la forme *marginata*. La chair est très mince, douce et inodore. Les spores sont allongées, de 16 mu sur 10. La face des lamelles présente de grosses cystides très allongées en forme de sac. Comestible, mais peu engageante. On trouve cette espèce communément dans les bois autour des souches où sa fausse racine plonge dans le bois mort enterré. La *Collybia longipes* n'en diffère que par la nature de son revêtement qui est absolument sec et entièrement velouté, hérissé de courts poils roux ou fauves. Les lamelles sont libres, ventrues, espacées, d'un blanc de lait. Le pied est long et radicant comme celui de l'espèce précédente, et il est entièrement velouté de fauve comme le chapeau. La chair est blanche, plus épaisse que celle de *radicata,* d'un goût très fin, elle a une odeur de noix fraîche. Plus rare, cette Collybie se trouve dans les mêmes stations que la précédente, et c'est un agréable comestible, sauf le pied qui est presque ligneux.

cystides d'*O. radicata*

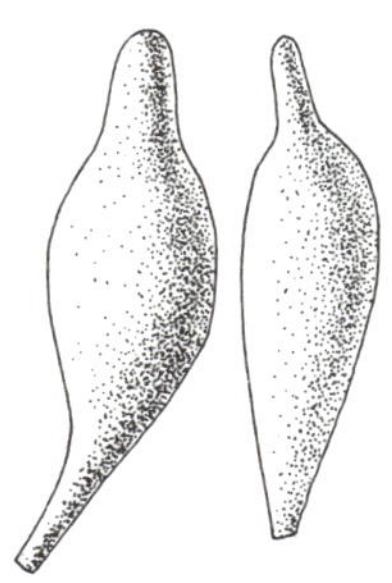

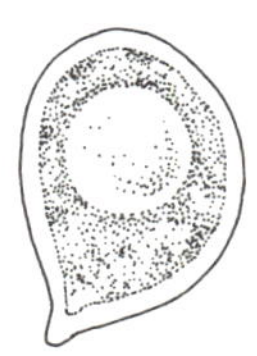

spore d'*O. radicata*

Collybia longipes

Oudemansiella radicata

Strobilurus (Collybia) esculenta

Collybie comestible

Cette petite Collybie est le type d'une série souvent bien difficile à déterminer à l'œil nu. A moins de beaucoup d'expérience, le microscope est nécessaire pour démêler cet ensemble qui a non seulement la même allure mais aussi les mêmes habitudes ; puisque toutes ses espèces poussent sur les cônes d'épicéas ou de pins plus ou moins enfouis dans le sol. Cette espèce-ci a la particularité d'apparaître dès la fonte des neiges, en montagne, sur les cônes d'épicéas, et souvent en quantités innombrables. Elle a un petit chapeau de 1 à 2 cm de diamètre, hémisphérique puis aplani, orbiculaire, glabre, mat, roux, bistre brun, gris bistre ou parfois blanc de lait. Dans ce dernier cas, qui est rare, on est en présence d'une forme albinique de l'espèce. Les lamelles sont sinuées, très serrées, libres, ventrues, blanc de neige, parfois avec un reflet bleuâtre, et grisâtres à la fin. Le pied est très grêle, très tenace, finement poilu à la loupe, souci fauve, brillant, pruineux et blanc au sommet. Il est terminé par une longue racine stoloniforme, laineuse et brune qui sort du cône d'épicéa colonisé. Plusieurs exemplaires peuvent sortir en même temps du même cône. La chair est blanche, légèrement amère. Ces espèces de cônes sont comestibles, mais leur petite taille est décourageante. La figure ci-dessous montre les différences qui affectent les spores et les cystides des *C. tenacella, esculenta* et *stephanocystis. Stephanocystis* signifie « à cystides couronnées, » et l'énorme cystide, figurée au milieu, montre bien à quel point elle diffère de celles des espèces voisines. Une terrible synonymie a trop longtemps régné dans ce groupe.

cystide et spores de *C. esculenta*

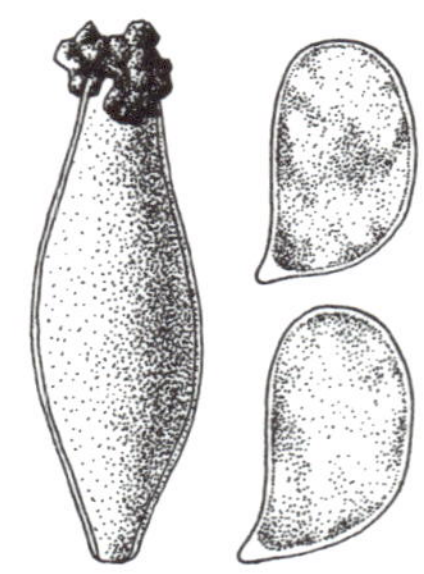

cystide et spores de *C. stephanocystis*

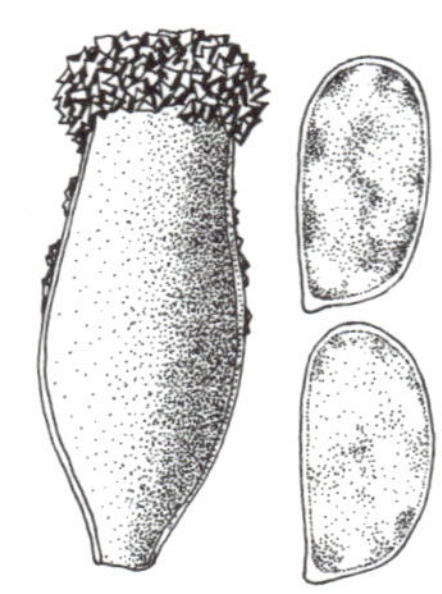

cystides et spore de *C. tenacella*

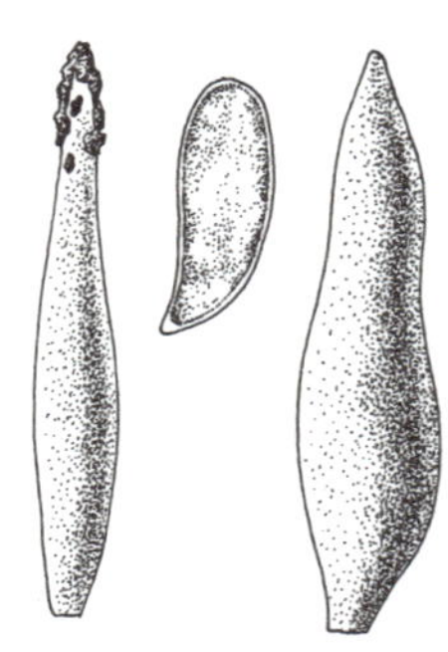

Collybia esculenta et *stephanocystis*

Collybia tenacella

Marasmius rotula

Marasme rotacé

C'est un tout petit Marasme, et le type le plus fréquent de tous ceux qui colonisent les brindilles et le bois mort. Il a un chapeau campanulé convexe, de 4 à 8 mm de diamètre, membraneux, sillonné ombiliqué, tout plissé par le fond des lamelles qui affleurent l'épiderme, crénelé sur les bords, blanc de neige. Les lamelles sont adnées et se rejoignent curieusement près du pied de façon à former autour de lui un tube très court, qu'on appelle un collarium. C'est là une forme très rare de l'attache des lamelles et c'est chez cette espèce qu'elle est le plus facile à distinguer. Ces lamelles sont larges, espacées et blanches. Le pied est fistuleux, filiforme, corné et tenace, bistre ou bai noir. Il est brillant et strié par le sec. La spore est ovoïde lancéolée, de 10 mu, finement pointillée. Cette petite espèce est très commune du printemps à l'automne sur les brindilles, où elle s'épanouit en bouquets, et il arrive qu'une branche en soit couverte. Cette espèce n'a pas de chair, et elle semble n'être faite que de ses lamelles. Comme elle est tellement mince, elle se dessèche rapidement, et il est difficile de la voir dans toute sa fraîcheur. Le plus souvent, elle est toute ratatinée par le sec. Mais vienne une averse, et les carpophores se regonflent et ils reprennent leur apparence première. C'est d'ailleurs là un des caractères principaux des Marasmes de pouvoir se dessécher et d'être reviviscents quand il pleut. Cette espèce-ci servira de point de repère pour déterminer peu à peu toutes ses analogues qui ont le même habitat et le même habitus. Le Marasme des graminées *(M. graminum)* lui ressemble beaucoup par la texture, mais il est plus petit, brun fauve, et pousse sur les vieilles souches d'herbe dans les prés.

cheilocystides et spore de *M. rotula*

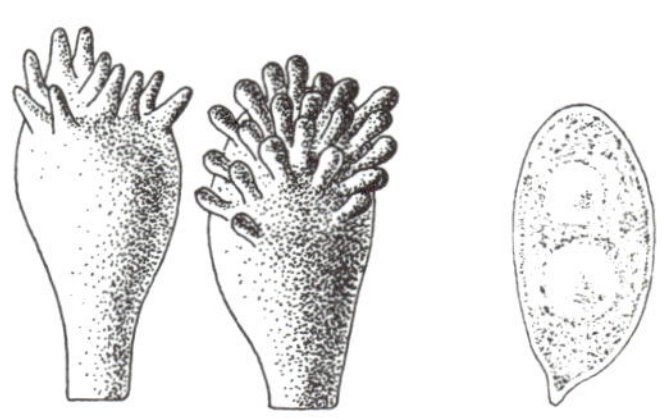

Marasmius graminum

Marasmius rotula

Marasmius scorodonius

Marasme à odeur de poireau

Le chapeau de ce Marasme a un disque assez charnu, mince à la marge, campanulé convexe puis plan et déprimé au centre, jusqu'à 3,5 cm de diamètre, tenace, lisse puis ridé, un peu translucide, incarnat fauve et strié par l'humidité, blanc paille par le sec et dans la vieillesse. Les lamelles ne sont pas très serrées, adnées sinuées, aiguës vers le bord du chapeau. Elles sont inégales, crépues, assez épaisses, étroites, blanchâtres ou avec un reflet incarnat. Le pied est fistuleux, corné, poli et brillant, plus large en haut, fauve ou brun rouge, souvent plus clair au sommet et plus sombre à la base. La chair est très mince, pâle, plus foncée dans le pied. Elle présente une odeur entre celle de l'ail et celle du poireau. On peut l'utiliser comme condiment. Les spores sont transparentes, ovoïdes, apiculées à la base, de 7 mu. On trouve cette espèce en troupes nombreuses sur sol sablonneux surtout dans les forêts de conifères en été et en automne. Elle n'est pas très commune. Elle fait partie d'une série d'espèces qui présentent des odeurs alliacées analogues. Quant au Marasme androsace *(M. androsaceus)* il est tout petit, de 5 à 10 mm au plus, d'abord bistre puis blanchâtre avec des lamelles serrées, étroites, incarnat grisâtre. Le pied est fistuleux, corné, tenace, brun noir, strié et tordu par le sec. On le trouve en compagnie d'une autre espèce qui lui ressemble beaucoup, le *M. perforans,* qui s'en distingue surtout par une odeur repoussante d'ordures fermentées, et par les longs filaments mycéliens noirâtres dont il couvre les aiguilles de sapin dont il se nourrit. Ces deux dernières espèces sont très communes dans toutes les sapinières.

spores de *M. scorodonius*

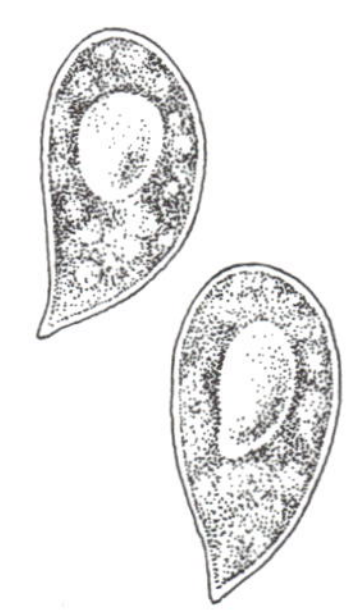

Marasmius scorodonius

Marasmius androsaceus

Marasmius oreades

Marasme montagnard, Faux Mousseron

C'est la plus commune des espèces qui forment dans les prés ces beaux cercles d'herbe verte qui ont tant frappé l'imagination de nos ancêtres, qui les attribuaient à la danse des sorcières pendant le sabbat, ou aux fées. Celui-ci a été baptisé par Linné, et ce nom d'*Oreades* évoque les nymphes des montagnes, dont c'était le nom chez les Grecs, et leurs danses. Ces cercles verts sont provoqués par l'accumulation des nitrites dont les mycéliums sont responsables. Ils sont parfois si abondants qu'ils font mourir l'herbe, et que le cercle apparaît comme un sentier. Mais l'année suivante, le mycélium avançant d'un cran, l'endroit qu'il abandonne voit les nitrites se diluer et fonctionner seulement comme un puissant engrais qui donne à l'herbe une luxuriance extrême. Ce « faux mousseron » est un des plus charnus du genre. Il a un chapeau convexe puis plan, restant toujours un peu mamelonné, jaune blanchâtre, jaune chamois, un peu plus foncé au centre, avec des bords striés en temps humide, et il a de 3 à 5 cm de diamètre. Les lamelles sont très espacées, ventrues, blanchâtres, ou de la même couleur que le chapeau. Le pied est jaunâtre pâle, tenace, plein, un peu renflé à la base et souvent tordu en spirale. Odeur agréable, surtout quand il est desséché. La saveur est douce et c'est un très bon comestible. Sauf le pied, évidemment, qui est trop coriace. Au Canada, on déguste ce champignon tout cru, et on en éprouve une excitation légère comme celle que procure un verre de champagne. C'est sans doute à cause de l'acide cyanhydrique que contient cette espèce, à dose homéopathique.

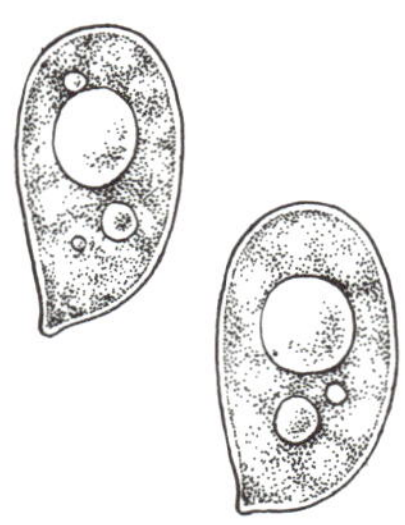

Mycena pura

Mycène pure

C'est une des plus grandes Mycènes, et aussi l'une des plus communes. Alors que presque toutes les espèces sont de taille minime, celle-ci a de 2 à 4,5 cm de diamètre. Son chapeau est peu charnu, campanulé puis étalé, strié, purpurin, violet, lilas, rose ou blanc. Les lamelles sont sinuées, larges, peu serrées, réunies par un réseau de veines, blanchâtres. Le pied est fistuleux, raide fissile, lisse, blanchâtre, laineux à la base. La chair mince est de la même couleur que le chapeau, et elle exhale une odeur désagréable de vieux radis. On trouve cette espèce très communément tout l'été et en automne dans toutes les forêts, soit isolée soit en troupes parfois nombreuses. Il est hors de question de la consommer, vu son odeur, et les dernières études qui lui ont été consacrées font craindre qu'elle soit plus ou moins toxique. Malgré ses changements de couleur, c'est toujours son odeur de radis qui la fait reconnaître. On remarquera aussi que c'est une pure foliicole, c'est-à-dire que son mycélium englobe régulièrement les feuilles mortes dont il se nourrit. Il paraît donc difficile de la confondre avec la Laccaire améthyste *(Laccaria amethystina)* qui lui ressemble grossièrement. Mais cette Laccaire n'est jamais hygrophane, ses lamelles sont violettes, et son odeur est agréable. De plus, alors que la Mycène pure pousse en exemplaires soit isolés soit en petit nombre, la Laccaire le plus souvent se présente en troupes nombreuses dans la mousse, et surtout sous les conifères en terrain acide. En outre, la Laccaire a un pied relativement long par rapport au diamètre du chapeau, tandis que celui de la Mycène est court et trapu.

Mycena rosea

Mycène rose

Cette Mycène rose a été longtemps considérée comme une simple forme de la Mycène pure. Elle lui ressemble énormément par la stature, quoiqu'elle soit généralement un peu plus forte, avec un pied plus charnu, un chapeau plus conique, et une couleur rose vif uniforme. Mais ce sont les détails microscopiques qui obligent à séparer ces deux formes et à faire des espèces. En effet, la spore de *M. rosea* est plus large, plus grosse que celle de *pura,* et elle présente en plus de grosses cystides absentes chez sa voisine. Toutefois, ces deux espèces sont si proches qu'il est souvent difficile de décider si on est en face de *pura* devenue rose, comme il arrive, ou en face de *rosea* au sens propre. Dans ce cas, seul le microscope décide. C'est l'occasion de noter que les Mycènes sont très nombreuses en espèces, à peu près toutes spécialisées sur divers débris végétaux, bois mort ou feuilles mortes, aiguilles de conifères aussi, et certaines se plaisent dans la mousse qui tapisse l'écorce des arbres. Leur détermination exige souvent le microscope, car il faut tenir compte non seulement de leur aspect extérieur, mais tout autant de la nature de leur revêtement qui est très variée, de leurs cystides, de la forme de leurs spores, etc. Ces examens sont d'ailleurs pleins d'intérêt, car il y a peu de champignons qui offrent un tel luxe de détails inattendus et surprenants. Et ces détails sont si personnels à chaque espèce que la détermination d'une Mycène est d'habitude plus certaine que celle des espèces de beaucoup d'autres genres moins riches en détails caractéristiques.

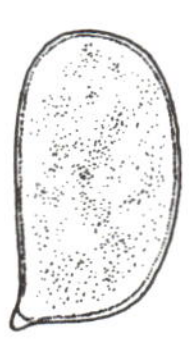

cystide

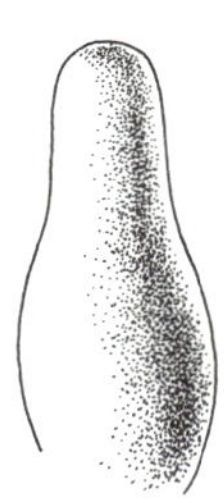

Mycena fagetorum

Mycène des hêtraies

C'est une gracieuse Mycène qu'on devine d'abord à son habitat exclusif sur les feuilles de hêtre tombées, qu'elle lèche de son mycélium et où elle se présente en touffes de 2 ou 3 individus ou isolée. Son pied de 1 à 2 mm d'épaisseur et long de 3 à 6 cm porte un chapeau campanulé puis convexe, lisse, strié jusqu'à sa moitié, jaunâtre, livide ou grisâtre. Les lamelles sont blanches ou glauques, atténuées à la base et se terminent sur le pied par un crochet qui les réunit en une espèce de collarium. Le centre du chapeau est souvent presque transparent. Et voici d'après Kühner et Romagnesi le signalement microscopique de cette espèce : « Les spores sont cylindracées, de 7,5 – 10 × 2,7 – 4,5 mu. Les cystides marginales sont simples ou irrégulièrement diverticulées et non sphéropédonculées-verruqueuses. Le sous-hyménium est gélatineux, aussi épais que l'hyménium. L'épicutis piléique est mince, en brosse. » Ces détails techniques signifient en langage courant que les spores sont assez grandes et cylindriques, que les cystides du bord des lamelles sont d'habitude simples ou quelquefois un peu rameuses mais jamais en forme de sphère munie d'un pédoncule, et qu'elle sont lisses et sans verrues, et enfin que si on regarde au microscope le revêtement du chapeau, on voit qu'il est fait de cellules dressées comme les poils d'une brosse. Il est évident que, dans ce cas, l'usage du langage technique est plus rapide et plus précis que la prose ordinaire. Il suffit de s'y habituer, et on comprend très vite que ce n'est pas de la barbarie pure.

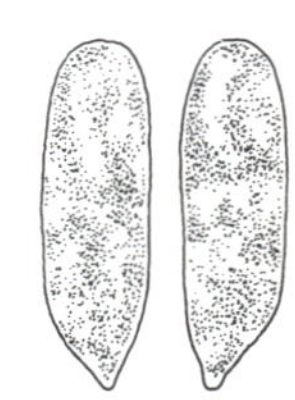

cystides

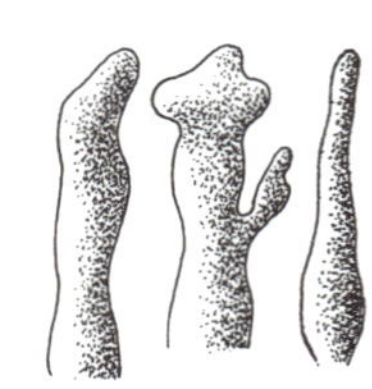

Xeromphalina campanella

Omphale en clochette

Cette petite espèce a un chapeau membraneux campanulé, de 1 à 2 cm de diamètre tout au plus. Il est à la fin ombiliqué et entièrement strié, de couleur jaune rouillé, hygrophane, réticulé par transparence. Les lamelles sont arquées décurrentes, élégamment veinées, réticulées, sulfurines. Le pied est fistuleux, corné, grêle, jaune d'ambre. Il est poli, poilu à la base et fauve clair. L'arête des lamelles porte de nombreuses cystides ventrues fusiformes. Les spores longuement ovoïdes ont 7 mu, et elles sont amyloïdes, c'est-à-dire qu'elles se colorent en violet sombre au contact des réactifs iodés. Cette espèce qui n'est pas commune se rencontre surtout en montagne sur les souches pourries de conifères, où elle apparaît souvent en troupes innombrables. La *Rickenella* (ex *Omphalia*) *fibula,* ou Omphale fibule, lui ressemble un peu. Elle a un chapeau de 0,5 à 1 cm de diamètre, membraneux, campanulé puis ombiliqué, à la fin en entonnoir, lisse, glabre, strié par l'humidité, jaune d'or, pâlissant par le sec. Les lamelles sont espacées, longuement décurrentes, larges, d'un blanc jaunâtre. Le pied est filiforme, farci puis fistuleux, glabre mais pubescent à la loupe, de la même couleur que le chapeau. La chair est mince et sans odeur appréciable. Les spores sont petites, de 5 mu sur 2. Alors que l'espèce précédente vient sur le vieux bois en troupes nombreuses, cette espèce-ci ne se rencontre guère que sur les plaques de mousse en exemplaires isolés. Elle n'est pas rare, mais sa petite taille empêche d'y faire attention. On en trouve parfois une forme toute blanche. L'ancien genre *Omphalia* est certainement hétérogène. Ses espèces ont comme caractère commun d'être, si l'on peut dire, des Clitocybes nains.

cystides et spore de *X. campanella*

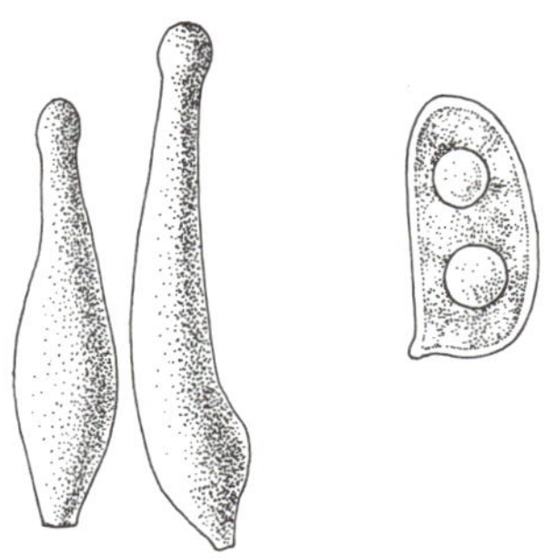

Rickenella fibula

Xeromphalina campanella

Flammulina (Collybia) velutipes

Collybie à pied velouté

Cette Collybie (pour laquelle on a créé le genre inutile de *Flammulina*), a un chapeau de 4 à 10 cm de diamètre, mince, convexe plan, glabre, visqueux, à revêtement gélifié, fait de nombreuses dermatocystides de grande taille, de couleur roux orangé, avec des bords plus jaunes, presque blancs dans la variété *lactea*, (celle-ci venant sur le bois enterré plutôt que sur le bois lui-même). Les lamelles sont crème, serrées, larges et échancrées en arrière. Elles portent de grandes cystides faciales. Le pied est surtout caractéristique. D'abord de couleur citrine au début il devient très rapidement velouté et brun noir à partir de la base. Ce velours ne se retrouve chez aucune autre espèce. Mais il en existe une forme qu'on trouve au pied des robiniers dont le velours est jaune d'or. La chair est molle, crème, de saveur douce et d'odeur insignifiante. On trouve cette Collybie au pied des vieux arbres ou sur les souches très tard en saison, car elle semble insensible aux premières gelées. Elle est plus fréquente autour des vieux arbres isolés que dans les forêts. Elle est comestible, mais molle et insipide. Elle est cependant appréciée en Europe centrale, où on en a réussi la culture industrielle. Il est peu probable qu'en France on veuille s'en donner la peine. Il ne faut pas la confondre avec l'Hypholome fasciculé *(Hypholoma fasciculare)* qui a aussi un chapeau jaune vif ou orangé, mais dont les lamelles sont d'un brun verdâtre particulier, dont le pied est jaune vif et lisse, et dont la chair est extrêmement amère. Et cet Hypholome pousse du premier printemps à l'automne sur les vieilles souches dans toutes les forêts. C'est un des champignons les plus communs.

cystides et spores de *F. velutipes*

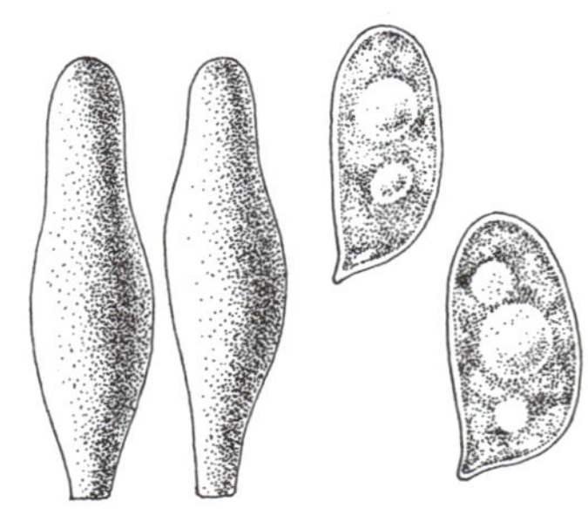

Flammulina velutipes

Hypholoma fasciculare

Clitopilus prunulus

Clitopile pruineux, Meunier

Ce Clitopile mérite d'être connu, malgré sa discrétion. Il a un chapeau de 5 à 10 cm de diamètre, épais, pruineux, gris perle puis blanchâtre, presque toujours irrégulier, plus ou moins difforme, ondulé, avec des bords repliés en dessous. Les lamelles sont serrées, très minces, très décurrentes, d'abord blanchâtres, mais très vite incarnates. Le pied est plein, court, mou, cotonneux à la base, pruineux et blanc. La chair est très tendre, épaisse, de saveur fine et d'une odeur de farine fraîche qui lui a valu son nom vulgaire de Meunier. Les spores roses sont curieusement marquées de pans longitudinaux qui sont le caractère frappant de toutes les espèces de Clitopiles. On trouve cette espèce dans les bois, mais aussi dans les pâturages autour des arbres isolés. Elle existe sous deux formes différentes : l'une vigoureuse et bien charnue, est mycorhizique d'arbres divers, et c'est sous les trembles et les sapins qu'on trouve les plus beaux exemplaires. L'autre forme est très grêle et mince, et pousse sur la terre nue des sentiers des forêts, sur le dos des ornières, et elle est purement saprophyte. Autre remarque : avant sa fructification, le mycélium affleure souvent à la surface du sol sous forme d'une légère concrétion blanche, qui a déjà l'odeur caractéristique du champignon adulte. C'est un délicieux comestible, mais qui demande des précautions lors de la cueillette. Il est extrêmement fragile, et on devra toujours le disposer dans un panier rigide et avec le plus grand soin, pour que les exemplaires ne s'écrasent pas les uns les autres. Il se raffermit à la cuisson. Une autre particularité : il se montre toujours en même temps que les cèpes et dans les mêmes stations. Si bien que quand on le trouve, il est bon d'ouvrir l'oeil.

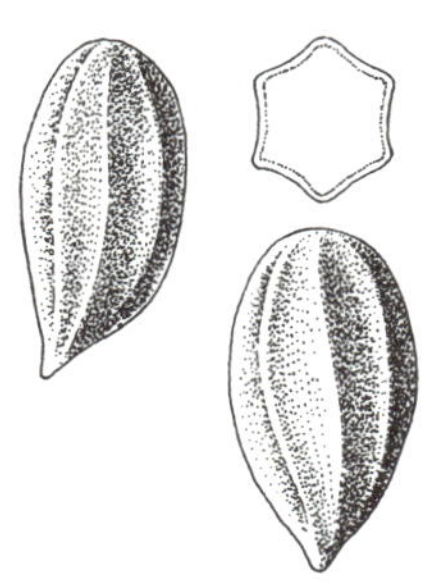

Entoloma vernum

Entolome printanier

Cet Entolome fait partie d'un groupe d'Entolomes qui tous pourraient s'appeler « printaniers, » car c'est leur saison. Son chapeau est souvent plus ou moins conique, et même pointu, bistre à bistre noirâtre étant humide, mais passant au sec à une couleur gris jaunâtre ou couleur de cuir. Il peut avoir de 4 à 7 cm de diamètre. Le pied de 1 cm d'épaisseur et de 4 à 8 cm de long est gris bistre ou gris-brun. Les lamelles, larges et peu serrées, sont d'un rose teinté de brunâtre. Les spores de 10 mu sur 7 sont un peu oblongues et polygonales comme chez tous les Entolomes et Rhodophylles. Elles sont roses comme celles de toute la famille. Cette espèce peu commune est sans doute comestible, comme ses congénères. Car il n'est pas toujours aisé de la distinguer de l'Entolome en bouclier *(E. clypeatum),* figuré ici en coupe, beaucoup plus trapu et moins coloré et qui présente une odeur de farine évidente, alors que le printanier est inodore, de l'Entolome des haies *(E. sepium)* plus massif et de couleur pâle, et de l'*E.niphoides,* l'Entolome blanc de neige. Ces Entolomes printaniers sont comestibles et souvent agréables, mais il faudra éviter à tout prix le *niphoides,* dont la blancheur éclatante cache une toxicité analogue à celle de l'Entolome livide. Toutes ces espèces se trouvent le long des haies où se trouvent des épines noires, ou dans les vergers de pruniers ou de mirabelliers, auxquels elles sont liées. Parfois aussi dans les jardins, et toujours au printemps. Elles sont toutefois un peu plus tardives que le Tricholome de la Saint-Georges qui les devance d'une ou deux semaines. Et comme ce sont des champignons peu colorés, ils passent facilement inaperçus.

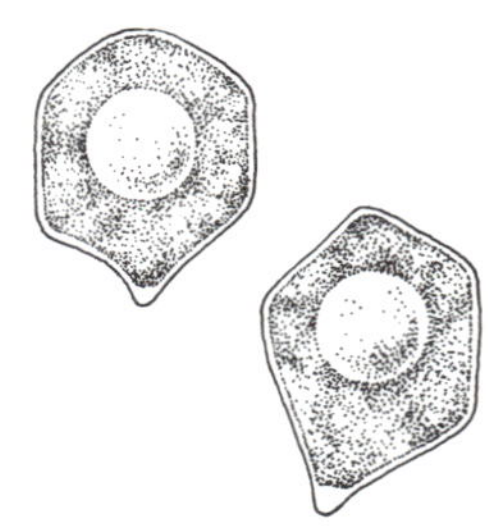

spores d'*E. vernum*

section d'*E. clypeatum*

sporée d'*E. vernum*

Entoloma vernum

Entoloma clypeatum

Entoloma lividum (= sinuatum)

Entolome livide

Cet Entolome est le géant de la famille. Son chapeau peut atteindre de 10 à 18 cm de diamètre. Il est charnu, convexe, puis étalé et déprimé à la fin, recourbé sur les bords, d'un gris cendré « livide », mais parfois avec des reflets jaunâtres ou rougeâtres, devenant gris chamois pâle, et tout soyeux sous la loupe. Les lamelles sont très larges, sinuées, uncinées, espacées, d'abord d'un jaune de buis, puis bientôt de couleur saumon vif, du fait de la maturité des spores qui sont roses et dont la couleur se superpose au jaune initial. C'est ce caractère des lamelles jaune vif qui doit empêcher la confusion entre les jeunes exemplaires et ceux du Clitocybe nébuleux, dont les lamelles sont fines, serrées et blanches. Le pied est assez long, de 8 à 15 cm, et de 1 à 3 cm d'épaisseur, épaissi à la base, tout blanc, brillant et fibrillé longitudinalement. La chair est épaisse, fragile, blanche, avec une odeur suave au début, mais qui devient nauséeuse avec le temps. La spore de 10 mu est globuleuse et présente quatre ou cinq angles caractéristiques. Cette espèce, très toxique, sans être mortelle, provoque des désordres stomachiques et intestinaux violents. C'est elle qui provoque de loin le plus grand nombre d'intoxications à la saison, et toujours par confusion avec les Clitocybes. Les deux noms qu'on lui donne désignent sans doute deux formes de cette espèce, le *lividum* est celle dont le chapeau est régulièrement arrondi, et le *sinuatum* répond à une forme luxuriante, dont le chapeau, qui peut atteindre 20 cm de diamètre, est entièrement festonné et ondulé sur les bords. Mais tous les autres caractères sont identiques. Ces deux formes sont communes sous les feuillus, et ne se voient jamais en altitude. Elles préfèrent le calcaire et les endroits bien aérés.

Entoloma nidorosum

Entolome nitreux

C'est un Entolome bien peu sympathique. Il se présente avec un chapeau peu charnu, presque membraneux, convexe puis étalé et légèrement déprimé, non mamelonné, jusqu'à 7 cm de diamètre, fragile, glabre, non visqueux, hygrophane, fauve grisâtre bistré et un peu transparent par l'humidité, plus pâle, soyeux luisant et souvent fendillé par le sec. La marge est très mince et d'abord enroulée. Les lamelles sont peu serrées, émarginées, parfois presque libres, larges, flexueuses, d'abord blanchâtres, puis d'un gris incarnat sale. Le pied est plein, farci, puis creux, égal, souvent allongé et flexueux, fragile, facile à fendre, pruineux au sommet, glabre, d'apparence presque soyeuse, blanchâtre à gris bistre pâle, blanc à la base. La chair est mince, fragile, fibro-charnue, blanche, avec une odeur ammoniacale et urineuse très désagréable. Cette odeur est de puissance inégale, mais parfois d'un fumet intolérable. Les spores roses sont ovoïdes globuleuses et pentagonales, à contenu granuleux et guttulé, de 8 à 10 mu. On trouve cette espèce dans les bois ombragés, le plus souvent dans les amas de feuilles mortes en décomposition, parfois en troupes nombreuses. On pourrait confondre cette espèce avec l'*E. rhodopolium,* qui est plus grand mais d'apparence identique, et qui s'en distingue surtout par l'absence d'odeur. Il est évident que son odeur suffit à la faire rejeter et il est fort possible qu'elle soit quelque peu toxique. Elle est commune, car elle est signalée aussi bien en montagne qu'en plaine et dans toutes les régions de la France. Elle aime les temps pluvieux et disparaît très vite par le sec.

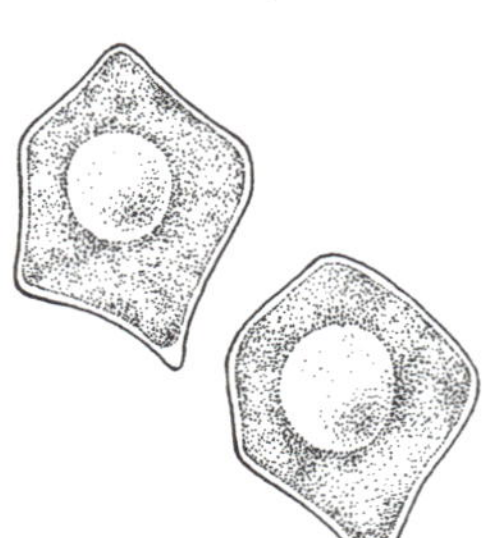

Entoloma (Nolanea) hirtipes

Entolome à pied hérissé

C'est un Entolome peu charnu, avec un chapeau presque membraneux, conique campanulé, de 3 à 9 cm de diamètre, le plus souvent mamelonné, et même souvent papillé, fragile, translucide, brun foncé à fauve, glabre et strié par l'humidité, devenant isabelle et grisâtre par le sec. La marge est mince, d'abord un peu infléchie, et débordant les lamelles. Ces lamelles sont assez serrées, adnées sinuées, très larges, ventrues, d'abord blanchâtres puis passant à l'incarnat rougeâtre. Leur arête est un peu crénelée. Le pied est tubulaire, élancé, assez grêle, rigide, jusqu'à 16 cm de long, plus mince au sommet, le plus souvent épaissi à la base, luisant, finement strié, farineux au sommet, épaissi et cotonneux blanchâtre à la base. La chair est mince, fibreuse dans le pied, pâle. Elle dégage une odeur très désagréable à la fois de concombre et de poisson, qui permet de reconnaître l'espèce au premier « coup de nez ». Les spores sont roses, anguleuses, ovoïdes arrondies, à contenu granuleux guttulé, de 12 mu sur 8.

On trouve cette espèce assez communément surtout au printemps mais aussi en automne, dans les friches, les bois de conifères et sous les feuillus, parmi les aiguilles ou les feuilles tombées. Cette espèce n'est pas toxique, mais son odeur repoussante suffit à la faire rejeter.

Elle est le type d'une série d'autres espèces voisines dont la détermination n'est pas toujours facile, et elle servira de point de repère pour avancer plus loin dans leur connaissance. L'*Entoloma vernum,* figuré à côté, qui est un bon comestible, bien plus charnu et plus pâle ne saurait être confondu avec notre espèce.

cystides et spores d'*E. hirtipes*

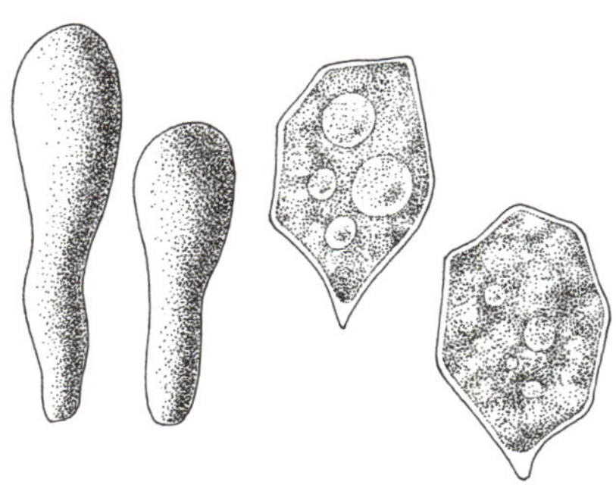

Entoloma vernum

Entoloma hirtipes

Volvariella (Volvaria) speciosa

Volvaire remarquable

Les Volvaires ont un peu la même constitution que les Amanites auxquelles elles ressemblent. Elles sortent d'une volve, elles ont un pied séparable, mais leurs spores sont roses, et alors que toutes les Amanites sont mycorhiziques, les Volvaires ne le sont jamais et croissent toutes sur des matières en décomposition, bois, sciure, paille pourrie, foin décomposé, terreau des serres, vieux papiers, etc. Certains mycologues ont décomposé ce genre en *Volvaria* et *Volvariella,* mais on parle toujours de Volvaires. Celle-ci est une des plus courantes, quoique très capricieuse. Elle a un chapeau charnu, puis étalé et mamelonné, gris fuligineux, brunâtre ou gris livide, parfois très pâle et presque blanc, les exemplaires de diverses couleurs se trouvant les uns à côté des autres. Ce chapeau est par ailleurs très glutineux, ce qui lui a valu aussi le nom de *gloiocephala,* c'est-à-dire à tête visqueuse. Il est quelque peu strié au bord, et il peut atteindre 12 cm de diamètre. Les lamelles sont libres, puis écartées, larges, blanches, puis incarnat roussâtre. Le pied est plein, blanc, gris ou bistre à la base, cylindrique ou atténué de bas en haut. La volve blanche a des bords resserrés et elle est divisée en trois ou quatre lobes courts. La spore ellipsoïde a de 15 à 18 mu. On trouve cette espèce dans les jardins, souvent dans les couches chaudes où il lui arrive de bouleverser les semis, souvent autour des meules de paille où elle se nourrit des glumes tombées des épis. Elle est beaucoup plus commune sous les climats méridionaux. On l'a longtemps considérée comme mortelle, à cause sans doute de sa ressemblance extérieure avec les Amanites. Mais on s'est aperçu qu'elle était consommée en Algérie où elle est très commune.

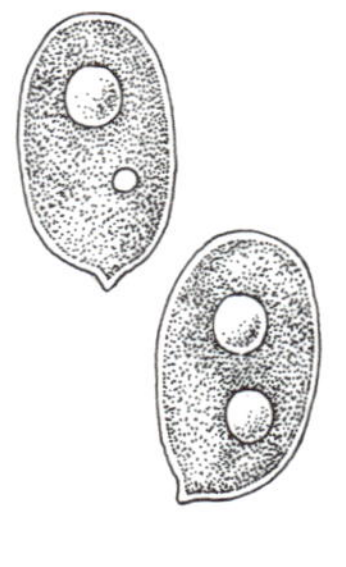

cystides

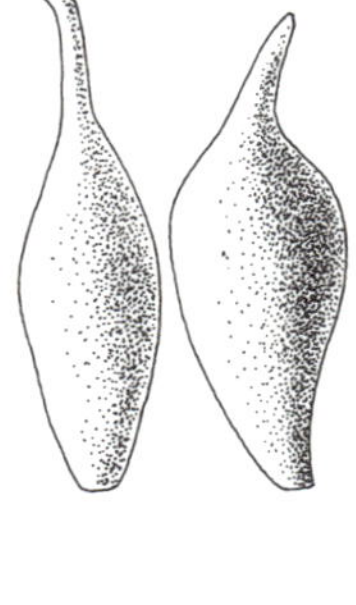

Pluteus atrocapillus = cervinus

Plutée couleur de cerf

Les Plutées sont très voisins des Volvaires. Mêmes spores, même pied séparable, mais ils sont dépourvus de volve, et presque tous sont lignicoles. Celui-ci est très facile à reconnaître, et aussi à rencontrer, car c'est le plus commun de tous, qui donnera une bonne idée du genre. Il a un chapeau charnu, campanulé, de 9 à 12 cm de diamètre, beaucoup plus quand il pousse dans la sciure. C'est d'ailleurs une règle que les champignons lignicoles, quand ils viennent dans la sciure, prennent des proportions géantes. Il est fragile, lubrifié, glabre puis fibrilleux, d'une couleur qui varie du bai au bistre cendré, souvent pâlissant par le sec. En regardant sa surface à la loupe, on y voit des fibrilles plus foncées à direction radiale, plus remarquables encore le long du pied. Les lamelles sont libres, très serrées, ventrues, blanches, puis rosées. La chair est blanche, molle et elle exhale une odeur terreuse et de radis en même temps qui n'est pas très agréable. Le pied est plein, blanchâtre mais couvert de fibrilles bistre, et parfois de squamules noirâtres dans sa varieté *scaber,* qui est plus rare. Les lamelles présentent de nombreuses cystides à paroi épaisse. Cette espèce est commune sur le bois mort, les branches tombées, sur les vieilles souches de toutes essences. On la donne comme comestible, mais son odeur en fait un mets peu engageant. Les Plutées sont nombreux, et pas toujours faciles à déterminer. L'exploration des vieilles souches en été et en automne en fournira une bonne moisson. Le plus beau de tous est le patricius, qui atteint 20 cm de diamètre, tout blanc et marqué de grosses écailles brunes. Il colonise souvent en masse les tas de sciure aux abords des scieries. C'est également un comestible très médiocre.

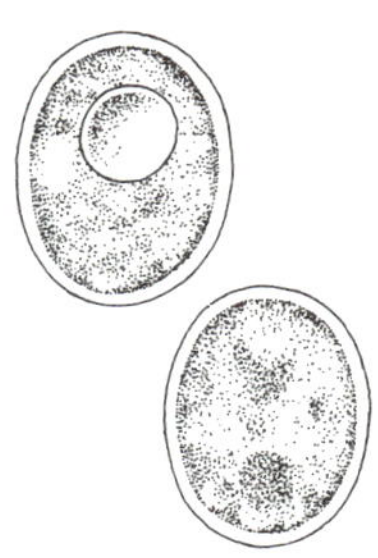

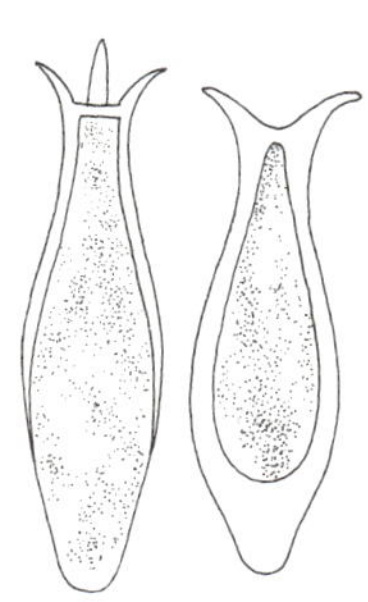

Amanita vaginata

Amanite vaginée, Grisette

Cette Amanite est extrêmement variable. Elle appartient au sous-genre *Amanitopsis :* Amanites sans anneau. En vérité, elles ont un anneau, mais il est si ténu qu'il reste collé au pied et ne s'en distingue généralement qu'à grand-peine. Celle-ci est de taille le plus souvent modeste, de 3 à 10 cm de diamètre, mais beaucoup plus quand elle vient dans l'herbe à la lisière des bois. Au contraire, sous les conifères, elle reste toute petite, comme s'il lui fallait de la lumière pour atteindre une taille convenable. Ce chapeau légèrement mamelonné est d'abord ovoïde quand il sort de sa volve. Puis il s'étale, et il est toujours complètement strié sur la marge, car là la chair est si mince qu'on voit le dos des lamelles par transparence. Il peut être gris, fauve, brun, châtain, et porte parfois quelques lambeaux de volve. Les lamelles sont serrées, libres, blanches, puis prennent un reflet rosé. Le pied est plein, blanchâtre, souvent couvert de fibrilles bistre. La chair est molle et blanche. La spore est ellipsoïde de 8 à 9 mu. Cette espèce est comestible, mais difficile à récolter en bon état à cause de sa fragilité. On ne la cueille que quand elle est encore fermée. C'est un assez bon comestible, mais toxique cru, car comme d'autres Amanites elle contient une hémolysine qui est détruite par la cuisson. Autour de cette espèce s'en trouvent d'autres qui en diffèrent par la taille, la couleur, la nature de la volve, etc. Citons *fulva,* plus petite à chapeau jaune orangé, *strangulata,* plus grande et portant sur le chapeau de grosses plaques grises, *lividopallescens,* qui atteint 25 cm de diamètre, *beckeri,* qui a un chapeau brun clair tout parsemé de petites écailles couleur noisette, etc.; toutes comestibles.

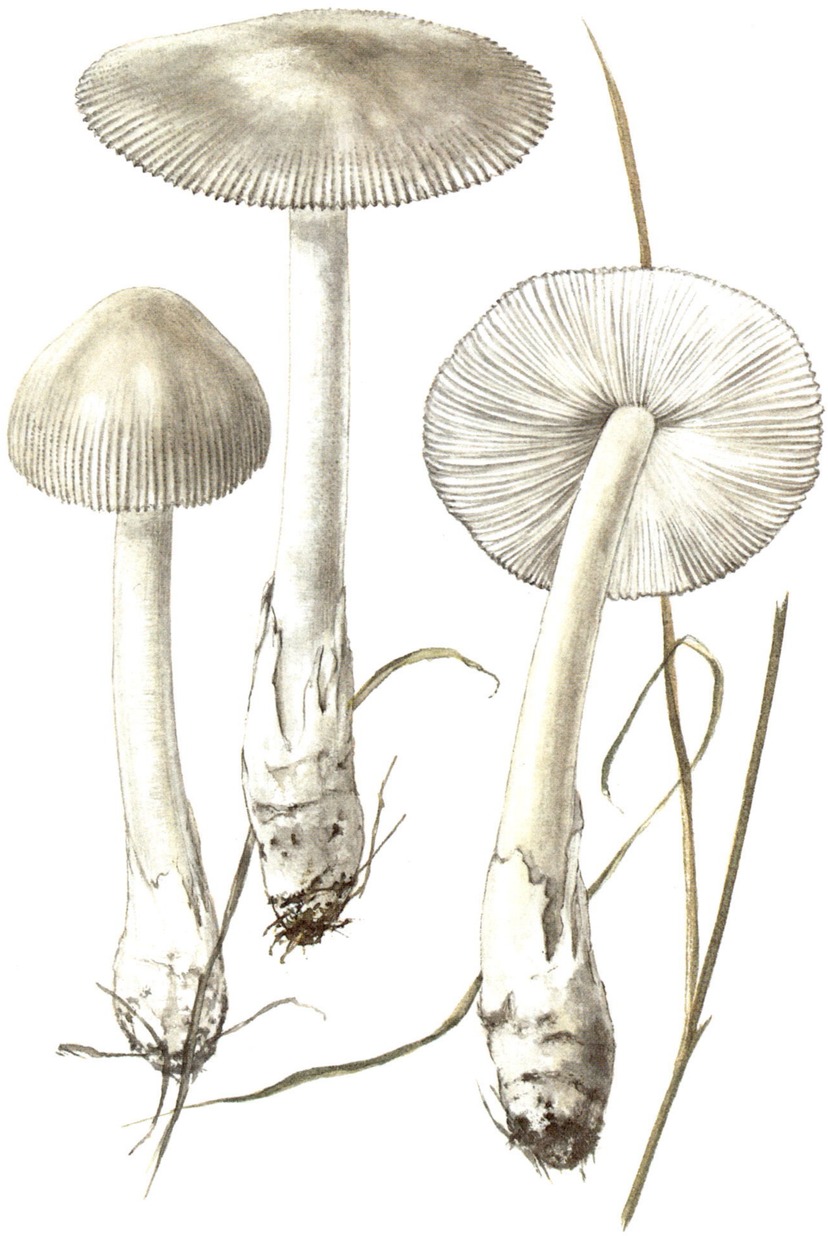

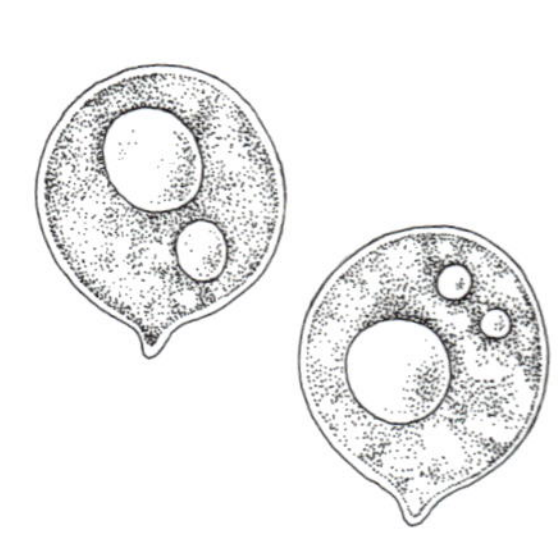

Amanita umbrinolutea

Amanite brune et jaune

Cette Amanite-ci a un chapeau de 5 à 12 cm de diamètre, ovoïde campanulé, puis ouvert et étendu, peu charnu, visqueux, nu, avec un mamelon très sombre entouré d'une zone plus pâle. La marge est très mince, bien sillonnée, d'un gris bistre. Les lamelles libres sont assez serrées, élargies en avant, blanchâtres, avec une arête soulignée de gris brun. Le pied est farci médulleux, puis fistuleux et creux, élancé, de 10 à 15 cm de haut, dilaté au sommet, sans anneau, mais finement tigré de petites écailles gris brun sur fond plus clair. Ces écailles sont en réalité les traces d'un anneau tellement fragile et fugace qu'il n'existe plus qu'à l'état de marques minimes. La volve est tenace, membraneuse, engainante, haute de 2 à 4 cm, blanc crème et tachée d'ocracé roussâtre. La chair est tendre, blanche, inodore et de bon goût. La spore est sphérique, de 11 mu, ocellée, tachetée, blanche. On trouve cette belle espèce surtout sous les conifères en montagne, et elle y atteint parfois de grandes proportions. Il en existe une variété *gigantea* tout à fait remarquable. L'étude de ces *Amanitopsis* est particulièrement passionnante et réserve encore des surprises dans un genre qu'on croyait entièrement connu depuis longtemps. C'est ainsi qu'on vient de découvrir en France l'*Amanita mairei,* qu'on croyait localisée au Maroc, où elle avait été découverte. C'est un *Amanitopsis* d'un beau gris argenté uniforme, trapu, qui pousse chez nous sous les chênes à bonne exposition. Et il arrive souvent qu'on ne sache trop à quelle espèce ou variété attribuer un exemplaire atypique rencontré au cours d'une excursion, surtout en montagne, où ces champignons prennent des aspects différents.

L'*Amanita fulva* (fauve) s'en distingue par sa couleur brun foncé et sa taille plus faible.

spores d'*A. umbrinolutea*

Amanita fulva

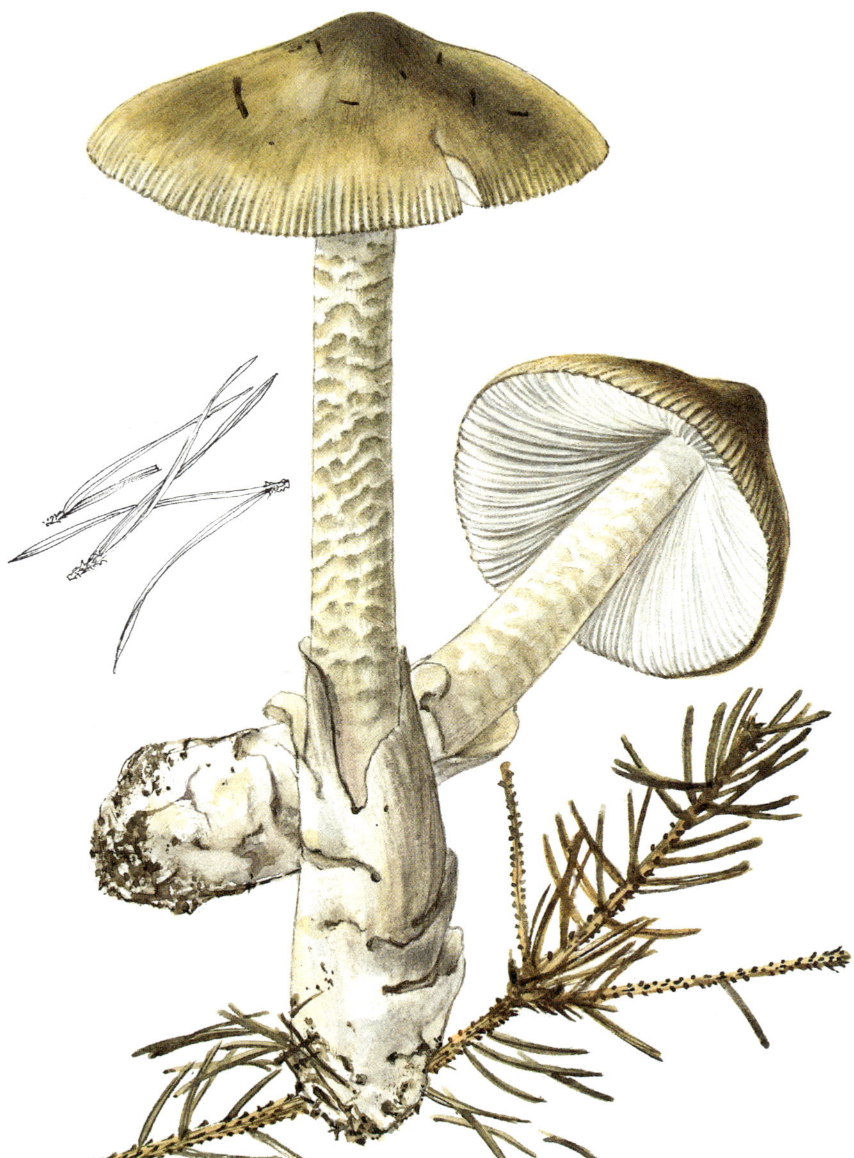

Amanita umbrinolutea

Amanita muscaria

Amanite tue-mouches

C'est la plus connue de toutes les Amanites, à cause de sa valeur décorative, qui l'a fait utiliser par tous les peintres de sous-bois. Son chapeau qui atteint de 10 à 20 cm de diamètre est teint de rouge, ou de rouge orangé, de vermillon, rarement jaune d'or, fauve ou jaune brun, couvert de petites verrues d'un blanc jaunâtre qui s'aplatissent en vieillissant, et qui peuvent disparaître sous l'effet des grandes pluies. Les lamelles sont toujours blanches, très serrées et larges. Le pied est très long, de 10 à 20 cm de haut, renflé à la base, blanc ou teinté de citrin, et son bulbe est entouré d'une marge floconneuse et zonée. L'anneau est large, retombant, fragile et floconneux, souvent bordé de jaune. La spore est ovoïde sphérique, de 7 mu. Cette superbe espèce (1) est commune, mais ne vient guère que sous les épicéas et les bouleaux auxquels elles est associée, parfois, mais plus rarement sous les pins, en automne. Elle est très toxique, provoquant des phénomènes de délire hilarant ou furieux très impressionnants. Les indigènes de Sibérie l'utilisent comme stupéfiant pour leurs cérémonies magiques. Elle possède une variété *regalis* (2), plus grande encore, de couleur brun rouge sombre comme du foie de boeuf, et les bords de son anneau sont ourlés de jaune. Elle est plus rare et ne se voit guère que dans les montagnes ou dans les pays nordiques. On recommande de ne pas confondre cette espèce toxique avec l'Oronge véritable. Mais la confusion est impossible, car l'Oronge a des lamelles et un pied jaunes, elle n'a pas d'écailles sur le chapeau, et son port trapu est complètement différent. D'autre part la tue-mouches est si connue qu'on ne signale jamais d'accidents qui lui soient dus.

spores d'*A. muscaria*

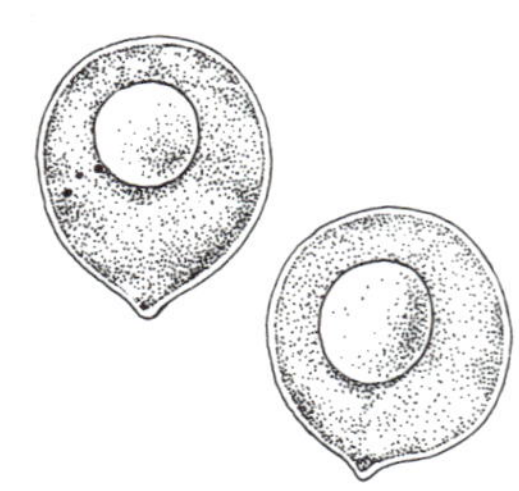

Amanita muscaria

Amanita regalis

Amanita caesarea

Amanite impériale, Oronge

« Chapeau bas, lecteur, voici le roi ! » Ainsi s'exprimait l'auteur d'un vieux livre de mycologie avec lequel ont débuté bien des amateurs. Il est vrai que l'Oronge est entourée d'une légende méritée de comestible parfait. Elle a tout pour elle : la beauté, la couleur, une chair épaisse et parfumée, et une histoire qui remonte à la plus haute antiquité. Mais voyons-la de plus près. Elle possède un chapeau de 10 à 20 cm de diamètre, nu, rouge orangé, quelquefois un peu décoloré vers le jaune ou fonçant vers le rouge et le vermillon. Sa marge est droite et striée. La cuticule entièrement séparable est douce au toucher, lisse, nue, et porte très rarement un ou deux lambeaux de la volve. Les lamelles sont serrées et d'un beau jaune doré. Le pied est élancé et puissant à la fois, de 8 à 15 cm de haut, et de 1 à 2 cm d'épaisseur. Il est renflé à la base et du même jaune que les lamelles ainsi que l'anneau qui est ample, strié et bordé d'un jaune plus foncé. La chair est ferme, épaisse blanche, mais jaune sous l'épiderme. La volve est blanche, ample et longtemps persistante. La spore est ovoïde, de 12 mu, et ocellée. On trouve cette espèce assez communément dans le Midi, très communément en Corse, uniquement sous les chênes et les châtaigniers, aussi bien sur le calcaire que sur la silice. Dans l'Est, elle se montre uniquement après les été brûlants, prouvant ainsi ses affinités méridionales. Elle s'aventure par stations rares et isolées jusque dans la région parisienne, et elle est si belle que sa trouvaille est toujours un événement et une glorieuse sensation. Elle est réellement délicieuse.

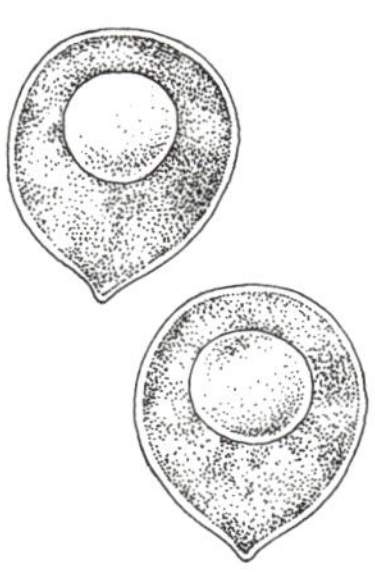

Amanita pantherina

Amanite panthère

C'est une Amanite dangereuse, de la même toxicité que la tue-mouches, mais qui provoque bien plus d'accidents, parce que les ignorants s'en méfient moins. Elle a un chapeau de 6 à 10 cm de diamètre, plus grand dans sa variété montagnarde *abietum,* à marge sillonnée dès la jeunesse, sauf dans les formes très robustes. Elle est de couleur brun bistre plus ou moins nuancé d'ocracé. Son caractère principal et qui ne peut tromper est la couleur des verrues qu'elle conserve sur son chapeau. En effet, elles sont d'un blanc pur, et évoquent des fragments de peau de lait. Et ces verrues restent blanches jusque dans la vétusté de l'espèce. Aucune autre Amanite n'a cette particularité, les écailles des autres étant ou jaunâtres, ou grises, ou rosissantes, ou jaune vif. Son pied est également très particulier. Il est blanc comme l'anneau, et il est pourvu d'un bulbe qui présente un rebord horizontal étroit, surmonté de bourrelets caractéristiques, typiquement hélicoïdaux, mais qui sont facilement caducs ou détériorés. Les lamelles sont blanches et typiquement arrondies vers la marge. L'anneau est mince, strié et blanc. La chair est mince, d'abord inodore, mais fétide dans la vieillesse. La spore est ovoïde allongée, de 10 à 12 mu. On trouve cette Amanite fréquemment dans les bois, mais aussi dans les bruyères, et en montagne sous sa forme robuste sous les sapins. Ne pas la confondre avec l'Amanite épaisse *(A. spissa)* qui est grise avec des écailles grises et farineuses, ni avec l'Amanite rougissante *(A. rubescens)* qui a des écailles farineuses et d'un gris rosé, et un pied robuste mais sans bourrelets. Avec un peu d'attention, la confusion paraît impossible. Et on doit se souvenir de ce caractère indélébile des verrues absolument blanches qui ne peut tromper.

spores d'*A. pantherina*

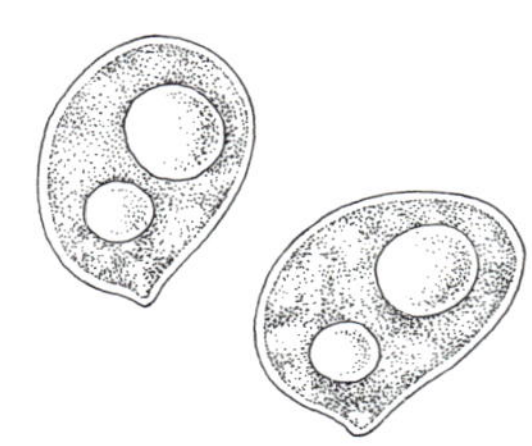

Amanita rubescens (a) et *A.spissa* (b)

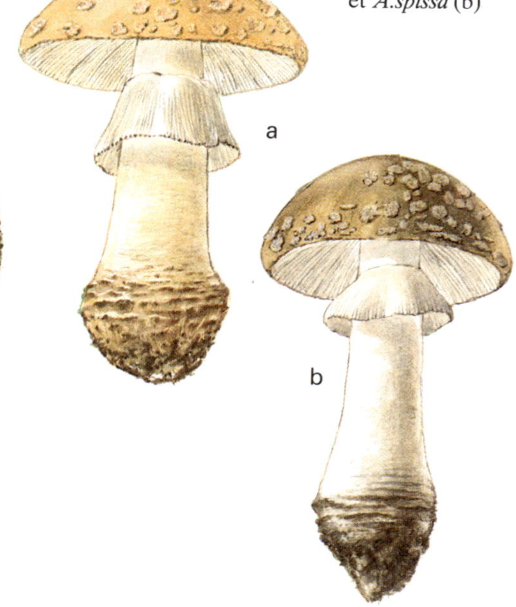

Amanita pantherina

Amanita rubescens et *A. spissa*

Amanita gemmata

Amanite perlée

Cette Amanite est si variable qu'elle a été décrite par les auteurs sous neuf noms différents ! Elle est cependant facile à reconnaître à son chapeau peu charnu, campanulé convexe puis étalé, jusqu'à 5 cm de diamètre, avec un revêtement glabre, à peine visqueux, jaune ocracé à jaune isabelle, plus foncé au centre, parsemé de plaques floconneuses plus ou moins nombreuses, minces, blanchâtres, et parfois nu. Les lamelles sont serrées, subadnées, sublibres, uncinées, assez larges vers la marge, un peu ventrues, minces, blanches, avec une arête floconneuse. Le pied est farci puis creux, séparable du chapeau comme chez toutes les Amanites, fragile, atténué de bas en haut, assez élancé, et pourvu en bas d'un bulbe globuleux ou seulement ovoïde. Il est plus ou moins soyeux floconneux et blanc. L'anneau est très peu développé et souvent fugace au point qu'il n'en reste aucune trace chez l'adulte. La volve est en forme de sac très court apprimé et blanc. La chair est tendre, molle, humide, blanche, jaune sous la cuticule. Elle est douce, sans grande saveur mais agréable. Les spores sont hyalines, blanches en tas, ovoïdes, à contenu guttulé granuleux, de 10 mu sur 8. On trouve cette Amanite un peu partout dans les bois. La forme grêle préfère les conifères, mais on trouve sous les feuillus une forme plus robuste qui apparaît dès le printemps en exemplaires presque toujours isolés. Il semble que la forme qu'on trouve en terrain siliceux soit beaucoup plus forte et plus colorée que celle du calcaire, quoiqu'il n'y ait sûrement pas de différence spécifique entre ces deux formes, qui sont, comme on dit, purement stationnelles. Cette espèce est comestible, mais sa faible taille et sa fragilité la rendent insignifiante.

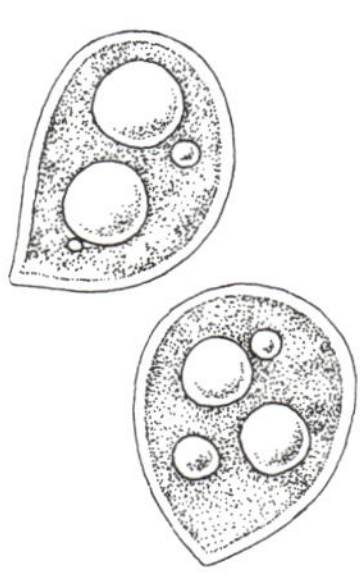

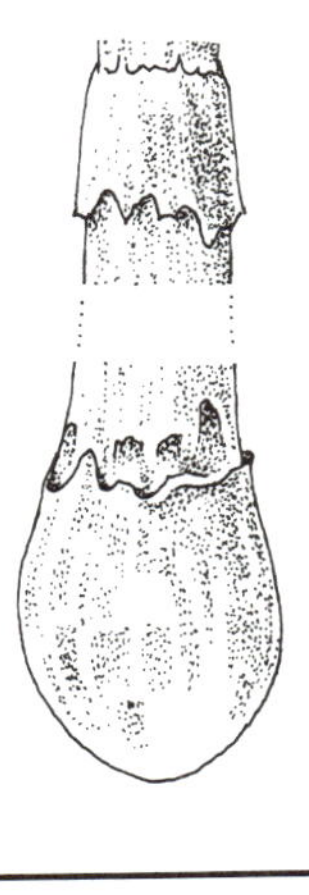

Amanita phalloides

Amanite phalloïde

C'est le plus dangereux de tous les champignons, et 90% des intoxications mortelles lui sont dues. Il faut donc absolument se mettre sa physionomie dans l'oeil avant toute récolte. Cette espèce est pourtant si facile à reconnaître qu'on a peine à imaginer qu'une erreur soit possible. Elle se présente avec un chapeau vert, vert jaunâtre ou olivâtre, parfois presque blanc mais toujours teinté de vert au moins en son centre, ordinairement nu ou portant seulement et rarement un fragment de volve à sa surface. Il est quelque peu visqueux, finement rayé de fibrilles innées et plus foncées, et il atteint de 8 à 15 cm de diamètre. Il est d'abord hémisphérique ou même complètement globuleux au sortir de la volve, mais il s'étale rapidement en restant toujours bombé. Les lamelles sont libres, ventrues, d'un blanc qui présente des reflets verdoyants. Le pied est ferme, épais de 1 à 2 cm, atténué du bas vers le haut, blanchâtre mais presque toujours marqué de stries verdâtres. Il porte au sommet un bel anneau, ample et solide, marqué sur les bords d'une dentelure verdâtre. On voit toujours à la base du pied les restes membraneux de la volve qui est épaisse, solide, et se déchire en trois ou quatre fragments à l'ouverture. On trouve cette Amanite dans toutes les forêts, conifères et feuillus, et sur tous les terrains. Mais elle est rare en montagne. On ne saurait la confondre avec la Psalliote des jachères *(Agaricus arvensis)* ci-dessous, qui est blanche, sans volve et avec des lamelles pourpres. Les confusions se font presque toujours avec les Russules vertes, qui n'ont pourtant ni volve ni anneau. On est toujours confondu devant l'inconscience des chercheurs d'occasion qui ne mesurent pas les risques qu'ils font courir aux autres.

spores d'*A. phalloides*

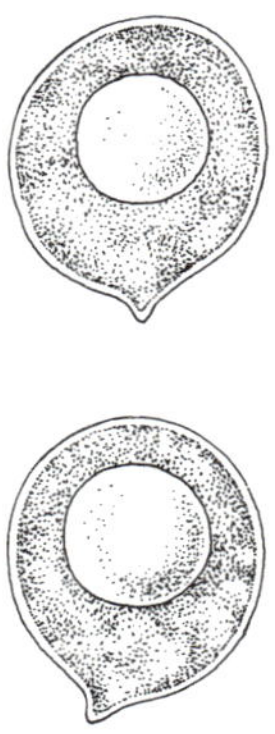

Amanita phalloides

Agaricus arvensis

distribution d'*A. phalloides*

Amanita virosa

Amanite vireuse

Amanita verna

Amanite printanière

Ces deux Amanites sont aussi dangereuses que la phalloïde, mais elles sont beaucoup plus rares, et de ce fait sont moins souvent coupables. La vireuse est toute blanche, généralement plus grêle que les exemplaires ici figurés qui sont tout à fait luxuriants, son chapeau a de 4 à 8 cm de diamètre le plus souvent. Il est tout blanc, visqueux, très souvent dissymétrique et penché, globuleux puis étalé. Les lamelles sont blanches. L'anneau est floconneux, souvent lacéré et suspendu pour partie aux bords du chapeau. La volve blanche est épaisse. La chair est blanche et d'odeur fétide. Cette espèce ne se trouve que dans les forêts siliceuses, et surtout en montagne. L'Amanite printanière lui ressemble, mais elle est plus robuste. Son chapeau atteint souvent 10 cm de diamètre. Il est tout rond, d'abord sphérique puis étalé, blanc avec un reflet jaunâtre au sommet, mince, nu et un peu visqueux. Les lamelles libres sont blanc crème. Le pied est farci puis creux, assez élancé, de 8 à 10 cm de haut et de 1 cm d'épaisseur. Contrairement à celui de la vireuse qui est tout floconneux, celui de la printanière est lisse en dessous de l'anneau, qui est assez ample, solide et strié en dessus. La volve entoure un pied bulbeux et ovoïde. Elle est membraneuse, blanchâtre, serrée en fourreau sur le pied. La chair est molle, humide, blanche, et exhale une forte odeur de safran. La saveur est âcre et répugnante. Cette espèce se trouve dès le printemps dans le Midi, mais en automne plus au nord, et toujours en terrain calcaire. Avec la vireuse et la phalloïde, elles forment le trio mortel que tout mycologue se doit de connaître avant toute chose.

spores d'*A. virosa*

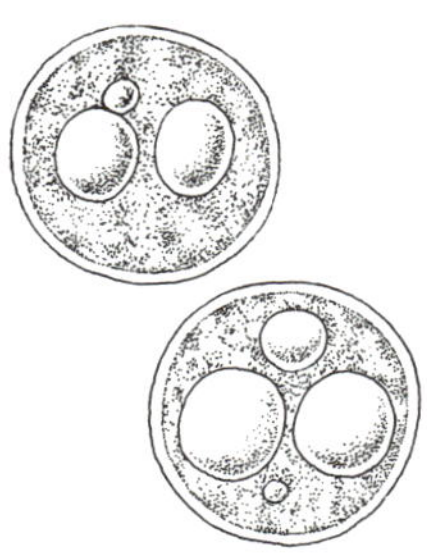

Amanita verna

Amanita virosa

Amanita citrina

Amanite citrine

Cette espèce a longtemps passé pour mortelle, alors qu'elle est absolument inoffensive. Sans doute avait-elle été confondue par les premiers mycologues avec les formes jaunes de l'Amanite phalloïde. Cette Amanite a un chapeau hémisphérique, puis convexe étalé, de 6 à 10 cm de diamètre, humide, luisant par le sec, jaune citrin ou citrin clair, parfois jaune verdâtre, et parfois presque blanc, paille ou fauvâtre, et parsemé de verrues blanchâtres ou citrines, qui brunissent par le sec. La marge du chapeau est toujours unie. Les lamelles sont blanches avec souvent une arête teintée de jaune. Le pied est ferme, blanc, lisse, souvent teinté de citrin. Il porte un anneau ample, mince, blanc au-dessus et jaunâtre en dessous. A la base du pied se trouve un bulbe gros, globuleux, aplati en dessus et formant un rebord caractéristique. La volve est fugace, mais elle laisse parfois autour du pied une marge membraneuse. La chair est blanche, assez épaisse, tendre, et elle exhale une odeur spéciale de pomme de terre crue très désagréable. Sa saveur est à la fois un peu amère et piquante. Pour prouver son innocuité, les congressistes de la Société Mycologique de France en ont fait un jour une dégustation collective. Ils n'ont en effet ressenti aucun malaise, mais ont juré qu'ils ne recommenceraient pas, tant la saveur de ce mets était détestable. On trouve cette espèce très communément dans toutes les forêts siliceuses, conifères et feuillus, aussi bien en plaine qu'en montagne. On en signale une forme absolument blanche, et une autre, dite *mappa,* plus pâle que le type, plus forte et dont de chapeau est parsemé de larges plaques rapidement brunissantes.

spores d'*A. citrina*

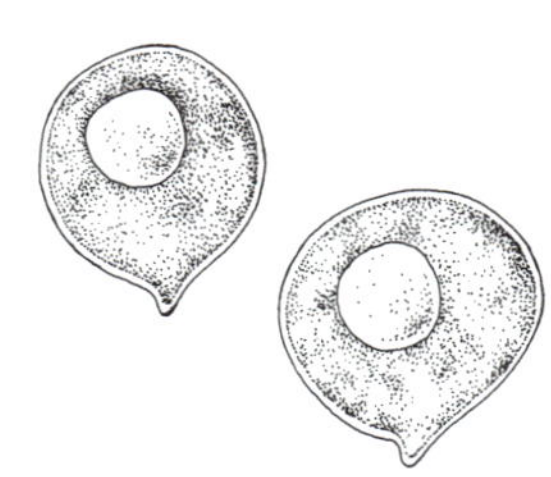

Amanita citrina *Amanita phalloides*

Amanita porphyria

Amanite porphyre

C'est une petite Amanite d'allure bien insignifiante. Elle est de taille modeste, de 4 à 7 cm de diamètre, avec un chapeau convexe puis plan, d'un bistre violacé parfois brunâtre, bronzé ou brun cendré, sec, souvent tacheté de verrues farineuses et blanchâtres. La marge est unie ou faiblement striée à la fin. Les lamelles sont libres et blanches. Le pied est élancé, de 5 à 10 cm, soyeux, d'un blanc chiné de gris, lilacin, luisant. Il part d'un bulbe ovoïde assez gros, à peine marginé. La volve est molle, engainante, déchirée en lambeaux, plus ou moins fugace, grisâtre ou bistrée. La spore est sphérique, de 10 mu. La chair mince et blanche présente exactement la même odeur repoussante que celle de l'Amanite citrine. Cette espèce se trouve assez fréquemment dans les bois humides, sous les chênes et les bouleaux. Elle n'est évidemment pas comestible.

On trouve en France deux espèces magnifiques d'Amanites : l'Amanite ovoïde *(A. ovoidea)* et l'Amanite solitaire *(A. solitaria)*. La première est énorme, toute blanche, jaunissant à peine avec le temps. Elle peut atteindre 20 à 25 de diamètre. Sa chair blanche est très épaisse, et elle dégage une odeur spéciale, qu'on compare à celle de la mousse de Corse. Son pied est très épais et plutôt court. Cette espèce est surtout méridionale, et elle est un bon comestible quand elle est jeune, car plus tard son odeur devient trop forte. La solitaire est presque aussi grande. Mais son chapeau est entièrement constellé par les débris de la volve sous forme de gros flocons grisâtres. Le chapeau lui-même est blanc ou gris perle, les lamelles sont floconneuses, comme le pied très épais et comme l'anneau fragile et crémeux. Cette belle espèce croît surtout en lisière des bois, en été.

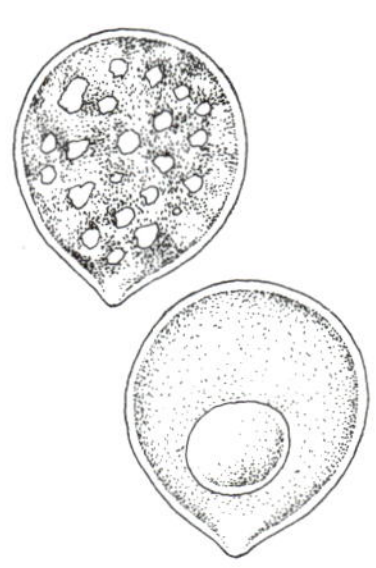

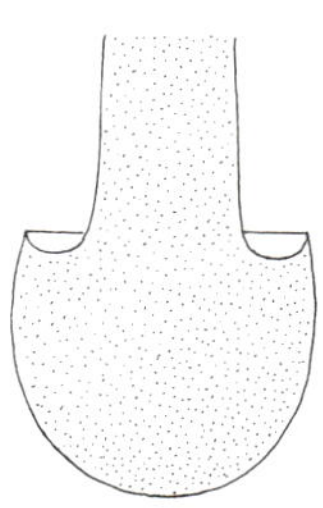

Amanita spissa

Amanite épaisse

C'est une robuste Amanite à chapeau globuleux puis plan, gris-roux bistré, régulier, de 10 à 15 cm de diamètre, de couleur tout à fait uniforme. Sa surface est lisse et plaquée de flocons étendus et gris souris. Ces flocons, caducs par la pluie, laissent alors voir que la cuticule est rayée par un chevelu inné fait de légères fibres plus foncées. Les lamelles sont libres, larges, serrées et blanc pur. Le pied est épais, surtout à la base qui se termine en forme de navet pointu et qui est marginé de quelques bourrelets fragiles. Il est souvent profondément enterré, et il est difficile d'avoir le champignon entier quand on l'arrache du sol. Il est par ailleurs grisonnant et fortement écailleux de gris en dessous de l'anneau qui est ample, strié, retombant et fragile, souvent déchiré au moment de l'éclosion du carpophore. La chair est épaisse et blanche, avec une faible odeur de radis. C'est un comestible assez agréable malgré ce parfum qui s'évapore à la cuisson. On distingue de cette espèce une autre très voisine, *A. ampla,* qui est plus élancée, plus grise, avec un pied plus mince, mais tout à fait semblable pour le reste, sinon que son odeur est anisée et plus plaisante. C'est aussi un bon comestible, à ne pas confondre avec l'Amanite panthère, dont les écailles sont blanches. On trouve l'Amanite épaisse surtout en été dans les forêts argileuses, et aussi dans les sapinières où elle est souvent très abondante. Sa vigueur lui permet souvent de soulever des blocs d'argile compacte pour arriver au jour.

Amanita rubescens

Amanite rougissante

C'est une Amanite à la fois très commune et multiforme. Qui voudrait s'en donner la peine en ferait sortir une douzaine de variétés, sinon d'espèces nouvelles. En effet son chapeau d'abord globuleux puis aplani peut aller de 3 à 20 cm de diamètre. Sa taille dépend de la fertilité de l'endroit où elle se trouve. Minuscule dans les tourbières, elle devient énorme sous les épicéas, qui sont sa station préférée. Sa couleur est tout aussi déroutante. Le plus souvent elle est gris rougeâtre, mais elle peut être également brunâtre, ou au contraire très pâle, d'un gris pâle à peine rosé. Son chapeau est constamment parsemé de verrues d'un gris teinté de rose, jamais blanches. Les lamelles sont blanches, larges et molles, et elles se tachent bientôt de points rouges. Le pied est solide, renflé à la base, un peu cannelé horizontalement, mais sans bordure véritable. Il est blanc comme l'anneau qui est large, bien strié, et appliqué sur le pied. Ce pied a une particularité immanquable : régulièrement attaqué par des larves d'insectes, il devient tout rouge à l'intérieur, d'où le nom vulgaire de « pied rouge » de cette espèce. Cette teinte rouge peut d'ailleurs envahir tout le champignon avec le temps. La chair est blanche, également rougissante. Elle a, quand elle est crue, une saveur peu agréable et elle est sans parfum. Il est même probable que crue, elle est un peu toxique, comme l'Amanite vaginée. C'est cependant un comestible passable dont il se fait une grande consommation, car c'est un champingon abondant, charnu, et qu'on peut trouver dans toutes les forêts, surtout sous les conifères où se voient les plus beaux exemplaires.

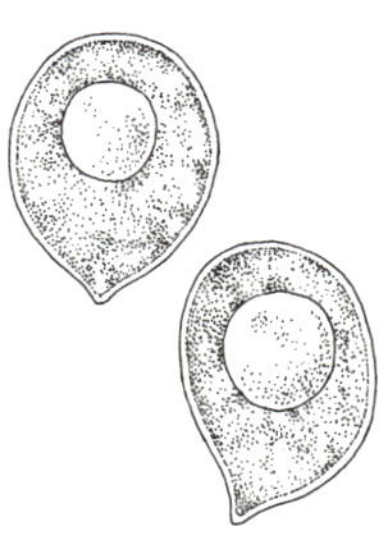

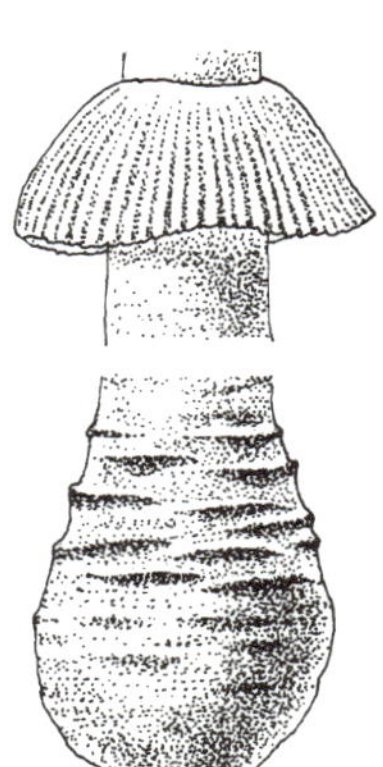

Agaricus (Psalliota) bisporus var. *brunescens*

Psalliote à deux spores, variété brune

On peut à bon droit refuser d'appeler Agarics les Psalliotes, car le terme d'Agaric a pris depuis longtemps un sens beaucoup plus général et désigne couramment l'ensemble des champignons à lamelles, ce qui était d'ailleurs son sens pour Linné qui l'avait employé ainsi. La tradition française s'en tient toujours à *Psalliota,* vocable sur lequel tout le monde est d'accord. Cette Psalliote-ci est la plus connue, puisqu'elle est le type du champignon cultivé sous le nom de champignon de couche ou champignon de Paris. Car c'est en effet à Paris que les jardiniers du XVIIe siècle en ont mis au point la culture. C'est une espèce robuste, à chapeau massif, d'abord rebondi puis aplani, très charnu, dur et compact. Les bords sont enroulés en dessous au début, mais à la fin le chapeau s'étale complètement. Les lamelles sont très serrées, étroites, d'abord blanches mais bientôt roses, puis pourpres. Les basides qui les tapissent ne comportent que deux spores, contrairement à toutes les autres espèces de ce genre où elles en ont quatre. La forme figurée ici est la variété brune; elle est aussi cultivée que la blanche, et a l'avantage d'être plus savoureuse. Il ne faut pas confondre cette espèce avec le « rosé des prés » *(Psalliota campestris).* En effet, l'espèce *bispora* ne se trouve que dans les terres cultivées à l'état sauvage, tandis que l'autre vit dans les prairies et les pâturages. *Bispora* se nourrit dans les champs sur les fragments de fumier enterré, et c'est cette observation qui a permis sa mise en culture en lui procurant artificiellement un milieu analogue. Il s'en fait un commerce énorme, et le champignon de couche arrive au sixième rang des exportations françaises.

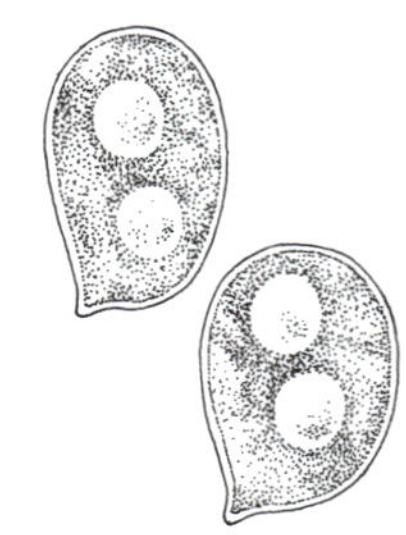

Agaricus (Psalliota) silvaticus

Psalliote forestière

Voici une espèce des plus variables, au point que certaines de ses variétés sont tout à fait déroutantes. Le type est un champignon à chapeau de 8 à 12 cm de diamètre, d'abord ovoïde cylindrique, puis aplani, légèrement bombé en son centre. Le fond en est blanc, mais il est entièrement recouvert de mèches apprimées qui forment une toison d'un beau brun tout à fait caractéristique. Les lamelles sont d'abord gris pâle, puis passent au rose et au pourpre, comme chez toutes les Psalliotes. Elles sont serrées et absolument libres. La chair est abondante, ferme et tendre en même temps, et elle exhale une douce odeur anisée. Elle rougit promptement à la cassure. Le pied est long, cylindrique, blanc rosé, lisse, et pourvu d'un bel anneau membraneux et blanc. Cette espèce se trouve surtout sous les épicéas, mais parfois sous les feuillus. Si le type est bien caractérisé, ses variétés sont nombreuses. *Pallida* a un chapeau blanchâtre parsemé de petites écailles brunes rares, *saturata,* dont le chapeau est absolument couvert d'écailles et de fibrilles brun rouge, *fusco-squamosa,* couvert de fibrilles très serrées et noirâtres. On en a distingué aussi une variété *sanguinaria,* dont le pied devient rouge sang à la cassure. Mais toutes ces formes sont très voisines et le nom de *silvatica* leur suffit, d'autant qu'entre ces variétés il se trouve des formes de passage bien difficiles à situer. Et toutes sont de la même qualité, c'est-à-dire délicieuses. Cette espèce partage son odeur d'anis avec d'autres espèces blanches, qui sont de goût aussi fin et comptent parmi les comestibles vraiment nobles offerts par la nature.

Agaricus campester (Psalliota campestris)

Psalliote champêtre, Rosé des prés

C'est probablement le champignon le plus connu et le plus récolté depuis la plus haute antiquité. Il possède un chapeau globuleux puis convexe plan, blanc, grisonnant parfois, le plus souvent lisse mais parfois méchuleux, pouvant par places passer au roux et au brun. Il est fibrilleux à la loupe, et porte souvent des écailles molles et fragiles, rousses ou blanches. Il a de 5 à 10 cm de diamètre. Les lamelles sont roses, puis pourpre foncé et noires. Le pied est blanc, plein, de 4 à 5 cm de long et de 1 cm d'épaisseur. Il porte un anneau fragile souvent oblitéré. La chair est épaisse et tendre, blanche, et elle prend à l'air une teinte rougeâtre caractéristique. L'odeur et la saveur sont très agréables, analogues à celles du champignon de couche. C'est une espèce très commune, mais pas toujours. Elle ne vient que dans les prés, et seulement après un été sec et chaud. Si l'année est continuellement pluvieuse, il n'en apparaît pas un seul exemplaire. Mais après une forte canicule, quand viennent les rosées du mois d'août ou les premiers orages, on le voit se montrer en masses souvent énormes dans les prairies et les pâturages. Il faut sans doute que la croissance des mycéliums soit bloquée par la sécheresse pour que se forment les « primordiums », c'est-à-dire les embryons des carpophores, qui se développeront avec une rapidité prodigieuse le moment venu. On sait qu'une prairie ratissée dans la journée en est de nouveau couverte le lendemain, et on peut déjà en récolter de nouveaux au crépuscule. C'est sans doute de cette espèce que vient le proverbe « pousser comme un champignon ».

Agaricus (Psalliota) augustus

Psalliote majestueuse

C'est la plus majestueuse et la plus décorative des Psalliotes. Son chapeau est charnu, globuleux, aplati au sommet, puis hémisphérique convexe et étalé, atteignant jusqu'à 25 cm de diamètre, jaune paille, couvert entièrement de nombreuses squames appliquées et serrées brun bistre, qui sont plus serrées au centre qui paraît presque lisse. Les lamelles sont serrées, assez étroites, insérées sur un collarium étroit qui les écarte du pied. Elles sont longtemps blanchâtre pâle, puis gris roussâtre, brunes à la fin, et plus pâles sur l'arête. Le pied est épais de 2 à 4 cm, haut de 15 à 25 cm, renflé à la base, plein, parfois creux à la fin. Il est d'abord tout floconneux squamuleux, puis glabre, blanc, jaunissant, puis roussissant avec l'âge. L'anneau est très ample, solide, blanc, floconneux en dessous, fendillé à la fin. La chair est épaisse, ferme, blanche, jaunissant surtout quand elle est blessée, puis roussissant à la fin. Elle est de saveur douce, parfumée, avec une senteur à la fois d'anis, de bergamote et d'amande amère. Les spores sont ovoïdes, pruniformes, lisses, guttulées, de 9 mu sur 6. On trouve cette espèce surtout dans les sapinières des montagnes, où elle était autrefois uniquement signalée. Mais elle a suivi les plantations d'épicéas dans la plaine où on la trouve maintenant assez couramment. Il faudra la chercher surtout au bord des sapinières, là où les épicéas ont des branches depuis leur base jusqu'à leur sommet, ce qui assure un tapis d'aiguilles bien plus épais qu'au milieu de la forêt où les arbres n'ont qu'un bouquet de branches terminal. On la trouve d'habitude par groupes de quatre ou cinq individus, en été et en automne, et elle peut offrir deux ou trois poussées successives si l'année lui convient. C'est un délicieux comestible, tendre, charnu et parfumé.

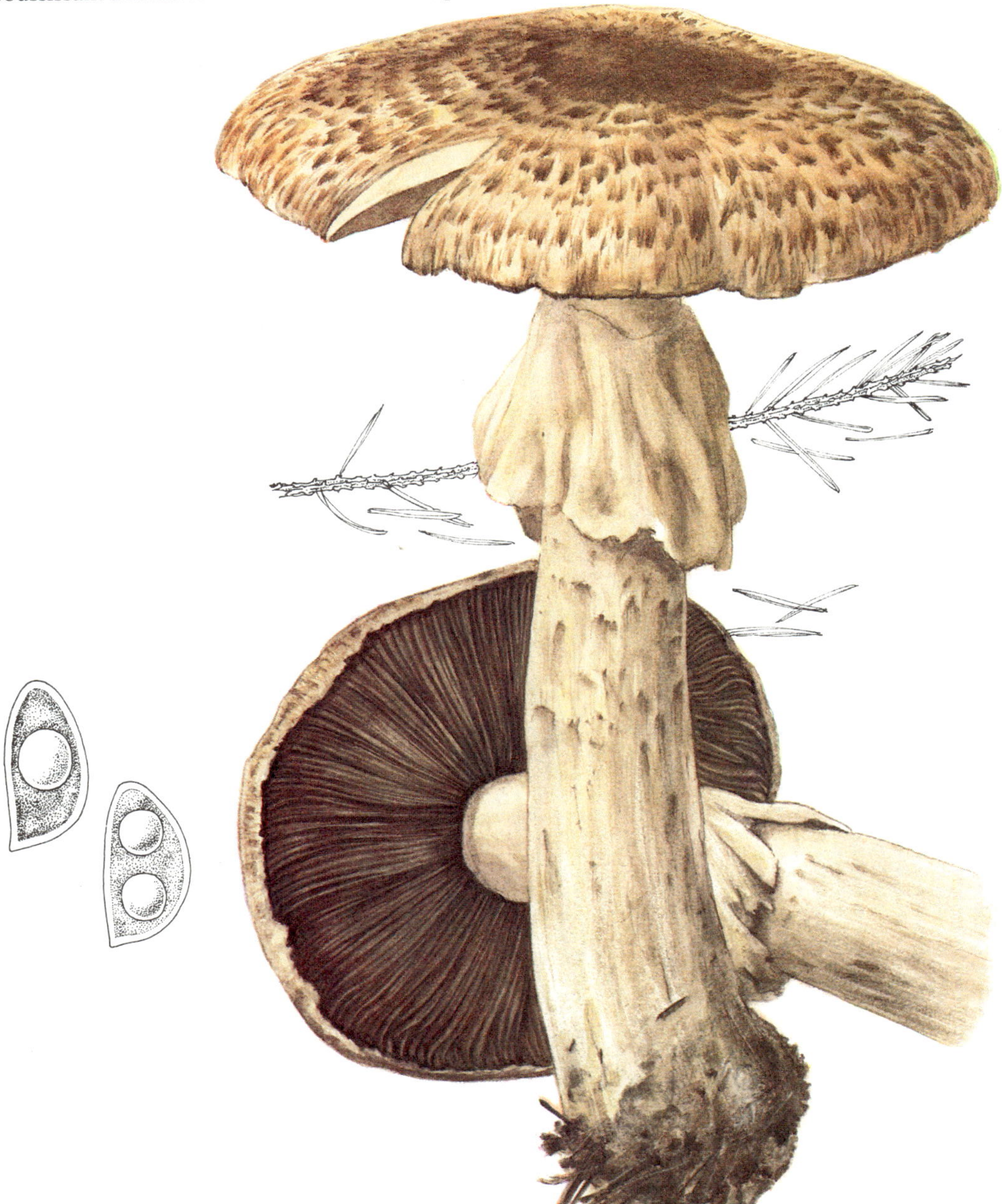

Agaricus (Psalliota) abruptibulbus

Psalliote brusquement bulbeuse

On trouve sous les épicéas une Psalliote blanche qu'on a longtemps confondue avec la *silvicola,* qui elle ne vient que sous les feuillus. A ne pas confondre avec *silvatica,* décrite plus haut ! Cette Psalliote blanche a un chapeau de 8 à 15 cm de diamètre, d'un blanc de neige, mais qui se tache de jaune citrin au froissement. Il est d'abord de silhouette cylindrique, c'est-à-dire que ses bords tombent verticalement, tandis que le sommet du chapeau est tout plat. Mais bientôt le chapeau s'étale et devient largement convexe et presque plat. Les lamelles sont très serrées, d'abord pâles puis roses et enfin pourpre noirâtre. La chair est blanche, jaunissante à la cassure, et elle exhale une douce odeur anisée. Elle est de saveur douce et agréable. Le pied est long de 10 à 15 cm et de 1 à 2 cm d'épaisseur. Il est surtout remarquable par sa base, qui ressemble à celle de l'Amanite citrine, c'est-à-dire que cette base, au lieu de prolonger simplement le cylindre du pied, s'élargit brusquement et présente un rebord horizontal, qui lui a valu son nom latin. A part ce bulbe si particulier, cette espèce ne diffère pas de *silvicola,* qui a la même silhouette, les mêmes couleurs, le même jaunissement, et le même parfum, mais dont le pied est tout à fait ordinaire et se termine en pointe atténuée. Ces deux espèces, ainsi que *arvensis* décrite plus loin, font partie de ces Psalliotes appelées vulgairement « boules de neige », parce qu'étant encore jeunes, elles sont sphériques et d'une blancheur éclatante. Elles sont communes dans toutes les plantations de conifères, et certaines espèces dans les pâturages où leur taille et leur blancheur les signalent de très loin. Ce sont d'excellents comestibles, bien connus, et très recherchés. A ne pas confondre avec *Psalliota xanthoderma,* décrite à la page 220.

Agaricus (Psalliota) arvensis

Psalliote des jachères

C'est aussi une belle Psalliote blanche de grande taille, avec un chapeau de 10 à 20 cm de diamètre, tout blanc, lisse au toucher ou avec de très fines mèches appliquées. Il jaunit au froissement. Il lui arrive de se fendiller par le sec et de paraître alors tout crevassé ou écailleux. Les lamelles sont serrées, longtemps pâles, à peine carnées, et ne devenant pourpres qu'à la fin. Le pied est blanc, plein puis creux, soyeux, très épais, de 10–15 cm de long sur 2 à 4 cm d'épaisseur. L'anneau est ample, solide, double, et il présente une bordure « rudentée », c'est-à-dire dentelée comme une roue à engrenage. La chair est très compacte, blanche, se tachant de citrin. L'odeur est très particulière, et elle évoque celle du pain sortant du four. On trouve cette espèce dans les prairies où elle forme souvent de grands cercles, dans les pâturages, les vergers. C'est un bon comestible, mais sa chair trop compacte n'est pas toujours de digestion facile, et il faut se méfier des allergies, car il y a des personnes qui ne supportent aucune de ces grandes Psalliotes. On trouve d'ailleurs dans les prés ou sous les conifères d'autres Psalliotes qui se ressemblent beaucoup : par exemple *macrospora,* qui se distingue par ses spores relativement énormes et son odeur ammoniacale dans sa vieillesse, ou encore *benesi,* qui prend une teinte rouge sang à la cassure, ou l'énorme *villatica,* qui pousse souvent dans les granges ou les caves. Toutes ces espèces sont comestibles, sauf *xanthoderma* décrite ci-après. Il a longtemps régné une grande confusion dans la détermination de ces grandes Psalliotes. On a distingué d'abord une série dont la chair rougit, et une autre dont elle jaunit. Puis à l'intérieur de chaque série on a peu à peu défini les espèces dont beaucoup sont rares et beaucoup difficiles à identifier à l'oeil nu. Il faut surtout en vérifier l'odeur.

spores d'*A. arvensis*

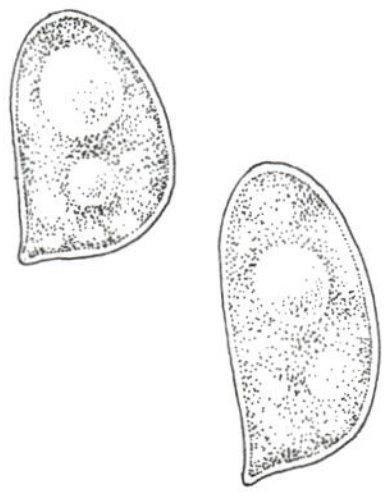

forme blanche d'*Amanita phalloides*

Agaricus arvensis

Agaricus (Psalliota) xanthodermus

Psalliote à peau jaune

C'est une Psalliote légèrement toxique, et qu'il est bon et d'ailleurs facile de reconnaître. Malgré son nom, elle a chapeau d'un blanc de neige éclatant. Son chapeau d'abord sphérique un peu cylindrique, peut avoir de 8 à 15 cm de diamètre. S'il est d'abord blanc, il jaunit rapidement au moindre froissement, et devient d'un jaune de chrome particulier. La marge est mince, souvent courtement sillonnée. Les lamelles sont serrées, libres puis écartées par un collarium, assez larges, atténuées aux deux extrémités, longtemps blanchâtres, puis gris rosé sale et brun pourpre. Le pied est farci d'une moelle soyeuse, puis creux, allongé, flexueux, égal, parfois épaissi à la base en un bulbe un peu marginé, lisse, glabre et tout blanc, se teintant de jaune au toucher, et surtout, toujours jaune cadmium à l'intérieur de sa base. C'est là le signe qui ne peut tromper, unique parmi les Psalliotes. La chair est tendre, assez épaisse, blanche et le restant sauf dans le bulbe qui est d'emblée jaune vif, douce mais d'odeur très désagréable, évoquant le phénol, ou les placards où ont niché des souris. Cette espèce est commune surtout dans les jardins et les vergers. Sans être réellement vénéneuse, elle est extrêmement indigeste, de goût détestable. On trouve dans les mêmes endroits des formes de cette espèce reliées entre elles par toutes sortes d'intermédiaires, qui sont plus ou moins couvertes de mèches ou d'écailles grises ou noirâtres. Elles ont toutes la base du pied jaune à l'intérieur, la même odeur et les mêmes propriétés. On leur a donné des noms, mais il s'agit simplement de formes de la même espèce qui varie du blanc pur par degrés successifs au gris noirâtre.

Lepiota cristata

Lépiote crêtée

Cette petite Lépiote est la plus commune d'une série d'espèces de taille moyenne ou minime, souvent difficiles à déterminer, et qui doivent être examinées dans le plus grand détail pour arriver à leur donner un nom vraisemblable. Mais celle-ci se reconnaît toujours à plusieurs caractères qui ne sauraient tromper. Elle a un chapeau de 2 à 4 cm de diamètre, pourvu d'un revêtement brun roux qui se dilacère rapidement en écailles distinctes, se détachant sur un fond blanc ou blanc rosé. Mais au centre du chapeau, le revêtement reste entier car il ne s'étend pas, et le sommet du chapeau qui reste pointu est toujours de couleur uniforme et lisse. Ce revêtement est fait de grosses cellules dressées serrées les unes contre les autres comme les poils d'un tapis. Les lamelles sont très serrées, blanches, séparées du pied par un collarium.

La chair est très mince, blanche, de saveur aigre, et répandant une odeur désagréable de radis pourri. Le pied mince, de 2 à 4 mm de diamètre et de 2 à 4 cm de haut, est soyeux, luisant, parfois teinté d'une pruine rose ou fauve. L'anneau est ténu, satiné et caduc. La spore est ovoïde allongée, de 7 à 8 mu. On trouve cette espèce très communément le long des sentiers dans les bois, mais aussi dans les prés à la lisière des bois. Elle est très probablement toxique, mais son odeur infecte empêchera de l'essayer. Elle est très voisine d'une autre espèce, *L. felina,* plus grêle et plus élancée, spéciale aux conifères, et dont le revêtement craquelé de la même façon est tout noir. De plus, elle est inodore. D'autres espèces voisines se remarquent aux teintes roses ou rougeâtres qui les marquent. Elles appartiennent au groupe *helveola,* et elles sont extrêmement dangereuses, au même titre que l'Amanite phalloïde.

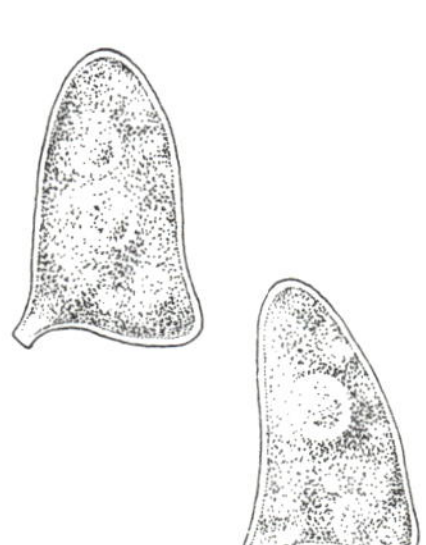

Lepiota clypeolaria

Lépiote en bouclier

C'est le type le plus commun d'une série très homogène de Lépiotes à chapeau très conique et jamais étalé. Celle-ci peut avoir de 5 à 7 cm de diamètre, le chapeau est blanc, très soyeux, d'abord lisse, puis écaillé en mèches floconneuses et pelucheuses de couleur jonquille, fauve ou rosée, avec une marge cotonneuse et laciniée. Les lamelles sont blanches, serrées, minces, libres, et fixées à un collarium. Le pied est grêle, fistuleux, fragile, couvert de mèches floconneuses, blanches ou fauve clair. L'anneau est floconneux, fragile et très fugace. Il n'en reste souvent qu'une trace aranéeuse, et le plus souvent il reste suspendu aux bords du chapeau. La chair est blanche, mince, de saveur acidulée, et d'odeur un peu alliacée. La spore est grande, de 18 mu, ellipsoïde allongée, triocellée. On trouve cette espèce surtout sous les conifères, ou dans l'herbe au bord des bois. Elle est commune en été et en automne. Il en existe diverses formes qui ont été nommées, mais qui le méritent à peine. Une pourvue de flocons plus bruns et à spores plus larges, une autre à pied nu et à chapeau ponctué de petits grains et non de flocons, une autre enfin à chapeau tout ocracé et tendant à devenir tout jaune. Il existe deux espèces très voisines, *L. alba,* toute blanche et *erminea,* blanche aussi, mais plus petite, très mamelonnée, très élégante, et à odeur de radis. Ces deux espèces sont rares, comme la plupart de ces petites Lépiotes qu'on rencontre une ou deux fois dans une longue carrière. Toutes les espèces de ce groupe sont données comme comestibles, mais sont si minces qu'elles ne valent pas la cueillette, et leur seule utilité est d'exercer la sagacité des déterminateurs. Elles ont d'ailleurs leurs spécialistes, et ils ont beaucoup de mérite.

spores de *L. clypeolaria*

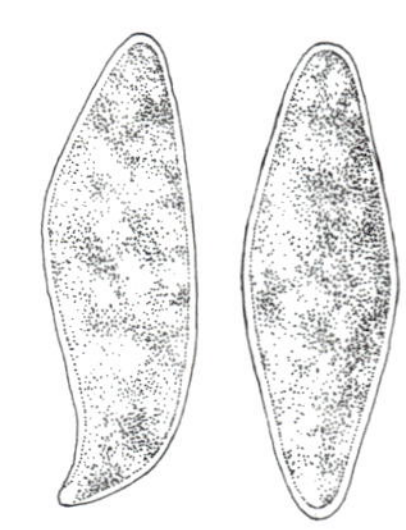

Lepiota clypeolaria

Lepiota ventricosospora

Macrolepiota procera

Lépiote élevée

Les mycologues modernes ont cru bon de subdiviser le genre classique *Lepiota* en quelques genres nouveaux tout à fait inutiles. Les Lépiotes de grande taille sont devenues des *Macrolepiota,* c'est-à-dire « grandes Lépiotes ». Dans la pratique on dit toujours Lépiote, tout simplement. Cette Lépiote-ci est la plus connue et la plus remarquable. Au début, elle apparaît comme un gros tubercule surmonté d'un dé à coudre tout brun. Mais rapidement, ce dé à coudre s'élance à l'extrémité d'un pied qui grandit très vite en épuisant le « tubercule » de la base. Il peut atteindre de 20 à 25 cm de haut et le dé à coudre va se déployer en un chapeau de 15 à 25 ou 30 cm de diamètre. Le revêtement d'abord continu du chapeau va très vite se dilacérer en écailles brunes qui se disposeront géométriquement autour du mamelon qui reste pointu et où le revêtement, ne se distendant pas, reste entier. Les lamelles sont très larges, très serrées, et la surface sporogène qu'elles représente, si on la développe, dépasse un mètre carré. Elles sont écartées du pied par un collarium. Le pied lui-même est solide, tubulaire, chiné comme une peau de serpent, et il porte à son sommet un anneau double et curieusement mobile. La chair est épaisse, tendre dans la jeunesse, puis parcheminée avec le temps. Elle est de saveur fine et de bonne odeur. On trouve cette espèce très communément dans les pâturages des terrains siliceux, et dans les terrains calcaires à peu près exclusivement dans le terreau acide des forêts d'épicéas. Pris encore fermé, le chapeau est délicieux, surtout cuit sur le gril. Il y a peu de champignons qui portent autant de noms vulgaires : nez de chat, couleuvrée, columelle, Saint-Michel, etc. Il vient d'habitude tard en saison, en octobre dans les prés, mais plus tôt dans les forêts.

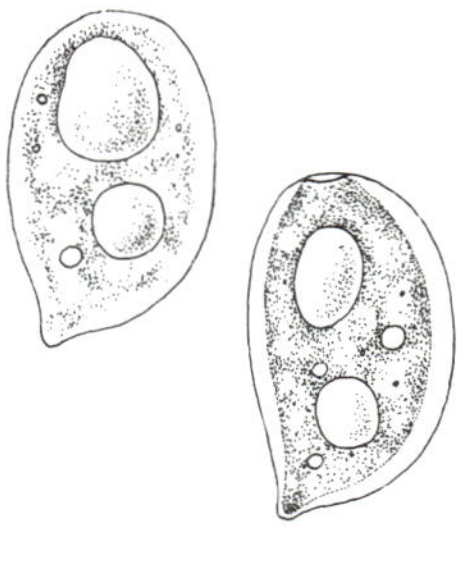

Macrolepiota rhacodes

Lépiote déguenillée

Au premier abord, cette Lépiote ressemble beaucoup à la précédente. Mais elle en diffère profondément par la nature de son revêtement. En effet, alors que chez la Lépiote élevée, c'est le revêtement qui se dilacère et forme de belles écailles plus ou moins caduques, chez la déguenillée, les écailles semblent être des mèches issues de la chair même du chapeau. D'où une surface très originale, non pas lisse sous les écailles, mais comme laineuse, chaque touffe de poils étant terminée par un appendice brunâtre ou noirâtre. En outre, cette espèce-ci, tout en étant de belle taille, n'atteint jamais les dimensions gigantesques de sa voisine. Son anneau est moins ample, et son pied grisâtre n'est pas chiné, au contraire il est de couleur unie du haut en bas. Enfin, la chair une fois coupée rougit vivement à l'air, surtout celle du pied, et ce rougissement à lui seul démontre la validité de l'espèce. La chair est aussi épaisse, aussi tendre dans le jeune âge, et c'est un comestible encore plus fin que le « Saint-Michel ». Son habitat n'est pas le même. Alors que la Lépiote élevée ne vient que dans les terrains acides, celle-ci est indifférente et se trouve aussi bien sur le calcaire. Mais elle est purement forestière, et ne se voit jamais dans les prés. Sa station favorite est le tapis d'aiguilles d'épicéas, et elle est d'autant plus développée que ce tapis est plus épais. Aussi la trouvera-t-on surtout là où des sapins ont été ébranchés et où la masse de leurs branches auront pourri sur place. Elle peut alors s'y montrer en troupes nombreuses et plusieurs années de suite. Quand vous la récoltez, rejetez tout de suite les pieds, qui sont presque ligneux, et ne gardez que les chapeaux encore fermés. C'est quand ils sont « en baguettes de tambour » qu'ils ont toutes leurs qualités.

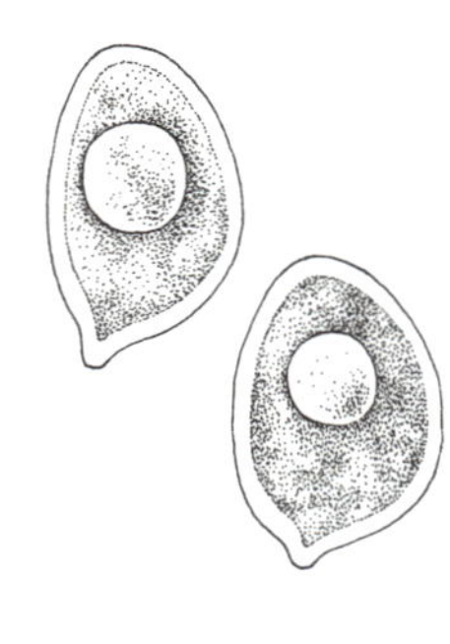

Macrolepiota excoriata

Lépiote écorchée

Cette Lépiote est un peu une miniature de *procera.* Son chapeau ne dépasse pas 10 à 12 cm de diamètre. Il est ovoïde, blanchâtre ou fauve cendré peu mamelonné, pruineux, puis gercé en petites écailles soyeuses, devenant brunâtre pâle au centre qui est toujours lisse. La marge est toujours plus ou moins déchiquetée et frangée. Les lamelles sont blanches, serrées, larges, très écartées du pied par un collarium. Le pied est assez court, de 4 à 10 cm, blanc ou blanchâtre, plus ou moins renflé à la base. L'anneau est simple et rigide. La chair est blanche, tendre et parfumée. La spore est elliptique, de 15 mu. On trouve cette espèce communément en automne dans les prés et même dans les bois à la même saison. Elle est indifférente à la nature du terrain. C'est un aussi bon comestible que les deux espèces précédentes. On est parfois embarrassé devant les Lépiotes de ce groupe. Car autour de cette *excoriata* il s'en trouve qui sont plus pigmentées, plus brunes, plus mamelonnées, plus grandes ou plus petites. Il y a tant d'intermédiaires entre toutes ces formes qu'on a renoncé à les nommer toutes. Peut-être faut-il quand même en distinguer la variété *mastoidea,* plus haute, avec un chapeau plus pointu, et à revêtement régulièrement plus foncé et plus solide. C'est au fond une *excoriata* brune et mamelonnée. Elle se trouve dans les mêmes endroits, mais moins communément que le type. Elle est tout aussi comestible, fine et parfumée. Elle a aussi l'avantage d'être indifférente à la nature du sol et vient aussi bien dans le Jura que dans les Alpes ou les Vosges. Peut-être semble-t-elle être plus montagnarde, et de ce fait peut-être est-elle simplement, comme on dit, une forme stationnelle.

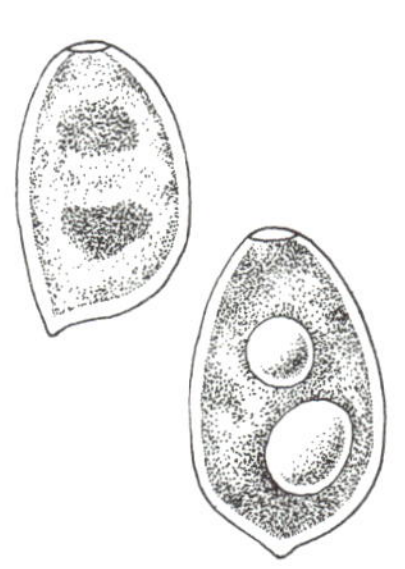

Cystoderma amianthinum

Cystoderme amiantacé

Les Cystodermes ont été des Lépiotes. Pour une fois, on a bien fait de les en extraire, car ils sont beaucoup moins perfectionnés. Contrairement aux Lépiotes, leur pied n'est pas séparable, ce qui est un signe d'archaïsme, leur anneau est plutôt une simple cortine, et ils se rapprochent bien plus des Tricholomes que des Lépiotes. Mais ils forment un groupe très homogène par leur physionomie, et ce nom de *Cystoderma,* qui signifie « peau celluleuse » indique une autre particularité : le chapeau de ces espèces est tapissé de grosses cellules qui leur donne un air micacé tout à fait particulier. Celui-ci est le plus commun de tous. Il a un petit chapeau convexe, de 3 à 5 cm de diamètre, de couleur ocracé jonquille, avec une cuticule grenelée (du fait de ces grosses cellules), et souvent plissé surtout avec l'âge, ou entièrement ridé. Les lamelles sont blanc crème, serrées, adnées, ce qui n'arrive jamais aux Lépiotes. Le pied est grêle, farci, couvert de petits flocons ocracés au-dessous d'un anneau aranéeux et fugace. La chair est jaunâtre, douce, inodore. La spore est ovoïde allongée, aculéolée, de 7 mu. On trouve cette espèce très communément surtout aux lisières des bois, dans l'herbe et dans la mousse. On la dit comestible, mais elle est si maigre et si fragile qu'elle ne vaut pas la récolte, d'autant qu'elle vient en automne, souvent très tard, à un moment où abondent des espèces plus intéressantes. Ce Cystoderme présente quelques variétés curieuses : *longisporum,* dont les spores sont plus allongées que dans le type, *rugosoreticulatum,* brun ocre et à chapeau réticulé, et une variété *album,* toute blanche. Ces variétés sont plus rares et faciles à distinguer. Elles auront le mérite d'attirer l'attention des chercheurs sur la variété extrême dont la Nature est capable.

Cystoderma cinnabarinum

Cystoderme rouge cinabre

Si le Cystoderme amiantacé est plutôt insignifiant d'apparence, il n'en va pas de même pour deux espèces voisines et que voici. D'abord le Cystoderme couleur de cinabre, dont le chapeau convexe puis plan atteint de 5 à 8 cm de diamètre, assez charnu, d'une très belle couleur orangé briqueté à rouge cinabre persistante. Il est couvert de granulations veloutées très visibles, même à l'oeil nu. La marge est au début légèrement frangée par les débris du voile. Les lamelles sont serrées, assez larges, adnées libres, curieusement séparables, toutes blanches. Le pied est égal, subbulbeux, plein, plus pâle que le chapeau, portant près de son sommet les restes floconneux d'un anneau très fragile, et en dessous de cet anneau il est rendu un peu écailleux par des flocons rouges, tandis qu'au-dessus de cet anneau il est tout blanc. La chair est blanchâtre, jaune pâle, teintée de rouge sous la cuticule et sur les parois du pied. Sa saveur est douce et son odeur insignifiante. C'est une espèce assez rare, qu'on trouve çà et là dans les bois de conifères des montagnes, exceptionnellement en plaine. Probablement comestible. L'autre espèce, le *C. carcharias,* le Cystoderme dentelé, présente à peu près la même silhouette, mais sa cuticule d'un joli rose incarnat, souvent presque blanche, est finement granuleuse, et sa marge est régulièrement dentelée par les débris du voile qui y restent attachés. Le pied est farci, creux à la fin, un peu épaissi à la base, engainé à la base par le voile qui est identique à la cuticule du chapeau, jusqu'à l'anneau qui est membraneux et plus solide que chez les espèces voisines. La chair est blanche et douce, mais d'odeur forte et très désagréable. On trouve cette espèce assez commune dans les bois de conifères, bien plus souvent que la précédente, et aussi bien en plaine qu'en montagne.

spores de *C. cinnabarinum*

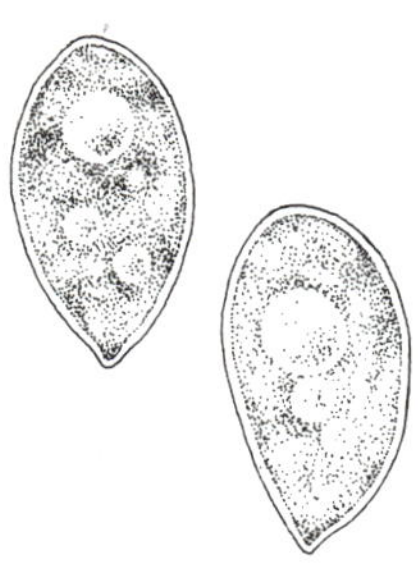

Cystoderma carcharias

Cystoderma cinnabarinum

Coprinus comatus

Coprin chevelu

Si les Coprins renferment surtout de toutes petites espèces qui viennent surtout sur le fumier, le chevelu fait exception à la règle. Son chapeau ovoïde ou cylindrique au début, puis en forme d'éteignoir, peut avoir de 8 à 15 cm de haut. Il est d'abord tout blanc, et entièrement recouvert de peluches fragiles et légères, que la pluie fait souvent disparaître. Mais rapidement, la base du chapeau s'écarte du pied, et peu à peu noircit et se liquéfie complètemment, en gagnant progressivement le sommet. A la fin, il ne reste que le pied qui, lui, ne fond pas et on est souvent surpris de rencontrer une douzaine de pieds tout blancs dont les chapeaux ont complètement disparu. C'est que les Coprins, au lieu de confier au vent la dispersion de leurs spores, ont adopté une autre solution. Une fois mûrs, ils s'autodigèrent, et les spores s'écoulent dans l'encre qui s'ensuit, et c'est l'eau de ruissellement qui se chargera de répandre les spores là où elles pourront trouver un terrain favorable. Ce Coprin ne comporte à peu près pas de chair, sinon un petit disque très mince au sommet du pied, auquel sont suspendues les lamelles, et le chapeau tout entier n'est fait que de lamelles accolées les unes aux autres : une réussite économique de premier ordre, car à part le pied nécessaire et son léger anneau, tout est ici sacrifié à la production des spores. Ce Coprin est commun le long des chemins, des allées, dans les vergers, en général là où ont été enterrées des matières organiques, bois mort, chiffons, ordures diverses. Il est tardif en saison et c'est un excellent comestible, mais qu'il faut cueillir très jeune et consommer immédiatement. Il en existe une variété *ovata* dont le chapeau au lieu d'être cylindrique est ovoïde ou subsphérique, et plus petit.

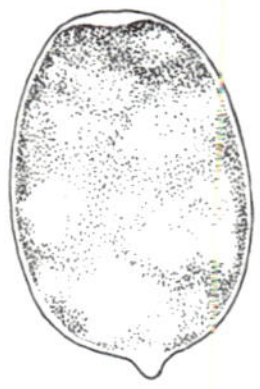

Coprinus atramentarius

Coprin noir d'encre

Ce Coprin-ci est aussi grand que le précédent, mais il a des habitudes très différentes. Il vient toujours en grosses touffes sur des morceaux de bois enterrés. Son chapeau est ovoïde oblong, d'abord blanchâtre mais bientôt gris jaunâtre ou gris fer, et il porte de petites écailles brunes à son sommet, qui est souvent aplati. Il peut avoir de 6 à 15 cm de hauteur. Les lamelles sont d'abord blanchâtres, ventrues, et elles deviennent très rapidement noires et déliquescentes. Le pied est blanc, creux, de 6 à 12 cm de long. Il porte un anneau grêle et fugace, souvent incomplet et situé à la base du pied. La spore est pruniforme, d'un bistre noirâtre, de 10 mu. On trouve cette espèce partout, dans les jardins, les pelouses, souvent dans les terrains rapportés et remués, où elle forme des touffes imposantes. Il lui arrive dans sa croissance de soulever le ciment des trottoirs ou le macadam des chemins, telle est la puissance de sa pression osmotique. Elle est comestible, mais à condition qu'on veuille bien se priver d'alcool pendant le repas où on la déguste, car elle produit très souvent des phénomènes d'anaphylaxie qui se traduisent par un oedème de Quincke se portant surtout sur le visage qui prend alors un aspect léonin très impressionnant. En outre, on peut faire du liquide de sa décompostion une encre d'excellente qualité, car ce liquide est du plus beau noir, et la couleur des spores qui sont responsables de cette teinte sont indélébiles. Un mycologue du siècle passé a eu la coquetterie d'écrire tout un traité avec cette encre, et il s'est très bien conservé.

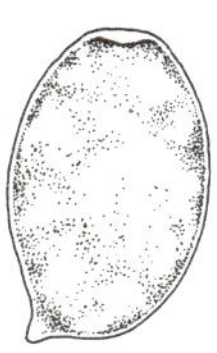

Coprin micacé

C'est un petit Coprin bien caractéristique. Il a un chapeau d'un jaune ferrugineux, comme saupoudré de grains micacés d'un jaune plus clair. Ces grains de mica sont faits de grosses cellules rondes attachées en paquets et qui sont reliées au chapeau par d'autres cellules allongées et très fragiles. En fait, ce mica est le reste du voile général qui enveloppe le champignon quand il vient au monde, et qui se résout en granules comme la volve de certaines Amanites. Il arrive quelquefois que ce voile soit tout blanc. Le chapeau a de 2 à 5 cm de large sur autant de haut. Il est conique, avec des bords inégaux, ondulés, striés et bientôt déliquescents. Le pied est très mince, blanc et fragile, et il est pourvu de grosses soies fragiles. Il n'a pas d'anneau. Les lamelles sont libres et lancéolées, d'abord blanches puis purpurines avant de se dissoudre. Cette espèce est très commune et vient en troupes nombreuses, souvent en touffes, au pied des vieux arbres, dans la mousse, sur les souches, mais aussi sur la terre dans les endroits humides. On la reconnaîtra toujours à ce « mica » qui saupoudre le chapeau. Il est d'ailleurs probable que ce *micaceus* est une espèce collective. C'est-à-dire qu'autrefois on mettait sous le même nom des formes voisines sans y regarder de plus près. Mais on s'est aperçu que la forme à voile blanc n'avait pas les mêmes spores que le type, et que son pied n'était pas poilu. Et que la forme *truncorum* a un mica bien plus brun et des spores rondes, alors que celles du *micaceus* type sont mitriformes. Mais il est tout à fait permis à un amateur de déterminer ces formes comme *micaceus,* en se réservant s'il le faut d'affiner la détermination grâce à une Flore plus complète. Evidemment non comestible.

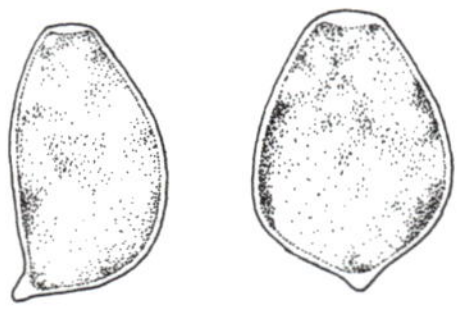

cellules du voile

Panaeolus papilionaceus

Panéole papillon

Les *Panaeolus* se distinguent tout de suite des autres genres par leur port, qui est caractérisé par un pied très long surmonté le plus souvent d'un chapeau en cloche, qui ne s'étend jamais, et surtout par l'aspect des lamelles. Leur fond est gris, mais les spores d'un gris noirâtre ne mûrissent pas toutes à la fois, et se montrent par plages séparées, si bien que les lamelles paraissent toujours non pas unies, mais mouchetées. Le nom latin, tiré du grec, signifie « tout étoilé », et évidemment c'est aux lamelles que ce nom fait allusion. Un autre caractère de ces *Panaeolus* est qu'ils sont à peu près tous fimicoles, ou plutôt préférant des crottins ou des bouses isolés dans les pâtures. Ils sont assez nombreux en espèces, pas toujours faciles, et plusieurs semblent bien être hallucinogènes. Celui-ci a un chapeau hémisphérique et qui le reste, de 2 à 3 cm de diamètre, pruineux, souvent crevassé ou excorié, surtout par le sec, gris pâle dans l'ensemble mais roussâtre au milieu. Les lamelles sont sinuées adnées, très larges, grises, mouchetées de noir. Le pied de 7 à 15 cm de haut est large de 4 ou 5 mm, il est fistuleux, glabre, blanchâtre, pulvérulent et blanc au sommet. La spore est ovoïde, de 18 mu, de couleur olive noirâtre. On ne le confondra pas avec le *campanulatus* qui lui ressemble beaucoup, mais dont la marge débordante forme une jolie frange autour du chapeau. On trouve ce *P. papilionaceus* surtout sur les crottins de cheval, et comme les chevaux se font rares, il est beaucoup moins commun qu'autrefois. Le *sphinctrinus* figuré ci-dessous a la même silhouette, mais son pied est noirâtre, et il est également pourvu d'une dentelle blanche sur la marge. C'est un dangereux hallucinogène, connu autrefois en Allemagne sous le nom de « champignon des fous. »

spores et cystides de *P. papilionaceus*

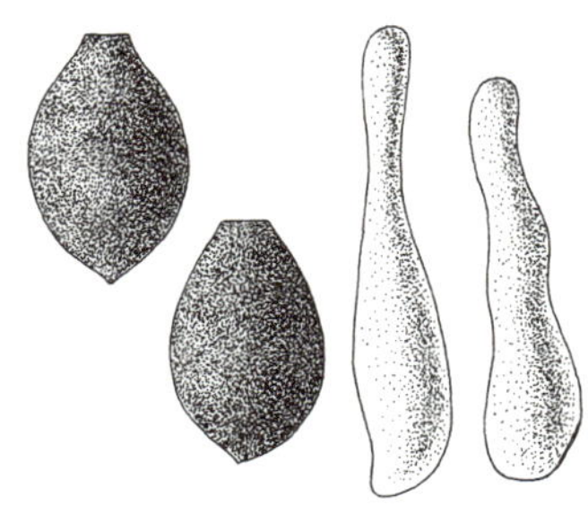

spores de *P. sphinctrinus*

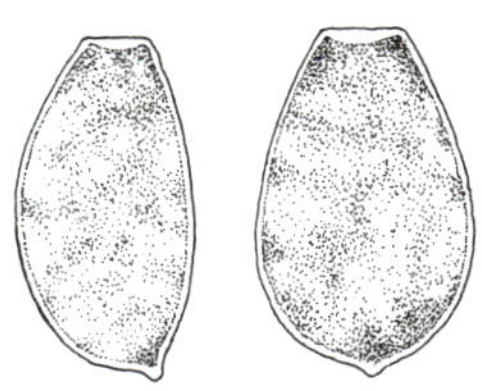

Panaeolus sphinctrinus

Panaeolus papilionaceus

Psathyrella candolleana

Psathyrelle de Candolle

Les Psathyrelles constituent un de ces genres qui font le désespoir des systématiciens. Il est fait de très nombreuses espèces souvent impossibles à distinguer à l'oeil nu, et bien souvent, pour s'assurer qu'on a affaire à deux espèces différentes, on est obligé de cultiver leurs spores pour voir si les mycéliums primaires se marieront on non. S'ils se conjuguent, c'est que c'est la même espèce, sinon, ce sont deux espèces, mais dont la seule différence est d'ordre génétique. Ici encore, il est évident qu'on est contraint dans la pratique de se contenter d'une approximation, laissant aux spécialistes le soin d'aller plus loin. Heureusement, cette Psathyrelle de Candolle est très commune et si bien caractérisée qu'on la reconnaît facilement. Le chapeau conique puis aplani a de 3 à 6 cm de diamètre. Il est entièrement voilé de petites fibrilles soyeuses blanches sur fond blanchâtre ou gris pâle. Ce voile presque toujours forme des appendicules qui frangent le chapeau une fois qu'il est développé.

Si le chapeau est normalement très pâle, quand il est tout frais, et surtout par temps humide, il est ocre pâle, et alors les fibrilles blanches qui le parsèment sont encore plus visibles. Les lamelles sont très serrées, gris lilacin ou gris rosé, puis à la fin brun violacé. Le pied est blanc, strié, creux, très fragile. Les spores brunes sont plus pâles sous le microscope, pruniformes, et de 7 mu. Cette espèce peut-être également collective, hélas, est très commune et se montre soit en touffes de quelques individus, soit en troupes nombreuses surtout le long des sentiers, là où se trouvent des fragments de bois mort écrasés, ou dans les tapis de feuilles mortes, dans les endroits frais. Comestible, mais bien peu charnu.

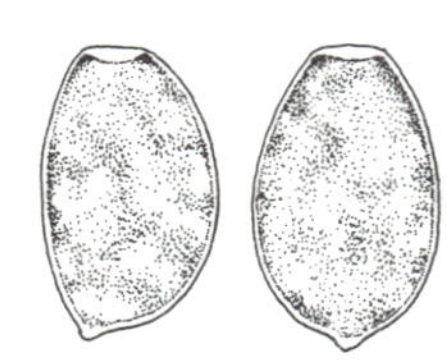

cystides

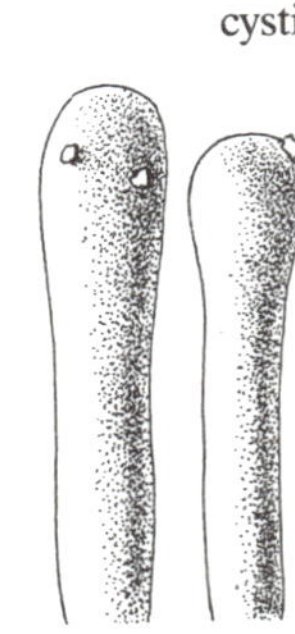

Psathyrella velutina (Lacrymaria)

Psathyrelle veloutée

Cette Psathyrelle-ci ne présente aucune difficulté. C'est sans doute la plus grande espèce du genre. Son chapeau campanulé a de 4 à 10 cm de diamètre, parfois davantage, puis il devient convexe, jaunâtre ou roux brunâtre, couvert de longues fibrilles de la même couleur. Si bien que son toucher, jamais visqueux, est moelleux et velouté. Les lamelles sont d'abord blanchâtres, puis d'un roux foncé enfin brun pourpre avec toujours la tranche qui reste blanche. Elles ont pour principal caractère d'émettre sur leurs côtes d'abondantes gouttes liquides et noirâtres, surtout quand on vient de cueillir le champignon. Cette curieuse particularité avait incité autrefois les mycologues à créer pour elle un genre *Lacrymaria,* qui n'a pas été maintenu, car pour tout le reste, c'est un *Psathyrella* évident. Le pied haut de 4 à 10 cm est creux, épais de 1 cm, et pourvu en haut d'un anneau lâche, laineux, qui n'est que le reste de la cortine qui rejoint le chapeau au pied dans le jeune âge. La chair est humide, tantôt épaisse tantôt plus mince, fragile, de couleur argileuse. Saveur douce et agréable. La spore est en amande de 12 mu. Cette espèce est commune dans les endroits gras, près des fumiers, dans les vergers. C'est un bon comestible, mais qui noircit complètement les plats auxquels on le mêle. La Psathyrelle hydrophile *P. hydrophila* est beaucoup plus grêle avec un chapeau campanulé de 2 à 4 cm de diamètre, brun par l'humide et chamois par le sec. Les lamelles sont serrées, pâles puis brun lilas, la chair est humide, blanche, douce, sans odeur. Cette espèce pousse en touffes parfois d'une centaine d'individus surtout sur les vieilles souches de hêtre. Elle serait comestible, mais un peu amère après la cuisson.

spores de *P. velutina*

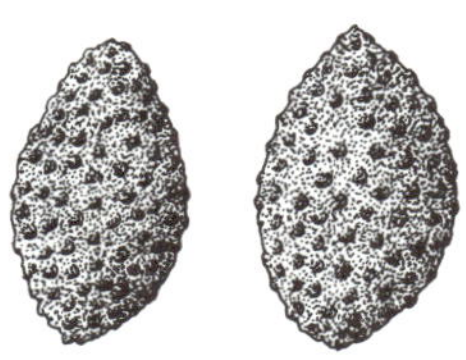

cystides

gouttes d'eau sur les lamelles

Psathyrella hydrophila

Psathyrella velutina

Bolbitius vitellinus

Bolbitius jaune d'oeuf

Les *Bolbitius* évoquent des Coprins qui auraient des spores pâles, car comme eux ils sont fragiles et déliquescents. Le chapeau de celui-ci est très mince, presque membraneux, conique campanulé puis étalé, jusqu'à 5 cm de diamètre, visqueux dans la jeunesse, d'abord lisse et transparent, puis sillonné fendillé, d'un beau jaune d'oeuf, surtout au centre. La marge est plus pâle, sinuée et bistre brunâtre à la fin. Les lamelles sont serrées, adnées libres, minces, étroites, argileuses puis ocracé brunâtre, avec une marge floconneuse. Le pied est allongé, égal ou un peu atténué au sommet, fistuleux, blanc crème jaunâtre ou jaune citron en haut, couvert de légers flocons blancs, un peu renflé et poilu à la base. La chair est très mince, presque inexistante, jaunâtre, douce, sans odeur. Les spores jaune ocre sont ovoïdes et lisses, avec un pore germinatif. La marge des lamelles présente de grosses cellules incolores qui leur donnent leur aspect floconneux. On trouve cette espèce çà et là souvent en touffes sur le crottin de cheval, le fumier, les pailles pourries, dans les prés, les clairières, au bord des chemins, au printemps et en été. Elle n'est pas très commune. On a décrit des variétés *fragilis* et *titubans* qui n'en sont que des formes plus grêles. Le *Bolbitius reticulatus* est beaucoup plus rare, et se distingue par son chapeau très élégamment veiné réticulé comme un petit *Pluteus,* visqueux, gris violeté ou gris lilas, à marge striée, de 2 à 5 cm de diamètre. Le pied est blanc, entièrement pruineux floconneux. Les lamelles sont libres, crème jonquille puis safranées. Cette espèce-ci n'est pas fimicole comme la précédente, elle se trouve çà et là uniquement sur les vieilles souches de hêtre et de charme en été et en automne. Elle est gracieuse et c'est son seul mérite. Le *Bolbitius aleuriatus* en est très voisin, mais il est plus petit, plus pâle et d'aspect un peu farineux, comme le signifie son nom.

hyménium avec cystide et basidioles

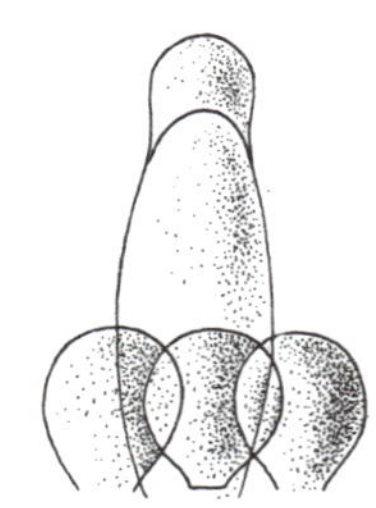

spores de *B. vitellinus*

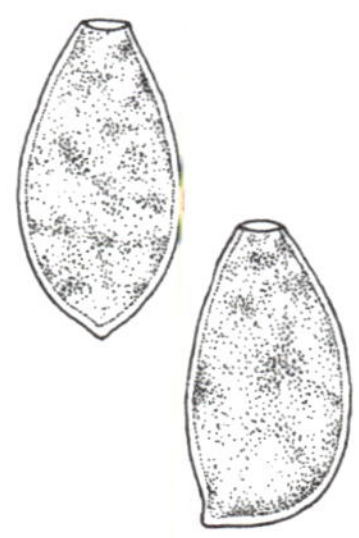

Bolbitius vitellinus

Bolbitius aleuriatus

Agrocybe dura

Pholiote dure

On a détaché des Pholiotes classiques une série d'espèces charnues, qui ne présentent jamais de pigments jaunes comme les vraies Pholiotes. Cette espèce-ci est facile à reconnaître. Elle a un chapeau charnu, compact, convexe puis plan, jusqu'à 9 cm de diamètre, glabre, puis presque toujours crevassé auréolé à la fin, blanc jaunâtre, blanc d'ivoire, frangé sur la marge par les débris du voile. Les lamelles sont serrées, larges, ventrues, sinuées adnées, blanchâtres puis brunes, avec une arête crénelée et blanche. Le pied est dur, fibreux, farci, un peu épaissi et farineux au sommet, courbé en bas, avec des radicelles blanches, soyeux puis crevassé, et blanc. Il porte un anneau large, membraneux, mince et qui se déchire avant de disparaître. La chair est dure, blanche, d'odeur peu agréable. Les spores sont foncées, brun sale en tas, jaunâtres sous le microscope. Elles sont ovoïdes pruniformes, de 12 mu. C'est un comestible médiocre, devenant amer à la cuisson. On trouve cet Agrocybe dans les lieux cultivés, dans les champs, les jardins, en terrain calcaire, souvent dès le printemps. Il n'est pas très commun. L'Agrocybe des marais *(A. paludosa)* est encore plus rare. Son chapeau ne dépasse guère 2 ou 3 cm de diamètre avec un pied très élancé, de 5 à 9 cm. Il est brun de corne, parfois strié, un peu translucide. Il porte un anneau très fragile qui disparaît très vite. On trouve cette espèce dans les endroits marécageux, presque toujours au pied des touffes de Carex. Il fait partie d'une série de champignons adaptés à cet habitat, qui ont besoin à la fois d'un milieu humide et acide. Cet Agrocybe est si mince et ténu qu'il ne saurait être question de parler de sa comestibilité.

Agrocybe praecox

Pholiote précoce

Cet Agrocybe ressemble un peu au précédent. Il a un chapeau de 5 à 8 cm de diamètre, glabre, humide, puis il prend des teintes ocrées. Les lamelles sont sinuées adnées, blanches et translucides, puis rouillées. Le pied est fibro-charnu, un peu renflé à la base, long par rapport au diamètre du chapeau. Il porte un anneau ténu, membraneux, réfléchi et blanchâtre. La chair est blanche, molle et douce. Toutefois, il faut noter à ce propos que si les gros exemplaires ont une chair douce et sont donc de bons comestibles, les formes mineures, et c'est peut-être une variété, sont très amères. La spore est pruniforme, de 9 mu, couleur de rouille. On trouve cette espèce qui est commune dans les prés, les bruyères, les haies, dès le printemps et en été. Le plus intéressant des Agrocybes pour le lecteur français, est certainement l'*A.aegerita,* ou Pholiote du peuplier. C'est un champignon robuste qui ressemble un peu au champignon de couche en plus brun et avec des lamelles brunes et non pas pourpres. Il vient sur le bois de divers arbres, avec une préférence pour les saules et les peupliers, les ormes aussi. Il arrive que le tronc d'un vieux peuplier malade en soit couvert du pied à la tête, et c'est le seul champignon dont la récolte exige une échelle. C'est une espèce surtout méridionale et atlantique. En France, elle existe tout le long de nos côtes, et elle remonte les vallées du Rhône, de la Loire et de la Garonne. Il lui faut sans doute un climat doux et humide, puisqu'on la retrouve le long des lacs comme ceux du Bourget ou du Léman. C'est un comestible de premier choix et dans le Midi où on l'appelle « pivoulade » on en fait une culture primitive en frottant des tranches de peuplier avec des chapeaux mûrs. Les spores s'y développent et on peut espérer une récolte l'année suivante.

cystide et spore

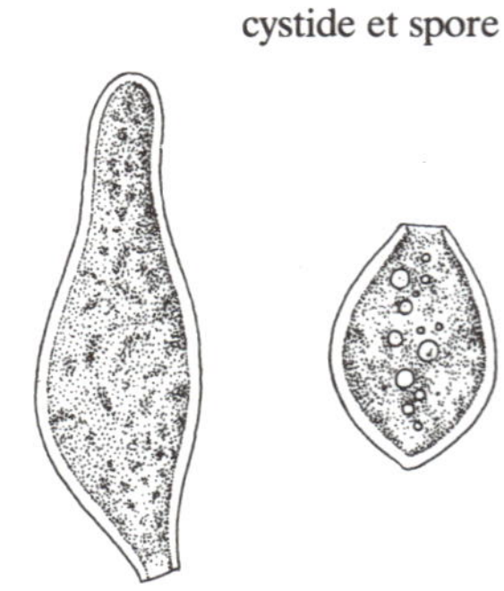

Stropharia rugosoannulata

Strophaire à anneau denté

C'est une espèce très rare en France, où sa présence parfois massive a longtemps paru incompréhensible. Voici la clef du mystère : ce champignon est très commun dans les pays scandinaves et en Pologne. Il arrive fréquemment qu'on fasse venir de Suède des graines sélectionnées d'avoine. Et quand on sème cette avoine, on a souvent la surprise de voir au printemps le champ littéralement envahi par cette Strophaire, car les semences importées en ont véhiculé les spores avec elles. Mais elle ne se maintient pas, et elle ne reparaît que si les mêmes semences ont été mises en terre une autre fois. Il faut croire que notre climat ne convient pas à cette espèce, qu'elle y fructifie par hasard, mais ne s'y établit pas. C'est un champignon spectaculaire. Son chapeau a de 3 à 20 cm de diamètre. Il est sec, brun rougeâtre sur fond jaune, tout fibrilleux, fendillé et appendiculé sur la marge. La chair est épaisse, ferme, blanche, d'odeur pharmaceutique désagréable, et légèrement amère. Le pied est épais et puissant, blanc et lisse, et il porte à son sommet un bel anneau ample, descendant, membraneux et pelucheux, profondément sillonné et blanc en dessus. Le plus étrange dans cette espèce, dont les lamelles sont d'un violet superbe, c'est la différence qu'elle peut manifester dans sa taille. Dans la même station, on trouve côte à côte des exemplaires isolés aussi grands que les plus grandes Psalliotes, et d'autres qui viennent en touffes, et dans ces touffes, les exemplaires sont moyens et souvent minuscules. D'autre part, l'anneau normalement épais et solide peut manquer complètement, si bien qu'on se demande d'abord si c'est bien la même espèce. Comme on trouve entre tous ces formats toutes les transitions désirables, il n'y a pas moyen d'en douter. La Strophaire hémisphérique *(semiglobata)* est très commune sur les bouses de vache dans les pâturages, et se reconnaît à son chapeau jaune qui reste hémisphérique et ne s'aplatit jamais.

spores de *S. rugosoannulata*

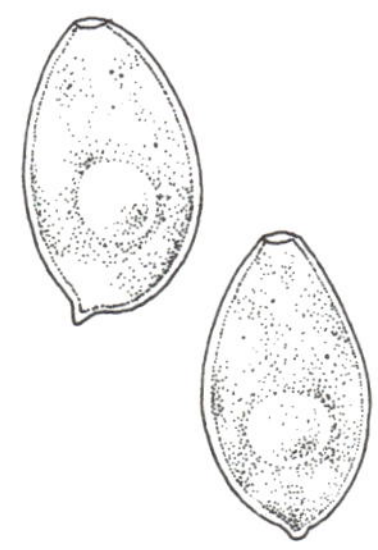

spores de *S. semiglobata*

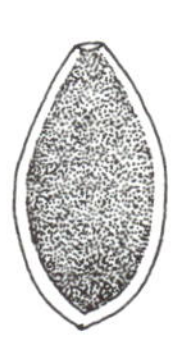

Stropharia semiglobata

Stropharia rugosoannulata

Stropharia aeruginosa

Strophaire vert de gris

Cette Strophaire a un chapeau de 6 à 10 cm de diamètre, entièrement glutineux, convexe, avec un petit mamelon en son centre, jaune verdâtre au sommet, passant au bleu verdâtre sur les bords et parsemé au début de petites mèches blanches. L'épiderme s'enlève facilement tout d'une pièce. Les lamelles sont adhérentes, d'abord gris violacé puis brun pourpre. Le pied est fistuleux, bleu azuré, bleuâtre ou verdâtre, de 4 à 5 cm de long, visqueux, écailleux au-dessus de l'anneau qui est étroit et fragile. La chair est humide, d'odeur repoussante. La spore est pruniforme, de 10 mu, brun purpurin. On trouve cette espèce communément presque toujours au bord des sentiers, car elle a pour habitat les restes d'excréments de carnivores. C'est manifestement un champignon des ptomaïnes, puisqu'on le trouve aussi bien et régulièrement là où un animal quelconque s'est décomposé sur place. Cette Strophaire n'est pas comestible, à cause de son odeur, et de plus son aspect n'est pas sympathique, à cause de sa terrible viscosité et de sa couleur qui n'est pas engageante.

La planche précédente présente aussi une petite Strophaire spécialiste des bouses de vache, la Strophaire hémisphérique *(S. semiglobata),* la bien nommée, car son chapeau reste fermé et tout rond. Ce chapeau de 1 à 2 cm de diamètre est porté par un pied assez long, jaune et fistuleux. C'est son port qui permet de définir immédiatement cette espèce par ailleurs sans intérêt particulier. Elle fait partie de ce grand nombre d'espèces qui colonisent les excréments des herbivores, où elle succède dans l'ordre aux Coprins qui sont les premiers, puis aux Panéoles dont elle prend la suite avec régularité. Il n'y a pour ainsi dire pas de pâturage où on ne puisse la trouver en automne.

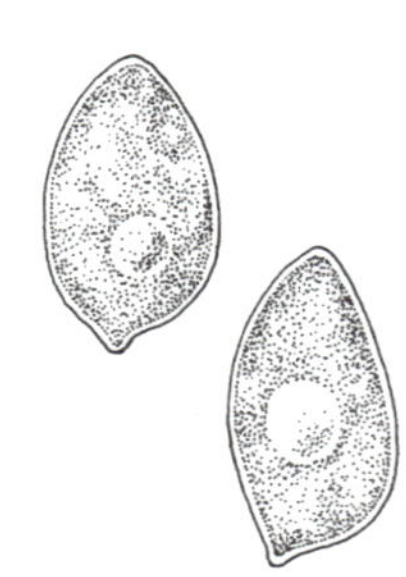

Stropharia albonitens

Strophaire blanc brillant

C'est une petite Strophaire toute blanche, et vraiment comme son nom l'indique, d'un blanc éclatant, au moins au début, car avec le temps elle a tendance à jaunir au milieu. Le chapeau est convexe plan, de 2 à 3 cm de diamètre, puis étalé mamelonné, très visqueux par temps humide. Les lamelles sont adnées, horizontales, crème, puis à la fin brun violacé. Le pied est grêle, cotonneux à l'intérieur, pruineux au sommet, poilu et blanc. L'anneau est distant, membraneux, étroit, et souvent disloqué et fugitif. La chair est molle et blanche, sans caractère particulier. La spore est pruniforme, d'un violet bistré, de 8 mu. Cette espèce se trouve surtout dans les bois dans les endroits herbus et frais en été et en automne. Elle est assez rare. On remarquera que les Strophaires se distinguent par leur spores violettes ou tirant sur le violet, le lilas ou le mauve, et par le port d'un anneau, le plus souvent fragile mais toujours présent. En général les espèces de ce genre sont assez aisées à déterminer, car leurs signes distinctifs sont nombreux, mais la plupart sont rares et il faut compter sur un heureux hasard pour les rencontrer. Presque toutes sont plus ou moins coprophiles, et même *rugosoannulata* décrite p. 237, qu'on trouve dans les champs d'avoine, n'y prospère que grâce au fumier qui y a été enterré au moment du labour. Sur ce point les moeurs des Strophaires sont analogues à celles des Coprins. Mais les Coprins veulent du fumier frais, tandis que les Strophaires le préfèrent déjà décomposé. De plus beaucoup d'espèces semblent plus fréquentes en montagne qu'en plaine.

cystide

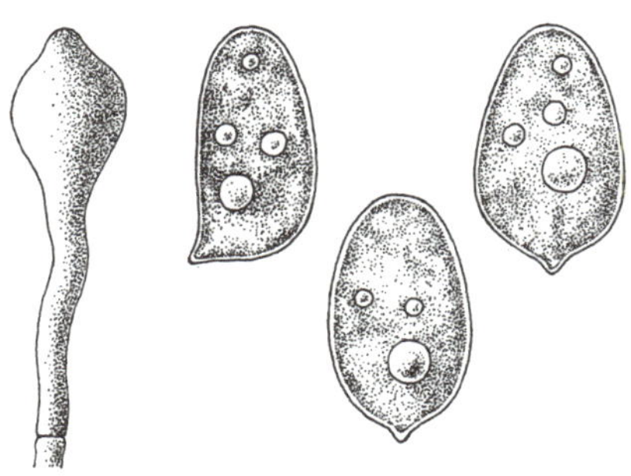

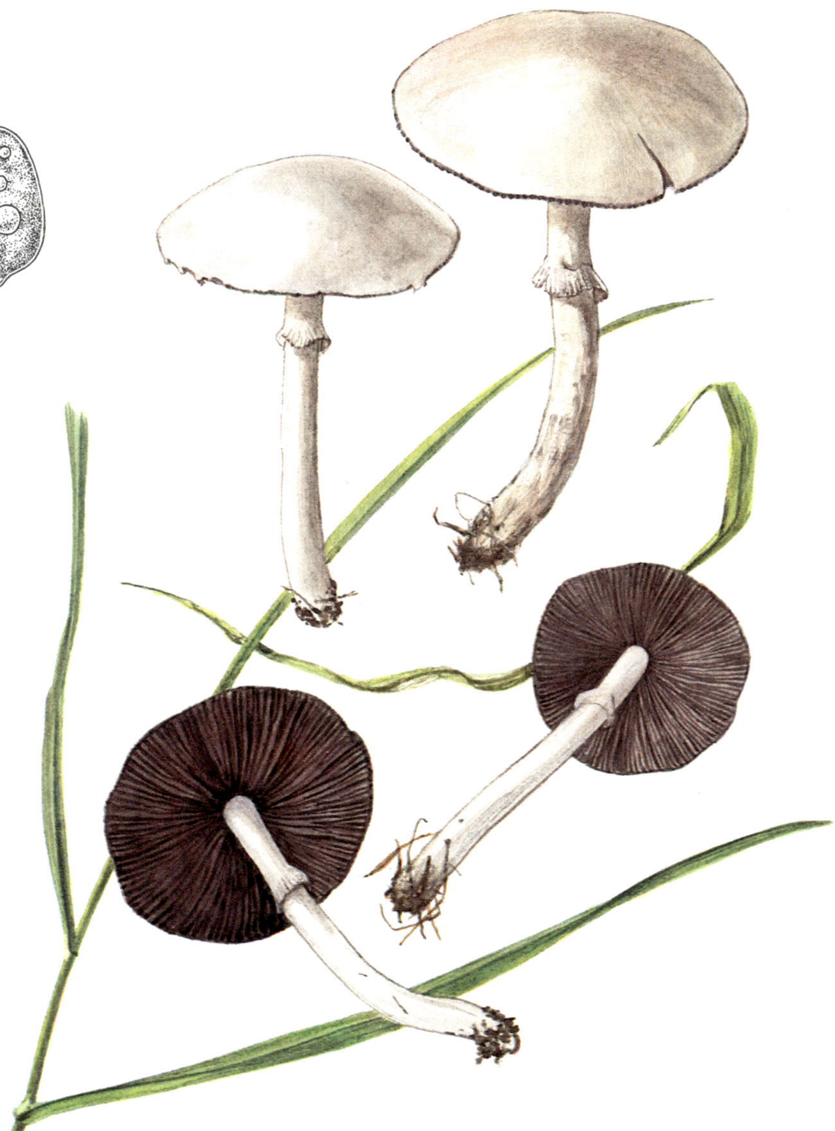

Hypholoma sublateritium

Hypholome briqueté

C'est un Hypholome superbe, dont le chapeau de 6 à 10 cm de diamètre est épais, charnu, orangé sur les bords et rouge brique au centre. Il est lisse, non visqueux, et souvent peluché sur les bords. La marge est souvent un peu repliée en arrière. Les lamelles sont d'abord d'un blanc sale, puis elles deviennent d'une couleur olivacée très spéciale, qui ne se retrouve chez aucune autre espèce. Le pied est plein, épais, de 5 à 10 cm de long sur 10 à 15 mm d'épaisseur. Il est atténué à la base, jaune ferrugineux, blanchâtre au sommet. Il porte un anneau qui peut être plus ou moins membraneux, mais le plus souvent simplement aranéeux. Quand il porte un anneau parfaitement formé, il s'agit d'habitude d'une forme plus puissante qui a reçu le nom de *pomposum.* Cette espèce se montre toute l'année sur les souches, les racines mortes dans les bois, les prés et les vergers. La chair étant très amère, elle n'est pas comestible. Elle se montre parfois en exemplaires isolés, mais le plus souvent en touffes de plusieurs individus. L'Hypholome fasciculé *(H. fasciculare)* qui est figuré à côté lui ressemble en plus faible. Son diamètre ne dépasse pas 4 ou 5 cm, et il est jaune ocracé sans aucune trace de rouge ni d'orangé. Les lamelles sont d'abord jaune soufre, puis deviennent verdâtres comme chez l'espèce précédente. Il est beaucoup plus commun et se montre dès le premier printemps sur les souches qu'il colonise abondamment. Il est encore plus amer que le précédent. On en trouve souvent une forme « minima » qui ne dépasse pas 15 mm de diamètre, et qui vient non sur les souches mais d'habitude sur les branches tombées, et une forme stérile dont les lamelles restent jaunes, qui n'est pas rare.

cystides et spores de *H. sublateritium*

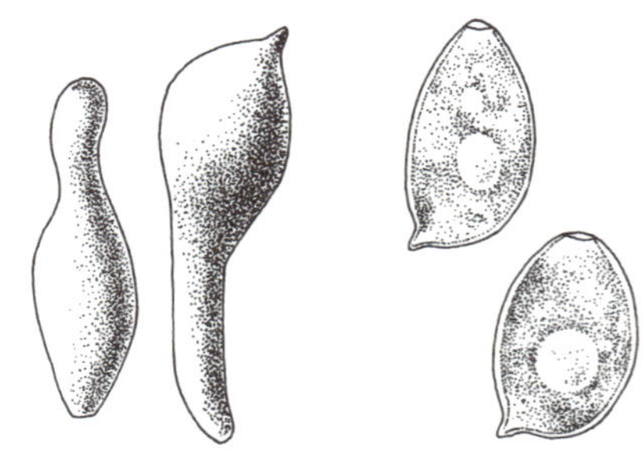

Hypholoma sublateritium

Hypholoma fasciculare

Hypholoma fasciculare

Hypholome fasciculé

Le chapeau de cet Hypholome est mince, jaune citron ou un peu ocracé, puis roussâtre, convexe, à centre mamelonné, de 2 à 5 cm de diamètre. Les lamelles sont d'abord d'un jaune de soufre, aqueuses, et elles acquièrent vite cette teinte verdâtre que l'espèce partage en exclusivité avec la précédente. Le pied est creux, mince, jaune ou jaunâtre, de 4 à 8 cm de long, égal ou légèrement renflé à la base. Il porte une cortine frangée, très fragile et souvent invisible, d'un blanc jaunâtre. La chair est jaune pâle, extrêmement amère. La spore est pruniforme, de 8 mu, violette. Cette espèce a la particularité de se montrer en toute saison. On la voit sur les souches de charme spécialement dès le mois d'avril, et par poussées successives on la rencontrera jusqu'en décembre. Elle ne cède qu'aux grandes gelées. C'est une des espèces les plus communes. Quand on a arraché un arbre dans un verger, on est parfois surpris de voir apparaître ces Hypholomes dans l'herbe. En fait, ils colonisent les racines mortes de l'arbre qui affleurent la surface et on peut suivre leur trajet dans le sol à la poussée des champignons. En ce sens ils sont utiles, car ils digèrent rapidement des débris ligneux, et au bout de deux ou trois ans les champignons disparaissent après avoir épuisé leur substratum. Ces Hypholomes s'attaquent d'ailleurs à toute espèce de bois, aussi bien conifères que feuillus, et à toute altitude. Ils sont de plus cosmopolites et se rencontrent dans tout l'hémisphère nord, aussi bien en Amérique qu'en Asie et au Japon. Leur précocité fait d'eux *un des premiers sourires du printemps.*

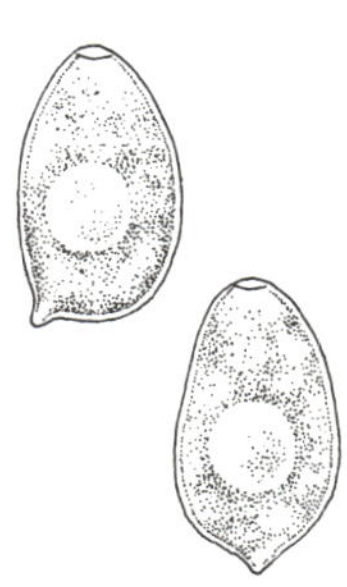

cystide

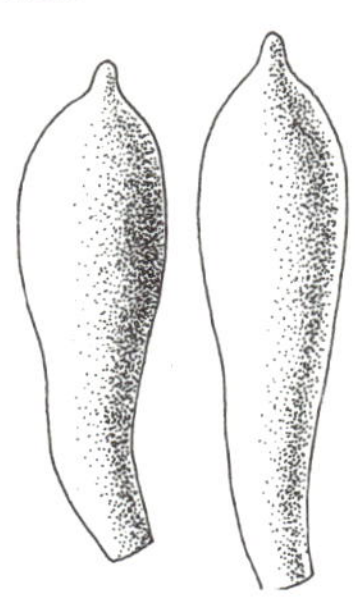

Hypholoma capnoides

Hypholome à lamelles enfumées

On prendrait volontiers cette espèce, au premier abord, pour un Hypholome fasciculé. Son chapeau convexe plan, de 4 à 8 cm de diamètre, charnu, glabre, souvent un peu ridé, est de couleur jonquille passant à l'ocracé avec l'âge. C'est donc une couleur et une taille très voisines du fasciculé. Et comme il vient également en grosses touffes sur les souches mortes, l'illusion est facile. Mais il suffit de regarder les lamelles pour être fixé. En effet, au lieu de cette teinte verdâtre caractéristique du *fasciculare* et de tout son groupe, celles de notre espèce sont adnées, larges, ténues, bleuâtres, puis bistre lilacin. Rien de commun avec les autres. C'est cette couleur de fumée des lamelles qui a valu son nom à ce type. Le pied est creux, soyeux, striolé, blanc teinté de jaune, fauve à la base. Il porte une cortine blanche qui forme souvent une frange légère autour du chapeau. Mais le caractère qui ne saurait tromper, c'est que sa chair, qui est mince et blanche, est absolument douce : ce qui en fait un comestible assez agréable. De plus on s'est aperçu que cette espèce avait des vertus hypoglycémiantes, c'est-à-dire que sa consommation diminuait la teneur du sucre dans le sang, sans qu'on connaisse la nature de ce phénomène. A recommander donc aux diabétiques, en même temps que le Tricholome de la Saint-Georges qui partage avec lui cette curieuse vertu. Et puis, alors que le *fasciculare* vient sur n'importe quel bois, cet enfumé est exclusif des souches de conifères. C'est dire qu'on aura plus de chances de le rencontrer en montagne qu'ailleurs. Sa spore guttulée est pruniforme et elle est de 8 mu, violette.

spores d'*H. capnoides*

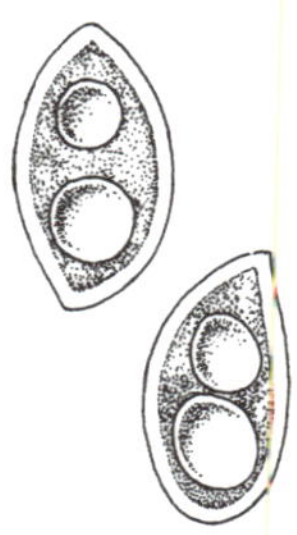

cystides

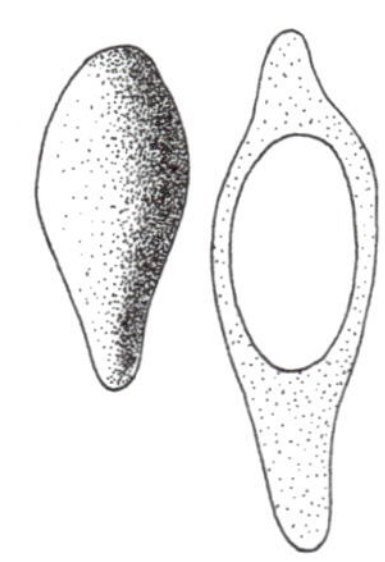

Hypholoma capnoides

Hypholoma fasciculare

Psilocybe semilanceata

Psilocybe fer de lance

C'est une espèce minuscule, dont le chapeau extraordinairement pointu mesure 1 cm de diamètre et 1,5 de haut. Il est terminé au-dessus du cône qui le forme par une papille aiguë et très différenciée, qui forme un véritable bec. C'est sûrement parmi tous les champignons celui qui a le mamelon le plus effilé. Sa couleur est d'un jaunâtre pâle insignifiant et uniforme. Vu la forme du chapeau, les lamelles prennent une position presque verticale tout à fait caractéristique. Elles sont d'abord blanc crème, puis passent au bistre purpurin. Si le chapeau est exigu, le pied, lui, est en même temps très mince et très haut. Il n'a que 2 ou 3 mm d'épaisseur, mais de 8 à 12 cm de haut. Il est d'abord plein, puis creux, flexueux, tenace, jaune pâle avec une cortine très faible, de même couleur et fugace. La spore est pruniforme, oblongue, de 18 mu, violette. Cette étrange espèce est rare en plaine, mais se trouve assez communément dans les pâturages de montagne. Elle a la fâcheuse particularité d'être hallucinogène au même titre que le trop fameux LSD. Ce serait sans grande importance, mais on s'est aperçu il y a peu de temps, dans le Haut-Doubs, que les étudiants suisses venaient en faire dans les pâtures d'abondantes récoltes qu'ils rapportaient en Suisse pour les vendre à leur clientèle « spéciale ». Les douaniers prévenus ont dû mettre fin à ce commerce plus rentable qu'honnête. C'est d'ailleurs à ce genre Psilocybe qu'appartiennent quelques Psilocybes mexicains utilisés là-bas par les sorciers du crû pour se procurer des visions, et dans les civilisations précolombiennes, ces champignons étaient appelés « téonanacatl », ce qui signifie « chair de Dieu ». Ils faisaient partie de rites religieux dont on trouve encore les traces aujourd'hui.

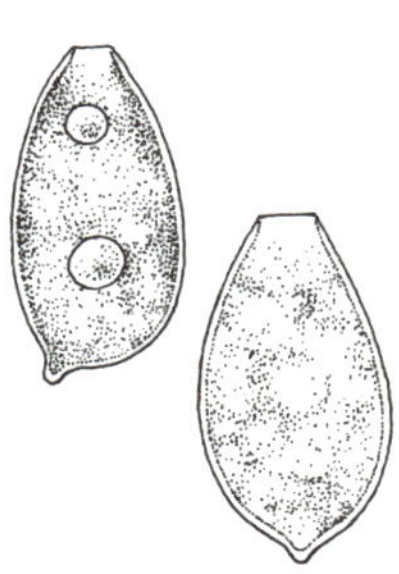

cystides

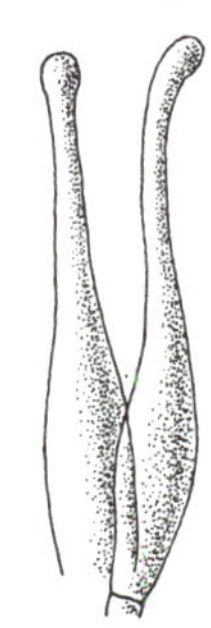

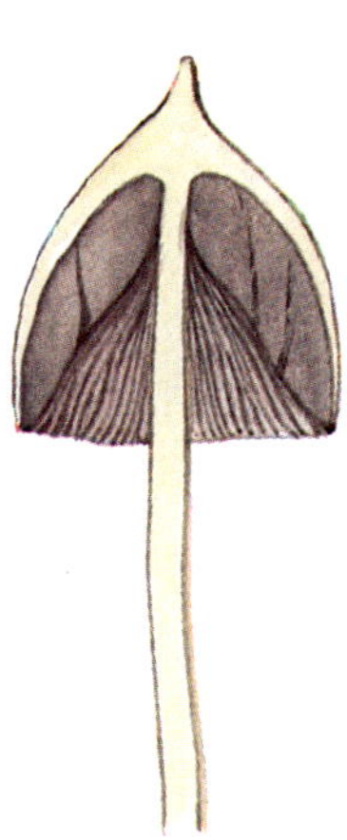

Pholiota destruens

Pholiote destructrice

C'est une Pholiote souvent énorme, superbe, de 10 à 20 cm de diamètre, de couleur jonquille pâle, à épiderme lubrifié, tout couvert de mèches floconneuses blanchâtres et bientôt caduques, mais persistant longtemps sur la marge qui en est comme festonnée. Les lamelles sont sinuées et touchent au pied par un filet décurrent. Elles sont très larges, blanc crème passant vite au brun rouillé. Le pied est gros, de 2 à 4 cm de diamètre, et de 8 à 15 cm de long, plein, dur, courbé, très bulbeux à la base et prolongé par une „racine" qui s'enfonce dans le bois. Il porte un anneau membraneux, floconneux, épais, radié, souvent déchiré et adhérent à la marge. La chair est ferme, blanche, ayant à la fois une saveur sucrée et amère. Son odeur pharmaceutique est peu plaisante. La spore est elliptique, brune, de 10 mu. Cette espèce a des habitudes étonnantes. C'est un hôte du peuplier, parfois du bouleau. Mais il est très rare qu'on la voie sur un tronc debout. Au contraire, si on abandonne sur place un peuplier abattu, on a toutes chances de voir apparaître les champignons sur la tranche de coupe, soit isolés, soit en bouquets de quatre ou cinq exemplaires. Comme toujours, ce sont les exemplaires isolés qui atteignent la plus grande taille. Quand un tronc de peuplier en est atteint, il se décompose avec rapidité, car son bois tendre est très vite envahi par le mycélium qui le digère avec avidité. C'est pourquoi les marchands de bois prennent toujours bien soin de ne jamais laisser un peuplier abattu en plein air, car le risque d'invasion est trop grand et le dommage irréparable.

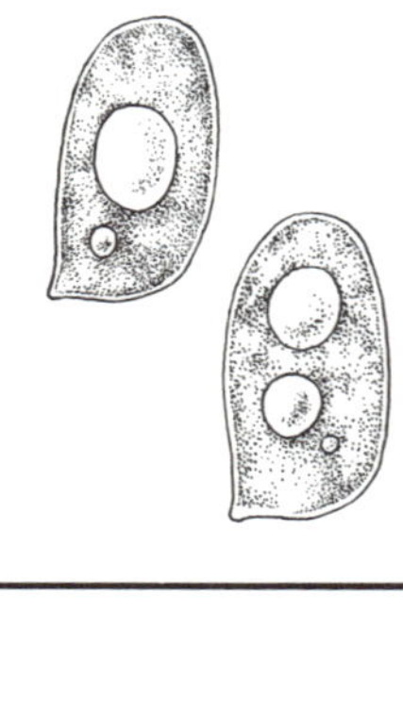

Pholiota squarrosa

Pholiote écailleuse

C'est la plus commune des grandes Pholiotes, et on ne saurait l'oublier quand on l'a vue une fois, car elle est tout à fait spectaculaire. Elle a un chapeau campanulé convexe puis étalé, de 6 à 12 cm de diamètre. Il est d'un beau jaune dans le fond, mais entièrement revêtu de grosses mèches brunes et retroussées en crochets, serrées, faites de gros poils agglomérés, plus serrés vers le centre que vers la marge, qui est souvent appendiculée par les restes du voile. La couleur de ces mèches varie du jaune safrané au début au brun olive ou rouillé. Elles sont d'un effet décoratif remarquable, à cause de la richesse et de la régularité de leur disposition. Le pied est plein, épais de 1 à 2 cm, long de 10 à 15, atténué à la base, jaune pâle, entièrement couvert de mèches recourbées et fauves jusqu'au niveau de l'anneau qui est pelucheux et lacinié. Au-dessus de l'anneau, le pied est jaune et nu. Les lamelles sont adnées, uncinées, crème jonquille puis olive ou rouillées. La chair est jaune vif, et elle dégage une odeur fâcheuse de bois pourri. La spore est ellipsoïde oblongue, de 10 mu, fauve. Quoique certains ouvrages donnent cette espèce comme comestible, son odeur à la cuisson est tellement répugnante qu'on ne saurait la recommander. Elle est commune en automne, d'habitude tardivement, au pied des vieux arbres, et toujours en plein champ, jamais en forêt. Très souvent elle entoure d'une ceinture compacte d'exemplaires serrés la base d'un cerisier ou d'un pommier. Elle vient aussi sur les souches, preuve qu'elle n'est pas obligatoirement parasite. Que le bois soit mort ou vif lui est indifférent. D'ailleurs, même sur les arbres vivants, ses dégâts semblent limités, et on ne constate pas qu'elle les fasse périr, comme le fait régulièrement l'Armillaire de miel.

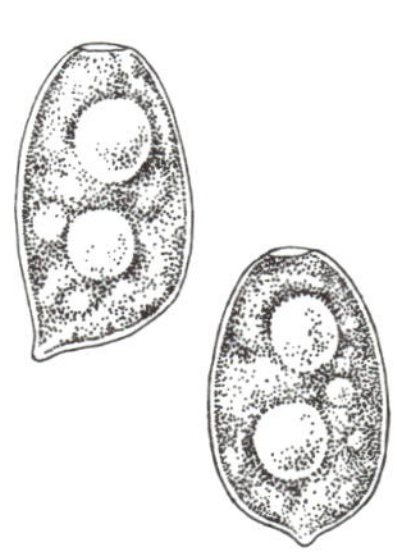

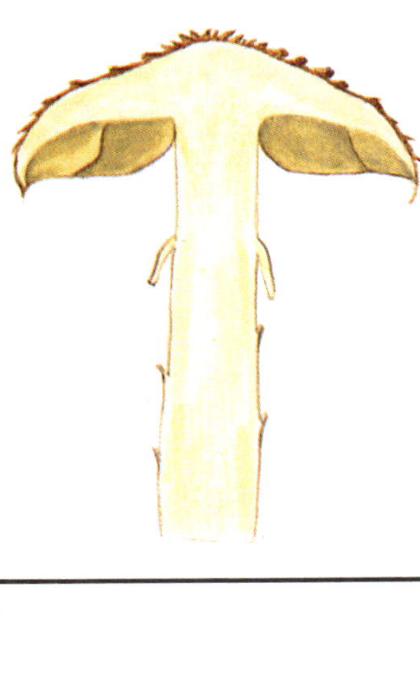

Pholiota carbonaria

Pholiote des charbonnières

Cette Pholiote est une spécialiste des terrains brûlés. On la trouvait autrefois classiquement aux endroits où les charbonniers avaient installé leurs meules. Maintenant qu'il n'y a plus de charbonniers, on la cherchera là où les forestiers ont brûlé les bois morts pour nettoyer une coupe, ou bien plus simplement là où des touristes ont allumé un feu pour cuire leur repas. Il y a toute une série de champignons habitués à ces sortes de stations, et ce sont sans doute ceux qui ont besoin de la potasse qu'ils trouvent dans les cendres. Notons à ce propos que les Morilles abondent souvent après les incendies de forêts, et pour les mêmes raisons. Cette espèce-ci, dont on fait aussi bien une Flammule, a un chapeau convexe plan de 2 à 3 cm de diamètre, glabre, visqueux, jaune vif et fauve au centre. Les lamelles sont adnées, uncinées, serrées, jaune vif puis brunes. Le pied est fistuleux, grêle, rigide, fibrilleux, floconneux, crème à jaune vif. Il est glabre au sommet au-dessus d'un anneau floconneux et étroit, de la couleur du pied, et très fugace. La chair est ferme, jaunâtre, amère. La spore est ellipsoïde pruniforme, de 10 mu. Cette espèce pousse en groupes sur la terre brûlée des forêts. La Pholiote écumeuse *(P. spumosa)* est plus grande, jusqu'à 6 cm de diamètre, avec un chapeau convexe, glabre, nu, extrêmement visqueux par l'humidité, fauve ocracé à fauve roussâtre. Les lamelles sont serrées, jaunes puis brunâtres. La chair est sulfurine, pâle, à odeur de radis et de saveur douce. On la trouve çà et là dans les forêts de conifères, et aussi sur les souches. Elle est extrêmement voisine de *carbonaria,* qui n'en est peut-être qu'une sous-espèce selon Konrad.

spores de *P. carbonaria*

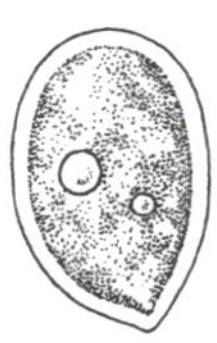

cystides de *P. carbonaria*

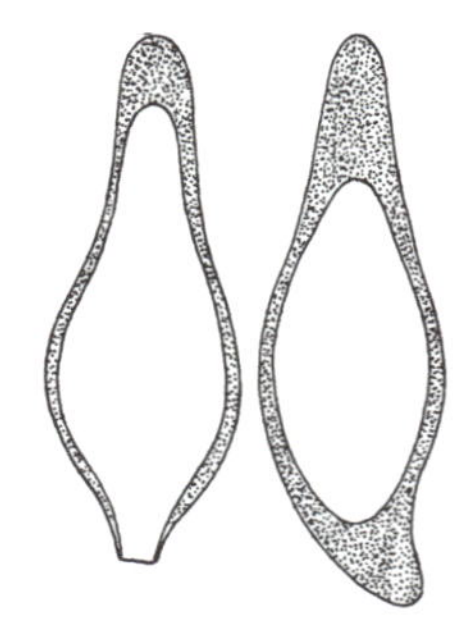

Pholiota carbonaria

Pholiota spumosa

Gymnopilus spectabilis

Pholiote à grand spectacle

On a détaché cette espèce des Pholiotes dont elle est voisine pour des raisons convenables, mais on dit toujours Pholiote dans le langage courant, car Gymnopile serait de l'hébreu pour tout le monde ! C'est un champignon charnu, convexe, de 8 à 12 cm de diamètre, sec, glabre, soyeux, tout vergeté de petites écailles rougeâtres, puis finement gercé, d'une belle couleur jonquille, et enfin fauve. C'est cette couleur jonquille ou dorée qui lui a fait donner son nom, et elle le mérite. Les lamelles sont adnées, décurrentes en filet, sulfurines puis fauve doré. Le pied est plein, courbé, ventru, farineux et striolé au sommet, glabrescent, d'un superbe jaune d'or clair, avec un anneau membraneux. La chair est du même jaune que le chapeau, elle est épaisse, ferme et amère. Elle rougit au toucher. La spore est pruniforme, granulée, jaune fauve, de 8 mu. Cette espèce forme des touffes, souvent de beaucoup d'individus, sur les vieilles souches dans les bois, mais surtout sur celles qui se trouvent isolées dans les prés ou le long des routes. Il est curieux d'observer que nombre de ces champignons des arbres et des souches sont très peu forestiers et préfèrent régulièrement les arbres ou les souches qui, en plein vent, jouissent d'une meilleure insolation à ceux qui vivent dans l'ombre de la forêt. On notera plus loin le même phénomène à propos de beaucoup de Polypores, et il n'y a guère d'autre explication convenable que ce besoin d'insolation impossible à satisfaire sous le couvert des arbres. Il y a là des observations qui n'ont pas encore été faites et auxquelles peuvent concourir les plus modestes amateurs.

spores de *G. spectabilis*

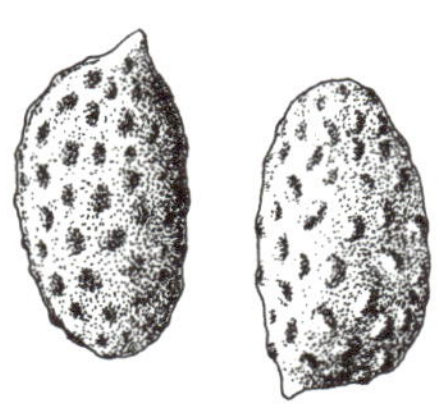

Pholiota squarrosa

Gymnopilus spectabilis

Gymnopilus sapineus

Flammule des sapins

Laissons-lui son nouveau nom latin tout à fait légitime, mais en français, il est permis de se servir encore du joli nom de Flammule que cette espèce et ses voisines ont porté si longtemps, et qui évoquait leurs couleurs de flamme. Ce n'était pas si mal trouvé. Cette Flammule-ci a un chapeau convexe de 3 à 9 cm de diamètre, sec, couvert de légers flocons, et de couleur fauve doré. Les lamelles sont adnées, uncinées, larges, de couleur jonquille d'abord, puis bientôt sulfurines et safranées. Le pied est plein puis creux (remarquons que cette évolution est très fréquente, car le pied au début contient toutes les provisions nécessaires à la fabrication du chapeau et des spores. Une fois que le chapeau est développé, le pied se vide de sa substance et devient creux). Il est radicant, c'est-à-dire qu'il s'enfonce par un prolongement noirâtre et coriace dans le bois dont il se nourrit. Il est ferme, rayé, jaune vif, puis mordoré en bas. La chair est compacte puis molle, jaune pâle, très amère. Cette amertume est fréquente dans ce genre, et elle affecte très souvent les espèces lignicoles. Le pied, de plus, porte à son sommet une cortine blanchâtre et fugace. On ne peut l'observer que sur les très jeunes exemplaires. La spore est pruniforme, de 10 mu, guttulée et fauve, comme chez presque tous les représentants de ce genre. On trouve cette espèce à peu près exclusivement en montagne sur les vieilles souches de conifères, comme son nom l'indique, mais aussi sur les branches tombées où elle affecte alors une taille un peu moindre. Il y a toute une série de Flammules de couleurs analogues qui ne sont pas toujours faciles à déterminer du premier coup. Celle-ci est une des plus caractéristiques et servira de repère pour déterminer les autres.

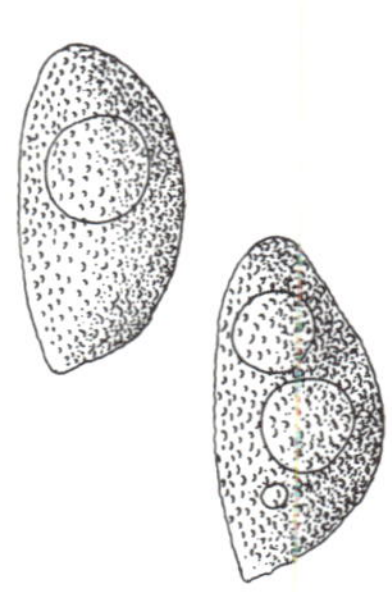

cystides

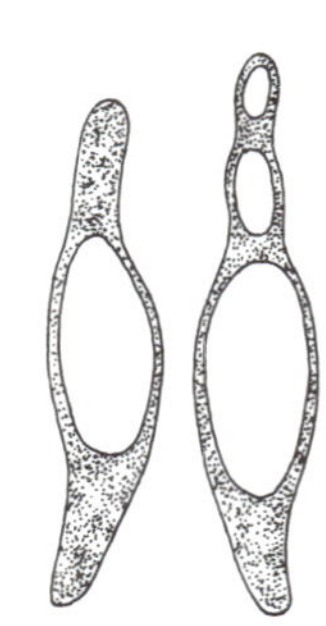

Kuehneromyces (Pholiota) mutabilis

Pholiote changeante

Le mycologue américain Singer a cru faire plaisir au mycologue français Kühner en créant pour lui un genre qui porterait son nom, et pour une seule espèce, la *Pholiota mutabilis.* Il a eu tort, car Kühner ne croit pas à la légitimité de ce genre, et pense qu'il s'agit d'une belle et bonne Pholiote. Preuve au moins qu'il est dépourvu de vanité et qu'il préfère la vérité à la vaine gloire. C'est un champignon sympathique et facile à reconnaître. Il présente un chapeau convexe de 2 à 5 cm de diamètre, légèrement mamelonné, glabre, de couleur cannelle pâlissant, avec une marge toujours un peu translucide. Les lamelles sont adnées, serrées, jaunes puis cannelle. Le pied est plein, puis creux, tenace, couvert de mèches retroussées, brun et noircissant à la base. Ce caractère original du pied est le signe majeur de cette espèce. Il porte en haut un petit anneau étroit mais assez solide, membraneux et pelucheux en même temps, de la couleur du pied. La spore est pruniforme, de 8 mu, couleur chamois. La chair est brun clair, pas très épaisse, de saveur douce et d'une odeur très fine. Ce champignon, longtemps dédaigné, est considéré maintenant, après bien des expériences, comme un des plus fins. On ne peut lui reprocher que le fait qu'il colore en brun toutes les sauces. Il est commun et pousse en touffes souvent innombrables sur les souches, avec une préférence pour celles de hêtre, mais il ne dédaigne pas celles de conifères. Sa qualité gustative a poussé à en essayer la culture, et les Hongrois y sont très bien arrivés. Toutefois, la petite taille de cette espèce la rend difficilement commercialisable, et elle restera sans doute cantonnée dans la nature où elle fait la joie des connaisseurs.

Tubaria conspersa

Tubaire saupoudrée

Tubaria autochtona

Tubaire terrestre

Ces deux espèces sont voisines mais distinctes. L'illustration ci-dessous représente *T. conspersa,* à chapeau de 2 à 4 cm de diamètre, brun fauve, non hygrophane, passant à une teinte rouillée cannelle, vaguement striolé sur le bord, mais plus ou moins saupoudré par les restes du voile blanc qui le couvre dans sa jeunesse. Le pied est de même couleur, mais plus ou moins pâli par le voile qui le recouvre, qui se résout en petits flocons blancs. La spore brune est de 8 mu. On trouve cette espèce sur débris ligneux, et surtout sous les conifères. Elle n'est pas rare en automne, et elle aime les souches des arbres qui ont été coupés dans l'année même. L'autre espèce, *autochtona,* est plus petite. Son chapeau hémisphérique puis plat ne dépasse pas 1 cm de diamètre. Il est très mince, glabre, ocre crème, blanchissant par le sec. La marge est striolée et floconneuse. Les lamelles sont adnées, d'abord d'un beau jaune citrin, puis fauves avec un liseré blanc. Il est évident que pour d'aussi petites espèces, la loupe est nécessaire pour en distinguer les détails intéressants. Le pied est court, de 2 à 3 cm, et creux, de même couleur que le chapeau. Il sort curieusement d'un petit tapis farineux et blanc, constitué évidemment par le mycélium. La spore est pruniforme, de 8 mu, ocracée. Cette petite espèce a un habitat bien particulier. On la trouve exclusivement autour des vieux pieds d'aubépine dont les feuilles mortes lui sont sans doute nécessaires, en automne par temps humide. Mais si autrefois elle n'était signalée qu'auprès de ces arbustes, depuis que la mode a introduit le *Cotoneaster horizontalis* dans les jardins, cette Tubaire les a adoptés sans problème, et s'y montre parfois en quantités considérables.

cystides et spores de *T. conspersa*

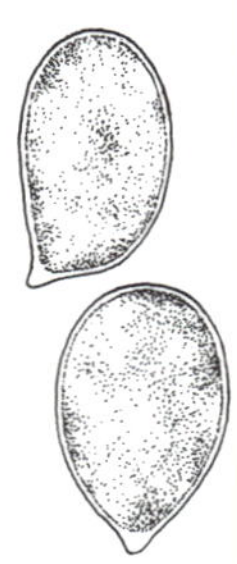

cystides

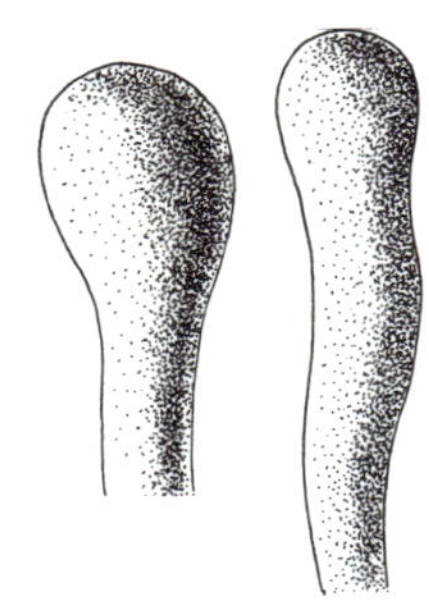

Tubaria conspersa

Tubaria autochtona

Crepidotus variabilis

Crépidote variable

C'est un petit champignon lignicole à chapeau presque membraneux, retourné, sans pied, souvent cupulé, puis réfléchi et en forme de coquille, souvent échancré à la base, ne dépassant guère 3 cm de diamètre, poilu près du support, finement velouté ailleurs, d'un blanc de neige. La marge est longtemps enroulée et se rétracte par le sec. Les lamelles sont peu serrées, un peu épaisses, peu larges, de 2 à 3 mm à peine, et elles rayonnent autour d'un point en saillie arrondie et excentrique. Elles sont longtemps toutes blanches, puis deviennent pâles et enfin d'un rougeâtre ferrugineux. On aperçoit entre les lamelles de nombreuses lamellules. Le pied est nul ou rudimentaire, très court, excentrique ou latéral, en forme de petit renflement qui fixe le chapeau sur son support. Il est villeux et blanc. La chair est mince près de la marge, plus épaisse au centre, molle, blanche, douce et inodore. Les spores sont curieuses, jaunâtre pâle et transparentes sous le microscope, fauve briqueté en tas, ellipsoïdes ovoïdes allongées, apiculées à la base, non anguleuses mais avec une membrane ponctuée, finement verruqueuse et échinulée, à contenu guttulé granuleux, de 6 mu sur 4. L'arête des lamelles est garnie de grosses cellules hyalines, souvent allongées au sommet. On trouve cette espèce assez communément en troupes souvent très nombreuses presque toujours sur les branches tombées, de feuillus, avec une préférence pour le chêne, mais aussi pour le robinier, ce dernier arbre hébergeant pourtant très peu de champignons. Elle apparaît en été et en automne et elle est uniquement soumise au régime des précipitations, comme toutes les espèces croissant sur des supports soumis au risque d'une dessiccation rapide.

cystides

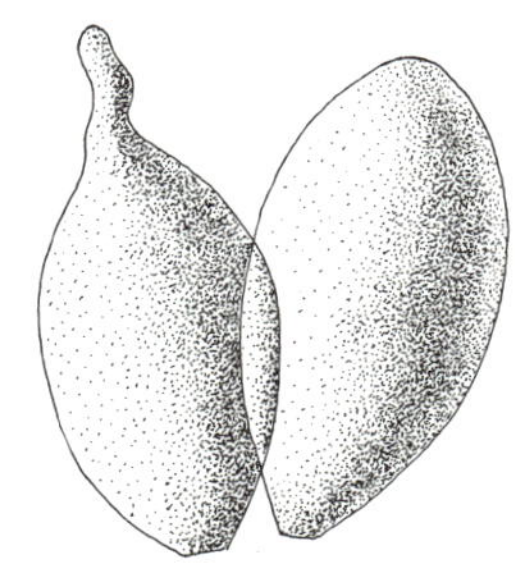

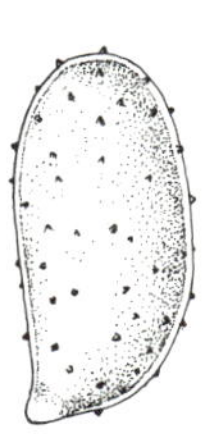

Inocybe patouillardi

Inocybe de Patouillard

Cet Inocybe est nécessaire à connaître, vu son air innocent et sa toxicité. Il a un chapeau assez charnu, conique campanulé, puis étalé, toujours mamelonné, jusqu'à 7 cm de diamètre, sec, lobé, couvert de fibrilles soyeuses appliquées. Il se fendille à la fin. Il est d'abord tout blanc, puis il passe au blanc jaunâtre, ensuite il rougit et il finit par devenir brun vermillon. Mais ce dernier changement de couleur n'est pas obligatoire, et beaucoup de spécimens restent blanchâtres jusqu'au bout. La marge est mince, d'abord enroulée, et retroussée à la fin. Les lamelles sont serrées, adnées émarginées, presque libres, blanches, puis olive brunâtre, se tachant de brun vermillon surtout vers la marge. Leur arête est blanche et floconneuse. Le pied est plein, égal, légèrement épaissi à la base, jusqu'à 10 cm de haut sur 1 à 1,5 cm d'épaisseur. Il est pruineux au sommet, blanc, puis taché de vermillon. La chair est blanche, ferme, fibreuse. L'odeur est assez forte, très spéciale, pas désagréable et la saveur insignifiante. Les spores sont lisses, ocracé rougeâtre, de 10 mu sur 6. On trouve cette espèce dans les parcs, les bois mêlés, le long des sentiers au printemps et en été. Elle n'est pas rare. Elle est très toxique à cause de la forte dose de muscarine qu'elle contient. L'Inocybe de Godey *(I. godeyi)* d'abord entièrement jaunâtre, devient tout rouge. Son chapeau est assez charnu, campanulé convexe, jusqu'à 5 cm de diamètre, lisse, et simplement satiné fibrilleux. Les lamelles sont serrées, blanchâtres puis bistre olive se teintant de rouge. Le pied est égal, plus ou moins bulbeux, blanc se teintant de rouge. La chair est blanche et rougit. Elle dégage une odeur dite spermatique, fréquente chez les Inocybes. Les spores sont ovoïdes, lisses, de 10 mu sur 6. Se trouve çà et là dans toutes les forêts. Il ne faut consommer aucun Inocybe.

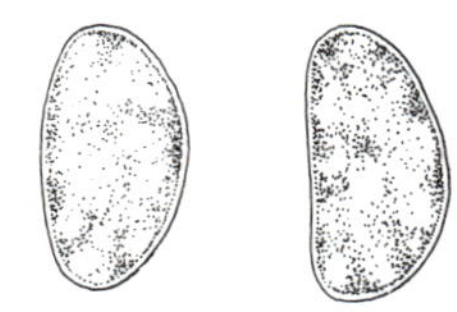

spores et cystides d'*I. patouillardi*

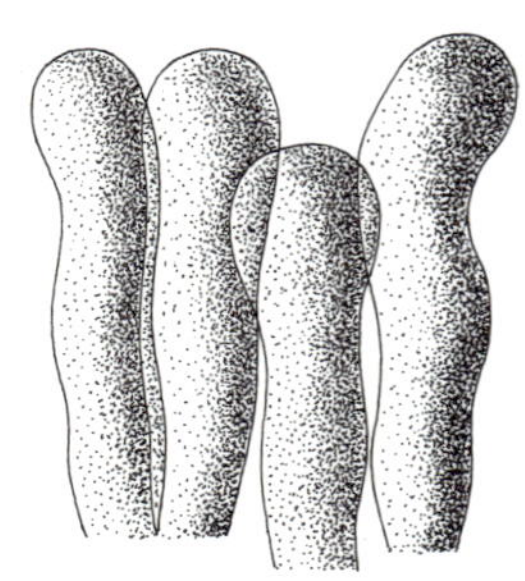

Inocybe patouillardi

Inocybe godeyi

Inocybe fastigiata

Inocybe fastigié

Cet Inocybe fait partie des espèces parmi les plus vigoureuses du genre, qui en comporte beaucoup de minuscules. Son chapeau peu charnu, conique campanulé, obtus, puis étalé mamelonné, peut atteindre 9 ou 10 cm de diamètre. Sa marge est enroulée au début. Il est très fendillé, fibrilleux, déchiré en plusieurs lobes, sec, glabre, de couleur paille, jaunâtre sale, passant au brunâtre vers la fin. Les lamelles sont serrées, étroites, un peu ventrues, adnées presque libres, crème jaunâtre pâle, puis olivâtres avec un liseré blanc. Le pied est plein, ferme, égal ou atténué de bas en haut, fibrilleux, souvent tordu, pâle, brunissant au toucher, charnu fibreux, blanc et pruineux au sommet. Il porte au début une très fine cortine qui disparaît rapidement. La chair est blanche, se fendant facilement, à odeur spermatique, de saveur nulle ou un peu amère. Les spores sont ocracées, d'un brun rouge sous le microscope, ellipsoïdes ou ovoïdes, souvent réniformes, de 12 mu sur 8. Pas de cystides. L'arête des lamelles est pourvue de poils hyalins très allongés. On trouve cette robuste espèce dans les bois, tant feuillus que résineux, surtout au bord des chemins, le plus souvent en troupes. On la voit en été et en automne. Elle n'est pas rare, et elle est particulièrement commune dans les sapinières du Jura où elle ne manque pour ainsi dire jamais. On la reconnaîtra toujours à sa grande taille et à ses lamelles olivâtres. C'est un des Inocybes qu'on peut déterminer à l'oeil nu, et c'est loin d'être toujours le cas. L'apparence des espèces de ce genre difficile est souvent insignifiante et trompeuse, et l'examen des spores et des cystides, s'il y en a, est très souvent une obligation, avant de pouvoir hasarder un nom. Il est probable que ce genre est encore en pleine évolution.

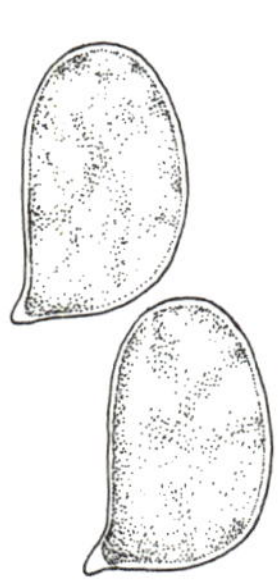

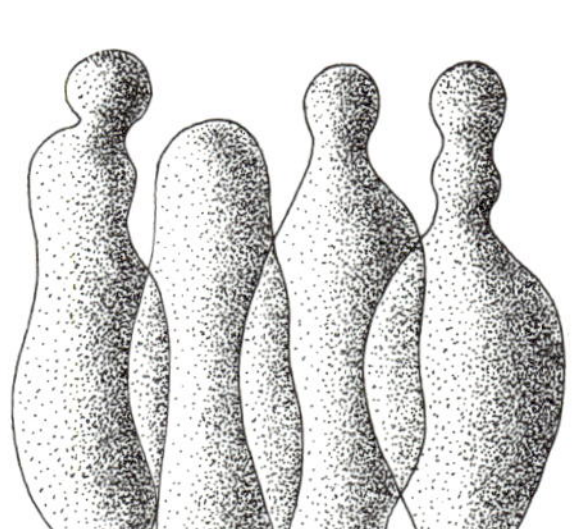

Inocybe argillacea (geophylla)

Inocybe à lamelles terreuses

C'est un tout petit Inocybe à chapeau peu charnu, conique campanulé puis à peine étalé, mamelonné, de 2 à 4 cm de diamètre, sec, soyeux, satiné, puis fibrilleux, mais jamais fendillé, de couleur très variable, blanc dans sa forme la plus courante, mais pouvant être fauve jaunâtre *(argillacea)* ou encore violacé avec un mamelon fauve. Cette variabilité a conduit les auteurs à créer à son propos des variétés inutiles, car on trouve entre ces formes toutes les transitions désirables. Les lamelles sont serrées, adnées émarginées, parfois presque libres, larges, ventrues, d'abord d'un blanc argilacé, puis fauve olivâtre sombre, avec une arête blanche et en dents de scie. Le pied est plein, ferme, égal ou un peu épaissi à la base, glabre, farineux au sommet, blanc dans la forme type, mais fauve ou violacé dans les autres. La chair est mince, blanche, un peu âcre, d'odeur désagréable et spermatique. Les spores sont fauve ocracé, ellipsoïdes ovoïdes, lisses, à contenu guttulé, de 9 mu sur 5. On trouve sur la face des lamelles des cystides couronnées fusiformes et ventrues de 30 mu sur 15. Cette espèce, d'après les statisticiens américains, est la plus commune de tous les champignons. On la trouve en effet dans toutes les forêts, sur tous les terrains et à toutes les altitudes, souvent en troupes innombrables. Il est certain que cet Inocybe est toxique. Les expériences qui ont été faites prouvent qu'il contient une forte dose de muscarine comme beaucoup d'autres espèces du genre. Si on ne lui a jamais attribué d'accidents, c'est sans doute parce que sa faible taille et son odeur suspecte n'ont jamais tenté personne. Mais il est bon de le savoir et d'y prendre garde au besoin.

cystide et spores d'*I. argillacea*

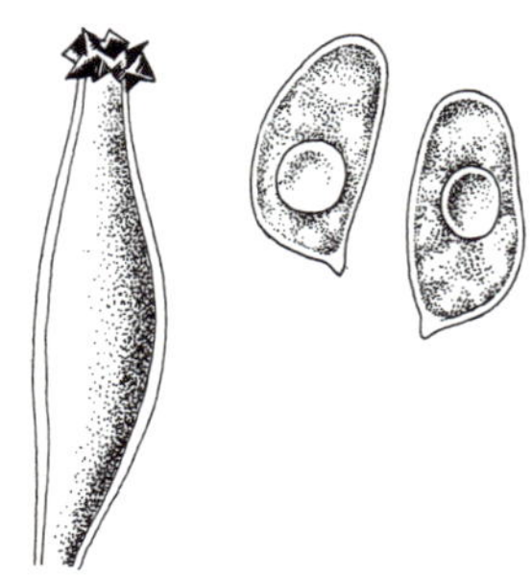

☠ *Inocybe argillacea*

Inocybe geophylla ☠

Inocybe lacera

Inocybe déchiré

A défaut d'autre chose, on reconnaît cet Inocybe à ses spores très allongées, de 14 mu sur 6, ce qui est tout à fait exceptionnel dans le genre. Son chapeau est brun sale, fibrilleux tomenteux et même souvent entièrement peluché, quelquefois excorié et toujours pourvu d'un mamelon bien marqué. Son pied est mince, de 2 à 4 mm d'épaisseur, de la même couleur que le chapeau quoiqu'un peu plus clair au sommet qui est lavé de rose. Mais il devient bistre à la base par le frottement. Il en existe une variété très grêle qui se trouve uniquement dans les marais tourbeux. C'est une espèce commune, mais seulement dans les terrains siliceux ou décalcifiés. Elle est particulièrement fréquente dans les Vosges sur les terrains schisteux. On ne sait rien sur sa comestibilité, qui est sans doute aussi nulle ou suspecte que pour tous les autres Inocybes. Quant à l'*I.dulcamara,* c'est à dire « doux-amer », c'est une espèce de taille moyenne ou petite. Le chapeau a de 2 à 4 cm de diamètre, convexe plan, d'abord velouté tomenteux, et ensuite écailleux, brun ocre pâle dans la jeunesse, devenant ocre vif avec un ton fauve au disque et couleur de miel à la marge. Le pied possède une cortine évidente, mais fragile. Les lamelles sont d'abord blanc jaunâtre, puis cannelle avec l'arête blanche, légèrement émarginées, avec un denticule décurrent. Le pied est plutôt court, de 3 à 4 cm sur 5 mm d'épaisseur, fibrilleux, d'abord pâle puis cannelle. La chair est également teintée de la même couleur. Les spores ont 8 mu sur 5. Les cystides sont cylindriques et courtes. Cette espèce se trouve dans les endroits herbus des bois de conifères. Elle n'est pas très commune et sans autre intérêt que de curiosité.

cystide et spores d'*I. lacera*

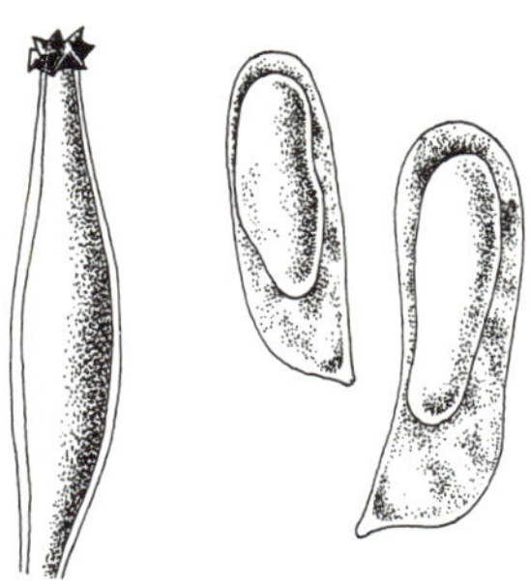

Inocybe lacera

Inocybe dulcamara

Inocybe lacera

Hebeloma radicosum

Hébélome radicant

Les anciens rapportaient cette espèce aux Pholiotes à cause de son anneau. Mais l'anneau qui fut un élément important de la classification a vu son rôle diminuer progressivement, et on ne le considère plus guère que comme un accident dû au hasard, et comme tous les autres caractères de cette espèce se rapportent aux Hébélomes, on en a fait un Hébélome à part entière. Les Hébélomes sont très voisins des Cortinaires, mais ils n'ont pas de cortine et leur silhouette est si caractéristique qu'on les reconnaît tout de suite en tant qu'Hébélomes. Celui-ci est de loin le plus facile à déterminer, puisqu'il est le seul à porter un anneau, et de plus une « racine ». Son chapeau est convexe, et il peut avoir de 8 à 12 cm de diamètre. Il est visqueux, blanc crème ou plus souvent ocracé et taché de fauve. Les lamelles sont libres, serrées, crème puis chamois. Le pied est plein, long de 10 à 15 cm et épais de 1 ou 2 cm, pourvu d'une pseudo-racine pointue et noire insérée sur un débris ligneux enterré. Il est entièrement grenelé, farineux au sommet, blanchâtre, couvert de mèches fauves. L'anneau lui-même est membraneux, solide, écailleux, distant et blanc. La chair est épaisse, blanche, et dégage une odeur forte de laurier cerise ou d'amande amère. Elle est de saveur douce, mais cette odeur excessive rend cette espèce impropre à la consommation. La spore est en amande, de 10 mu, fauve. Cet Hébélome est fréquent dans les bois, surtout autour des vieilles souches où il se montre en groupes de deux ou trois individus : en été et en automne. A ne pas confondre avec *Hypholoma radicosum* à pied plus effilé formant une longue racine et à odeur tenace et désagréable d'iodoforme.

spores d'*Hebeloma radicosum*

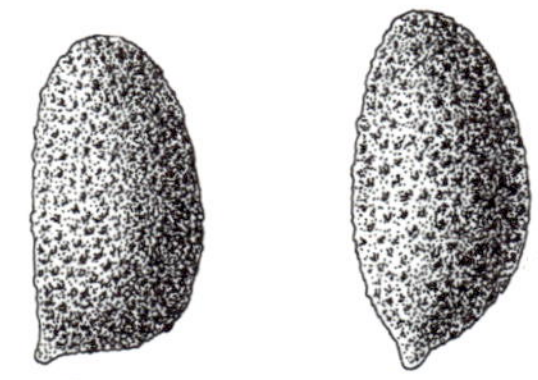

Hypholoma radicosum

Hebeloma radicosum

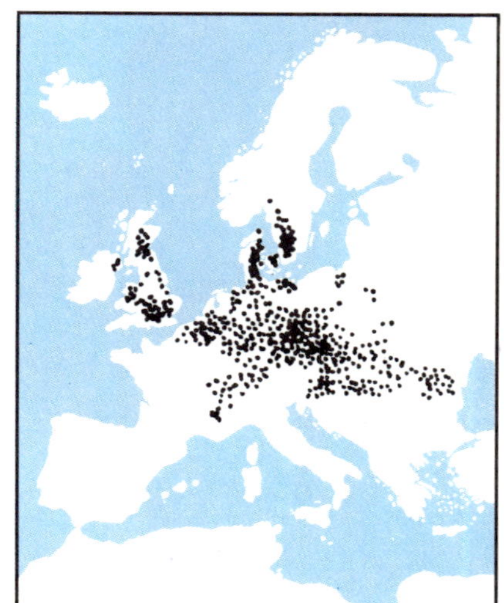

distribution d'*Hebeloma radicosum*

Hebeloma crustuliniforme

Hébélome petit gâteau

C'est un champignon prodigieusement commun. Il présente un chapeau d'abord arrondi puis convexe, humide et légèrement visqueux, de 6 à 15 cm de diamètre, glabre, d'abord blanchâtre, mais jaunissant, puis bientôt roux ou jaune rougeâtre, plus foncé au milieu. Les lamelles sont serrées, sinuées, blanchâtres puis chamois, et enfin brunes, et leur arête a cette particularité de laisser exsuder des gouttelettes d'abord laiteuses qui deviennent bientôt bistre et laissent en séchant des taches noirâtres sur les lamelles. Le pied est plein, blanchâtre, couvert de petites mèches retroussées et blanches. La chair est humide, épaisse et blanchâtre. Elle exhale une odeur écoeurante de vieux navet ou de radis. C'est là d'ailleurs une odeur commune à la grande majorité des Hébélomes. Sa saveur est aigre et désagréable. La spore est pruniforme, de 12 mu et fauve. Cette espèce se trouve partout dans les bois, les friches, les jeunes plantations, les bruyères, et son rôle forestier est très important. En effet, c'est une des premières espèces à mycorhizer les arbres, et elle aide grandement à leur croissance en leur apportant les nitrites que fabrique son mycélium. On a traité en laboratoire de jeunes plants mycorhizés et non cultivés, côte à côte. La croissance des mycorhizés était presque le double de celle des autres. De plus c'est le dernier champignon mycorhizique qu'on voie dans les vieilles sapinières dont il retarde l'épuisement définitif. C'est donc malgré son odeur détestable, un auxiliaire précieux de l'équilibre forestier.

Hebeloma sinapizans

Hébélome moutarde

C'est le plus gros des Hébélomes. Son chapeau peut atteindre de 10 à 18 cm de diamètre. Il est charnu, convexe plan, légèrement visqueux, souvent largement ondulé sur les bords, crème d'abord, puis couleur d'argile surtout au milieu. Mais au soleil, il peut foncer et devenir brun. Il peut même devenir brun rouge assez foncé. Les lamelles sont sinuées, larges, blanchâtre incarnat, puis chamois pâle. Elles ne sont jamais larmoyantes comme celles de l'espèce précédente. Le pied est fibro-charnu long de 10 à 15 cm et plus; épais de 1 à 3 cm. Il devient vite creux et montre alors une particularité unique : si on le coupe dans le sens de sa longueur, on voit pendre du centre du chapeau une mèche pointue et blanche qui occupe la cavité du pied. Ce signe unique permet de lever les doutes quand on n'est pas sûr de sa détermination. Ce pied est d'ailleurs rigide, souvent couvert de mèches organisées en bandelettes horizontales. La spore est pruniforme, grenelée, de 12 mu et fauve. C'est une espèce assez commune dans les forêts, surtout sur les lisières. Il arrive qu'on rencontre des exemplaires presque géants. Comme le précédent, cet Hébélome a une odeur de radis, ou plutôt de raifort, extrêmement piquante qui suffirait à le rendre impropre à la consommation. Mais il s'est avéré qu'il était nettement toxique. Si on ne lui doit pas d'accidents, c'est sans doute parce que son fumet et sa saveur très âcre ont toujours découragé les amateurs éventuels. L'*H. sacchariolens* (à odeur de caramel) est plus petit et se distingue surtout par son odeur de sucre brûlé. Fréquent en montagne.

spores d'*H. sinapizans*

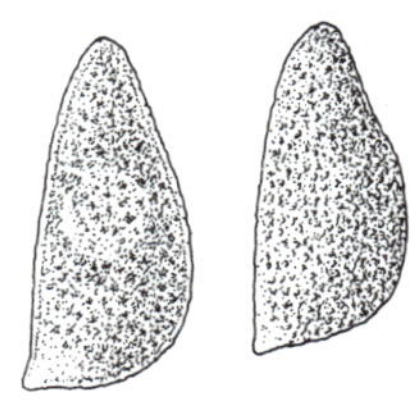

Hebeloma sinapizans

Hebeloma sinapizans

Hebeloma sacchariolens

Cortinarius (Dermocybe) cinnamomeus

Cortinaire cannelle

Ce petit Cortinaire est le type d'une série de formes très voisines qu'on n'avait longtemps pas remarquées. C'est ce qu'on appelle une espèce collective, faite de « petites espèces » qui ne se distinguent de la principale que par des détails en apparence insignifiants, mais réels et constants. Mais avant de savoir les distinguer les unes des autres, il faut commencer par bien connaître l'espèce principale, qui est aussi la plus commune. Ce type a un chapeau convexe, de 3 à 5 cm de diamètre, mamelonné, mince, fibrilleux floconneux, d'un bel ocre fauve ou cannelle. Les lamelles sont sinuées, crème ocracé, puis cannelle, couleur à laquelle est voué le champignon tout entier. Le pied est plein puis creux, grêle, fibrillé, jonquille ocracé, ainsi que la cortine qui est très fine et fugace. La chair est mince, tendre, jonquille ocracé, d'odeur étrange rappelant celle des feuilles de géranium, et de saveur désagréable. La spore est pruniforme, de 9 mu, fauve pâle. On trouve cette espèce en troupes surtout sous les conifères, mais aussi sous les chênes, dans les forêts un peu fraîches. On en distingue le *croceus,* dont les lamelles sont jaune vif, *cinnamomeobadius,* dont le chapeau est bai brun. *cinnamofulvus,* dont les lamelles sont jaune olive, *aureifolius,* dont le chapeau est brun olivâtre et squamuleux au centre, etc. Ce champignon serait assez insignifiant par lui-même s'il ne s'était avéré comme étant dangereusement toxique. En effet, on a découvert en lui les mêmes principes toxiques que dans le *Cortinarius orellanus* (voir ci-après) qui provoque tous les ans en Europe de l'Est, où il est commun, de très graves accidents.

Cortinarius (Dermocybe) sanguineus

Cortinaire sanguin

C'est un petit Cortinaire. Son chapeau convexe ne dépasse guère 3 cm de diamètre. Il est doucement mamelonné, mince, fibrilleux, rayé, peluché ou frisé, brun clair, puis sanguin. C'est cette teinte sanguinolente, peu fréquente chez les champignons qui le fait remarquer malgré sa petitesse. Les lamelles adnées, sinuées, sont d'un beau rouge sanguin absolument pur, beaucoup plus rouges encore que le chapeau, mais elles prennent à la fin une teinte rouillée du fait de la maturation des spores. Le pied est plein, de 3 à 4 cm de haut et de 3 à 4 mm d'épaisseur, grêle, fibrilleux, rayé, rouge pourpre, blanc à la base. La cortine mince et légère est purpurine. La chair elle-même est purpurine et exsude, quand on la presse, un liquide rouge pourpre. La spore est pruniforme, de 6 à 9 mu, fauve. Remarquons qu'à moins de disposer d'un très fort grossissement, les spores des Cortinaires sont très uniformes et fournissent peu de renseignements importants. On trouve cette espèce assez communément sous les sapins, autour des vieilles souches, dans la mousse et dans les endroits frais. De même que l'espèce précédente, celle-ci est suspectée d'être très toxique. Si on ne connaît pas d'accidents qui lui soient dus, c'est sans doute à cause de sa petite taille et de ses couleurs, qui ne sont pas comestibles, si l'on peut dire. En tous cas, on y a décelé les mêmes toxines que dans l'*orellanus,* et il est probable que tous les Cortinaires présentant des couleurs cannelle ou rouge sang ou rouge feu sont dans le même cas. On se gardera donc d'en faire l'essai, car les conséquences pourraient être désastreuses.

Le *C. semisanguineus* s'en distingue par son chapeau plus brun et par sa taille plus faible. Egalement toxique.

spores de *C. sanguineus*

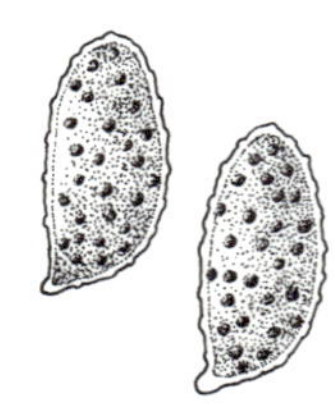

Cortinarius sanguineus

Cortinarius semisanguineus

Cortinarius orellanus

Cortinaire couleur de rocou

Orella est le nom d'un arbuste des Caraïbes dont les graines produisent une poudre d'une couleur rouge feu ; les indigènes en teignaient leur peau, ce qui leur a valu le nom de « Peaux-Rouges » de la part des premiers arrivants. Fries a donné ce nom d'*orellanus* à ce Cortinaire-ci parce que sa couleur est exactement celle de cette poudre. Son chapeau est charnu, mince à la marge, campanulé convexe, jusqu'à 8 cm de diamètre, mamelonné bossu, ondulé sinué, fauve orangé, roux mordoré à reflets rouge feu, et tout feutré pelucheux du fait de petites squamules fibrilleuses de la même couleur qui le couvrent complètement. Les lamelles sont adnées émarginées, larges, ventrues, peu serrées, jaune souci, puis safrané rouillé, avec des reflets rouge feu, puis se ternissant sous l'effet de la maturation des spores. Le pied est plein, égal ou aminci à la base, lisse ou orné de quelques fibrilles plus foncées, jaune puis fauve doré, fauve à la base. La cortine est blanc crème, ténue et fugace. Les spores sont ocracées, ellipsoïdes ou fusiformes, de 11 mu sur 6. On trouve cette espèce surtout dans les bois de chênes, aussi bien sur sol calcaire que siliceux, mais aussi sous les épicéas. C'est une espèce rare en France, où elle n'est guère signalée que dans l'Est. En revanche, elle est très commune dans l'Europe de l'Est où elle provoque tous les ans de nombreux accidents très graves, car elle est extrêmement toxique. Les symptômes sont analogues à ceux de l'Amanite phalloïde, avec comme circonstance aggravante qu'ils peuvent arriver plusieurs jours après l'ingestion et précéder une agonie qui peut durer des semaines. Voir le chapitre des intoxications.

Cortinarius speciosissimus

Cortinaire très beau

Cette espèce est très voisine de la précédente. Elle a un chapeau d'abord conique, qui peut ensuite s'étaler un peu et se surbaisser, mais qui conserve toujours son mamelon pointu. Il est d'un beau fauve orangé à rouge brun orangé, moins couleur feu que l'*orellanus.* Il est souvent ridé radialement autour du mamelon. Le pied est égal ou un peu renflé à la base, à peu près de la même couleur que le chapeau, orné de chinures jaunâtres, souvent irrégulièrement disposées, et qui peuvent manquer sur les petits exemplaires. Ces chinures sont parfois si marquées qu'elles peuvent prendre la forme d'un anneau. Les spores sont presque sphériques, de 10 mu sur 8. Cette rare espèce se trouve chez nous uniquement au bord des tourbières en voie de dessèchement, sous les épicéas du pourtour. Elle a été découverte par le mycologue suisse Favre, spécialiste de la flore des hauts-marais. Il est probable qu'elle est aussi toxique que la précédente. Cette intoxication, outre les symptômes amanitiformes, a des conséquences très graves en désorganisant totalement les tissus rénaux qui sont complètement détruits. Le seul cas qu'on ait constaté en France s'est soldé pour le patient par une obligation de recours à une dialyse rénale deux fois par semaine. On a longtemps cru que tous les Cortinaires étaient inoffensifs, et l'*orellanus* est donné comme comestible par quelques livres classiques. Or il n'en est rien. Outre les Cortinaires aux tons rouges, cannelle, feu, il y en a de jaune vif qui se sont révélés aussi dangereux. Il est donc recommandé, si on veut en consommer, de s'en tenir aux quelques espèces bleues ou violettes, qui sans être fameuses, ne sauraient faire aucun mal.

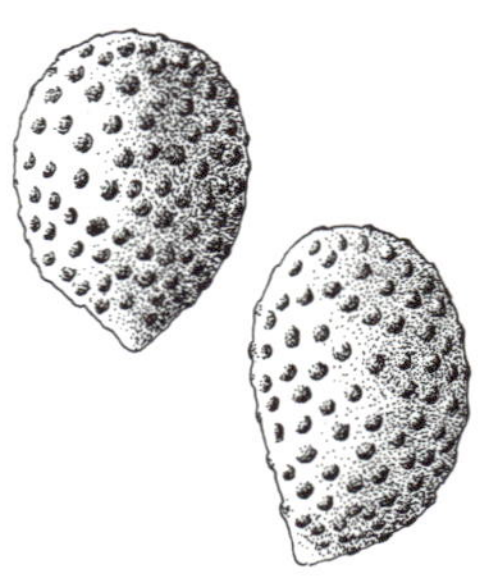

Cortinarius mucosus

Cortinaire muqueux

Ce Cortinaire appartient à la section des Myxaciums, c'est-à-dire ceux qui sont visqueux des pieds à la tête. Celui-ci mérite bien son nom. Son chapeau est convexe, épais au milieu et glabre, de 6 à 10 cm de diamètre, d'un beau brun acajou ou marron, bai au sommet, et jaune au bord. Il est recouvert d'une épaisse couche d'un gluten poisseux très désagréable au toucher. Les lamelles sont sinuées, crème ocre, puis rouillées, avec une bordure dentelée et blanche. Le pied est plein, épais, tout blanc, boursouflé aux deux tiers supérieurs par un voile annulaire cotonneux visqueux, qui forme un revêtement continu, ou qui parfois se crevasse en une ou deux zones parallèles. La chair est blanche, compacte, dure dans le pied, de saveur âcre. La spore allongée fait 15 mu sur 5. On trouve cette espèce assez communément dans les forêts de pins siliceuses. Elle est le type principal d'une série d'espèces entièrement visqueuses ou d'aspect gélatineux qui se distinguent les unes des autres surtout par la couleur initiale de leurs lamelles et de leur pied. Mais les couleurs du chapeau sont également importantes, comme pour *salor,* qui se détermine à leur belle teinte azuré lilacin, ou comme *vibratilis* par leur disque jaune doré. Cette section n'est pas très difficile et elle permet aux amateurs d'exercer leur attention et leur flair en cherchant dans les flores complètes le nom de leurs trouvailles. En tous cas, cette espèce-ci sera pour eux un bon point de repère pour approcher les autres. Toute cette série n'a aucun intérêt gastronomique.

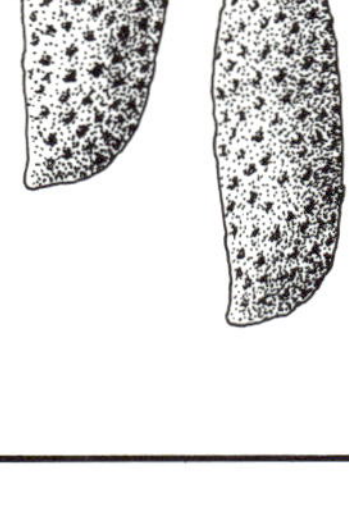

Cortinarius collinitus

Cortinaire collant

Encore un tout visqueux facile à reconnaître. Son chapeau est convexe, il a jusqu'à 10 cm de diamètre, il est entièrement gélatineux et visqueux, brun fauve, plus ou moins orangé ou ocracé sur les bords. De plus le chapeau est souvent comme sillonné radialement par des rides profondes. Les lamelles sont adnées, décurrentes en filet, ocre pâle, parfois un peu violacées au début, puis rouillées. C'est le pied qui est le plus caractéristique : il est allongé, plein, raide, entièrement floconneux visqueux, puis cette viscosité d'abord continue se disloque et se transforme en anneaux concentriques toujours visqueux entre lesquels apparaît la substance même du pied, qui est sec en dessous de cette glu. L'ensemble du pied est blanchâtre, mais il arrive qu'il soit nuancé de violacé, et peut-être y a-t-il là deux formes différentes de la même espèce. Il règne d'ailleurs à son propos des problèmes de synonymie quasi insolubles. La chair est blanche et douce, sans aucune odeur notable. La spore est grande, de 18 mu, ocellée, rousse. Cette espèce est très commune par endroits en automne, aussi bien sous les feuillus que sous les conifères, et on la reconnaîtra toujours aux bracelets visqueux qui ornent régulièrement son pied quand il est adulte. On la donne comme comestible, mais elle est probablement insipide. Il y a très peu de bons Cortinaires, et un proverbe malveillant dit que « le meilleur ne vaut pas mieux que le pire ». C'est un peu excessif, car nous en verrons qui méritent la casserole, mais c'est une infime minorité.

Le *C. trivialis* a un chapeau conique, brun, cannelé, gluant, comme le pied qui est nuancé de lilas. Sous les hêtres dès l'été.

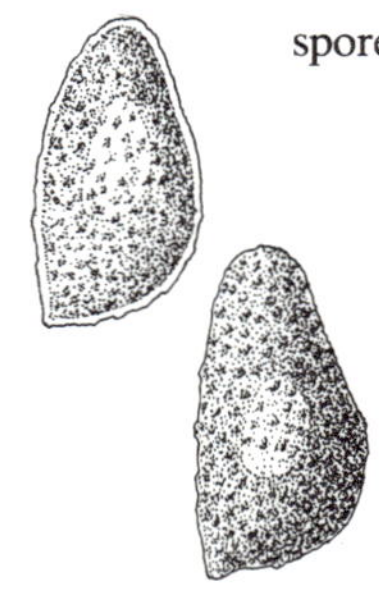

spores de *C. collinitus*

Cortinarius trivialis

Cortinarius collinitus

Cortinarius mucosus

Cortinarius claricolor

Cortinaire de couleur claire

Celui-ci a un chapeau charnu, épais, dur, convexe puis étalé et déprimé, jusqu'à 12 cm de diamètre, d'abord un peu visqueux, puis luisant par le sec, soyeux pruineux floconneux, surtout vers la marge, puis lisse, glabre, généralement gercé aréolé en écailles vers le centre, fauve ocracé, de jaunâtre paille, parfois très pâle, à roussâtre clair. La marge est d'abord enroulée, mince, soyeuse, fibrilleuse, toujours plus pâle. Les lamelles sont serrées, adnées émarginées, presque libres, d'abord étroites puis un peu plus larges, denticulées sur l'arête, d'abord presque blanches puis passant peu à peu au fauve argilacé. Le pied est épais, plein, dur, souvent bulbeux et obèse, jusqu'à 5 cm de diamètre, mais en général atténué en bas, couvert quand il est jeune en dessous de la cortine de mèches floconneuses concentriques, blanches mais qui s'effacent rapidement. Il est d'abord blanc, mais passe en suite au jaune ocracé pâle, de la même couleur que le chapeau. Au-dessus de la cortine, il reste toujours blanc et farineux. La chair est ferme, dure, compacte, blanc crème, roussissant un peu à l'air, inodore et insipide. Les spores sont des 12 mu sur 7. On trouvera cette belle espèce presque toujours dans les pâturages élevés, autour des épicéas isolés qui sont sa station préférée. Il est infiniment plus rare à l'intérieur de la forêt. Cette espèce est donnée comme comestible, mais l'insipidité de sa chair n'est pas tentante. C'est un champignon dont l'aire de dispersion doit être vaste, car on la retrouve en Afrique sous les cèdres de l'Atlas.

Cortinarius praestans

Cortinaire majestueux

C'est le géant des Cortinaires, et l'un des plus massifs parmi les Agarics. Son chapeau a de 10 à 20 cm, souvent 25 cm de diamètre. Il est d'abord hémisphérique puis étalé. Dans son extrême jeunesse, le chapeau est complètement refermé sur le pied et enveloppé dans un voile blanchâtre dont les restes parsèmeront tout le chapeau sous la forme de taches blanches. Il est un peu glutineux au début, mais bientôt sec, bai, roux, ou brun chocolat, profondément ridé cannelé sur les bords qui sont à la fin onduleux et relevés. Les lamelles sont sinuées adnées, comme érodées sur l'arête, lilacin pâle au début, mais elles deviennent rapidement ocre rouillé comme celles de presque tous les Cortinaires. Le pied est énorme, jusqu'à 4 ou 5 cm d'épaisseur et de 10 à 20 cm de haut, il est ovoïde bulbeux d'abord, puis plus allongé, satiné et lilacin en haut, couvert d'un voile épais et floconneux qui forme plusieurs anneaux vaguement refermés sur eux-mêmes. Ce voile est blanc pur au début et se salit vers la fin. La chair est blanche, un peu teintée de lilas, de bonne odeur, de bon goût, très ferme. La spore est énorme, de 18 mu sur 10. On trouve cette superbe espèce à peu près uniquement sous les hêtres en terrain calcaire, où elle forme parfois des cercles complets très impressionnants. C'est sans doute de tous les Cortinaires le meilleur pour la table. Quand on peut avoir des exemplaires très jeunes, on n'en prend que la tête encore fermée, on la garde entière, on la fait d'abord revenir avec un peu de beurre sans la briser, puis on la farcit comme on le fait pour les tomates et on achève la cuisson au four. L'originalité de cette présentation ravira les plus difficiles.

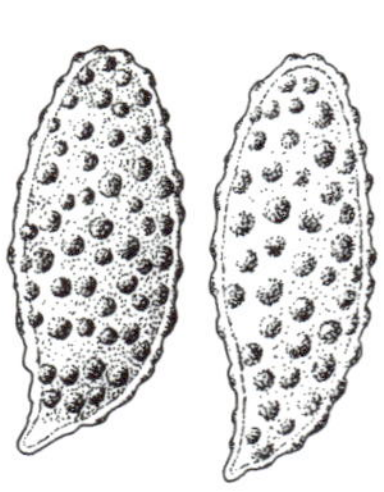

Cortinarius caerulescens

Cortinaire azuré

Ce Cortinaire présente un chapeau charnu, convexe puis plan, parfois un peu déprimé à la fin, de 8 à 12 cm de diamètre. Le revêtement est séparable; visqueux, glabre, lisse, bleu violacé, devenant d'un ocre brunâtre sur le disque. La marge est incurvée, pubescente et blanche, puis étalée et même retroussée à la fin, violette. Les lamelles sont assez serrées, adnées émarginées, arquées puis droites ou un peu ventrues, atténuées en avant, arrondies en arrière, larges, minces, séparables, violet améthyste, puis brun rouillé par les spores. Leur arête reste longtemps violacée. Le pied est plein, cylindroconique, de 2 à 3 cm d'épaisseur, avec un bulbe largement marginé, fibro-charnu, sec, fibrilleux soyeux, bleu violacé à bleu améthyste, blanc sur le bulbe. La cortine abondante est violacée. La chair est bleu violet pâle, surtout dans le pied et sous la cuticule, puis blanchâtre. L'odeur est faible et la saveur douce, à peine amarescente. Les spores sont banales, brun rouille, de 12 sur 7 mu, piquetées. Cette élégante espèce d'une très belle couleur est assez commune en terrain calcaire, surtout en montagne, aussi bien sous les hêtres que sous les conifères. Elle est comestible.

On ne la confondra pas avec le *C. hircinus,* bleu aussi, mais bien plus grêle, passant vite au brun sale, à pied égal, et qui répand une odeur abominable à la fois de viande gâtée et de corne brûlée. Cette odeur à elle seule détermine cette espèce, qui, de surcroît, a une chair qui brunit fortement surtout à l'intérieur du pied. On la trouve à peu près uniquement sous les conifères en montagne, mais aussi dans les plantations d'épicéas de la plaine.

spores de *C. caerulescens*

Cortinarius hircinus *Cortinarius caerulescens*

Cortinarius odorifer et *orichalceus*

Cortinaire parfumé

Ce Cortinaire a un chapeau charnu, convexe puis étalé, jusqu'à 10 ou 12 cm de diamètre, visqueux, glabre, lisse, d'un beau roux cuivré, souvent taché de petites guttules brun rouge au sommet, glauque verdâtre sur la marge d'où son nom *orichalceus,* qui signifie « bronzé sur le bord ». Cette marge est d'abord incurvée puis étalée. Le revêtement est entièrement séparable. Les lamelles sont serrées, adnées sinuées émarginées, plus ou moins larges, minces, à arête denticulée, d'abord citrines puis à la fin olive cannelle et rouillées. Le pied est plein, fibro-charnu, épais, conique, puis cylindrique au-dessus d'un bulbe fortement marginé. Il est sec, soyeux fibrilleux, jaune verdâtre pâle. La cortine est blanchâtre, parfois verdâtre, puis rouillant du fait des spores qui s'y déposent. On en voit toujours la trace sur le pied. La chair est compacte, jaune verdâtre puis citrine, à la fin un peu brun rouge dans le pied. Sa saveur est douce, et elle répand une odeur très fine de fenouil, parfum très rare chez les champignons et qui suffit, pour qui en a l'habitude, pour déterminer « à vue de nez » cette espèce. On la trouve sous les conifères mais seulement en terrain siliceux. De ce fait elle est assez commune dans les Vosges, mais rare dans le Jura. La variété *odorifer* ne s'en distingue que par un port un peu plus faible, et une chair d'un jaune vif à l'intérieur du pied. Mais l'odeur est la même. Elle se trouve surtout en haute montagne et elle est plus rare que le type. Le type comme la variété sont comestibles.

spores de *C. odorifer*

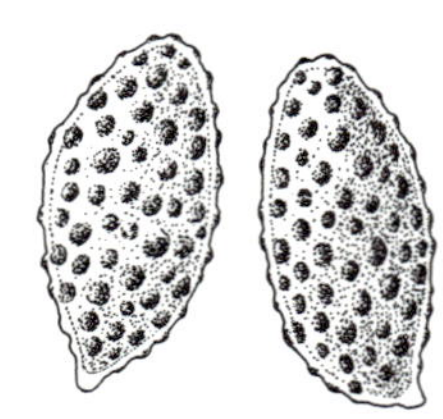

Cortinarius odorifer

Cortinarius orichalceus

Cortinarius rufo-olivaceus

Cortinaire roux olivâtre

Ce beau Cortinaire est d'une rare richesse de coloris. Son chapeau charnu, convexe, bossu puis étalé, a jusqu'à 12 cm de diamètre. Il est visqueux, glabre, lisse, luisant par le sec, roux cuivré à purpurin cuivré, souvent tacheté au sommet de roux presque brun. La marge d'abord incurvée puis relevée est au début d'un beau violet lilacin, puis prend la même couleur que le reste du chapeau. Le revêtement est séparable jusqu'au disque. Les lamelles sont serrées, adnées émarginées, larges, minces, vert glauque citrin, puis olivâtre et enfin brun rouillé. Leur arête est denticulée. Le pied est plein, fibro-charnu, ferme, épais, égal ou atténué en haut, sec, soyeux fibrilleux, blanchâtre plus ou moins teinté de lilacin, parfois lilacin vif, puis se teintant de rouge cuivré, mais toujours lilacin au sommet au moins dans la jeunesse. Il présente un bulbe épais, nettement marginé, blanchâtre, devenant vite rose purpurin. La cortine est blanc rosé, mais elle est vite colorée en rouille par les spores. La chair est compacte, de teinte variable, blanche à lilacin plus ou moins vif, lilacine sous la cuticule, d'un beau rose rouge dans le pied, avec des teintes d'un vert citrin autour du bulbe. L'odeur est faible et la saveur un peu amère. Les spores sont d'un brun chocolat, de 12 mu sur 7. On trouve cette espèce dans les bois feuillus des terrains calcaires, où elle n'est pas rare. Elle fait partie de cette série de Cortinaires qu'on appelle des « Scauri », qui sont caractérisés par leur chapeau visqueux, leur pied sec et pourvu d'un gros bulbe marginé. C'est dans cette section que se trouvent les plus belles espèces du genre.

Cortinarius traganus

Cortinaire à odeur de bouc

Très voisin de l'espèce *hircinus,* s'il n'en est pas un synonyme, ce Cortinaire présente un chapeau convexe, de 10 cm de diamètre, charnu, lilacin azuré puis améthyste, couvert d'un voile soyeux et blanc, se tachant de jaune au sommet, cette couleur envahissant peu à peu tout le disque. Les lamelles sont sinuées, lilacines, bientôt fauves. Le pied est très épais, ovoïde, souvent de 3 à 4 cm de diamètre en son milieu, atténué en haut et en bas. Il est mou, lilacin revêtu d'un fourreau soyeux et blanc. La cortine est abondante, soyeuse et blanche. La chair est humide, molle, lilacine, mais tourne rapidement à une couleur rouillée sale, surtout à l'intérieur du pied. Elle répand une odeur insupportable de bouc et de corne brûlée en même temps. La spore est pruniforme, de 9 mu, fauve. On trouve cette espèce couramment dans les bois de conifères humides aussi bien en plaine qu'en montagne. Elle n'est pas rare, et évidemment non comestible, de par son odeur infecte. Elle servira à faire remarquer que les champignons qui évoquent, quand on en parle, de suaves odeurs forestières sont loin de répondre tous à cette douceur poétique. Il y en a un grand nombre qui sont fétides, et qui sentent le cadavre, l'ail, le chou pourri, la corne brûlée, le bouc, la viande brûlée, le gaz, la suie, le beurre rance, le moisi, le phénol, etc. Chaque amateur doit exercer son odorat sur ce point, car bien souvent, et en particulier pour les Cortinaires, les Russules et les Inocybes c'est par là que commencent les déterminations.

Cortinarius crassus

Cortinaire épais

C'est un Cortinaire mal connu, et sur lequel on n'est pas sûr de s'entendre. Le *crassus* figuré ici est sans doute celui de Fries. C'est une espèce assez robuste, à chapeau brun uniforme, un peu bossu et mamelonné, à pied long et pâle, à lamelles rares et épaisses, que nous n'avons jamais vu, et qui est donné comme rare dans les forêts de hêtres. L'autre *crassus,* que Josserand a nommé « pseudo-crassus », assez commun dans l'est, est une espèce trapue, à chapeau de 10 cm de diamètre, feutré mat, ocracé cannelle, à lamelles d'abord pâles puis rouillées, ornées de nombreuses cystides (chose exceptionnelle chez les Cortinaires). On le trouve aussi bien sous les conifères que sous les feuillus, et il est assez commun dans les Vosges et le Jura. Vu de haut, il ressemble singulièrement à un cèpe, et on s'y méprend.

Quant au *candelaris,* il a un chapeau un peu charnu, campanulé, obtus, glabre, fauve lavé de rougeâtre, luisant, à bords blancs soyeux et brièvement fendillés. C'est une petite espèce, de 2 à 3 cm de diamètre au plus. Les lamelles sont peu nombreuses, fauve cannelle, plus claires sur la tranche. Le pied est solide, rigide, blanc jaunâtre, cartilagineux extérieurement, radicant ou fusiforme à la base, de 4 à 6 cm de long. On trouve ce petit Cortinaire en automne sous les sapins. Il n'est pas très commun. Son nom de *candelaris* vient de ce que son odeur évoque celle, aujourd'hui oubliée, d'une chandelle qu'on vient d'éteindre.

spores de *C. crassus*

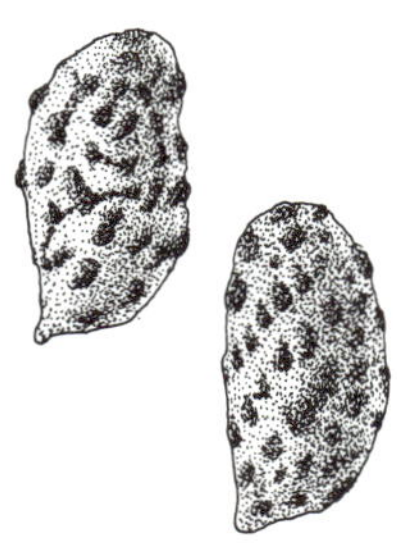

Cortinarius candelaris

Cortinarius crassus

Cortinarius armillatus

Cortinaire à bracelets

Ce Cortinaire a un chapeau campanulé puis convexe (si presque toutes les descriptions de Cortinaires commencent de cette façon, c'est que presque tous présentent ce même genre de développement) de 6 à 12 cm de diamètre, charnu, peluché, ocracé, fauve safrané, puis briqueté et brun. On remarquera aussi à ce propos combien il est nécessaire quand on veut déterminer un Cortinaire, d'en avoir des exemplaires de tous âges, tant leurs variations de couleurs au cours du temps peuvent être importantes. Les lamelles sont adnées, larges, crème jonquille, puis souci et brunes. Le pied est plein, longuement ovoïde, bulbeux, allongé, fibrilleux, blanc, puis crème fauve. Son principal signe distinctif, qui donne son nom à l'espèce, ce sont les zones annulaires d'un rouge cinabre qui l'ornent du haut en bas, et qui sont les restes d'une cortine épaisse et de même couleur. Ces bracelets sont originaux et tout à fait frappants. Ils font de cette espèce un des Cortinaires sur lesquels on peut mettre un nom du premier coup sans se tromper. La chair est spongieuse, crème ocracé, inodore, douce. La spore est pruniforme, de 12 mu, fauve doré. Cette espèce est assez commune dans les forêts siliceuses, surtout de chênes, et aussi au bord des tourbières. Si dans le type le pied présente plusieurs bracelets superposés, dans la variéte *haematochelis,* qui est de taille plus faible, il n'y en a qu'un. A part cela, les deux formes sont identiques, mais la variété à un bracelet est tout à fait fixe et il n'y a pas d'intermédiaires entre les deux.

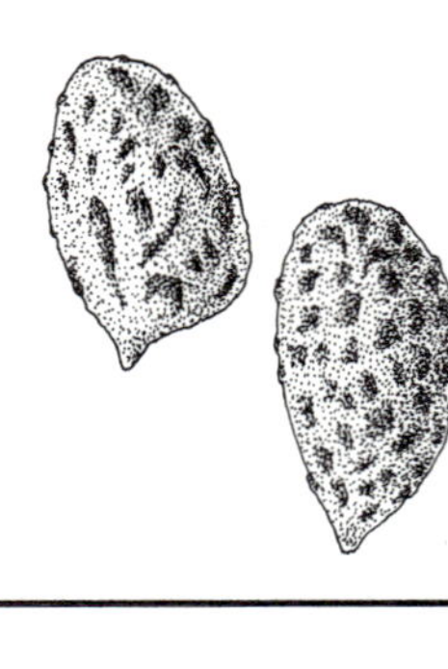

Leucocortinarius bulbiger

Leucocortinaire bulbeux

Voici une étrange espèce, qui a donné bien du souci aux premiers classificateurs. En effet, elle a tout à fait l'allure d'un Cortinaire, une stature charnue, un pied fort et bulbeux, et une cortine presque annulaire, mais voilà le *hic* : elle a des spores blanches ! Ce qui serait un scandale parmi les Cortinaires qui les ont brunes. Et comme ce champignon a presque un anneau, on en a d'abord fait une Armillaire. Mais bientôt les Armillaires ont cessé de plaire, on a considéré que l'anneau n'avait aucune importance, et on en a fait un Tricholome. Mais comme ce Tricholome avait une cortine et un bulbe marginé, ce qui est aussi peu tricholomoïde que possible, on s'est résolu pour finir à créer pour lui un genre personnel, *Leucocortinarius,* c'est-à-dire Cortinaire blanc. Ainsi tout le monde est d'accord, et le champignon n'a pas protesté. Il a donc un chapeau de 6 à 10 cm de diamètre, convexe plan, glabre, châtain ou brun fauve. La marge est un peu lacérée et fibrilleuse. Les lamelles sont d'un blanc glauque et sinuées. Le pied est épais, atténué radicant, blanc, couvert de flocons d'un rose fauve, glabre au sommet, et terminé par un large bulbe à rebord. La cortine laisse un anneau fait de mèches incarnates ou fauves. La chair est compacte, blanche, de saveur douce. La spore blanche est ovoïde sphérique, de 3 à 4 mu, pointillée. On trouve cette espèce dans les forêts de feuillus et de conifères, surtout en montagne. Elle est tout à fait comestible, pas très rare. Elle vient d'habitude en petits cercles ou en troupes de quelques individus, et elle évoque tellement un Cortinaire au premier abord qu'on est toujours surpris, en la retournant, de voir ses lamelles blanches qui signalent son unicité.

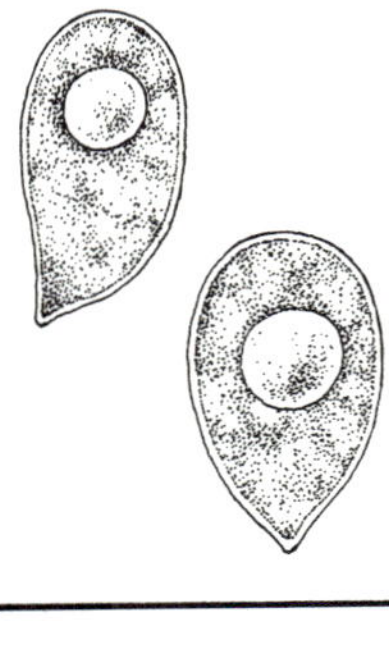

Rozites caperata

Pholiote ridée

Encore une Pholiote qu'on a „déménagée" pour en faire un genre à part, qui fut dédié au mycologue français Roze, qui en avait deviné l'originalité. En effet, contrairement aux Pholiotes, cette espèce dispose d'un voile général dont on voit les traces sur le chapeau adulte, son anneau est très différent de celui des vraies Pholiotes, et ses spores sont très pâles. De quoi faire un signalement tout à fait aberrant. Mais par commodité, on dit toujours Pholiote, car Rozite en français ne dirait rien du tout à personne. Son chapeau campanulé convexe, légèrement mamelonné, varie du jaune abricot ou jaune mat au citrin paille, il est lustré, et couvert sur ce fond coloré d'un voile farineux, aranéeux, blanc, incrusté solidement au sommet, floconneux et caduc sur la marge qui est très mince, profondément ridée et facilement fendue. Les lamelles sont uncinées, adnées, denticulées, jaune clair puis ocracées. Le pied est fibro-charnu, fragile, fibrilleux, strié, peluché au sommet et souvent muni d'un étui presque en forme de volve à la base, il est blanc teinté de jaune. Il porte un anneau membraneux, strié, distant, souvent oblique et déchiré. La chair est humide, blanchâtre, jaunissant un peu, de saveur douce et d'odeur agréable. Cette espèce se trouve uniquement en terrain siliceux, tant sous les feuillus que sous les conifères, et parfois en exemplaires énormes dans les tourbières. C'est un comestible de choix et méconnu, d'autant qu'il est souvent possible d'en faire des récoltes abondantes.

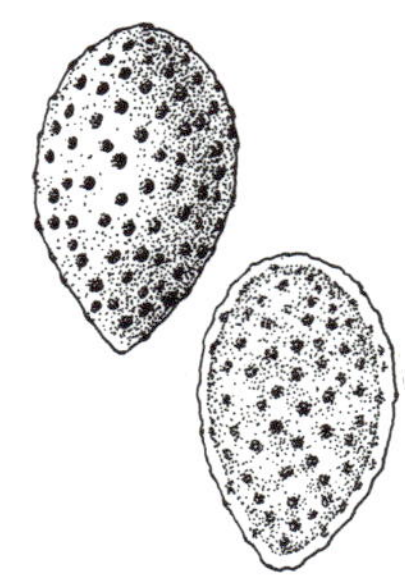

cystides

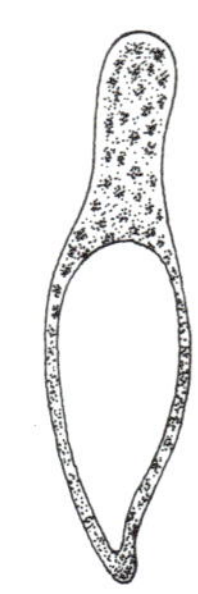

Phaeocollybia festiva

Phéocollybie joyeuse

On prendrait au premier abord cette espèce pour un Hygrophore conique, tant elle en a la silhouette et les couleurs. Son chapeau campanulé et le restant, souvent pointu, a de 2 à 5 cm de diamètre. Il est glutineux, roux ou vert olive, puis bai. Les lamelles ventrues sont libres, serrées, crème olivâtre puis fauve rouillé ou pourpré. Le pied est long, aminci à la base, poilu à la loupe, incarnat ou crème, souvent fauve, très changeant. La spore est pruniforme, de 8 à 9 mu. On peut confondre cette espèce parfois avec deux espèces voisines, *P. christinae* et *lugubris,* qui ont le même port, mais des couleurs différentes. Cependant, ces couleurs sont si changeantes qu'il est facile de se tromper et que les maîtres anciens n'y ont pas manqué. Ces champignons poussent comme les collybies sur les vieux troncs d'arbres et les souches, avec souvent de longues tiges souterraines à figure de racine. De plus leur pied, très tenace, ressemble beaucoup à celui des Collybies, ce qui a fait créer pour elles ce genre *Phaeocollybia*, c'est-à-dire Collybies à spores brunes, les vraies Collybies les ayant blanches. On voit sur la planche ci-dessous un exemplaire de Collybie, pour montrer la différence entre ces deux espèces. C'est d'ailleurs une espèce peu commune, toujours curieuse à rencontrer, mais on ne sait rien à propos de sa comestibilité qui doit être nulle, car l'odeur est peu agréable et la consistance plutôt coriace.

spore de *P. festiva*

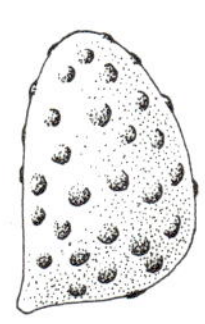

cystide de *P. festiva*

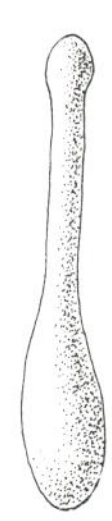

Collybia fusipes

Phaeocollybia festiva

Galerina (Pholiota) marginata

Pholiote marginée

C'est une espèce qu'il est bon de connaître, car elle ressemble un peu à *Pholiota mutabilis* qui est un excellent comestible, alors que *marginata* s'est révélée toxique. Mais comme une confusion serait déplorable, il est bon d'avoir un signalement et une image convenables de cette espèce. Son chapeau est peu charnu, convexe puis plan, lisse, glabre, un peu translucide, ocre fauve ou couleur de cire, pâlissant par le sec, de 2 à 2,5 cm de diamètre. Sa marge est striée et presque transparente par l'humidité. Les lamelles sont adnées, étroites, jaune pâle puis jaune roussâtre. En quoi elles diffèrent beaucoup de celles de *P. mutabilis,* qui sont d'abord brun clair puis deviennent brun foncé. Le pied est également très différent. Il est constamment creux, mince, rigide, fibrillé striolé, jaune pâle (et non pas brun et écailleux comme chez *mutabilis*) brun clair à la base qui est recouverte d'un velouté blanc, et il est pruineux au sommet. Il porte un petit anneau supère, membraneux, ténu, souvent réduit à une simple cortine et fugace, d'abord crème, puis ocracé roussâtre. Les spores sont ocracé fauve, ovales, finement ponctuées, de 9 sur 6 mu. On trouve cette espèce sur les souches de conifères en montagne, et jamais sur celles des feuillus, contrairement à *P. mutabilis,* qui est indifférente à l'essence sur laquelle elle croît. Elle y vient soit en touffes lâches, soit en troupes parfois nombreuses. Les anciennes Flores donnent cette espèce comme comestible. Sans doute n'avait-elle même pas été essayée, car des expériences récentes ont démontré qu'elle était toxique au même titre que l'Entolome livide. Il faut donc se méfier au premier chef des Pholiotes lignicoles qui viennent sur les souches de sapin.

cystides et spores de *G. marginata*

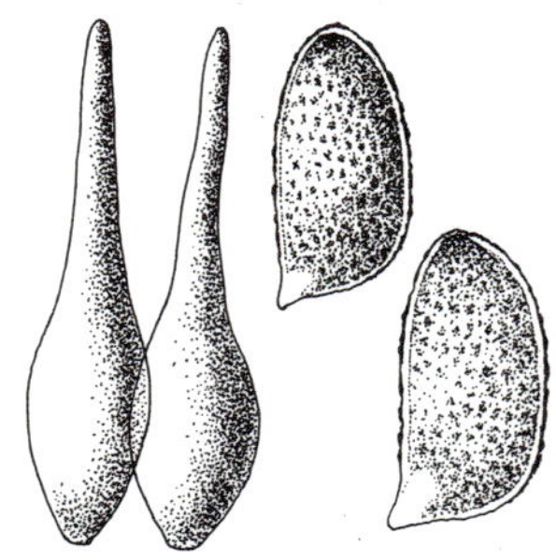

Galerina marginata

Pholiota mutabilis

Hirneola auricula-judae

Oreille de Judas

C'est un de ces champignons un peu informes et gélatineux qui n'attirent guère l'attention, car ils poussent sur le tronc des arbres et on les prendrait aussi bien pour l'exsudation d'une gomme quelconque. Mais en y regardant de près, on voit qu'il s'agit d'un champignon mince,translucide, sans pied, élastique, de consistance gélatineuse, taillé en coupe irrégulière et chiffonnée, généralement échancrée sur un côté, de 2 à 10 cm de diamètre. La face supérieure de l'hyménium est d'un rouge brun d'abord, passant au brun bistre, puis au noir à la fin. Elle est toute veinée, ridée dans tous les sens. La face inférieure est de couleur olive cendrée, et elle est veloutée. La chair est mince, transparente, de saveur douce et à peu près sans odeur. Les spores sont allongées, recourbées, hyalines, de 15 à 18 mu. Les basides, ici figurées sont de type primitif, c'est-à-dire qu'au lieu de porter un bouquet de quatre spores à leur extrémité, elles sont divisées en quatre compartiments superposés qui en portent chacun une. Cette espèce se trouve en automne sur les vieux troncs, et surtout sur ceux de sureau. De là le nom d'Oreille de Judas, la légende voulant qu'après avoir trahi Jésus ce soit à un de ces arbres que Judas se soit pendu. Si cette espèce est peu appréciée comme comestible chez nous, il en est autrement en Extrême-Orient, où elle est cultivée et donne lieu à un commerce considérable. C'est le „champignon noir" des restaurants chinois, qui à vrai dire n'a pas grand goût, mais donne aux sauces une consistance un peu gélatineuse dont les Orientaux sont friands. Et cette espèce se séchant très facilement, son transport ne pose aucun problème.

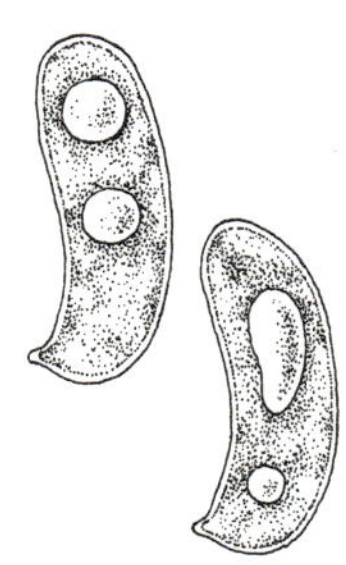

baside

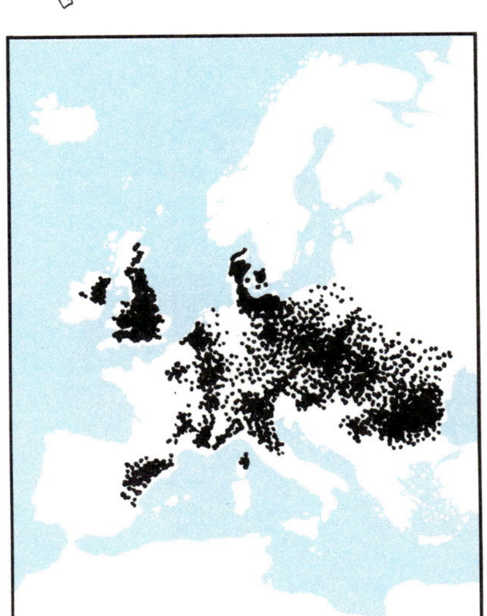

Tremella mesenterica

Trémelle mésentérique

Tout le monde aura remarqué sur un tas de fagots abandonné en plein air des masses jaune vif, informes et gélatineuses qui sortent des fentes de l'écorce des branches. C'est la Trémelle mésentérique. Elle se présente de près comme un tubercule d'abord tout rond puis veiné, puis foliacé et finalement chiffonné, de 2 à 3 cm de diamètre, plissé à la base, glabre, pruineux, jaune d'or, blanchissant avec le temps et se décomposant sur place. L'hyménium tapisse toute la surface supérieure de ce champignon, surface augmentée par ses nombreux replis cérébriformes. C'est une espèce extrêmement commune, moins dans la forêt que sur le bois abandonné en plein air, et il est rare de ne pas la trouver sur des branchages laissés sur place çà et là. On la donne comme comestible, mais ce doit être une plaisanterie, car sa petite taille et sa consistance gluante n'ont jamais dû tenter personne. Une espèce voisine, *Tremella foliacea,* est beaucoup plus développée. Elle est faite de véritables feuillets ressemblant à des oreilles, de 3 à 5 cm de haut, lobés, flexueux, plissés et soudés ensemble à la base, d'abord incarnat violacé, puis bientôt de couleur souci. Elle forme de petits bouquets remarquables sur les vieilles souches de conifères. Elle est également gélatineuse et élastique et n'est sûrement pas plus comestible que la précédente. Ce sont seulement des champignons curieux et qui méritent mieux qu'un regard distrait. Ils sont les témoins de ce qu'ont été sans doute les premiers Basidiomycètes et, à ce titre, peuvent être considérés commes des champignons fossiles mais vivants.

L'*Exidia plana,* également gélatineux, colonise le bois mort sous forme de plaques molles et noirâtres.

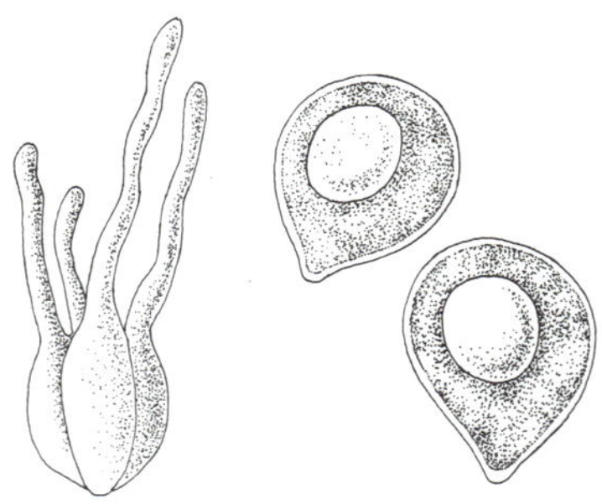

spores de *T. mesenterica*

Tremella foliacea

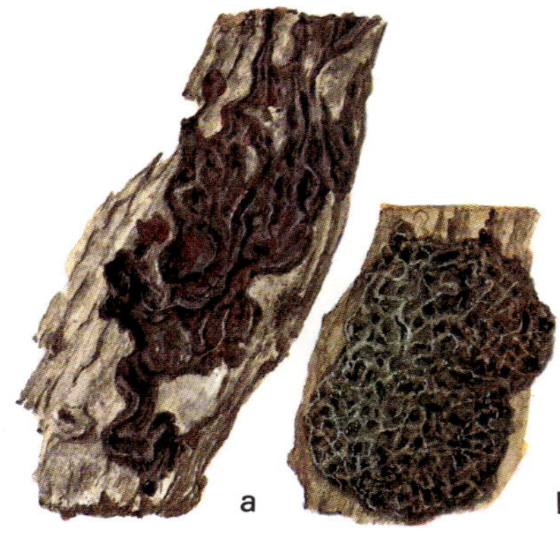

Tremella mesenterica

Exidia plana, par temps sec (a), par temps humide (b)

Protohydnum (Tremellodon) gelatinosum

Trémellodon gélatineux

C'est un champignon tremblotant et tout gélatineux. Son chapeau est réduit à une moitié, et il est en forme de cuiller ou de spatule. Il est pourvu d'un pied nul ou très court. Il est épais, tendre, couvert de petites papilles en relief, avec de gros poils transparents à la base. Sa couleur varie du blanc grisâtre pâle au gris plus ou moins sombre. Sous la surface de ce chapeau apparaissent des aiguillons mous, diaphanes, verdâtres ou transparents comme du verre. La chair est également transparente, molle, tremblotante comme de la gelée de groseilles, ou comme du fromage de tête. Elle est sans odeur et de saveur douce. C'est une espèce assez commune en automne – surtout par temps très pluvieux – sur les souches de conifères, aussi bien en plaine qu'en montagne, avec une préférence pour celles de pin. Malgré son allure peu appétissante, cette espèce est comestible. Mais il est impossible de la faire cuire, car elle se dissout à la cuisson. On se contente de l'accommoder en salade, et avec beaucoup d'assaisonnements, elle est acceptable. On la servira plutôt comme une curiosité. Ses basides ne sont pas non plus classiques. Elles sont divisées en quatre segments connés, dont chacun porte une spore. Solution archaïque qui prépare chez des espèces plus évoluées la baside normale qui porte son bouquet de quatre spores.

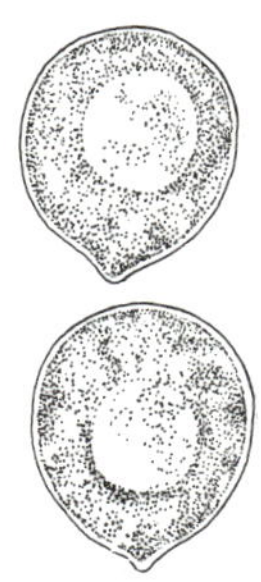

baside

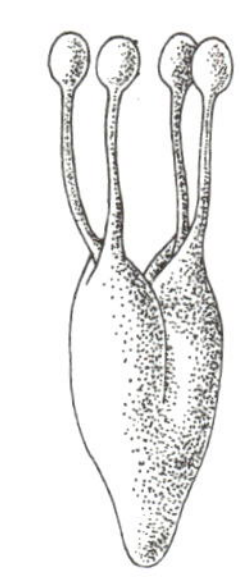

hyménophore

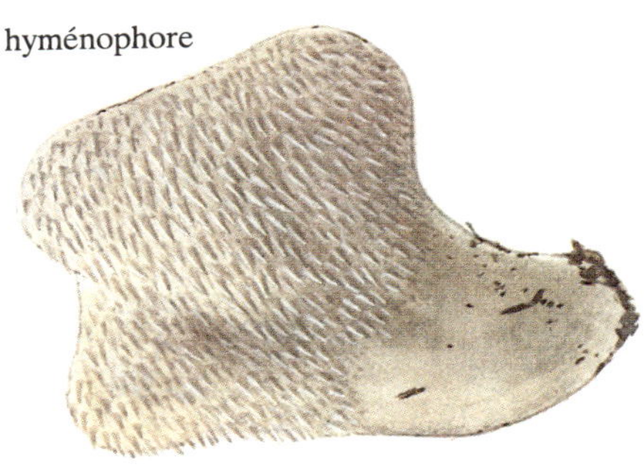

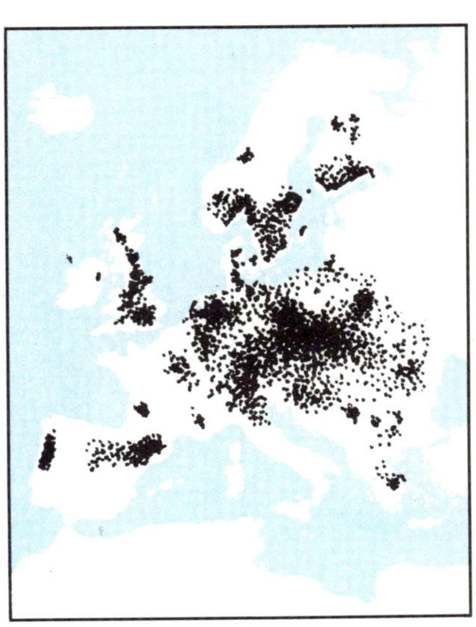

Tremiscus (Guepinia) helvelloides

Guépinie fausse Helvelle

C'est un champignon de forme spatulée et parfois même complètement en entonnoir. Il est divisé en forme d'une grosse oreille, d'un beau rose orangé, devenant roussâtre en vieillissant, de 8 à 15 cm de haut et de 5 à 8 cm de large dans sa partie supérieure. On trouve même des exemplaires quasi géants qui atteignent 20 cm de haut. La partie creuse de l'entonnoir est stérile et comme granuleuse. L'hyménium se trouve à la face inférieure. Il est convexe, uni, puis à la fin veiné et couvert d'une pruine blanche. Le pied lui-même peut être court, ou plus ou moins long, et il est souvent prolongé par une pseudo-racine qui s'enfonce dans la souche morte dont il est issu. La chair elle-même est très mince, rosée ou presque incolore et transparente, de saveur douce. La spore est ovoïde, larmiforme, de 10 mu, finement pointillée, hyaline. On trouve cette espèce communément dans les vieilles sapinières, mais aussi sous les pins en automne, souvent en grosses touffes gélatineuses et tremblantes. Cette espèce est comestible, mais plus agréable que la précédente, car elle est de consistance moins incertaine, et accommodée en salade, elle fait penser à la salade de museau de boeuf, ce hors-d'oeuvre classique des restaurants alsaciens. Mais soyez généreux en ail, en persil, en poivre, en vinaigre et en huile d'olive pour rehausser la fadeur naturelle de cette espèce. On est très loin avec elle des cèpes, des Oronges ou des Boules de neige.

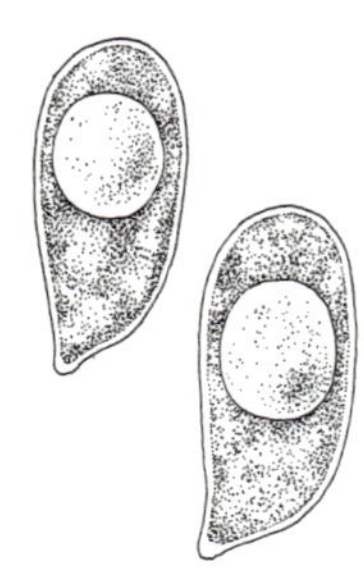

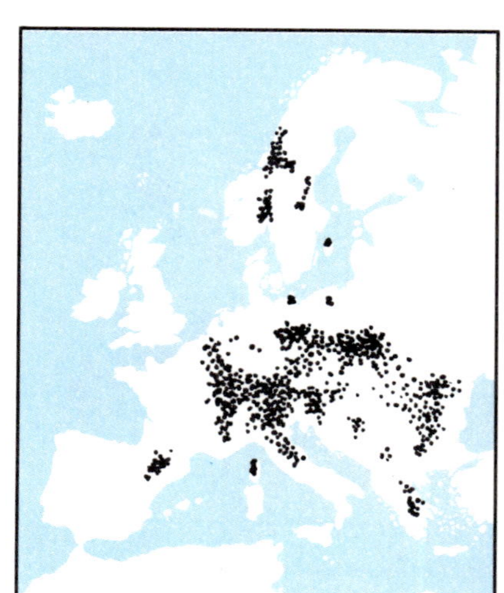

Calocera viscosa

Calocère visqueuse

On prendrait au premier abord cette jolie espèce pour une petite Clavaire. Car ce champignon se présente sous une forme brièvement rameuse, jaune d'or, tenace, gélatineuse et élastique, devenant orangé par le sec. Elle peut avoir de 5 à 10 cm de hauteur. Les rameaux sont dressés, dichotomes, cylindriques et aigus. Il est très difficile de les saisir, tant ils sont à la fois visqueux et élastiques. Ils glissent entre les doigts et résistent à la traction. Cette résistance est due surtout à la nature radicante de cette espèce, qui se prolonge longuement dans le bois par une racine noirâtre très adhérente. Elle exhale une curieuse odeur de réséda. Sa spore en forme de virgule est de 12 mu. Bien entendu la consistance de cette Calocère en interdit la consommation.

Elle vient très communément sur les troncs et les branches mortes des conifères, surtout des épicéas. On trouve à côté d'elle une autre espèce qui semble en être une miniature. C'est la Calocère cornée *(C. cornea),* dont la clavule simple n'a qu'un cm de haut. Elle est également radicante, lisse, un peu courbée en forme de corne, visqueuse, jaune vif ou couleur de sucre d'orge, arrondie, blanche et poilue à la base. Elle est aussi visqueuse et élastique que la précédente. Elle vient surtout le long des fentes du bois, et elle y forme de gracieux festons, sur les conifères également. On ne lui connaît aucune utilité, sinon de décomposer le bois mort dont elle se nourrit.

baside et spores de *C. viscosa*

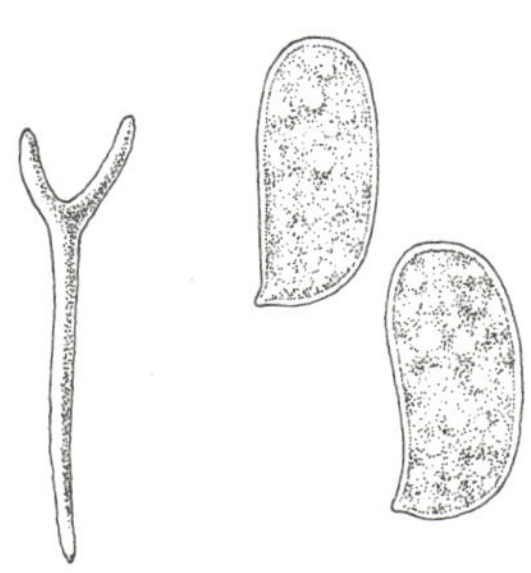

Calocera cornea

Calocera viscosa

Stereum hirsutum

Stéréum hirsute

Les Stéréums sont bien faciles à reconnaître en tant que genre. Vus de haut sur le bois mort qui leur sert de support, on les prendrait pour de petits Polypores. Mais vus de près, on s'aperçoit qu'ils ne sont faits que d'une croûte mince, généralement poilue sur le dessus, mais lisse en dessous et dépourvue de tubes. La face inférieure est entièrement tapissée par la surface hyméniale. Le rendement est évidemment faible, mais cette pauvreté d'invention est compensée par le nombre souvent énorme des carpophores qui croissent ensemble et finissent parfois par former sur de vieux bois de véritables couvertures. Cette espèce-ci est de loin la plus commune, et il n'y a guère de tas de vieux bois où on ne la trouve, et en toute saison. Le chapeau a la forme d'un petit coquillage, de 1 à 3 cm de diamètre. Il est semi-circulaire, appliqué qu'il est par un de ses côtés contre le bois qui le nourrit. Il est très coriace, étalé, réfléchi, tout hérissé et feutré (d'où son nom), jaune jonquille, souci au bord. L'hyménium est glabre, jaune souci, avec une tendance à pâlir. La spore est ellipsoïde allongée, transparente, incurvée, de 7 mu. On trouve cette espèce très communément sur presque tous les bois morts qu'elle attaque la première. Elle y provoque une pourriture rapide et le bois attaqué perd très vite une bonne partie de son poids. Quant au *S. rugosum,* il est de plus grande taille et peut atteindre un développement de 5 à 10 cm. Il est étroitement marginé, rigide, soyeux puis glabre, brun. L'hyménium est pruineux, céracé, crème ou rosé, à la fin pourpre obscur et se tachant de rouge sang quand il est frais et qu'on le froisse. On trouve cette espèce surtout sur les souches de hêtre et de noisetier, et elle se reconnaît à son rougissement.

spores de *S. hirsutum*

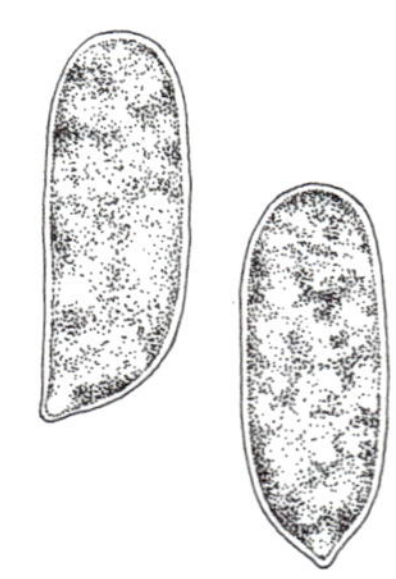

Stereum hirsutum

Stereum rugosum

Schizophyllum commune

Schizophylle commun

Encore un lignicole très commun, autant que le *Stereum hirsutum.* C'est une petite espèce, dont le chapeau dimidié a de 1 à 2 cm de diamètre au plus. Il est sec, velu, laineux, blanchâtre ou grisâtre, parfois incarnat, puis blanc, sans pied ou pourvu d'une sorte de petit tubercule blanchâtre sur lequel s'insèrent les lamelles. Il arrive aussi qu'il apparaisse non sur le côté d'un morceau de bois, mais sur le dessous. Dans ce cas, il y est suspendu par le centre de son chapeau qui devient orbiculaire. Les lamelles de cette espèce sont d'une constitution très curieuse. A les voir sans y prêter grande attention, elles paraissent banales, mais vues de près, on s'aperçoit qu'elles sont fendues dans le sens de la longueur. Cette particularité unique a valu à ce genre son nom, qui signifie « lamelles fendues ». Malgré sa petite taille, c'est un gros dévoreur de bois et c'est pourquoi il faut toujours mettre au sec le bois de chauffage qu'on a empilé en stères dans les coupes. Sans quoi il est immanquablement attaqué. Il existe des espèces très voisines sous les tropiques, et les Africains s'en servent comme gomme à mâcher, car ces champignons sont élastiques, „inusables" si l'on peut dire, et ils ont un goût acidulé. Mais ils provoquent parfois de graves accidents : en effet les spores, après mastication, peuvent entrer dans le circuit sanguin, et aller se fixer sur la moelle épinière où elles germent et provoquent des paralysies irréversibles. Ce doit être le seul champignon capable d'une adaptation aussi grave et inattendue.

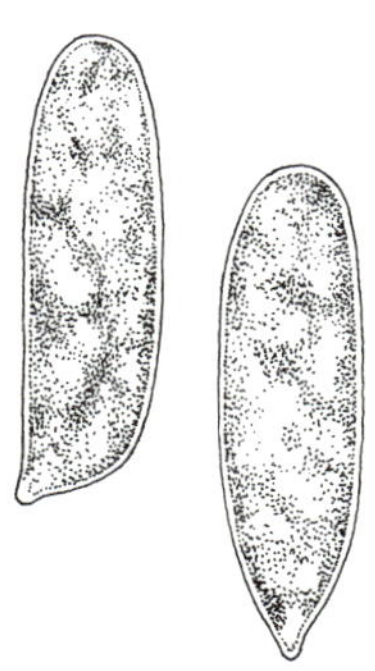

détail de l'hyménophore

Thelephora terrestris

Théléphore terrestre

Les Théléphores sont des Basidiomycètes primitifs, faits d'une simple membrane plus ou moins ondulée ou tortillée ou retournée sur elle-même, souvent informe, et dont une des faces porte un hyménium tout à fait banal et sans ornement. Cette Théléphore terrestre en est un bon modèle, qui permettra de deviner la nature des autres. Elle se présente avec des chapeaux en forme de vagues coquillages ou de coupes approximatives, souvent engainés ou imbriqués les uns dans les autres. Ils sont assez épais, spongieux, poilus, hérissés, brun rouillé, puis bistre noirâtre, avec une frange blanche au début, mais qui prend vite la couleur du reste. Cette frange blanche est la partie en état de croissance du champignon, et quand cette croissance est terminée, elle disparaît. L'hyménium est ridé chagriné, irrégulier, pruineux puis presque poilu, d'une couleur brun chocolat. La spore brune mesure de 10 à 12 mu. C'est une espèce fréquente sur l'humus et les brindilles, dans les bruyères, mais surtout sur le vieil humus des sapinières, où elle s'étend en cercles mal dessinés. En voyant cette forme bizarre, on a l'impression que ce sont de morceaux de vieux cuir mouillé qui ont été abandonnés sur place. Il est difficile d'avoir un aspect moins « fongique ». Ces Théléphores sont nombreuses en espèces, et certaines sont plus décoratives, comme *intybacea,* ou Théléphore chicorée, qui forme de jolis cornets poilus crème roussâtre. Ils sont coriaces et durent très longtemps sur pied dans les forêts de hêtres où cette espèce se rencontre assez fréquemment.

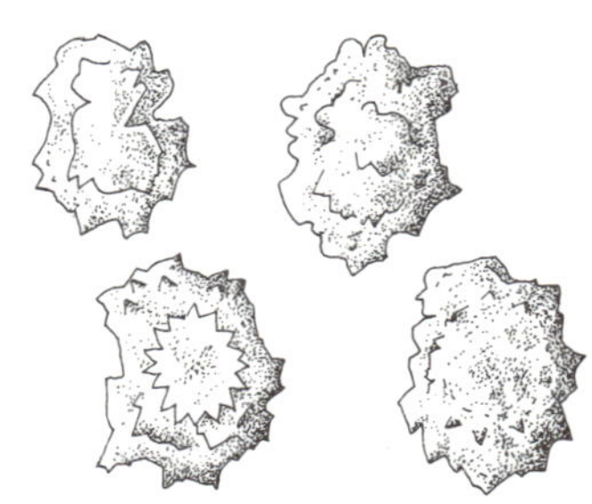

détail du carpophore

Sarcodon imbricatus

Hydne imbriqué

Cet Hydne peut être énorme, et son chapeau dans certains cas atteint de 10 à 40 cm de diamètre. Il est d'abord convexe, mais rapidement il devient ombiliqué puis se met en entonnoir, gris brun sale avec des reflets d'un brun orangé foncé, et il est entièrement garni de grosses écailles floconneuses, disposées concentriquement, celles du centre étant dressées verticalement et celles de la périphérie plus ou moins aplaties. La face inférieure est tapissée d'aiguillons fragiles, grêles, décurrents, blanc sale, ou gris cendré. Le pied est très épais, souvent de 2 à 4 cm, relativement très court, de 4 à 5 cm de haut, ce qui est peu par rapport au diamètre du chapeau. Il est blanc grisâtre ou gris perle. La chair est épaisse, ferme, d'un blanc sale ou grisâtre. Presque inodore crue, elle prend à la cuisson une odeur chevaline assez peu supportable, et une saveur plus ou moins amère. Ce qui n'empêche pas que dans nos montagnes il s'en fait une grande consommation sous le nom de « barbe de bouc ». C'est un champignon des conifères, et il est très commun dans les montagnes, beaucoup plus rare en plaine. Il existe toute une série de Sarcodons, presque tous montagnards et plus ou moins rares. Il en est de fort beaux, mais tous sont amers ou très amers et ne présentent aucun intérêt comme comestibles. Leur détermination n'est pas toujours facile, car ils sont polymorphes, et ils offrent de ce fait un bon exercice à la sagacité des amateurs.

Serpula (Merulius) lacrymans

Mérule pleureur

Voici une espèce des plus dangereuses. Ce Mérule se présente tout étalé sur le bois, avec un hyménium pulvérulent, présentant de larges plis anastomosés qui forment des pores ou des alvéoles grands, anguleux, irréguliers, de couleur brun ferrugineux ou brun rouillé ou jaunâtre, qui laissent écouler des gouttelettes aqueuses quand le champignon est en pleine végétation. Les plaques qu'il forme sur le bois n'ont aucune forme particulière, et elles semblent s'étaler un peu au hasard, selon la forme même du support sur lequel elles se trouvent. Elles peuvent couvrir des surfaces considérables. Les bords en sont épais, blancs, cotonneux, étalés, gagnant constamment plus loin, car ce sont ces bords qui assurent la pleine végétation du champignon. L'ensemble est mou, presque inconsistant, et répand une odeur aigre très désagréable. Cette espèce se rencontre uniquement dans les lieux sombres, humides et confinés, les caves, les dessous de planchers mal aérés, etc. Ce champignon est un gros et rapide dévorant. Le bois qu'il attaque (et aucun bois ne lui résiste, sinon le teck) tombe littéralement en poussière, et bien souvent on ne détecte son invasion que quand il est trop tard. Cette espèce semble s'être manifestée la première fois d'une façon désastreuse à la fin du XVIIIe siècle et au début du XIXe, en s'attaquant à la flotte de l'amiral Nelson qui fut complètement détruite. C'est à la suite de cette mésaventure que fut décidée la construction de navires à coque métallique, et c'est probablement un des rares champignons qui ait eu une véritable importance historique.

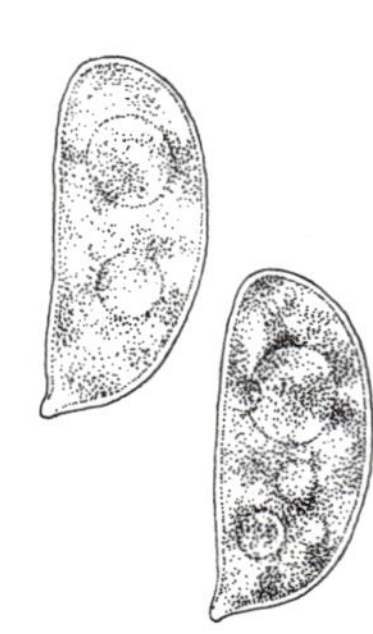

Clavariadelphus truncatus

Clavaire tronquée

Il existe deux Clavaires en forme de pilon : la très commune *Clavaria pistillaris,* qu'on trouve sous les hêtres et qui a la simple forme d'un gros fuseau gonflé en son milieu, et dont le « corps » est entièrement revêtu par l'hyménium. Et puis il y a celle-ci qui est plus curieuse. Elle a aussi la forme d'un pilon, mais elle est « tronquée », c'est-à-dire que son sommet au lieu d'être fuselé, est brusquement aplati. Elle peut avoir de 10 à 20 cm de hauteur, et de 2 à 4 cm d'épaisseur au sommet. Ce sommet est souvent comme ourlé par un rebord plus ou moins marqué. Le base du champignon est très amincie et assez profondément enfoncée dans le sol. L'ensemble est ruguleux, profondément ridé, pruineux, de couleur citrin jonquille, citrin à la base. La chair est épaisse, blanche, fibreuse et molle en même temps, et elle a une saveur étonnamment sucrée. Cette saveur est due à la présence d'un sucre spécial, la mannite, particulier à certains champignons. On trouve cette espèce dans les bois de conifères en montagne seulement, alors que *C. pistillaris* vient aussi bien en plaine. Elle ne doit pas être commune partout, car le mycologue suédois Fries, le « père de la mycologie », ne l'avait pas vue en Suède; et elle a été déterminée et nommée par le mycologue franc-comtois Quélet, qui l'observait couramment dans le Jura. Elle est probablement comestible, mais sa saveur sucrée doit la rendre à peu près immangeable. Il en existe dans les bois de pins du Midi une forme naine qui ne dépasse pas 3 ou 4 cm de haut, et qui est commune en Espagne. A part sa petite taille, elle ne diffère aucunement du type.

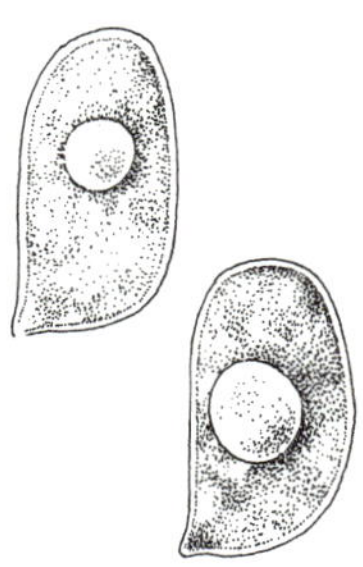

Sparassis crispa

Sparassis crépu

On est très ému quand on trouve ce Sparassis pour la première fois. On croit se trouver en présence d'un flot de rubans répandu sur le sol en un tas désordonné. C'est que ce champignon est fait d'un gros pied, épais et radicant, de 3 à 10 cm d'épaisseur, terminé par une pointe qui s'enfonce dans le sol assez profondément. Ce pied est fibro-coriace, très court, et il se divise en un nombre considérable de rameaux larges, rubannés, entrelacés, crépus, épais, charnus, légèrement zonés, dentelés et recourbés au sommet. L'ensemble est crème ou jaunâtre clair et peut atteindre de 30 à 40 cm de hauteur. La chair est tendre quoique un peu fibreuse, d'odeur agréable et de fine saveur. La spore est sphérique, de 8 mu, grenelée, citrin clair. On trouve cette magnifique espèce dans les forêts de sapins de la montagne, où elle n'est pas très rare, mais très recherchée, car c'est un comestible très agréable quand elle est récoltée jeune. Plus tard, elle devient un peu coriace. Son habitat favori est le voisinage des vieilles souches en décomposition, et il est probable que son pied, prolongé par un appendice profondément enfoui, va se nourrir des racines de l'arbre abattu. On en trouve dans les forêts de chênes une forme plus petite, le *S. laminosa,* moins frisée, et de couleur plus franchement jaune. On la voit surtout dans les forêts du nord, et elle est assez rare en France. Ses qualités sont les mêmes que celles du type. Les Sparassis sont très voisins des Clavaires et sont classés dans la même famille. Dans le Jura ils sont fort recherchés sous le nom de „poules de bois".

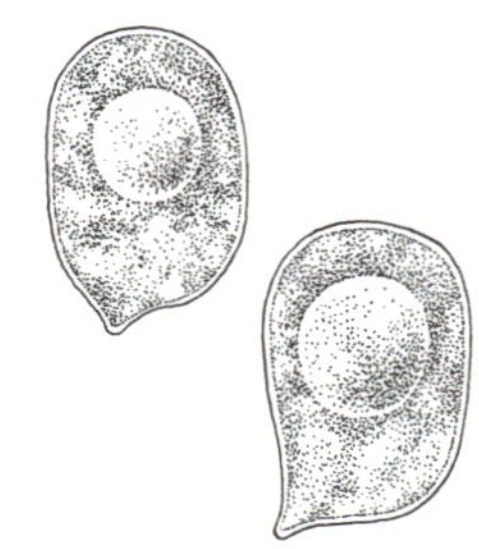

Gomphus clavatus

Chanterelle en massue

On a séparé cette espèce des Chanterelles parce que les plis de son hyménium semblaient insuffisants. Mais le langage courant en fait toujours une Chanterelle, ne serait-ce que parce qu'il est impossible en français de parler d'un « Gomphe ». Ce nom ne ressemblerait à rien et sa sonorité ridicule suffirait à le faire refuser. Cette espèce a un chapeau turbiné puis en coupe, de 3 à 6 cm de diamètre, festonné, pruineux, d'un beau lilacin, ou parfois tout rose, qui s'étale souvent en replis irréguliers. L'hyménium est fait de grosses rides épaisses, anastomosées, réticulées, décurrentes, qui ne ressemblent guère aux plis bien marqués des Chanterelles. Ces rides sont d'abord d'un blanc incarnat, puis passent à une teinte améthyste, analogue à celle du chapeau, en plus vif. Le pied est charnu, épais, solide, obconique, pointu à la base, blanc lilacin ou améthyste, puis il passe au jaune paille. La chair est blanche, tendre, douce et parfumée. C'est un très bon comestible, dont le seul défaut est la relative rareté. Car c'est une espèce de montagnes, où elle vient aussi bien sous les feuillus que sous les conifères. Les Flores la donnent comme exclusive des conifères, mais c'est une erreur. Un autre défaut est que les limaces en sont très friandes, et qu'il est souvent difficile de la récolter en bon état, tant elle est parfois rongée à mort par ces fâcheux gastéropodes. Elle a le mérite qu'aucun autre champignon ne lui ressemble et que, par conséquent, aucune confusion n'est possible. Dans les Vosges, on l'appelle Chanterelle rose, et on la récolte en abondance quand c'est la saison, c'est-à-dire à la fin de l'été.

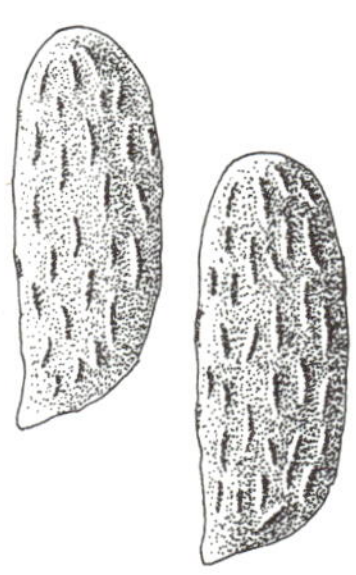

Ramaria aurea

Clavaire dorée

Les Clavaires rameuses ont été classées dans un nouveau genre *Ramaria,* mais ce sont toujours des Clavaires pour l'usage. Celle-ci se distingue par son tronc épais, élastique, pâle, ocracé ou fauvâtre, de 6 à 15 cm de hauteur. Il se divise très tôt en de très nombreux rameaux minces, cylindriques, serrés, très divisés, d'un beau jaune d'oeuf ou jaune d'or. La spore est pruniforme, oblongue, 10 mu, guttulée. Les Clavaires jaunes ne sont pas très faciles à distinguer les unes de autres, et celle-ci, quand elle n'est plus très jeune, peut être confondue avec la Clavaire jaune figurée à côté. Elle est beaucoup moins serrée, et d'un jaune plus pâle. Le distinction est d'autant plus importante que la *C. aurea* est au moins laxative, tandis que *flava* est tout à fait comestible. Mais il vaut mieux recommander aux amateurs de s'abstenir complètement des Clavaires jaunes. En effet, il y a encore *C. formosa* qui est d'un jaune rosé, et franchement purgative. Plus *C. pallida,* d'un gris lilacin, qui est violemment indigeste. La seule Clavaire qui puisse être consommée sans crainte est *C. botrytis,* qui est d'un beau gris clair avec la pointe de ses rameaux d'un beau pourpre violacé. Elle est seule à présenter cette particularité et elle est de très bon goût. Le reste ne « vaut pas tripette », et il est curieux de signaler que *tripette* est justement le nom populaire des Clavaires, qui n'avaient sans doute pas trop bonne réputation pour avoir donné lieu à cette comparaison peu flatteuse.

spores de *C. aurea*

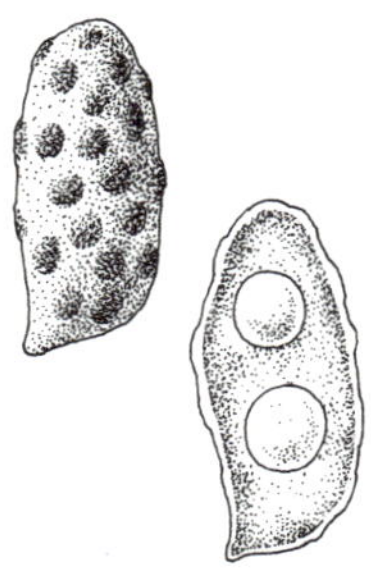

Ramaria aurea

Ramaria flava

Ramaria (Clavaria) formosa

Clavaire jolie

C'est une traîtresse ! On raconte encore l'histoire d'un illustre mycologue qui, un jour, a purgé toute une pension de famille où il prenait ses vacances en mélangeant sans doute par inattention des *Clavaria formosa* avec des *flava* inoffensives. Il faisait lui-même le récit de sa mésaventure avec beaucoup de bonne grâce. Mais c'est une bonne raison pour n'en pas faire autant, et pour se mettre dans la tête le signalement de la coupable. C'est une belle Clavaire, de forte taille, d'aspect coralloïde, de 10 à 20 cm de haut. Son tronc est épais de 2 à 4 cm, puis il s'allonge un peu. Il est d'un bel incarnat rosé, de couleur « champagne », pour utiliser le vocabulaire des modes. Ce tronc se divise en nombreux rameaux cylindriques, longs, serrés, rose orangé, jaune orangé ou aurore. Ces rameaux se divisent eux-même en ramules d'un jaune citron, qui rosissent eux-mêmes peu à peu. Chaque ramule est terminée par deux ou trois dents obtuses. La chair est blanche, de goût acide ou amer, et son odeur est exactement celle de la sciure de hêtre. La spore est ovoïde, pruniforme, de 12 mu, ocellée et citrine. Cette espèce est commune dans les forêts de hêtres où elle forme souvent des cercles complets, où tous les exemplaires se touchent et constituent comme un récif continu de corail éphémère. Cette Clavaire porte bien son nom, car elle est réellement décorative et d'un effet charmant dans les bois par sa couleur, son élégance et la disposition en cercles réguliers de ses carpophores. Mais ne vous-y fiez pas !

spores de *R. formosa*

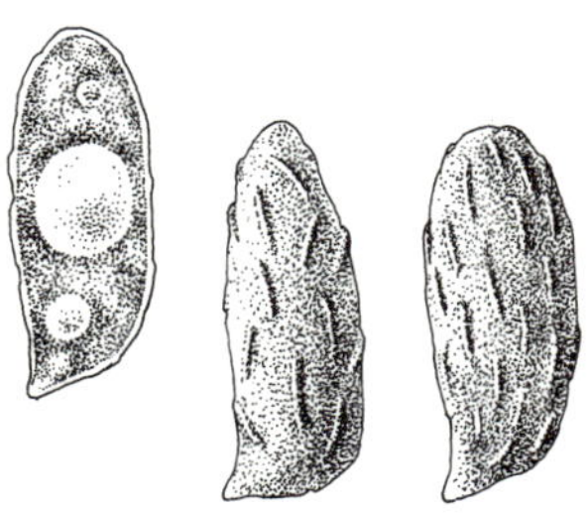

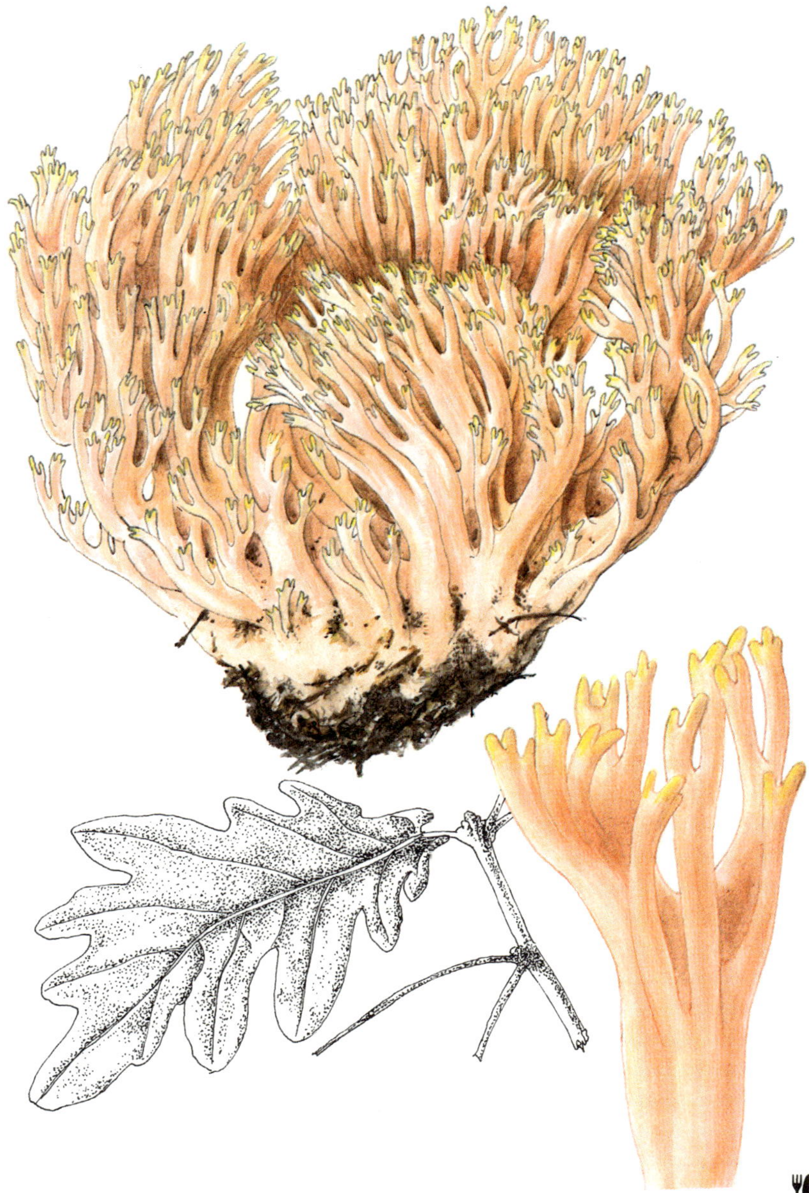

Ramaria invalii

Ramaria formosa

Ramaria (Clavaria) botrytis

Clavaire chou-fleur

Comme c'est la seule des Clavaires qui soit vraiment de très bonne qualité, et la seule qu'on ne puisse confondre avec une autre, il vaut la peine de bien la connaître. Elle est remarquable par son tronc très épais, de 5 à 10 cm d'épaisseur, charnu, inégal et blanchâtre. Il se divise en très nombreux rameaux très serrés, comme les inflorescences d'un chou-fleur (de là son nom). Ces rameaux sont courts, accolés les uns aux autres, inégaux, pâles ou jaunâtres, et divisés en ramules de même couleur mais qui sont d'un beau rouge ou purpurins au sommet. Si le champignon peut avoir de 10 à 15 cm de large, il est très ramassé sur lui-même et ne dépasse guère 12 cm de haut. De là cette apparence globuleuse, comme la pomme d'un chou-fleur qui est très caractéristique. La chair en est blanche, de saveur douce, et de bonne odeur. C'est un très bon comestible. On recommande de la faire blanchir très rapidement dans de l'eau bouillante et de la déguster avec une vinaigrette ou une mayonnaise comme les asperges. Mais il faut prendre des précautions en la récoltant car c'est une espèce fragile et cassante, et transportée brutalement il n'en reste pas grand-chose. On trouve cette jolie espèce surtout dans les bois feuillus, hêtres et chênes, en été et en automne. Elle n'est pas tellement commune. La planche précédente présente la *Clavaria invalii*. C'est une petite Clavaire ocre entièrement, qui pousse dans les sapinières avec son mycélium enterré sur les débris ligneux dont il se nourrit. C'est une espèce amère et ne présentant qu'un intérêt de curiosité.

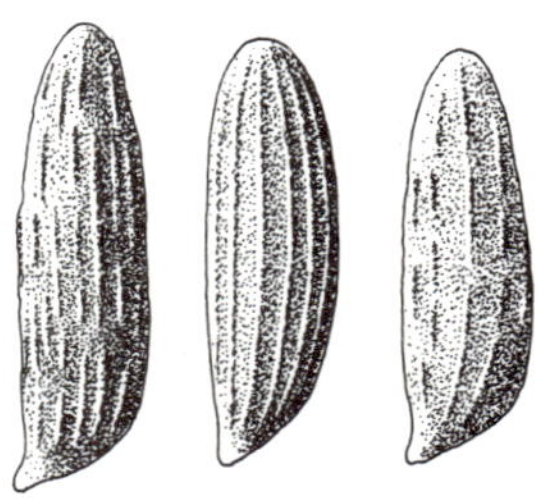

Hydnum repandum

Hydne sinué, Pied de mouton

Voici un champignon presque aussi populaire que la Chanterelle, quoiqu'il soit loin de la valoir. Il présente un gros chapeau très charnu, compact, dur, cassant, pruineux ou velouté, jaune ou blanc jaunâtre, crème incarnat, orangé souvent dans la jeunesse, convexe, rugueux, souvent difforme, à bords irréguliers, de 5 à 18 cm et parfois davantage. Il porte à sa face inférieure des aiguillons blancs puis crème incarnat, très serrés, très fragiles, plus ou moins décurrents. Le pied est épais, plein, blanc, se tachant de brun, comme la chair, à la cassure ou à la simple pression. La chair est blanche, un peu fibreuse et cassante en même temps, un peu amère. L'odeur est à peu près nulle. Il arrive fréquemment que plusieurs exemplaires soient soudés ensemble par le pied, ou que, les pieds étant indépendants, les chapeaux se soudent entre eux par simple contact. La spore est de 7 mu, aculéolée, hyaline. On trouve ce Pied de mouton souvent en grandes quantités dans tous les bois en automne, avec une préférence pour les hêtraies. Comme son amertume disparaît à la cuisson, c'est un comestible passable, qui gagne à être mélangé avec des espèces un peu plus parfumées. L'*H. rufescens* lui ressemble beaucoup et n'en est peut-être qu'une variété. Il est bien plus grêle, de 3 à 5 cm de diamètre, jaune roussâtre ou fauve orangé, lisse, velouté, et le chapeau est souvent percé d'un trou au milieu. Le pied est mince et allongé, grêle et fragile, souvent excentrique. La chair est tendre et fragile. Cette petite espèce est plus parfumée que le type, et elle se dessèche très facilement. Dans cet état, elle exhale un parfum très puissant, un peu comme les cèpes en plus âcre. C'est alors un bon assaisonnement.

spores de *H. repandum*

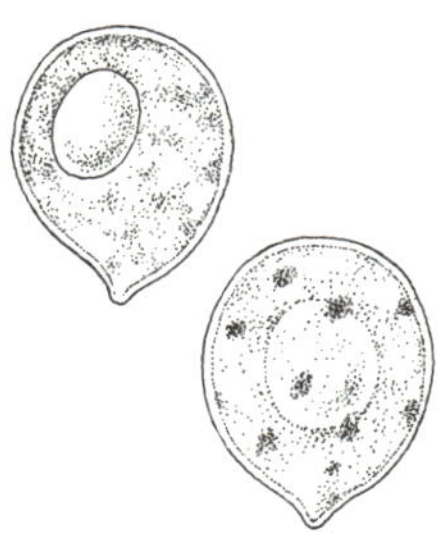

Hydnum rufescens

Hydnum repandum

Ganoderma applanatum

Ganoderme aplani

C'est un des plus grands Polypores. Son chapeau toujours dimidié, vu sa position contre un tronc d'arbre, peut avoir de 20 à 40 cm de diamètre. Au lieu comme beaucoup d'« amadous » d'avoir la forme d'un sabot de cheval, son chapeau est tout plat à l'horizontale. Il est profondément zoné, couvert d'une croûte brillante et fragile, chamois clair, café au lait, avec une bordure blanche. Cette croûte est souvent couverte d'une épaisse poussière brune. Il s'agit d'un dépôt des spores de cette espèce, qui en fabrique des quantités prodigieuses. Ces spores émises au nombre d'un trillion par jour en pleine production (et cette production peut durer des mois) sont emportées verticalement par des courants d'air de convexion, mais leur nombre est tel qu'une grande partie retombe sur le champignon lui-même, qui parfois est recouvert d'une couche d'un cm d'épaisseur de cette poussière. On renonce à imaginer le nombre de zéros qu'il faudrait pour en rendre compte. La chair est à consistance de liège, d'abord blanche, puis brune. Les tubes sont bruns, à orifice tout blanc, et se tachent de brun au toucher. La légère pellicule blanche qui recouvre les tubes est utilisée au Canada comme « remontant ». On racle cette pellicule très amère avec un couteau et on la déguste. On trouve cette espèce assez souvent au pied des vieilles souches dans les forêts, mais aussi au pied des arbres fruitiers vivants, les très vieux poiriers en particulier, qu'elle fait mourir à petit feu. Sa spore est ovoïde pruniforme de 8 mu et fauve. La *G. lucidum* a un pied ; son chapeau est entièrement recouvert d'une pellicule solide, d'un beau marron vif. Cette jolie espèce se conserve admirablement et sert dans la composition des bouquets secs.

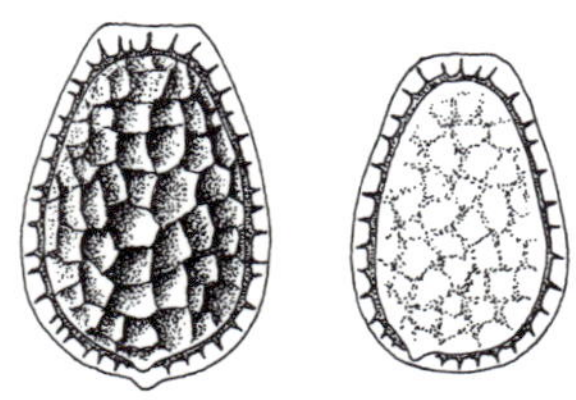

spores de *G. applanatum*

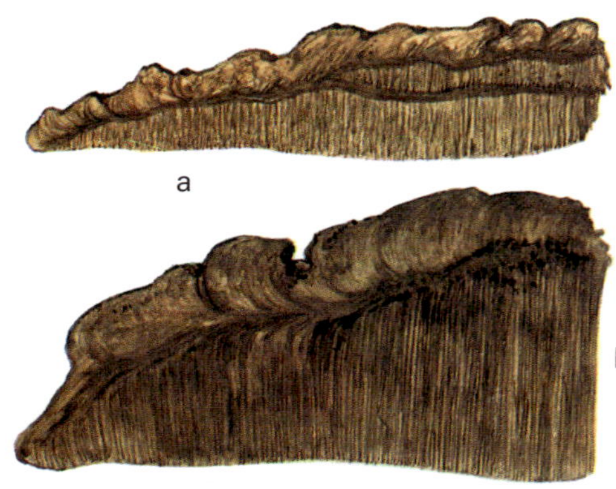

coupe du carpophore de *G. adspersum* (a) et de *G. applanatum* (b)

Ganoderma applanatun

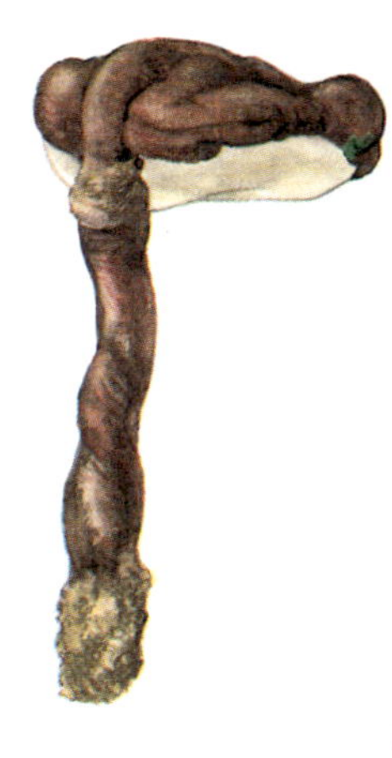

Ganoderma lucidum

Piptoporus betulinus

Polypore du bouleau

Ce Polypore du bouleau se rencontre seulement sur les bouleaux malades, et surtout sur ceux qui ont été plus ou moins brisés par une chute de verglas. Les branches arrachées ouvrent alors la porte aux spores qui vont l'infecter, et les Polypores y fructifieront jusqu'au moment où l'arbre sera mort. Alors les Polypores renonceront, car il leur faut sans doute la sève vivante de l'arbre pour vivre et prospérer. Il a un chapeau dimidié de 5 à 20 cm de large, avec une cuticule très mince et très lisse, luisante, d'un gris argenté, avec des bords enroulés qui se déploient à mesure du développement du carpophore. La chair est blanche, tenace, à consistance de liège, à grain très fin. Les pores sont très petits, tout blancs et très serrés. La spore est pruniforme, de 9 mu, oblongue, hyaline. Cette espèce a été longtemps utilisée comme cuir à rasoir. Ou bien on se servait du chapeau lui-même, qui est lisse et élastique pour y frotter les lames. Ou bien, et c'était plus raffiné, on découpait dans sa chair une lamelle fine qu'on étendait et collait sur une planchette. On la passait d'abord à la pierre ponce, et on obtenait ainsi un « cuir » d'une finesse incomparable. Les orfèvres s'en sont longtemps servis pour affûter leurs outils les plus délicats. Aujourd'hui, un tel usage est tombé en désuétude en même temps que les rasoirs « coupe-chou », qui ont été remplacés soit par les rasoirs électriques, soit par les rasoirs mécaniques d'un usage plus commode.

Albatrellus pes-caprae

Polypore pied de chèvre

C'est un Polypore terrestre, ce qui n'est pas si commun, car le plus grand nombre des espèces de cette famille est lignicole. Cette espèce-ci échappe à la règle: elle vient sur la terre dans les bois. Elle a un chapeau en éventail, le plus souvent dissymétrique, avec un pied presque toujours plus ou moins latéral. Il est de plus flexueux, lobé, velouté, et entièrement moucheté de petites mèches serrées, rudes et dressées, d'un brun marron et d'un très joli effet. Les pores qui tapissent le dessous du chapeau sont alvéolaires, c'est-à-dire non pas ronds, mais plus ou moins polygonaux, de 1 à 2 mm, dentelés, blanc de lait, blanc citrin à la fin, et verdoyants au toucher. Le pied est court, compact de 1 à 2 cm d'épaisseur, blanc et réticulé au sommet du fait de tubes avortés qui le tapissent sur une partie de sa longueur. Il est curieusement jaune vif à la base. La chair est épaisse, ferme, fragile, blanche, de très bon goût. La spore est ovoïde sphérique, de 8 mu, ocellée. On trouve cette espèce surtout dans les bois de conifères en montagne, mais également dans les hêtraies de la plaine, et on peut regretter qu'elle ne soit pas plus commune, car c'est un comestible très fin, sapide, parfumé et de consistance parfaite. Contrairement aux espèces lignicoles, les Polypores terrestres ne sont jamais ligneux, et plusieurs donnent des comestibles agréables. Celui-ci se reconnaît immédiatement à son revêtement formé de mèches retroussées et brunes, uniques dans le genre.

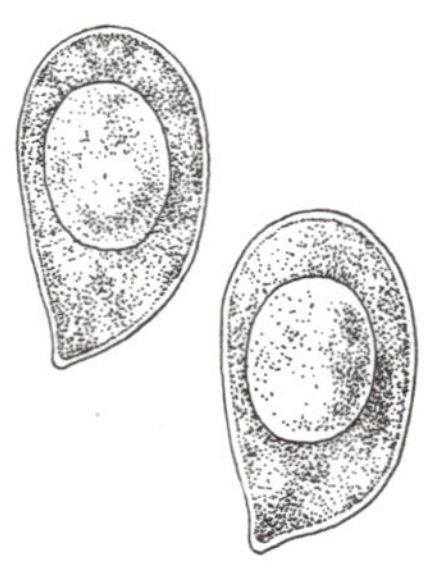

Albatrellus confluens

Polypore confluent

C'est un Polypore terrestre pourvu de pieds très courts, simples ou soudés ensemble, blancs puis tachés de roux à la base. Les chapeaux ont de 3 à 6 cm de diamètre, ils sont généralement réduits à l'une de leurs moitiés, ils sont imbriqués les uns dans les autres de façon à former une masse difforme. Il sont glabres, puis fendillés ou squamuleux, jonquille incarnat, jaune fauvâtre, roussâtres ou rougeâtres. Les tubes sont très courts et décurrents. Les pores sont petits, de 0,2 à 0,3 mm de large, arrondis, à parois minces, blanc crème. La chair est blanche, épaisse, tendre dans le chapeau aussi bien que dans le pied. Elle devient partiellement rouge ou safranée par le sec. Les spores sont oblongues, de 4 mu sur 3, guttulées. Se trouve en été et en automne, surtout sous les pins et les mélèzes dans les Alpes et les Alpes-Maritimes.

Elle est très voisine de l'*Albatrellus ovinus* dont il est difficile de la distinguer au premier abord. Le chapeau de ce Polypore des brebis est convexe plan, de 5 cm de diamètre, difforme, inégal, puis gercé aréolé, squamuleux, gris jaunâtre. Les pores sont plus grands que chez *confluens,* ils ont 0,5 mm de diamètre. Ils sont arrondis, blancs puis citrins. Le pied est court, inégal, pruineux, blanc. La chair est compacte, fragile, blanche puis citrine, à saveur agréable de noisette. Les spores sont identiques chez les deux espèces. Elles se distinguent surtout par la différence de leurs pores, et par le fait que *confluens* a tendance à rougir, tandis que *ovinus* jaunit nettement. *Ovinus* est un très agréable comestible, tandis que *confluens* tend à être amer. De plus, *ovinus* se trouve sous tous les conifères de montagne et est plus répandu.

spores d'*A. confluens*

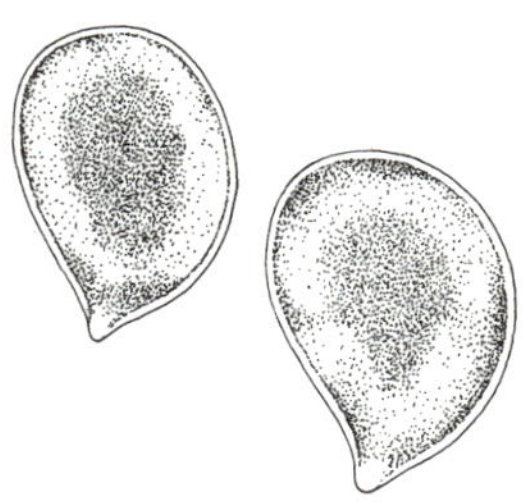

Albatrellus ovinus

Albatrellus confluens

Grifola umbellata

Polypore en ombelle

C'est le chef-d'oeuvre des Polypores. Un gros tronc commun, de 3 à 6 cm d'épaisseur, tout blanc, se subdivise en nombreux rameaux qui se subdivisent à leur tour en rameaux secondaires et ainsi de suite, de manière à former une sorte d'arbuscule dont tous les rameaux sont terminés par un chapeau de 1 à 3 cm de diamètre, ombiliqués, roussâtre pâle ou gris. Ces chapeaux sont si serrés qu'ils donnent l'impression d'un plumage, d'où le nom de « poule de bois » donné à cette espèce en Franche-Comté. Ces chapeaux sont tapissés en dessous par des tubes très courts, terminés par des pores polygonaux, de 1 mm de diamètre. Ils sont légèrement fimbriés et descendent sur les pieds. La chair est blanche, un peu fibreuse mais toujours tendre, très parfumée et d'une saveur délicate. Cette espèce pousse en été, au mois de juin d'habitude, dans les grandes forêts autour des hêtres, des charmes et des chênes dont elle parasite les racines. Elle revient fidèlement à la même place, car elle se développe sur une sorte de gros tubercule noirâtre qui est vivace et prêt à fructifier tous les ans. Il y en a parfois un regain en automne. Ce champignon délicieux donne lieu dans l'Est, où il est plus commun qu'ailleurs, à une recherche passionnée. Les « places » sont héréditaires et, à la saison, les usagers vont les surveiller et couvrent de feuilles mortes ou de branchages les Polypores à leur naissance, pour qu'ils ne soient pas détectés par des étrangers. On va même jusqu'à aller arroser les stations en cas de sécheresse ! Les exemplaires moyens pèsent de 1 à 3 kilos. Mais il s'en trouve parfois de monstrueux, qui atteignent 20 kilos ou davantage. C'est alors un événement.

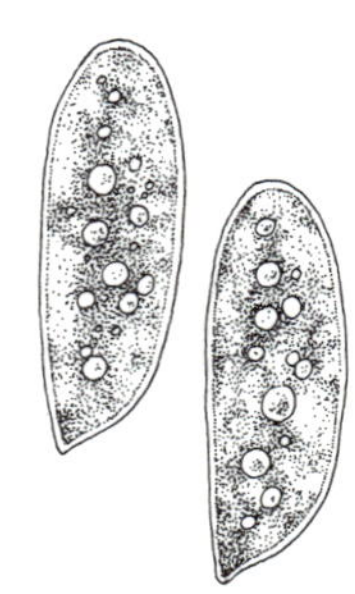

spores de *G. umbellata*

Grifola umbellata

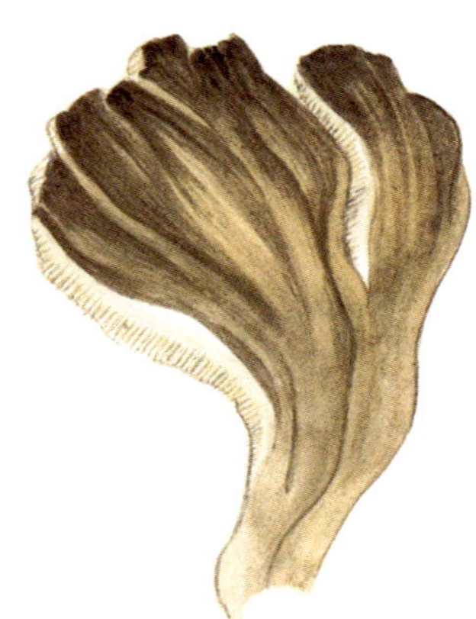

Grifola frondosa

Laetiporus sulphureus

Polypore soufré

Ce gros Polypore est très dangereux pour les arbres. On le voit apparaître sur les troncs qu'il parasite sous la forme de plusieurs chapeaux sans pied, imbriqués et empilés les uns sur les autres, atteignant de 15 à 30 cm de diamètre, onduleux, pruineux, de couleur crème citrin, rose orangé à la marge, et passant à la fin au blanc sale ou chamois pâle. Les pores sont très petits, de 0,3 à 0,5 mm, jaune soufre, arrondis, puis à la fin anguleux et dentés. La chair est d'abord très molle, à consistance de fromage mou, suintant l'humidité à la pression. A la fin elle devient sèche, légère, fragile et friable. Elle tombe alors en poussière sous la pression des doigts. Elle a une odeur un peu piquante et une saveur acidulée. Les spores ont de 6 à 7 mu sur 4. Elles sont elliptiques guttulées, jaunes en masse mais blanchissent rapidement. On voit cette espèce dès le mois de mai, pendant l'été et au commencement de l'automne. Il s'attaque à presque tous les arbres surtout ceux des avenues et des champs. On la voit fréquement sur les troncs des ailantes dans les rues de Paris. Elle développe une pourriture rouge, sèche, très puissante. Un arbre attaqué ne résiste guère plus de deux ou trois ans. Les vieux cerisiers sont ses principales victimes. Il les vide positivement de leur substance, et ils s'écroulent tout à coup. On la trouve aussi très haut en montagne sur les Mélèzes dont il est un ennemi redoutable. Quand un arbre est atteint, il est prudent de l'abattre pour éviter sa chute, et il n'y a pas de remède connu. Les mycologues américains en font grand cas comme comestible, et ils lui trouvent un goût de poulet. L'expérience serait à tenter.

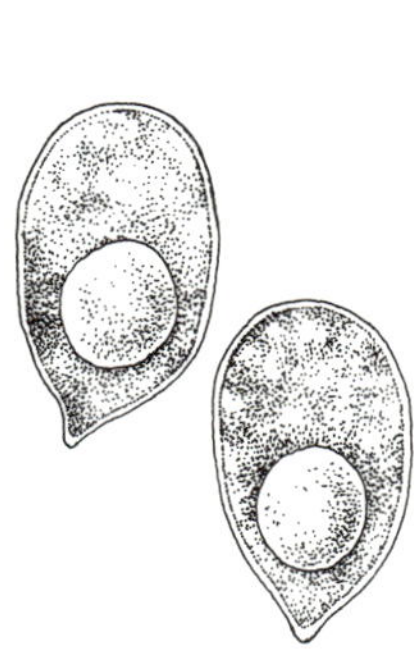

Daedalea quercina

Dédalée du chêne

Cette espèce coriace a un chapeau dimidié, de 6 à 20 cm de diamètre, glabre, rugueux, inégal, subzoné, couleur de bois, ocre bistré. Comme chez tous les *Daedalea,* les tubes sont remplacés par de grossières lamelles larges, espacées, rameuses, labyrinthées, qui peuvent parfois se transformer en gros pores larges ou obtus. Elles sont blanchâtres jeunes, pâles, à parois pruineuses. La chair est très élastique, subéreuse, couleur de liège, subzonée. Les spores sont oblongues-cylindriques, de 6 mu sur 3. Cette espèce est vivace et peut durer plusieurs années sur le même tronc. On la trouve uniquement sur les troncs ou les vieilles souches de chêne et de châtaignier. Notons que les champignons qui se trouvent sur les chênes ou dans leur voisinage se trouvent aussi près des châtaigniers, et on le comprend quand on sait que le chimisme de ces deux arbres est si voisin qu'on peut les greffer l'un sur l'autre. Souvent parasite et dangereux, il provoque une pourriture rouge, sèche, très active. Mais il est plus fréquent sur les souches mortes que sur les arbres vivants. Ce champignon a deux usages. Comme il est de parfum agréable, on peut le mettre dans une soupe de pommes de terre par exemple, qu'il relèvera, et son parfum est si tenace qu'il peut servir plusieurs fois de suite. Et dans l'Est il est utilisé par les apiculteurs pour enfumer les abeilles, car sa fumée particulièrement âcre les étourdit durablement. Et puis cette espèce a son mystère. Autrefois si commune qu'il était impossible de voir une souche de chêne qui n'en soit pas pourvue, tout à coup elle a disparu de secteurs entiers, sans qu'on en connaisse la raison.

Fomes fomentarius

Polypore à feu, Amadou

C'est un Polypore souvent énorme, qui peut avoir de 10 à 40 cm de large, et de 10 à 20 cm d'épaiseur. Il est sillonné concentriquement, gris pâle blanchissant, avec une marge crème ou d'un gris pruineux, passant vite au fauve clair ou à la couleur des noisettes. Les tubes sont longs, et sont constamment stratifiés. Ce phénomène est dû au fait que cette espèce est vivace, et qu'à chaque poussée, une couche nouvelle de tubes recouvre la précédente qui a fini de fructifier. On peut voir ainsi sur les vieux exemplaires de 20 à 30 couches de tubes les unes sur les autres. Les pores sont petits, arrondis, de 0,2 à 0,3 mm, gris clair ou noisette. La chair est subéreuse, très difficile à couper, de fauve à brun foncé. La croûte est épaisse, très dure, d'un gris noirâtre et brillante à la section. Les spores sont très longues, de 18 mu sur 6. On trouve cette espèce sur toutes sortes d'arbres qu'elle parasite et dont le bois se voit réduit à l'état de filaments blanchâtres. Mais elle est loin d'être commune partout. C'est ce champignon qui était autrefois utilisé pour allumer le feu. On le coupait en tranches qu'on amollissait à coups de maillet, puis qu'on faisait tremper dans une solution de salpêtre. Une fois cette tranche sèche, il suffisait d'une étincelle pour l'allumer. Un autre usage était d'utiliser ces lamelles assouplies, mais sans salpêtre, pour arrêter les petites hémorragies. Et les pédicures s'en servent encore pour isoler le côté d'un ongle incarné de la chair qu'il ne peut plus ainsi blesser.

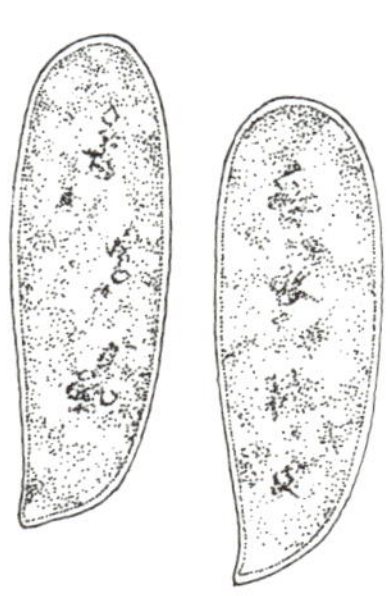

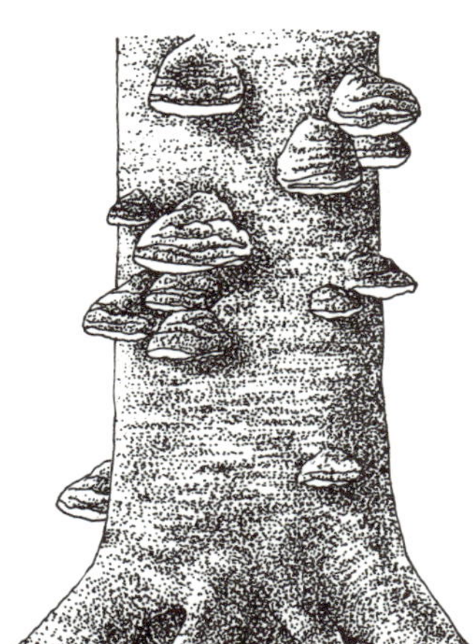

Agaricum officinale

Agaric officinal, Polypore du mélèze

On a repris pour ce Polypore le nom qu'il portait dans les anciens Codex des apothicaires. Il est évident que si on veut s'en tenir aux règles de priorité, c'est bien là son nom le plus ancien. *Agaricon* en grec désignait toutes espèces de champignons, dont Linné avait tiré *Agaricus,* qui a fini par désigner abusivement tous les champignons à lamelles. Mais la forme neutre, *Agaricum,* ne peut être confondue avec *Agaricus,* et c'est ainsi que ce Polypore est revenu, après avoir été un *Leptoporus,* un *Ungulina,* un *Boletus* et un *Fomes,* à son appellation primitive et pittoresque. Cette espèce a un chapeau de 10 à 20 cm de large, ongulé, épais, sillonné et zoné de pâle brunâtre, blanchissant et souvent tout blanc, avec une croûte mince et fendillée. Les pores sont fins, blanc jaunâtre, puis brunissants. La chair est blanche, légère puis friable, d'une amertume épouvantable. Les spores sont petites, elliptiques, de 4 mu sur 2. Cette espèce est toujours rare et ne se trouve en France que dans les hauts pâturages des Alpes sur les troncs de mélèzes. Les spécimens qu'on y récolte sont presque tous stériles. La pharmacopée ancienne faisait grand cas de ce Polypore. Réduit en poudre et mis en cachets pour en dissimuler l'amertume, il était administré aux tuberculeux comme antisudorifique, et en effet il supprimait les sueurs nocturnes si pénibles chez ces malades. On le prescrit encore aujourd'hui à certains ouvriers métallurgistes qui transpirent des mains et dont la sueur risquerait d'oxyder des pièces délicates.

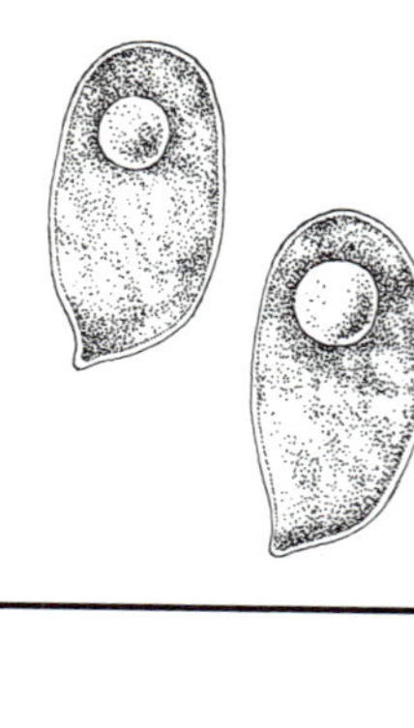

Trametes versicolor

Polypore versicolore

C'est une espèce tellement polymorphe qu'il est presque impossible d'en donner une description qui convienne à toutes ses formes. Elle fait partie de ces petits Polypores aplatis, très minces, qui viennent aussi bien sur les troncs morts que sur le bois travaillé s'il est exposé à l'humidité. Son chapeau a de 3 à 8 cm de large. Il est aplani, ordinairement déprimé en arrière, très mince, imbriqué en une suite d'individus souvent très nombreux qui s'étagent les uns au-dessus des autres le long d'un tronc. Mais parfois, s'il se trouve sur une surface horizontale, il se montre sous la forme d'une rosace faite de chapeaux foliacés empilés les uns sur les autres. Il est lisse, velouté, et il est entièrement zoné de plages de couleurs différentes séparées par des lignes le plus souvent d'un blanc brillant. Entre ces zones claires, le velours peut affecter des teintes crème, paille, grises, fauves, violettes, ou bai noir. Cette disposition est très décorative, et c'est sans doute le seul champignon qui de ce fait ait joué un rôle dans la mode. En effet, au début du siècle, les modistes s'en servaient comme garniture pour leurs chapeaux et en tiraient des effets charmants. Aujourd'hui, on l'utilise encore dans la composition des ensembles de fleurs sèches auxquels il donne une touche un peu exotique et inattendue. Si on en a envie, il faudra avoir la patience de tomber sur des exemplaires bien colorés, car ils sont loin de l'être tous d'une façon vraiment intéressante.

Le *Trametes hirsuta* vient surtout sur les vieilles barrières en bois qu'il colonise. On le reconnaît du premier coup grâce au velours épais et blanchâtre qui recouvre son chapeau.

spores de *T. versicolor*

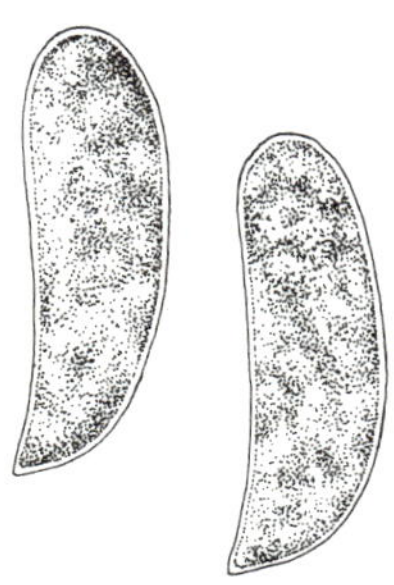

coupe du carpophore de *T. versicolor*

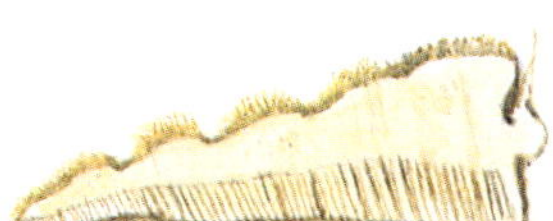

Trametes hirsuta

Trametes versicolor

Fistulina hepatica

Fistuline hépatique

C'est une Polyporacée de structure bien bizarre, et unique en son genre. En effet, si cette Fistuline a des tubes, ceux-ci, au lieu de se tenir ensemble comme ceux d'un Bolet ou d'un Polypore normal, sont libres et isolés les uns des autres. Le réceptacle est charnu, sans pied, ou avec un très court pied latéral. Il est papilleux, épais, rougeâtre ou rouge sang, puis il passe au brun avec l'âge, en forme de langue de boeuf, de 5 à 20 cm de long et de 2 à 5 cm d'épaisseur. La largeur est très variable et varie de 10 à 15 cm. Mais les exemplaires pesant un kilo ne sont pas rares. La chair est pesante, molle, rouge, zonée et laisse écouler un liquide rouge quand on la presse. Les tubes isolés les uns des autres sont très fins, avec des pores ronds, crème puis rosés. La spore est ovoïde, de 6 mu, virguliforme, ocellée. On trouve cette espèce sur les souches de chêne et de châtaignier, mais par secteurs isolés les uns des autres. Par exemple, elle abonde sur les souches de châtaigniers en Alsace, alors qu'elle est introuvable dans les forêts de la Franche-Comté du Nord toute proche. Il y a ainsi des espèces dont la distribution pose des énigmes non encore résolues. On ne sait si c'est une affaire de climat, de terrain, ou simplement de hasard. On a vu aussi à propos de *Daedalea quercina* que cette espèce commune pouvait disparaître complètement et tout à coup de régions où elle était très abondante. A l'amateur de faire à ce sujet ses observations personnelles. Car les mycologues professionnels n'ont pas le temps.

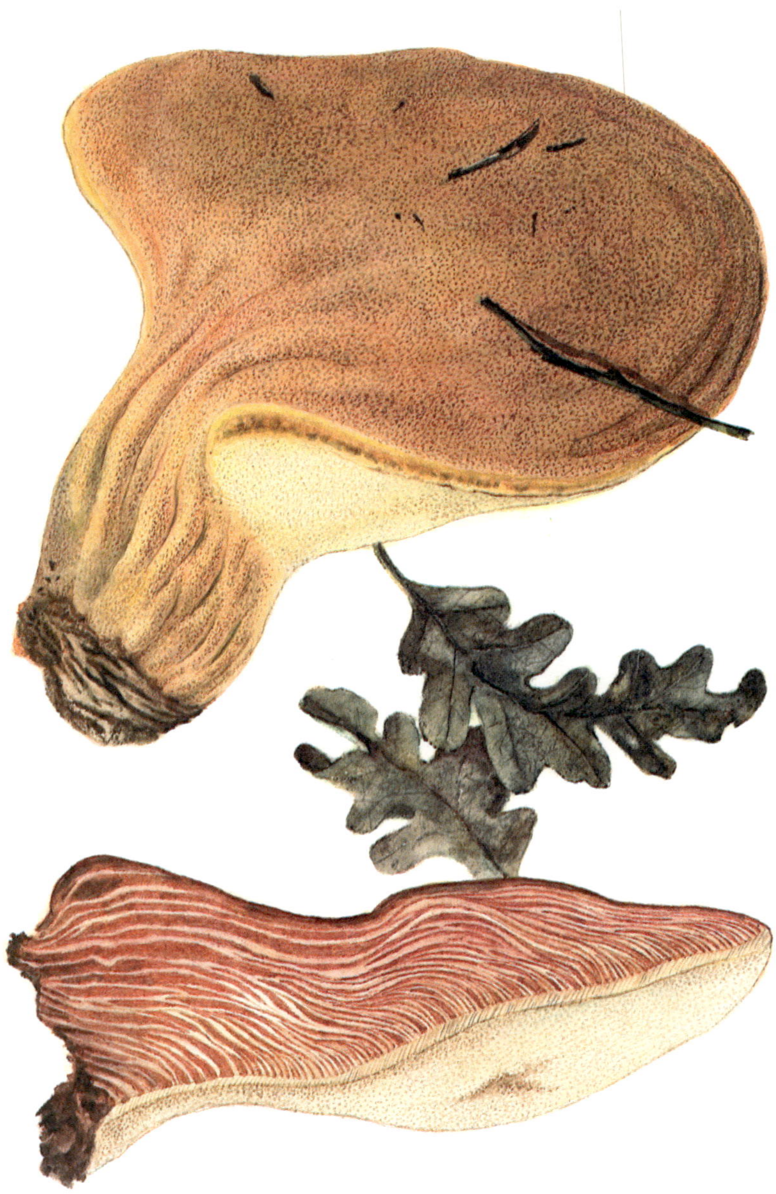

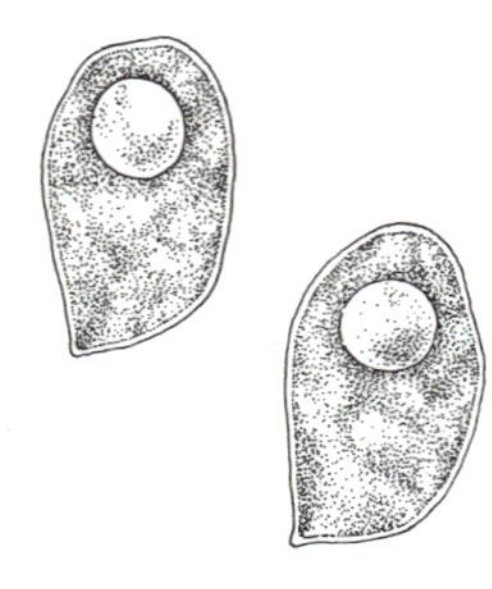

Cantharellus cibarius

Chanterelle comestible

C'est un des champignons les plus populaires, et il le mérite. Il se présente avec un chapeau charnu, jaune orangé, jaune d'oeuf ou jaune pâle, quelquefois blanchâtre, d'abord convexe, puis turbiné, enfin concave et creusé, avec des bords longtemps enroulés en dessous, de 3 à 10 cm de diamètre. Très souvent les bords sont ondulés et frisés ou même se retournent et laissent voir à la marge le bout des plis qui garnissent la face inférieure du chapeau. Les plis qui garnissent ainsi le dessous du chapeau ne sont pas de véritables lamelles, ce sont simplement des excroissances de la chair, d'une organisation très lâche et on voit bien qu'ils ont des directions aléatoires, se bifurquent d'une façon fantaisiste et sont rejoints entre eux par des anastomoses irrégulières. De plus ces plis sont décurrents et descendent longuement sur le pied. Ces plis sont d'un jaune régulier et plus vif que le chapeau lui-même. Le pied est épais, tronconique, pointu à la base, et le chapeau n'en est que l'évasement. La chair est blanc jaunâtre, compacte, ferme, avec une odeur fruitée très agréable. La saveur du champignon cru est un peu acide, mais cette acidité disparaît complètement à la cuisson. C'est un champignon très polymorphe. Les Chanterelles des chênes ne sont pas les mêmes que celles des hêtres, ni que des sapins. Il en existe une variété d'automne qui porte sur le chapeau des mèches violettes très élégantes. Et une variété minuscule, d'un ou 2 cm de diamètre tout au plus, qu'on trouve parfois en masse sur des terrains complètement décalcifiés. Le nom de Chanterelle a été emprunté par le botaniste et médecin Bauhin, au XVe siècle, au patois du Pays de Montbéliard, dont il soignait les princes.

spores de *C. cibarius*

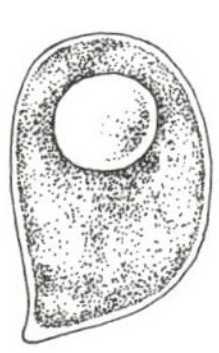

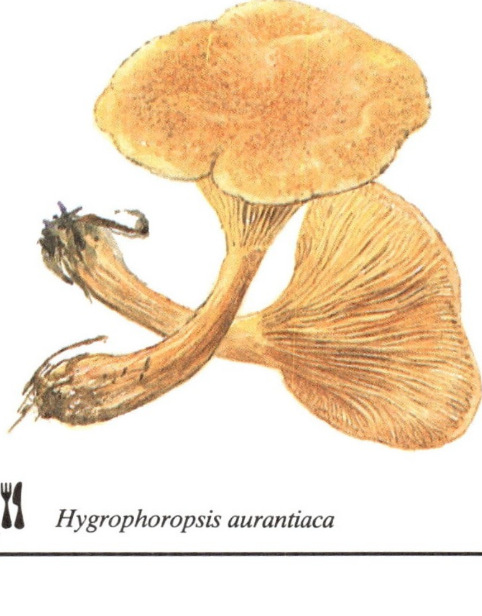

Hygrophoropsis aurantiaca

Cantharellus cibarius

Cantharellus tubaeformis

Chanterelle en trompette

C'est une Chanterelle maigre, avec un chapeau convexe puis très vite en entonnoir, et souvent percé en son centre d'un trou qui correspond à l'intérieur du pied qui est complètement creux. Il ne dépasse pas 2 à 3 cm de diamètre, il est mince, festonné, lobé, finement peluché, brun. Il est pourvu en dessous de gros plis décurrents, espacés, rameux, variables de couleur tantôt jaune vif, tantôt gris d'étain, et toujours pruineux. Le pied de couleur souci est long de 6 à 10 cm. Il est brillant, souvent comprimé, et complètement creux. L'odeur n'est pas très agréable. La spore est pruniforme, de 10 mu. Cette espèce est très commune dans les bois humides, aussi bien sous les feuillus que sous les conifères. Elle est comestible et assez agréable. On trouve souvent en montagne une espèce très voisine, *C. lutescens,* plus grande, plus jaune dans toutes ses parties et qui dégage une odeur très agréable de mirabelle. C'est un comestible de premier choix. La planche précédente donne la représentation, à côté du *Cantharellus cibarius,* de la « fausse Chanterelle », *Hygrophoropsis aurantiaca.* C'est une espèce beaucoup plus grêle, avec des lamelles véritables très fines et serrées, et qui est commune dans les sapinières humides. Elle est comestible, mais ne vaut pas la vraie Chanterelle qui est de premier ordre. A noter aussi la Chanterelle cendrée, petite, toute grise, qu'on trouve en troupes compactes sous les hêtres, et qui est méconnue. Elle ressemble à la Trompette des morts figurée ci-après, mais elle est de qualité bien supérieure.

Craterellus cornucopioides

Craterelle corne d'abondance, Trompette des morts

Cette Craterelle n'a pas de chair, ni vraiment de chapeau. Elle est faite d'un entonnoir creux jusqu'à la base, et son « corps » est entièrement membraneux. Cet entonnoir peut avoir au sommet un développement de 4 à 6 cm, il a des bords ondulés et plus ou moins frisés, d'un bistre noirâtre, pelucheux et plus ou moins écailleux à l'intérieur. La surface fertile est celle de l'extérieur, qui est d'un gris uniforme et à peine ridée. La base du pied est toute noire. Ce champignon bizarre présente une odeur agréable et quoique un peu filandreuse, elle offre une bonne ressource. On la fait sécher facilement, et on peut alors l'utiliser comme assaisonnement en hiver. Toutefois, il ne faut pas en abuser. Car si elle est absolument dénuée de toxicité, on cite des cas où consommée en quantités exagérées, elle a provoqué des occlusions intestinales. C'est que ses fibres sont insensibles aux sucs digestifs, et arrivent à former dans l'intestin des bouchons rebelles. Mais il faut vraiment en abuser pour en arriver à une telle extrémité. C'est une espèce commune dans les forêts feuillues, mais pas tous les ans. Les années qui lui conviennent, elle forme de véritables champs et la terre en est toute noire. Il arrive en montagne qu'au milieu des exemplaires normaux qui sont d'un gris noirâtre, il s'en trouve qui sont entièrement jaune d'or, ou panachés de noir et de jaune. Ce phénomène serait dû à l'absence dans le sol d'ions de zinc qui sont nécessaires à sa coloration naturelle.

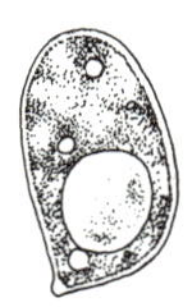

baside

Auriscalpium vulgare

Hydne cure-oreille

Cette petite espèce très curieuse a un chapeau brun ou roux, velouté, fibrilleux surtout sur les bords, convexe, mince, toujours dimidié, c'est-à-dire qu'il est porté par son pied non pas par le centre, mais par un côté. Il peut avoir de 1 à 2 cm de diamètre. Il porte en dessous des aiguillons nombreux, allongés, jaunâtres ou d'un gris brunâtre. Le pied est latéral et il forme un angle droit avec le chapeau, qui, de ce fait, au lieu d'être tout rond a le plus souvent une silhouette réniforme. Ce pied est long, grêle, hérissé de poils bruns à la base qui est prolongée par une sorte de racine. Il est extrêmement tenace et élastique. La spore est de 6 à 7 mu, aculéolée. On trouve cette espèce toute l'année sur les cônes de pin surtout, où se développe son mycélium. Ces cônes peuvent souvent être profondément enterrés et le champignon en émerge au moyen d'une longue pseudo-racine noirâtre, dont la longueur dépend évidemment de celle où le cône est enfoui. On a donné le nom de « cure-oreille » à cette espèce pittoresque, mais il serait évidemment impossible d'en faire quelque usage. Toutefois, on notera sa forme unique, non seulement à cause de son chapeau dimidié, particularité qui n'existe d'habitude que chez les espèces qui croissent contre les troncs d'arbres, mais aussi à cause de la présence des aiguillons remarquables qui forment son hyménium et qui lui donnent l'apparence d'une brosse minuscule. On réussit, en la prenant de tout près, des photographies étonnantes avec cette espèce.

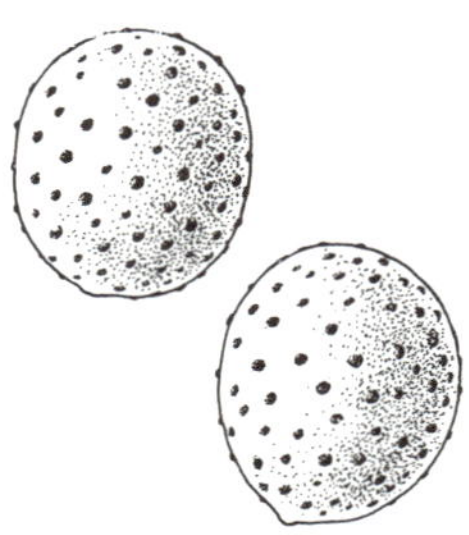

détail du chapeau

Lentinellus cochleatus

Lentin en coquille

Ce Lentin a des chapeaux incarnat fauve, gris ou roussâtres, blanchissants, irrégulièrement contournés en colimaçon. Il faut dire des chapeaux, car il vient toujours en touffes d'exemplaires connés par la base et forme souvent des touffes considérables. Les lamelles sont très décurrentes, serrées, denticulées, blanches, puis rosées ou incarnates. Le pied est tenace, couvert par les lamelles presque jusqu'à sa base qui est d'un brun foncé. Même en dessous des lamelles, il est tout cannelé et toujours excentrique. Les chapeaux ne sont d'ailleurs jamais entiers, et ont la forme d'une spatule plus ou moins régulière. On trouve cette espèce assez communément sur les souches de hêtre, où elle forme de gros bouquets. Sa chair est très mince, mais elle exhale un très fin parfum anisé, de sorte que prise jeune, cette espèce fournit un comestible estimable. La spore est sphérique, de 8 mu, ocellée. Il en existe une variété presque exactement pareille, mais qui est dépourvue d'odeur, et qui porte le nom d'*inolens,* c'est-à-dire inodore. Elle s'en distingue cependant à l'oeil nu et sans avoir à la respirer, par ses lamelles beaucoup moins décurrentes et un pied plus foncé. Elle est également comestible, mais sans parfum et par conséquent sans grand intérêt. Tous les Lentins et espèces voisines sont extrêmement intéressants à étudier, mais la plupart sont rares et montagnards. Les *Lentinus lepideus* et *tigrinus,* qu'on verra à la page 312 font exception à la règle.

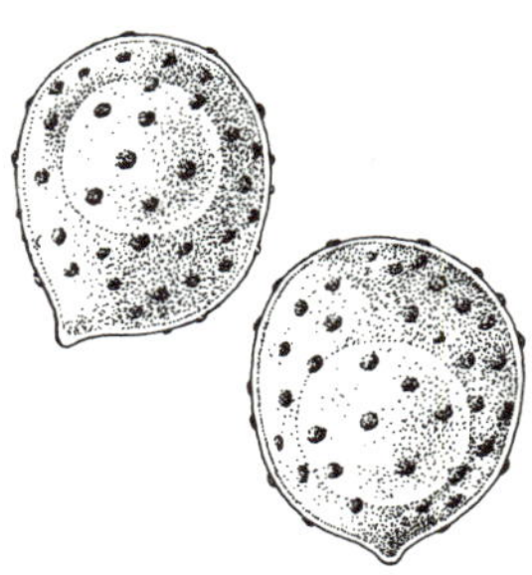

Polyporus squamosus

Polypore écailleux

Ce superbe Polypore peut être énorme, et son chapeau en éventail peut atteindre de 20 à 40 cm de diamètre. Il est d'abord charnu, mais bientôt coriace, de couleur crème ou paille, mais entièrement moucheté de grosses mèches fibrilleuses, fauves ou brunes. Les pores sont amples, de 1 à 2 mm de diamètre, dentés, blancs, puis crème ocracé. Le pied est épais de 2 à 5 cm, court, très tenace, crème, réticulé en haut, bistre à la base. La chair est d'abord tendre, mais elle devient très vite coriace et presque impossible à déchirer. Elle exhale une odeur difficile à définir, qui tient du miel et de celle des cèpes séchés. La spore est ellipsoïde allongée, de 12 à 15 mu ocellée. On trouve cette magnifique espèce surtout sur les vieux troncs de frênes, mais aussi sur les érables ; ce sont ses deux essences favorites, quoique qu'on puisse la voir également sur d'autres arbres. Pris dans sa prime jeunesse, c'est-à-dire quand le chapeau est encore globuleux et simplement charnu, c'est un comestible un peu compact mais de goût très agréable. Une fois que le chapeau se développe, il n'y faut plus songer, tant il devient coriace. On en voit souvent des exemplaires admirables sur les vieux érables qu'on laisse vieillir dans les pâturages du Jura pour servir d'ombrage aux troupeaux. Ces arbres couramment multiséculaires sont presque toujours creux ou entamés sur un de leurs côtés, et c'est dans leurs plaies que le Polypore s'installe. Il y fructifie avec une abondance déconcertante, mais il ne semble pas qu'il nuise à l'arbre qui le supporte sans dommage apparent.

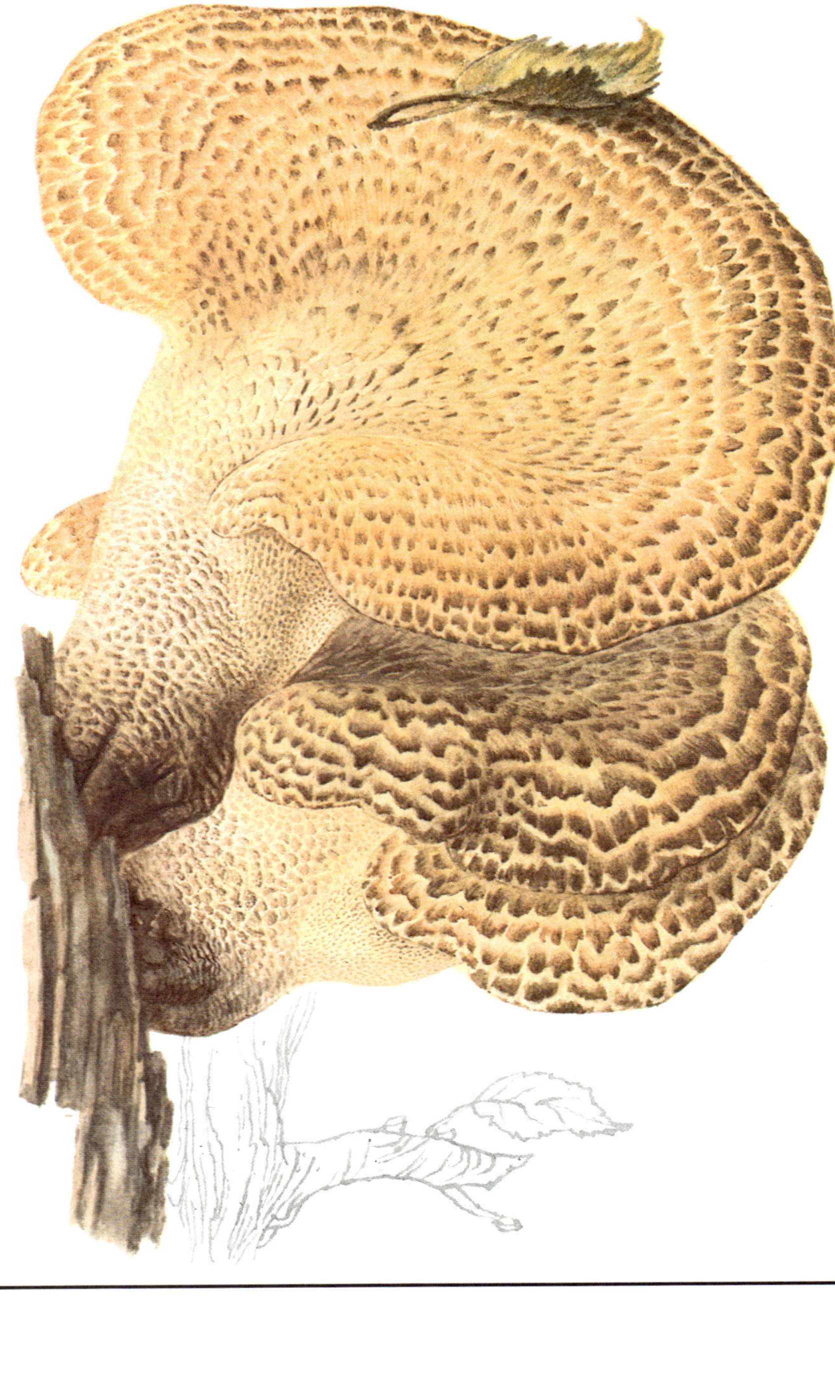

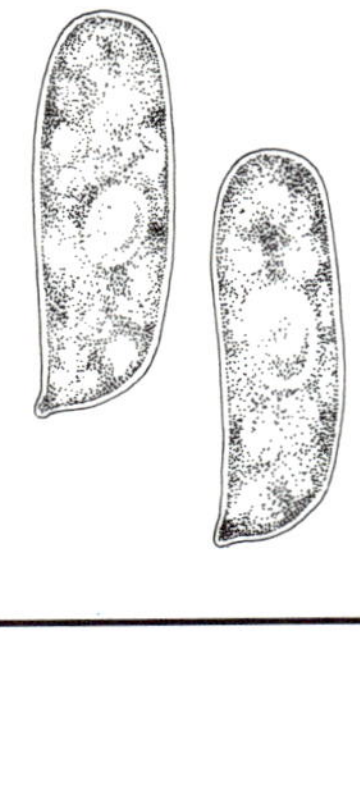

Pleurotus ostreatus

Pleurote en huître, Oreille de noyer

Voici le plus connu des Pleurotes. Ce sont des champignons plus ou moins lignicoles, de forme irrégulière le plus souvent dimidiée comme chez la plupart des champignons qui viennent sur le bois. Celui-ci a des chapeaux convexes, rarement ronds, presque toujours en forme d'huître ou de coquillage, presque toujours concrescents c'est-à-dire venant tous ensemble d'une base commune. Ils peuvent avoir de 6 à 12 cm de diamètre, ils sont humides, de couleur variable, noir violacé, brun cendré, bistre ou gris, bleu d'azur dans une belle variété, mais pâlissants et blanchissants par le sec. Les lamelles sont très décurrentes, anastomosées à la base, larges, blanches ou grisâtres avec un léger reflet rosé, avec l'arête quelquefois bistrée. Le pied est très court, le plus souvent nul, velouté, ferme, oblique et blanc. La chair est un peu élastique, tendre et sapide. La spore est oblongue, ellipsoïde, lilacine. On trouve cette espèce en arrière-automne sur divers troncs d'arbres, peupliers le plus souvent, mais aussi sur les noyers, et quelquefois les chênes et les hêtres. C'est toujours un parasite à partir d'une blessure. Le *P. pulmonarius* lui ressemble, mais il a un pied gonflé comme le cou d'un « pulmonique » au moment de sa quinte de toux. De là son nom en apparence inexplicable. Il existe en France un Pleurote, *P. eryngii,* qui vient sur les racines mortes des panicauts, en automne. Mais on ne le trouve que dans les zones méditerranéenne ou atlantique. Ce sont des comestibles délicieux.

Pleurotus pulmonarius

Pleurotus ostreatus

Lentinus lepideus

Lentin écailleux

Le chapeau de ce Lentin est convexe, de 5 à 10 cm de diamètre, aminci et incurvé au bord, très ferme, crème jonquille, taché de larges mèches apprimées et un peu plus foncées. Les lamelles sont sinuées, uncinées et décurrentes en filet, larges, bien dentelées, et d'un blanc citrin. Le pied est presque ligneux, blanc, passant au jonquille, couvert de grosses mèches retroussées qui forment un anneau à son sommet. Au-dessus de cet anneau, il est glabre et tout blanc. La chair est très tenace, compacte, blanche, et d'une odeur très agréable. Malheureusement la consistance tant du chapeau que du pied interdit de consommer cette jolie espèce. On la trouve uniquement en montagne sur les souches de sapins, surtout dans les Alpes et les Vosges. Il arrive que dans ces stations ce champignon s'installe sur les traverses de chemin de fer et qu'il les fasse pourrir rapidement. Sa spore est ovoïde cylindrique de 8 à 13 mu, ocellée. Le Lentin tigré *(L. tigrinus)* est beaucoup plus fréquent. C'est un très gracieux champignon dont le chapeau en entonnoir peut avoir de 5 à 8 cm de diamètre. Le fond en est blanchâtre, bientôt couvert d'écailles brunes ou noirâtres, qui lui donnent l'aspect tigré d'où lui est venu son nom. Les lamelles sont d'un blanc jaunâtre, denticulées et décurrentes. Le pied est court, moucheté de brun et porte un petit anneau crème et fugace. On trouve ce Lentin surtout sur les souches des saules et des peupliers au bord des rivières, et aussi à l'intérieur des saules taillés en têtards. Recueilli tout jeune, il est très parfumé et de premier choix. Mais il devient très vite coriace et immangeable.

spores de *L. lepideus*

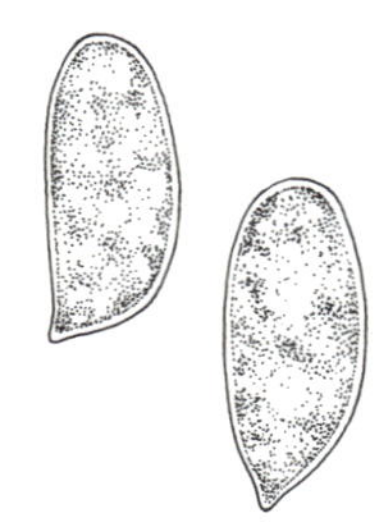

Lentinus lepideus

Lentinus tigrinus

Index des noms français

Index des noms latins